「主婦」と日本の近代

村上淳子　著

同成社

目次

序章　本書のめざすところ

第一節　「主婦」という概念

「主婦」という言葉は、国語辞典において「家族が気持よく元気に・仕事（勉強）が出来るように生活環境を整え、食事などの世話を中心になってする婦人。〔主として妻に、この役が求められる〕」とあり、妻たる女性を指す言葉として通用している。[1]その内容は、「食事などの世話」、すなわち家事をはじめ「家族が気持ちよく」活動することが出来るよう生活環境全般を整えるという務めを担い、「気持ちよく」という心の次元にまで気を配る働きが求められる人として意味づけられている。では、なぜこうした「主婦」という女性像が生まれたのか。

「主婦」像の登場やその変遷をたどるため、「主婦」という言葉をタイトルに冠する雑誌『主婦の友』（創刊時の表記は『主婦之友』）に着目することは、立論のための定石の一つと考える。『主婦之友』は、大正六（一九一七）年に創刊され、平成二十（二〇〇八）年五月に創刊以来九十一年の歴史をもって休刊した。『主婦之友』は、一〇八万部を完売した昭和九（一九三四）年一月号に「戦前の一つのピーク」を迎え、昭和十七年には一六三万八、八〇〇部という最大の発行部数を記録し、昭和四十四（一九六九）年に至って七二万八、〇〇〇部という「戦後の絶頂期」を経験した雑誌である。なぜ『主婦之友』は、一〇〇万の読者を抱える雑誌となり得たのか。そして、発行から九十年を経た二〇〇八年という時期に、なぜ休刊を迎えることとなったのか。

この問いは、決して『主婦之友』という雑誌の興亡の問題として設定されるべきものではない。高度成長期の昭和三十九（一九六四）年当時、「婦人四誌」と呼ばれた『主婦の友』、『婦人倶楽部』（講談社、一九二〇年一〇月号〜一九八八年三月号）、『主婦と生活』（主婦と生活社、一九四六年五月号〜一九九三年四月号）、『婦人生活』（同志社、一九四七年五月号〜一九八六年八月号）は、合計四〇〇万部以上を売り上げていた。(2) この四誌いずれもがすでに休刊ないし終刊している一方で、『主婦の友』に先立つ明治四十四（一九一一）年創刊の『婦人之友』、明治四十五年創刊の『婦人画報』、大正五（一九一六）年創刊の『婦人公論』という「婦人」という言葉を冠する三つの雑誌は、ほぼ一〇〇年という時間を超えて現在も発行され続けている。個々の雑誌の浮沈は、「主婦」や「婦人」というものに今現在の用例とは異なる思いが投影されてきたことの証ではないだろうか。そして、「主婦」とのタイトルを持つ雑誌が全くなくなってしまったということに、「主婦」というものが背負っている独特の意味が感じられよう。少なくとも、「婦人」には実態を明らかにするという問いかけは成り立たないのに対し、「主婦」には常に定義づけや実態解明への要求がつきまとうという違いがある。とはいえ、『主婦之友』の休刊は、実態として現実に存在する主婦の雑誌に対する興味関心が衰退したと理解することも可能であるが、それでは、多義的な「主婦」の持つ意味を限定してしまい、近代を照射する力を失わせてしまうのである。

『主婦之友』が休刊した平成二十年の日刊新聞において「主婦」を検索すると、二、七八四件の用例が、「婦人」の六一五件に対して四倍以上の頻度で登場する。(3)「婦人」が産婦人科、婦人服、婦人部など、に対し、「主婦」は、投書欄や人物紹介における肩書きの場合がほとんどであり、「会社員」やあるいは立場を意味する言葉として使われている。「主婦」という言葉は、「婦人」と業を表す言葉しても日常的に使われ続けている。こうした用例は、必ずしも辞書がしめす意味と一致していない。そして、今日使われている「主婦」の意味と、『主婦之友』という雑誌が多くの支持を得ていた時期、さらには『主婦之友』が読者数のピークをなした昭和九年、昭和十七年、昭和四十四年のそれぞれの時期においても、その意味するところは違っているように思われる。本書において筆者がかっこ付きでしめす「主婦」は、特定の集団なり階層として存在する実態を指すものではない。新聞の投書欄や報道、職業欄において肩書きとして称されるものとも異なるものである。

「主婦」は、時代の課題を担わされて登場し、明治・大正・昭和の日本社会において変容を遂げつつ定着した。「主婦」という女性像は、なぜ登場したのだろうか。そして、「主婦」という女性像を生み出し、必要とした日本の近代とは、如何なる時代だったのであろうか。これまで「主婦」は、すでに自明のものとしてその誕生と変容を時代社会に位置づけて読み直すことがなされないまま、対象として見過ごされてきた。

最初に、「主婦」の場というものが、なぜ日本の近代の読み直しを図る切り口となり得るのか、という点について述べておきたい。結論を先取りして言うなら、「主婦」とは、日本が近代という時代を突き進むなかで、その時々に生きた人々の理想を盛り込む対象であり続け、そのため時代を反映した理想像が最もよく表れ出るとともに、絶えずその像が変容し続けているものなのである。この意味で、ある特定の社会階層という実態や概念として固定化したとたん、「主婦」というものを見誤ることとなる。同時に、日本の近代とは如何なる時代であったのかという、時代を見通すための切り口も失ってしまうことになる。本書の目的は、近代日本における「主婦」像の変容を明らかにし、その像の見え方を解析することで日本の近代を捉える一つの方法をしめすことにある。「主婦」にこうした価値をみいだしうることは、「主婦」像の解析により明らかとなるであろう。

第二節　「主婦」をめぐる研究史

具体的な分析に入る前に、膨大な「女性史」研究のなかから、「主婦」について取り扱ったいくつかの先行研究を概観しておきたい。

平成二十二（二〇一〇）年発表の木村涼子『〈主婦〉の誕生』（吉川弘文館）は、『主婦之友』『婦人公論』『婦人倶楽部』等の婦人雑誌を素材に、雑誌が〈「主婦」という職業〉を作ったと説き、メディアの発信側と受け手側双方が相互に影響し合う関係性において「主婦」なるものが誕生したとあとづけている。雑誌メディアが発信する「主婦」像は、決して片務的に登場したものではなく、送り手と受け手の双方が影響を与え合う相乗効果により作り出され、受け手側の積極的な選択の意図が働くことによって広く流布したとする。ここでの「主婦」は、メディアの双方向性を検証する近代日本のメディア論の一素材として対象化されている。〈「主婦」の誕生〉についての関心は、目的の第一が「婦人雑誌という社会装置がいかに近代的なジェンダー秩序形成に寄与したのか」にあると説かれているように、メディアを通じての生み出され方に向けられている。同書は、〈「主婦」という職業〉との言葉に集約されるように、生み出されたのは職業としての主婦と結論づけている。そして、この「職業」であるとの見方で『主婦之友』をはじめとする雑誌の誌面に表れた言説を見通すなら、語られたものが読者の支持を受ける相乗効果によって生み出されたという図式が当てはまり、雑誌メディアを通して〈「主婦」という職業〉が誕生したことを論証したということになる。

しかし、『主婦之友』などの雑誌が「近代的なジェンダー秩序の形成や再生産機能を果たした」と総括されたなら、作り手や読者たちはどのように思うであろうか。結果としてそのように見える、ということは、「ジェンダー」という鋳型を手に入れた今日であるからいえることであり、「近代的なジェンダー秩序形成」が如何になされたかという設問に基づくなら、どのような素材を取り上げようとも、同じような結論に至らざるを得ないのではないだろうか。

「主婦の誕生」については、ほかにも昭和四十九（一九七四）年発表のアン・オークレー"Woman'sWork :The Housewife, Past and Present"を昭和六十一（一九八六）年に翻訳刊行した『主婦の誕生』がある。同書は、主婦が担う家事を無償の労働ととらえ、産業社会の発生こそが主婦を生み出す前提であり、無償で働き続ける家事労働の問題点を指摘している。賃金が支払われることのない見えざる労働を担う主婦は、男性と同等の一人格として社会的存在感を確立することは望めない。女性の地位向上のためには、家事労働という無賃労働が強要される仕組みを転換し、性別役割分業の変革が必須である。家事労働の位置づけを見直すことが女性の地位向上に役立つのであり、主婦の変革が女性の変革への突破口であるとみなす。こうした指摘は、同年四月の改正男女雇用機会均等法施行の機運に乗って世に問われたといえる。雇用における男女差別の廃止を定めた同法は、産業社会において性差による差別待遇が根深いことを改めて印象づけ、出産育児はどうするのかという男女差の根源的な課題には、雇用の機会から離れた母親たちが主婦専業を「職業」とすることで応じることとなる。制度よりも社会的な認識の形成が必要との根本的課題は、四半世紀に及ぶその後の歴史が明らかにするように、解決をみないままである。

『主婦―忘れられた労働者―』は、昭和六十一年発表のレイ・アンドレ"HOMEMAKERS: The Forgotten Wokers"の翻訳で、平成五（一九九三）年に刊行された。訳者は、男女の性差が含まれない「ホームメーカー」の訳出について、躊躇しつつも「主婦」を当てたと述べている。同書は、家事が無償の労働ゆえに社会的に有意とみなされず、女性という性とセットになっていることで女性の立場が低く置かれる要因となるという状況を、インタビューを積み重ねて明らかにしている。主婦という存在は、近代産業社会の産物であると同時に性別役割分業の根源であり、女性の社会的に低い地位が固定化する要因とされている。問題の解決のためには、女性がホーム・メイキングすなわち家事労働を無償で担うというあり方を廃し、社会全体あるいは男性も家事を担うことが提唱されている。主婦の無償労働の意味づけを転換することが、女性の地位向上に寄与するとの主張である。

以上の二つの翻訳書は、産業社会における諸問題が先行しているとみなされるイギリス、アメリカの事例に学び、今後の参考にしたいとの思いから登場したといえる。しかし、これらの翻訳書における主婦は、産業社会における女性労働という観点から意味づけられ、「家族の元気を司る」という意味を含むものとは異なる次元のものである。日本における主婦の意味づけは、産業社会の進展を経てもイギリス、アメリカとは異なる展開をたどったと見るべきではないだろうか。「主婦」は、日本の近代という場において再定置されなければならないのである。

昭和五十七（一九八二）年に発表された上野千鶴子編『主婦論争を読む・全資料』Ⅰ・Ⅱ（勁草書房）は、論争と言われた主婦をめぐる言説を集め、類型化して問題点を析出し打開策を追究することとの関心に基づき、現状分析の視点から構成されている。主婦は、どのような人が該当するのかという実態を念頭に置きつつも、論争を引き起こすほどに多様な見方が存在している事実を明らかにした。編者の上野千鶴子は、「主婦」についての言説が多数存在するにもかかわらず、その成り立ちや意味づけの変化などを歴史の場にあとづける論証がなされてこなかった事実を浮き彫りにした。

上野は、主婦が対象化されてこなかったことについて〈「解放史」が主婦を淘汰すべきおくれた存在とみなす一方で、「民衆史」は主婦を特権的なプチブル的存在と見なすことで、どちらも主婦を問題の対象としてこなかった〉[4]とまとめ、「解放史も生活史も、性役割を自明視することで、近代のただなかにある女性の抑圧を問題化することに失敗したというべきであろう」と結論づけている。この問題は「主婦」を対象化する場合に、常にその時々における実態を念頭に議論を始めることが繰り返されていることによる。上野自身は、「主婦」について実態以上のイメージを持っていたと思われるが、後年「歴史解釈の変化が、なぜ、いかに起きたのか、そのことが歴史に対して持つ意味

implication は何か、を分析してみること、言い換えればメタ・ヒストリーを語ることにある」と自らの関心を語り、このことを「歴史家の上前をはねる」行為と述べている。歴史研究とは実証研究であるという類型化とともに、挑発的にまとめることで歴史研究への信用度を表明したものと感じられる。

上野によって明らかにされたように、「主婦」というものを歴史的に解析するという仕事は、これまでほとんどなされてこなかった。日本の民俗学が「家刀自」に比定される権限として「主婦権」という用語を解説する時の主婦も、歴史的な解析を経て定義されたものではない。(5)「家刀自」に相当する強い権限を江戸時代以前に存在しない「主婦」に例えたものとして理解されるべきものである。

歴史研究において「主婦」がまともに取り上げられてこなかったことは、戦後歴史学がよりどころとした「進歩」「発展」の相で歴史をとらえる見方が女性史に仮託して語られてきたというあり方にも起因する。その起点の一つとなったのは、敗戦から三年後に出版された井上清の『日本女性史』であった。

『日本女性史』において井上清は、「どうすれば女性の解放はじっさいに実現されるだろうか」と問いかけ、「日本女性の実生活、そのくるしみとよろこび、そのしいたげられたすがたとその解放のたたかい」を明らかにすると述べ、(6)最も抑圧された存在における解放の道程を提示することで、民族の「解放」とその先の独立という課題に向けて広く啓蒙的な役割を果たそうとした。井上は、占領下の日本を覆う解放への素直な期待に支えられ、最大の被抑圧者として「女性」という存在を発見し、戦後女性史研究の出発点となる労作を作り上げた。

その歴史観は、昭和十六（一九四一）年まで文部省維新史料編纂事務局、同二十一年まで帝国学士院帝室制度史編纂会の嘱託として史料の整理・編纂にあたり、戦中・戦後にかけて原典の史料を丹念に読み込んだ経験により、既成の歴史学に飽きたらない問題意識に基づくものであったとみることができる。この経験は、女性をはじめ被差別部落や労働者に及ぶ「被支配者」への目配りの原点と考えられ、「自分を女性史家とはみなしていない(7)」井上が、女性

史に仮託して解放の歩みに乗せた歴史を描くことにつながったといえる。(8)

しかし、解放の歩みに乗せた女性の歴史は、「進歩史観」に寄り添うことで被支配者として位置づけられてきた女性のあり方が如何なる闘いを経て上昇してきたかという道筋で描かれ、先駆的な事象の背後に膨大に広がる多様な女性の相貌に目を閉ざし、抑圧からの「解放」を歴史の進歩ととらえる単線的な枠組みで語られる原型ともなった。

この井上女性史の問題点を批判する形で登場したのが昭和四十四（一九六九）年から四十七年にかけて発表された村上信彦の『明治女性史』（理論社）である。『明治女性史』は、井上女性史が「解放にいたるまでのコースがすでに引かれているために、それに役立つ事件や人物が選みだされ、役立たぬ素材は淘汰される」との問題をはらむことを指摘し、「歴史の発展に寄与しないという理由で黙殺されるか、十把ひとからげに片づけられる」運命にあった多くの名も無き女性たちの存在に着目し、丹念な聞き書きにより生身の人間に迫る個別具体的な歴史像を提示した。(9)村上女性史は、一九七〇年代に民衆史の隆盛と呼応しつつ「生活史」という新たな分野を切り開き、女性の被抑圧者という側面のみならず、個別的で多様な面を描いたといえる。

井上女性史と村上女性史は、叙述の対象ですらなかった「女性」という存在を対象として、女性を欠落させてきた既存の歴史学に修正を迫るという意味で、コインの表裏をなしている。しかし、「女性史」の範疇で語られる「女性」とは、男性の領域があるから女性の領域も当然あるという前提の上に成り立つものである。二つの女性史は、女性の存在そのものを自明のものとし、「女性史」が所与のものとして存在するという前提を内在するものとして成立しているという点で、根は一つと言うことができる。このことは、その後、一九六〇年代の民衆史もまた「被支配者」たる民衆の発見という、同じ前提に立って幅の広がりをもたらしたものの、補完に止まるものであった。「主婦」は、「解放」および「歴史の発展」に寄与しない存在として取り残されたままとなった。

このことは、「主婦」というものが、歴史の「発展」を前提とする枠組みでとらえきれないものであるとともに、実態を想定したとたんそれに即した「主婦」像しかとらえられなくなってしまうものであることによる。

近代日本における「主婦」像の成り立ちについて問うことは、近代化されていくさまざまな事象や社会の風潮に対し、日常生活の基層をなす部分がそれとは無関係に変わらぬまま存在し続け、世の中がどんなに変わろうと、日々の暮らしは連綿と続くという感覚を、歴史の場に位置づけることでもある。このことは、本書のもう一つの「連綿と続く」という観点からの課題である。

平成十一（一九九九）年発表の小山静子『家庭の生成と女性の国民化』（勁草書房）は、近代日本における家庭の成立という問題において、産業化が進展して家庭が成立したという図式ではなく、国家による政策的な意図が介在したことで家庭が成立し、家庭内存在として私的領域を管轄する存在と位置づけられた女性が、家庭を媒介に国家と直接切り結ばれ、私的領域での活動が公的領域での活動に匹敵するとの意味を付与されることで、公的存在すなわち国民化されていくことになったことを明らかにした。主婦の意味づけは、「女性の主婦化は、女性を家庭に押し込め、家庭に縛り付ける役割だけをはたしたわけではなく、女性を政治と向き合わせる役割を果たしたことも明らかになるだろう」との記述にあるように、積極的に主婦とされることが国民化の契機であったと説かれている。

本書で述べるように筆者は、こうした見方とは異なり、「主婦」像が求められたのは制度や政策の変化とは関係のないレベルでのことであり、むしろ、政策的意図の介在など不要だったと考えている。「国家」は家庭や主婦が語られ出した時からずっと変わらずに前提として存在するわけではなく、語られる「国民」の内実も同様に、誰もが同じものを想起しているわけではない。近代日本における「主婦」像の成立とその展開という問題は、近代化という変化とは一線を画した世界を内包していることを含めて問われなければならないのである。

第三節　「重宝記」が語る世界

なぜ『主婦之友』が一〇〇万の読者を擁する雑誌となり、平成二十（二〇〇八）年に休刊することになったのかという問いは、言い換えれば、「主婦」というものが、現在においても語られ続け、日本社会に根づいた言葉として定着したのはなぜか、ということである。それだけに、本書が「主婦」について改めて問おうとすることの意味もあると考えている。「主婦」という女性像は、なぜ登場し、「主婦」という女性像を生み出した日本の近代とは、如何なる時代だったのかという問題は、未だ課題として残されているのである。

この課題に答えるためには、従来の方法とは異なるアプローチが必要である。すなわち、「主婦」という言葉の登場から社会に浸透していくまでの時間の幅を考慮し、すでに取り上げられたものを改めて読み直すという作業である。これは、「資料」に書かれていることを書かれたままのものとして列挙することではなく、書かれたものがなぜその時点において世に問われたのかを解釈するということである。本書の方法といえるものは、こうした資料の読み方にある。

本書が取り扱う時代は、言葉が使われ出した当初から、意味づけの変遷をたどるため、明治初年から第二次世界大戦後の昭和二十年代までのおよそ八十年という長さにわたっている。また、『主婦之友』という雑誌の誌面を解析するだけでは、「主婦」の登場を相対化することは不可能である。一〇〇万の読者を惹きつけたものは何かということをふまえて、誌面を読み直すことが必要であると考える。この点において着目したのが「重宝記」である。

「重宝記」とは、便利な実用書ともいうべきもので、「宝典」「宝鑑」「秘訣」などさまざまな書名で明治二十年代以降盛んに出版された書物である。「重宝記」は、明治以降の時代を生きた人々が求めた、新たな市民社会の論理に適応する術を記した書物であり、営々と続く日常の暮らしの中で如何に生きるかもがく庶民の姿を映し出している。こうした書物は、共同体の煩わしさがない代わりにその庇護もなく、個として社会の中に漂う、たった一人で対峙しなければならない恐ろしさに対応するための生き方のヒント、コツを得たいと願った人々が求めた。同時に、その時代を生き抜くためのノウハウをまとめたものとして人気を集めたものの、その後すぐに忘れ去られるような一過性のものでもあった。こうした意味において「重宝記」は、時代の空気や雰囲気というべきものを伝える宝庫であり、改めて見直されるべきものと言えよう。この「重宝記」が、『主婦之友』においても誌面または別冊付録という形で登場している。このことの意味を解くためにも、「重宝記」の分析は、欠かせない。

本書は、近代日本において生み出された「主婦」という女性像を総体としてとらえるため、第一章から第四章までいくつかのテーマに従って記述した。そのため各章の内容は、同じような事象が繰り返し登場し、異なる「資料」によって同じことが導き出されることもあり、重複しているかのように見えるかもしれない。また、すでにさまざまな先行研究同様に、取り上げられているエピソードの集積でしかないとみなされる可能性もあろう。しかし、同じ素材であっても、読み取り方の前提が異なれば当然違った見え方がするものである。思うに歴史とは、素材とされる資料を問い質し、読み直すことによって描き出される世界といえよう。いわば歴史研究とは、ある歴史像を提示するために叙述することではないだろうか。この思いこそは、既存の単線的な「主婦」研究に違和感を抱き、ここに「主婦」なる言説に託された多様な相貌を抉剔しようとする筆者の研究をささえてきたものである。

「主婦」とは、近代化という大きな社会の変化にともなって新たに創造された世界と、世の中の動きとは無縁の変わらないまま持続する領域とが複合的に混在し、行きつ戻りつしながら複雑な螺旋状を呈し、さまざまな要素が分断し抽出され再構成されるという歩みの中で生み出され定着していったものであり、今もなお変容を遂げ続けているものである。日本の近代も、また同じような歩みをたどったものとして見直すことができるのではないだろうか。

註

（1）金田一京助・柴田武・山田明雄・山田忠雄編『新明解国語辞典』第四版　三省堂　一九八九年（初出　一九七二年）、五八六頁。

（2）椎根和『銀座Ｈａｎａｋｏ物語』紀伊国屋書店　二〇一四年、一九頁。

（3）『読売新聞』データベース「ヨミダス歴史館」（https://database.yomiuri.co.jo/rekishikan/）二〇一四年十月三日参照。

（4）上野千鶴子「歴史学とフェミニズム―「女性史」を超えて」『岩波講座　日本通史　別巻1』（歴史意識の現在）岩波書店　一九九五年、一六六頁。

（5）「主婦権」の解説における「主婦」は「主婦とは家庭生活において家事万般の管理にあたるもので、通例は家長の妻がそれにあたる。イエトウジ（家刀自）・エヌシ・ウチヌシ・カマダイフ・オカタ・オイエなどと地方によりいろいろの呼び名があった」と説明され、言葉の存在が自明のものという前提で用いられている（〝しゅふ・しゅふけん【主婦・主婦権】〟〝国史大辞典〟JapanKnowledge, http://japanknowledge.com,）二〇一四年十二月四日参照。なお、「家刀自」については、第一章註（19）参照。

（6）「はしがき」井上清『新版　日本女性史』三一書房　一九六七年（初出　一九四八年）、八頁。

（7）前掲（4）上野千鶴子「歴史学とフェミニズム―「女性史」を超えて」、一五四頁。

（8）井上清は、『研究評論　歴史教育』（歴史教育研究会）の昭和十二年六月特集号「女性史研究」（上笙一郎・山崎朋子編『復刻日本女性史叢書』第十五巻　昭和期4　クレス出版　二〇〇八年（初出　一九三七年）所収）において、「近世農民社会の女性」を発表し、『日本女性史』の原点ともいうべき論点を提示している。

（9）「まえがき」村上信彦『明治女性史』上巻　理論社　一九六九年、二頁。村上の主要な仕事として『服装の歴史』（全三巻　理論社　一九五五～五六年、のち全五巻）、『明治女性史』（全四巻　理論社　一九六九～一九七二年）、『大正女性史』（上巻　理論社　一九八二年）、『大正期の職業婦人』（ドメス出版　一九八三年）などを挙げることができる。村上は無名の女性たちが抑圧の中で如何に生きたかという問題関心のもと、家事や服装、「職業婦人」といった既成の研究が取り上げてこなかった女性の日常の活動に徹して研究に取り組んだ。

第一章　「主婦」という言葉

第一節　翻訳語「主婦」の登場

「主婦」という言葉は、明治時代に誕生した翻訳語の一つで、英語の'housewife'を訳す際にもともと存在した漢語を想起することで生み出されたものである(1)。翻訳語としての「主婦」の最も早い用例は、明治七（一八七四）年三月刊行の文部省百科全書の一編、百科全書第九十二編として刊行された『家事倹約訓』のなかにみえる(2)。『家事倹約訓』における「主婦」は、「家務ヲ管理スル方」という章の冒頭部分に次のように登場する。

> 家務ヲ弁スル事　一家ノ主婦タルモノハ凡テ其家ノ出納ヲ日々算計シ無益ノ費ナキヤウ注意スルヲ其任トス、此事ハ実ニ家務中ノ最モ緊要ナルモノナリ。然ルニ之ヲ怠ル主婦ハ恐ラク其心放恣懶惰《ワガマヽブシヤウ》ナルカ又ハ其教育ノ悪キナルベシ（史料中の句読点は著者の記入）

「家務ヲ管理スル方」は、一家の金銭出納を管理することの大切さを説いた章で、「主婦」を家計管理の責任者と位置づけ、収入と支出とを「算計」し、無駄な出費をなくすことが「家務」すなわち家のなかでの務めにおいて最も重要なことであると述べている。万一その務めを怠れば、「其心放恣懶惰《ワガマヽブシヤウ》」か「教育ノ悪キナルベシ」と、「主婦」たる人の教育の程度や人格まで断罪されると説いている。

『家事倹約訓』の原典は、イギリスで一八三三年に初版が発行された百科事典“Information for the People”に収められた一章‘Household Hints.’という部分である。『家事倹約訓』の「一家ノ主婦タルモノハ」以下の一文に相当する‘Household Hints.’の原典部分は、次のような一節である。

> Housekeeping. -Every good housewife is expected to keep a regular and continuous account of her income and expenditure. This is indeed perhaps the most essential in the routine of domestic duties, and she must posses an ill-regulated mind, or have had an insufficient education, who neglects it.(3)

‘Housekeeping’は、「家務ヲ管理スル方」と訳され、続く‘Every good housewife’の部分が「一家ノ主婦タルモノハ」と訳されている。ここに「主婦」は、‘housewife’の翻訳語として登場したのである。

しかし、‘housewife’の訳語は初めから「主婦」があてられたわけではなかった。文久二（一八六二）年発行の英和辞書『英和対訳袖珍辞書』は、幕末から明治初期にかけて発行された和英、英和辞書のうち、‘housewife’が見出し語として採録された最も早いものの一つであり、ここでは「妻、能ク家ヲ保ツ女、針入レ」との意味が記されている。(4) 明治二年発行の改訂増補版『和訳英辞書』(5)は、‘housewife’を「妻。能ク家ヲ保ツ女。針箱ノ類」と訳し、『英和対訳袖珍辞書』とほぼ同様の解釈を示し、同六年発行の『附音挿図　英和字彙』(6)は「内室《オカミサン》。家事《クラシカタ》に巧手《カウシヤ》ナル婦人《ヲンナ》。縫具箱《ヌヒダウグイレ》」との訳を載せ、「内室」という漢語に「オカミサン」というルビをふって表記した。三つの訳は、いずれも‘housewife’が人の妻であり、巧みに家事をこなす女性であり、あるいは針仕事に長けた女性との意味を表している。「内室」に「オカミサン」というルビをあてたしめし方は、‘housewife’が従来から用いられていた「オカミサン」と同様の意味であることを表したものであり、『家事倹約訓』が翻訳される以前の英語の‘housewife’が人の妻であり、「オカミサン」の意味であると受けとめられ理解されていたことによる。

『家事倹約訓』の翻訳において「主婦」という言葉が用いられたのは、翻訳者の言語能力、とりわけ漢籍の素養が大きく作用したことによっていた。『家事倹約訓』の翻訳者は、日本の商業地理学の先駆者として知られる永田健助である。永田健助（一八四四―一九〇九）は、武州忍藩士の子に生まれ、早くから洋学を志し、福澤諭吉の慶應義塾が創立されると直ちに入学、地理書講読の教師となり、その後文部省七等出仕、陸軍参謀本部御雇、大学南校教員、慶應義塾大学理財科および商業学校の教員を歴任した。[7] 永田は、武士の子として漢籍の素養を備え、当然漢語の「主婦」という言葉の存在を知っていたとみられ、'housewife' の翻訳にあたってこうした知識を動員したと考えられる。

漢語としての「主婦」の用例は、『礼記』にまでさかのぼる。諸橋轍次『大漢和辞典』は、「①祭祀に主となる女」「②一家をつかさどる女。本妻。正室。主閫。」との二つの意味を掲げている。「主婦」は、本来神に仕える女性を指し、神を敬い畏れる気持ちをともなう意味から、②の「本妻」「正室」という唯一無二の存在との意味が発生したと考えられる。「主閫」は、「閫」が婦人の居所を指し、やはり「主婦、正妻」の意味とされる。①の意味の用例は、『儀礼』「士喪禮」に「主婦東面、馮亦如此」との部分が見え、「東面」という神に向き合う位置にあることを示している。また、『礼記』「曾子問」にみえる用例「非宗子、雖無主婦可也」は、「宗子」すなわち一家一門のリーダーでなければ、「主婦」が無くても可とする、との意味となり、一族の長に相当する人にとって、神に仕える女性の存在が無くてはならない必須の重要なものである、との意味を表すものと解釈できる。漢語の「主婦」の用例は、神に仕えるとの役目において、男性のみならず女性が重要な位置を占めたことにもとづくものであり、この意味において家の中で唯一無二の高い地位を表す「本妻」「正室」との意味を持つことになったと考えられる。

『日本国語大辞典』は、最も早い「主婦」の用例として享保十四（一七二九）年の伊藤東涯（一六七〇―一七三六）の随筆『秉燭譚』にみえる「姑公と云は即阿家阿翁なり。主婦主人をいふ。公姑と云はずして、姑公と云は韻に便するなり」をあげている。ここでの「主婦」は、「主婦主人」という対句として使われ、「阿家」が姑、「阿翁」が舅の意味であり、これがすなわち「主婦主人」に対応するとされている。「主婦」が「主人」とともにセットで用いられた用例は、儒教にもとづく儀礼において重要な存在との位置づけが知られていたことによる。(8)「主婦」が「主婦主人」という組み合わせで用いられていたことは、「主婦」が江戸時代においてその存在が知られていたものの、漢語の「阿家」すなわち姑の意味と解釈され、一個の独立した単語として使われてはいなかったことを表している。このことは、日常の暮らしのレベルにおいて漢語の「主婦」を使用する場面がほとんどなく、わざわざ漢語を用いて表現する必要がなかったことをしめしている。(9)

「主婦」が'housewife'の訳語として想起されたことは、原典である'Household Hints.'の内容に沿った翻訳がなされたことによる。"Information for the People"は、一項目を雑誌一冊とほぼ同額の一・五ペニーという安さで分冊販売し、合計百余りにのぼる全項目をまとめると、上下巻それぞれ約八〇〇頁という大部の書物となるA四判サイズの百科事典である。刊行一年目の各分冊の平均売り上げは、およそ七万部に達し、十九世紀半ばのイギリスを代表するベストセラーの地位を確保した。(10)"Information for the People"は、世界の七つの海を制覇し「大英帝国」として隆盛を誇っていた十九世紀中頃のイギリスにおいて、産業革命による工業の発展と貿易の拡大により、貴族や大地主に代わって新たに力をつけてきた銀行家や貿易商、工場経営者などのいわゆる新興ブルジョワジーなど、イギリスの隆盛を担う人々が新たな時代にふさわしい知識を啓蒙する書物を求めていたことに支えられていた。

"Information for the People"は、何度も改訂が繰り返され、版ごとの項目や内容に大きな違いがみられる。『家事倹約訓』の原典となった'Household Hints.'という項目は、一八三三年の初版にはなく、早くて一八五六年から五八年頃にかけて発行された'New Edition'以降に初めて登場している。(11)'housewife'の務めを記した'Household Hints.'は、"Information for the People"の初版発行から二十年以上を経て、妻たる女性の位置づけに注目が集まったことを背景に説かれた。'Household Hints.'は、家計管理において一家の財布をあずかる務めを'housewife'＝「主婦」が担うべきであると説いた内容を含み、十九世紀半ばのイギリスにおいて‘housewife’による家計管理という問題を改めて説き起こさなければならない社会的な要請が生じたことで登場したといえる。このことは、“Information for the People”が出版された十九世紀半ばのイギリスにおいて、‘housewife’による家計管理ということが決して一般的な事柄ではなかったため、わざわざ百科事典において解説する必要があったという事情を想像させる。

英語の‘housewife’は、最初の用例が十三世紀に見出せるミドル・イングリッシュで、‘house’と‘wife’との組合せにより成り立つ[12]。直訳すれば「家（の）妻」であり、こうした概念が登場したことは、中世のイギリスにおいて貴族が成長し、広大な土地所有が進展したという歴史と無関係ではない。中世イギリスにおける大地主パストン家の書簡集は、夫亡き後絶大な力を揮い、一家を盛り立てた妻たちの働きを伝えている[13]。その働きは、土地所有の法的保障が必ずしも万全ではなかった中世において、侵略者に土地を強奪されるのを防ぐため夫の留守を守り、時には武器をとって敵と闘わねばならない事態において戦闘の指揮をとることにも及んでいた。さらに土地の囲い込みにより強大な力を持つ大地主が再編され富裕な有閑階級が生まれ、大規模な家の経営に有能な執事とともに多数の使用人を束ね、執務を掌握する強力な力を持つ妻の存在が不可欠となった。このことが単に妻たる‘wife’としてではなく、「家の妻」としての‘housewife’という概念が定着していく理由の一つと考えられる。また、イギリスが大航海時代を経て海外に植民地支配を展開したことは、妻たる女性の働きが重視される要素の一つとなった。入植者の多くは、貧しい暮らしから抜け出すため新天地を求めて海外に旅立ち、あらゆる事物をゼロから生み出さねばならず、生死を左右するような困難を切り抜けるため夫だけではなく妻の才覚も欠かせなかった。

このことは、アメリカ大陸の西部開拓物語『大草原の小さな家』における強き母、「母さんキャロライン」の姿にも投影されている[14]。植民者たちは、一家の存亡を懸け、より一層家族が団結することが求められ、生きていくために男女とも重い責任を負っていた。こうした開拓民の姿は、十九世紀のイギリスにおいて田舎から大都市へと移り住んだ人々の姿にも重ね合わせることができる。妻たる女性は、その結束の要として、単なる妻ではなく‘housewife’としての務めを負うことが求められたのである。‘housewife’という言葉の登場は、生死を分けるような厳しい条件のもと、妻たる女性に一家を支える働きが特に求められるという事情が生じたことによっていた。

女性が家計管理の役割を担うことを勧めた‘Household Hints.’の内容は、翻訳された頃の明治の社会ではごく自然に受け入れられたと考えられる。日本の女性が一家の財布を握ることは、イエズス会宣教師ルイス・フロイスが十六世紀後半の戦国時代の日本社会をヨーロッパ文化と比較した記録にも登場している。フロイスは、「ヨーロッパでは財産は夫婦の間で共有」するのに対し、「日本では各自が自分の分を所有」し、「時には妻が夫に高利で貸付ける」という事実に驚嘆するとともに、日本において女性がお金を握ることはごく当り前でその地位が相対的に高いものであると観察した[15]。妻が独自に現金を所有し、しかも夫に有利子で貸付をするということは、夫と妻とが対等の力関係を有し、むしろ妻の力の強さを表す「嬶天下」(「嚊殿下」)などの言い方にも象徴されるように、女性が機織などの技術によって現金収入の途を得ることで、社会的にも強い立場を持っていたことを反映するものであった。

『家事倹約訓』は、原典の‘Household Hints.’において‘housewife’という言葉が一家の財布を握る務めを負った存在との意味合いで説かれていたことから、フロイスが注目した日本の女性の相対的な地位の高さを表すため、すでに英和辞書に登場していた「内室」ではなく、「主」=「あるじ」という文字を含む「主婦」という言葉を想起したと考えられる。ただし、『附音挿図　英和字彙』において「内室」が‘housewife’の訳語として用いられなかったことは、‘housewife’という言葉の背景に「内室」では表しきれない意味があるとみなされたことによる[16]。永田は、英語の‘housewife’という言葉の背景に「オカミサン」や「内室」の範疇にはない「本妻」「正妻」との意味があると読み取り、こうした意味を持つ漢語の「主婦」を訳語にあてたのではないかと想像される。漢語の「主婦」は、「内室」にはない意味を含む言葉として想起され、やがて‘housewife’の訳語として定着するにいたったのである。

英和辞書に用いられた'housewife'を表す意味の一つ「オカミサン」は、「御上様」「御内儀様」の読みで、「他人の妻を敬って呼ぶ語」であり「身分のあまり高くない、主として商人や職人などの妻。それらの家の主婦。または女主人」という意味の「カミサン（上様）」に、尊敬の意味の「オ」をつけた形である。[17] 柳田国男は、「オカミサン」について「近世に於ては又オカミ・オカミサンといふのが、東北の一部では神に仕へる盲の巫女の呼び名でありました」と述べ、「オカミという名称は床の上、ことに炉のある表の間のこと」であり、上方では「オカミ」は「オイエ」といわれ、「家々の表の間のことであり、また本家の呼び名」でもあることから、「オカミ」が女あるじを意味する敬称となったと述べている。[18] その存在は、「主人がまずこれを承認して、一家一門の男女に対する威信を支持したのみならず、外部の人々もまた礼儀としてこれを互いに尊重した」という、一家一門のみならず近隣の人々の尊敬を集めるものとしてとらえられている。「オカミサン」は、一家一門の人間を束ねる度量を備えた女性に対する尊敬の意味が込められた呼称であった。

ほかに、「オカミサン」と同様に妻たる女性への尊敬を表す言葉に「家刀自」がある。「刀自」は「トヌシ（戸主）」が詰まったもので、天皇の住まいである禁中の御厨子所・台盤所・内侍所に奉仕した夫を持たない独立した職分の女房を指す言葉であり、いわゆる貴婦人を意味する尊敬語であった。「家刀自」は、家族に食事をとりわけるしゃもじを支配する女性を指し、一家でただ一人の女性がこの権限を持つとされ、「杓子渡し」により姑から嫁へと権限が譲渡されることで一家の女あるじとの意味を表す。[19] さらに「家刀自」は、酒を醸し宴会の席で酒を給仕するという役目があり、酒に酔って神に近づくことを宴会の眼目とする日本社会において、神に奉仕する聖なる存在として高い地位を有した。

「オカミサン」や「家刀自」は、一家を束ねる妻たる女性への敬称であり、神に仕える存在との意味を持った社会的に高い地位を表すものであった。明治以前の社会において「主婦」という漢語がほとんど用いられなかったことは、日本の女性が糸紡ぎや機織などの生産に従事し、現金を手にする力を持っていたこととあわせて、もともと女性への尊敬を表す言葉が存在したことで、漢語に頼る必要がなかったからといえる。「オカミサン」「家刀自」などの言葉が和語の中に存在したにもかかわらず、『家事倹約訓』の翻訳において‘housewife’の訳語に漢語の「主婦」があてられたことは、‘housewife’という言葉に女性への尊敬を表す「オカミサン」「家刀自」などに含まれる従来からの概念では言い尽くすことの出来ない意味合いが見出されたからにほかならない。

穂積清軒訳『家内心得草　一名保家法』は、『家事倹約訓』に次ぐ早い時期に翻訳語として「主婦」という漢語が使われた書物である。訳者の穂積清軒（一八三七―一八七五）は、三河藩士の家に生まれ、蘭医坪井信道や村田蔵六（大村益次郎）に師事して蘭学を修めた後、幕府軍艦操練所の翻訳方に採用され江戸・赤坂に家塾を開いた蘭学者である。(20) 穂積は、佐幕開国論を唱え彰義隊との接点が疑われたことで慶応二（一八六六）年に投獄され、その後豊橋に塾を開き女子教育所を興すなどし、仕官の勧めにも一切応ぜず明治七年八月に三八歳で病没した。穂積は、蘭学者として一家をなすも、獄に繋がれたことで以後一切の宮仕えを拒否した反骨の人であった。この『家内心得草』は、武士の子として十分な漢籍の素養を備え、蘭学を学んだ穂積清軒の言語感覚をもって翻訳されたものである。『家内心得草』の発行は、奥付によれば『家事倹約訓』から二年遅れた明治九年五月であった。しかし、実際に翻訳されたのは、著者の穂積清軒が明治七年八月に没していることと、「緒言」に「明治七年五月」との日付があることから、明治七年三月刊行の『家事倹約訓』とほぼ同じ頃と推定することが出来る。

「主婦」という言葉は、『家内心得草』の「緒言」において、その責任の重さを説いた次の一文の中に登場する。

> 人世ノ道。《ママ》夫ハ外ニ出テ、其産業ヲ営ミ、妻ハ内ニ居テ其家事ヲ治メ、夫妻相扶ケ内外相依リ以テ一家生産ノ事ヲ全フスルナリ。故ニ内ヲ治ムルノ方宜シカラサレバ、外ニ在ル者如何ニ其業ヲ勉ムルモ竟ニ生産ノ事ヲ全フスル能ハス。是レ一家ノ主婦タル人其責ノ重クシテ、決シテ其職分ヲ軽忽ニ思フヘカラサル所以ナリ。今此

書ノ要全ク其職分ヲ知ラシムルニ在リ（史料中の句読点は著者の記入）

ここでは、夫が外で働き妻は内を治めることで「夫妻相扶ケ」ることができ、妻の家の内を治める働きが悪ければ、夫の外での働きも不十分となってしまうとしている。こうならないため、妻が家を治める「主婦」としての職分を全うすることが重要なのだと説いている。『家内心得草』は、夫が外で働き、妻が内を治めるという武士の暮らしに即した考え方を前提に、内を治めることが妻として重要な務めなのだということを編纂の目的に掲げた、啓蒙の書であった。

「オカミサン」や「家刀自」は、妻をあらわす尊敬の名称ではあるものの、漢語の「主婦」に含まれる「本妻」「正室」という意味を直接表すものではない。ほかに妻を意味する言葉に「ニョウボウ」があるものの、宮中に仕える女性の身分を指す「女房」が次第に一般の人の妻を指す言葉として定着したもので、一家の「主人」に並置しうる意味を持つものとはいえない[21]。また、「奥様」は、身分の高い人の妻を表す尊敬語であり、他人の妻を呼ぶ際の呼び名であって、同じく「主人」に対して対句として用いるには適当ではない。このことは、英和辞書に訳語として登場した「内室」という漢語も同様である。

『家事倹約訓』において'housewife'が「主婦」と訳されたことは、永田健助が福澤諭吉の慶応義塾門下に連なる人物であったという事情が大きく影響していたとみられる。『家内心得草』を翻訳した穂積清軒は、大村益次郎に師事し、大村と同様緒方洪庵の適塾に学び、幕府翻訳方に身を置いた福澤諭吉とのつながりを連想させる。穂積清軒もまた、福澤門下の永田健助が訳した『家事倹約訓』にも通じる共通の知識の基盤というべきものがあったと考えられる。「主婦」という翻訳語は、永田健助や穂積清軒という漢籍の素養を持ち、福澤諭吉との関連を予想させる人物が翻訳したことで登場したとみられるのである。

福澤諭吉は、慶応二（一八六六）年に西欧世界についての総論と各国の政治、風俗を伝える『西洋事情』初編を著し、翌十年「西洋普通の事情を尽す」との目的で"Information for the People"と同じチェンバースによる"Political Economy"の抄訳を『経済小学』と題し『西洋事情外編』の一編として発行した。『経済小学』の「家族」の章は、冒頭「人間の交際は家族を以て本とす」との一文に始まり、福澤が「交際」と訳した'society'が家族の集合により構成され、「夫婦親子団欒一家に居るものを家族と云ふ」と定義づけている。福澤は、十九世紀のイギリスにおいて「家族」が'society'を構成する一単位であるとの認識が広まっていたことをふまえ、夫婦とその子供を基本とする「家族」に「団欒」との要素を加えた一団体が「人間の交際」の源であると説いた。ここで説かれた「家族」は、福澤がイギリス社会の繁栄の原点とみなしたもので、「団欒」との言葉を添えた点で夫婦親子の集まりという以上のあたたかくつろいだ感覚の人間関係を連想させる。(22) 永田健助や穂積清軒が'housewife'という言葉に対し「妻」や「家の妻」、「内室」などではなく「本妻」「正室」の意味を含む「主婦」という訳語をあてたことは、言葉の背後にある人間関係の度合いのようなものをしめそうとしたことによるのではないだろうか。

'housewife'という言葉は、一夫一婦を基礎とする家族の人間関係を前提に、日本において正妻の他に妾を置き後継たる男子を確保するという一夫多妻とは異なる西欧の規範を伝えることとなった。訳語の選択は、団欒とセットになった「家族」という言葉を訳出した福澤の影響のもと、西欧社会の繁栄を基礎づけるものが「家族」の中にあるととらえられ、その人間関係の一部である妻を表す'housewife'という言葉においても、従来とは全く異なる要素を盛り込む必要があると判断されたと考えられる。このことは、翻訳者たちが'housewife'という言葉の翻訳においてなじみのない漢語の「主婦」を用いたことによく表れている。'housewife'としての女性像は、一家の家計管理を担当する人との意味が強く、日本の社会においては「家刀自」や嬶天下と称される女性像と同じである。しかし、'housewife'は、「家刀自」でもなければ「オカミサン」でもない、なじみの薄い漢語の「主婦」と翻訳された。このことは、和語の感覚から英語の'housewife'に含まれるニュアンスまで、あらゆる雑多な要素を一つの言葉に盛り込むことを可能にし、女性像を言い表す言葉として「主婦」が定着していく最も大きな理由となったのである。

永田健助ら翻訳者は、‘housewife’という言葉に託された問題解決という課題を、「主婦」という漢語によって表現しようとした。英語の‘housewife’を翻訳する際の翻訳語として見出された「主婦」は、既存の「オカミサン」や「オクサマ」、「ニョウボウ」「家刀自」などではなく、「妻」や「内室」でも意を尽くせないものがあると判断されたことで登場した。「主婦」という漢語は、まさに女性に対する新たな意味づけがなされようとした時代に、あらゆる意味づけを盛り込むことを可能にする言葉として登場したのである。

第二節　‘housewife’の務め

“Information for the People”は、「大英帝国」の繁栄に伴って生じた諸問題に対応し、よりよく暮らすための知識を収めた百科事典であった。初版になかった項目‘Household Hints.’は、十九世紀半ばのイギリスにおいて大都市の水質汚濁や大気汚染、人口流入によるスラムの増殖など、産業化が引き起こす生活環境の悪化という問題が深刻さを増していたことに対応するものとして著された。‘housewife’に課された務めは、十項目にまとめられ、『家事倹約訓』の訳では次のようにしめされた。（英文は‘Household Hints.’による）

上之巻

①家屋ヲ撰ヒ之ニ器什ヲ供スルノ方（CHOICE AND FURNISHING.）
②家務ヲ管理スル方（ORDER AND MANAGEMENT.）
③家屋及ヒ器什衣服ヲ清浄ニスルノ方（CLEANING AND POLISHING.）
④「ヴエルミン」ヲ絶ツノ方（DESTROYING VERMIN.）

下之巻
⑤火災等ノ難ヲ遁ル、ノ方（ESCAPE FROM BURNING,&C.）
⑥薪水ヲ用キルノ方（MANAGEMENT OF FUEL AND WATER.）
⑦家内ノ需要品ヲ製スルノ方（SMALL DOMESTIC MANUFACTURES.）
⑧雑説弁薬方（MISCELLANEOUS HINTS AND RECIPES.）
⑨博集堂（CABINET COLLECTIONS.）
⑩身体ヲ摂養スル方但粧檯ノ部（PERSONAL ECONOMY-THE TOILET.）

'ORDER AND MANAGEMENT.'＝②「家務ヲ管理スル方」は、家計簿のような記録をとり、一定の収入の範囲内で計画的に生活することが最も大切であると説くことから始めている。'DESTROYING VERMIN.'＝④「『ヴエルミン』ヲ絶ツノ方」は、ネズミ、ノミ、シラミなどの病害虫一般を指す「ヴエルミン」の駆逐法を説き、コレラの原因が「瘴気」であるという当時流行の「学説」を反映し、産業革命後のイギリスに生じた都市環境の急速な悪化という問題に対し最新の対応策をしめしたものである。

急速な都市化が加速した十九世紀半ばのイギリスは、ロンドンのスラム街がヴィクトリア朝期の三度にわたるコレラ大流行の温床となり、住人の大部分を占める下層労働者に多数の患者、死亡者が発生した。[23] 労働者の貧困は、エンゲルスが一八四五年に『イギリスにおける労働者階級の生活状態』の中で報告したように、不衛生かつ劣悪な住まいで寝食し、切り詰められた賃金で食費を削るあまり満足な栄養が得られず死亡するなど悲惨を極めていた。このため、貧困の解決が重要な問題として注目され、乏しい収入をすぐに使い尽くしてしまうという習慣を改善し、限られた現金を如何に遣り繰りするかという知識が不可欠とみなされた。[24] 'housewife'としての女性像は、イギリス社会の背後に広がる諸問題に対応する知識を備え、何より一定の収入を計画的に遣り繰りし、一家の生活を維持し支える務めを負う存在として説かれた。「主婦」との訳語は、'housewife' という言葉の背後に込められたこうした意味を読み取った翻訳者たちによって、最もふさわしいものとして見いだされたのである。

英語の書籍を原典とする翻訳作業は、西欧社会、特にイギリスの発展の理由を探りたいとの目的のもと、今後の日本社会を如何に導くかという使命感に支えられたものであった。明治四（一八七一）年に発表された中村正直の『西国立志編』は、こうした問題意識により翻訳された書籍の一つであり、福澤諭吉の『学問のすゝめ』とともに明治期のベストセラーの双璧を築いた。中村正直（一八三二—一八九一）は、幕府の教育者として最高の「儒者」という身分を顧みず、慶応三（一八六七）年から約一年半にわたり幕府遣英留学生の監督との立場で随行した[25]。中村は、帰路の船上で啓蒙思想や自由主義思想を反映した十九世紀イギリスを代表する出版物の一つであるサミュエル・スマイルズの "Self Help" を知り、翻訳を決意した[26]。

"Self Help" ＝『自助論』は、一八五六年に著され、イギリスの発展に寄与した人物を中心に西欧の三百有余人の立志成功談を収めている。『自助論』は、産業の発展により富者・貧者の間に大きな格差が生まれていたイギリスにおいて、貧しい人々にも「独立自助」の精神をもって勤勉に働けば、やがて上層の階級へ上昇することができるという価値を提示した[27]。スマイルズが説いた「自助」の精神は、産業の黄金期を迎えたイギリスにおいて他に抜きん出て人より先を行くという競争原理が行き渡り、上昇志向の青年たちによりよい暮らしを得るための秘訣の書ととらえられ、十九世紀中頃のイギリスの人々に広く支持され、ヴィクトリア朝を代表する書籍として広まった。しかし、中村正直が "Self Help" に見出したのは、幕府瓦解の後、己の行き場を見失った旧幕臣たちに如何に生くべきかを指ししめす光明の書となりうるという価値であった。

幕府の帰国の命により、一年半のイギリス生活から帰国した中村正直は、七十万石の一大名として静岡藩主とされた徳川亀之助（家達）に随い、明治元年九月に静岡藩へ移った。静岡藩への移住は、明治新政府から疎まれ「逆臣」との譏りを受け、無禄移住を願い出た禄高二〇〇石以下の人々が圧倒的で、身一つの無一文となった旧幕臣やその家族、合わせて三万五、〇〇〇に上る移住者たちを、日々の糧にも事欠く惨状へと追い込んだ。

幕府天文方の家に生まれ四歳で静岡へ移住した山路愛山（一八六五―一九一七）は、旧幕臣たちの境遇が「「軽蔑せられたる静岡人士」の境遇に身を置きたるが故に頗る敗者の運命を会得せり」というものであったと述べ、「敗残者」という失意の中にあったことを回想している。[28] 愛山は、逼塞した日々を過ごしていた十五歳の時に『西国立志編』に出会い、「天地の間僕の如きものと雖も、脚を着くるの地あるを知」るという光を見出した一人であった。[29]『西国立志篇』は、明治維新後「敗残者」との意識から進むべき方向を見失った旧幕臣の人々を励ますとの思いで翻訳された。その姿勢は、イギリスにおいて"Self Help"が求められた成功のための具体的な秘訣を与えるものとしてではなく、勝者・敗者を決定づけるような基盤をも解消しうる、如何に前向きに生きるかという生き方の問題を説いた書として翻訳するというものであった。中村の思いは、「成敗」、つまり結果のみを見て事足れりとする、いわば勝てば官軍との態度を批判した同書の序文にも表れている。

人あるいは功なくして敗るるものあり。しかれども、善事を企てて成らざる者は、善人たることを失わず。ゆえに敗るるといえども貴ぶべし。不善のことをなして、一時あるいは成就するとも、ただに汚名を流すのみ。ゆえに人のことをなすは、善悪如何、と問うを要す。その跡の成敗のみを観るべからず

人が何事かをなす時には「善悪如何」が問われるとの言葉は、藩閥による新政府の政治が敗者を虐げるものにほかならないことを看破し、勝者が陥る驕りの風潮を痛撃したものであった。『西国立志篇』は、「敗残者」という厳しい境遇にある旧幕臣に、たとえ如何なる逆境のもとでも「品性」を保って行動することが何より尊く、そうした姿勢を貫けばやがて身を立てることができるのだという励ましの書として著された。このことは、「英国の富強は、至貧至賤の人の力に頼る」との言葉にみられるように、『西国立志編』に登場する人物の大部分が貧しい職人や商人、小

農の出身であることによっていた。中村は、イギリス留学を通して直接イギリスの人心や風俗に触れ、「けだし国は、人衆あい合うの称なり。故に人々の品行正しければ、すなわち風俗美なり。風俗美なれば、すなわち一国協和し、合して一体を成す。強何ぞ言うに足らん」と述べ、西欧文明を支える精神が「至貧至賤」の人にも浸透し一国を形作っていることを認めていた。中村は、"Self Help"に潜むイギリス人の精神的支柱をはぐくむ土壌へと眼を向けていたのである。

中村正直が翻訳に込めた旧幕臣たちへの励ましという意図は、穂積清軒訳『家内心得草』にも見出すことができる。『家内心得草』は、書名から連想されるような家事の技術を説いた翻訳書というわけではなく、中村が"Self Help"を翻訳したのと同様に、西欧の社会を支える精神とは何かを追求したいとの思いから翻訳されたと考えられる。このことは、穂積清軒が十九世紀の西欧社会で説かれた中流階級向けの書を、生活の仕組みが全く異なるにもかかわらず翻訳したことを述べた「序」に表れている。

女今川女庭訓等従来婦人ノ教訓少シトセス、然レドモ皆慣習ノ説ニシテ婦人権利ニ於テ其天分ノ境界ヲ狭ハメルコト少ナカラス、殊ニ家計ヲ管スルノ方法ニ至テハ其書絶無ト謂フモ可ナリ。故ニ婦人ハ唯従順ノ美徳タルコトヲ知リテ曾テ家事ヲ幹スルノ職分タルコトヲ知ラス、甚キニ至リテハ独顔色ヲ以テ良人ノ玩具ニ供スル殆盆卉瓶花ト一般ナルアリ。世ヲ憂フル者日本人民ノ卑屈恥無キヲ以テ独男子ニノミ責ム可ケンヤ。（略）世ノ主婦タラン人能ク此書ヲ読ミ其躬行ニ反省シ履行セハ、其結果ノ快楽何ソ独今ニ流行セル絃歌舞踏ノ類ニシテ止マン哉（史料中の句読点は著者の記入）

穂積は、「女今川女庭訓」のような教訓書が「婦人権利」を狭めていると断じ、「家計ヲ管スルノ法」などの新しい知識を備え、「家事ヲ幹スルノ職分」を自覚することが新たな時代の女性に求められると訴えている。穂積清軒がとらえた日本の女性の現状は、「独顔色ヲ以テ良人ノ玩具ニ供スル殆盆卉瓶花」の如きもので、夫の顔色を窺い、花か何かのように動かず流行の「絃歌舞踏ノ類」に耽るというものであった。穂積は、こうした状況が「日本人民ノ卑屈恥無キ」状態をもたらすものにほかならず、「日本人民」という国全体に関わる問題として男子のみならず女子自らも自覚をもって考えるべきものととらえ、圧倒的な西欧諸国の国力を肌身に感じていた当時の知識人の一人として、一国を背負う責任が男子のみに帰されるはずはなく、女子の力もともに必要だとの感覚を持っていた。このことは、穂積が故郷豊橋において女子教育を手がけたことにも表れている。(30)

『家内心得草』は、「世ヲ憂フル者」の一人として原典となった書物を手にした穂積が、新しい時代の女性の「美徳」を提示するとの使命感のもと翻訳した書物であった。そこには、西欧のさまざまな制度文物の仕組みへの注意深い観察の眼があり、翻訳という作業を通して西欧社会の有り様を読み取り、その発展の原動力は何かを探りたいとの姿勢があった。

『家内心得草』の原典は、「緒言」に「此書ハアメリカノ婦人ビートン氏カ撰著セシ料理叢書中保家法ノ一篇ヲ撮訳セルモノナリ」という箇所があり、アメリカ人女性「ビートン氏」による「料理叢書」の翻訳であるとされている。従来「ビートン氏」という名前から、一八六一年にイギリスで出版され、今日まで版を重ねているロングセラー“Book of Household Management”＝『家政読本』の著者、イザベラ・ビートンが「ビートン氏」であるとされ、この『家政読本』がアメリカでも出版されたために「アメリカノ婦人ビートン氏」という記載がなされ、イザベラ・ビートンの『家政読本』が『家内心得草』の原典であるとされてきた。(31)

しかし、“Book of Household Management”と『家内心得草』の章立てや内容を比較すると、部分的に一致する箇所があるものの、対応するのはごく一部分に止まり、原典にない文章も多数みられる。その一例として、『家内心得草』の「勘定の事」という章は、「小遣一週間仕上帳」という具体的な数字を示した表があり、収入を示す「受取口」の欄に「正金　三一、四六五〇」、「支払口」の項目に「洗濯屋」「肉屋」「麺包屋」「牛乳」などの名称がみえられる。

しかし、原典とされる“Book of Household Management”には「小遣一週間仕上帳」に相当する具体的な数値や項目に対応する英文がみられず、意訳と考えるにも英文との隔りが大きすぎる。従って、これを『家内心得草』の原典とみなすには無理があると考える。(32)

ビートン夫人の“Household Management”＝『家政読本』の存在は、明治七年六月発行の高田義甫《よしとし》『女黌必携　女訓　一名新女大学』の中で、既に紹介されていた。(33)『女訓』は、「緒言」において、「イギリス国、イザベラ・ビートン」の『ハウスホルト・メネージメント』を「女必要《おんなひつよう》の書なり」と紹介し、「西暦一千八百六十一年」に完成した書物であると説明している。『女訓』の序は、「明治七年二月」との日付があり、『家内心得草』の「序」にみられる同年五月という日付よりも三カ月ほど早く、『家内心得草』の成稿以前に“Book of Household Management”が日本に紹介されていたといえる。それゆえ、その存在を全く知らなかったという場合は別としても、著者や発行年がはっきりしている『家政読本』について、穂積清軒が「アメリカノ婦人ビートン氏カ撰著」と紹介することは考え難く、このことも『家内心得草』の原典が『家政読本』ではないといえる理由の一つである。

“Household Management”は、イギリスのみならずアメリカでも出版され現在まで版を重ねている英語圏のロングセラーであり、似たような内容の本も多数出版され、人気の高さゆえの類似本の存在が想像される。(34)ビートン夫人の『家政読本』は、『家内心得草』の内容を形づくるのに少なからぬ影響を与えた、十九世紀半ばのイギリスの社会を色濃く反映した書物であった。『家内心得草』の原典は、“Household Management”の内容を参考にしつつも別の内容が書き加えられたもので、アメリカの出版業者が「ビートン」の名を用いて出版したものという可能性が考えられる。

“Household Management”＝『家政読本』は、サミュエル・ビートンが主宰する雑誌“The English woman's Domestic Magazine”に一八五九年から翌年にかけて掲載された、妻のイザベラ・ビートンが著したイギリスの中流階級向けの家政に関する記事をまとめたもので、発行から最初の一年でおよそ六万部を売り切ったといわれる。[35] 内容は、全四十四章のうち三十八章分が台所や料理に関するもので、道具や材料についての解説、さまざまなレシピ、大人数のディナーの催し方などが図解され、一週間ないし一カ月ごとの収入と支出を明記する‘housekeeping account-book’＝「家計簿」を作ることを提案し、家計管理が‘housewife’の重要な仕事の一つであることをしめしている。イザベラ・ビートンは、執筆の動機を妻の食事がまずいといって外に出歩く夫たちの姿に嘆いたからと述べている。[36]

十九世紀中頃のロンドンは、アルコールを供するパブやコーヒー・ハウスが隆盛で、家に帰らずパブに立ち寄り一杯ひっかける夫たちの姿があふれていた。夫が外でうろうろし家に寄りつかないということは、当たり前のこととみなされる風潮が広がっていた。[37] イザベラ・ビートンは、夫たちを家に呼び戻すためには家の中を外の世界よりもはるかに居心地のよいものにすることが大切であり、おいしい料理を作ることが最も大事なことだと説き、さまざまなレシピの紹介に精力を注いだのである。

こうした家を居心地の良いものとすべきとの発想は、「埴生の宿」の邦題で知られるバラッド「ホーム・スウィート・ホーム」が“Self Help”とほぼ同時期の一八六〇年から七〇年代頃に流行したことにも表れている。[38] 十九世紀中頃のイギリスは、競争原理を突き詰めた中で『自助論』が読まれるという風潮とともに、競争の激しい世の中にあって外の世界で疲れた気分を和らげる場所として、理想の「ホーム・スウィート・ホーム」が求められるという、相反するものが併存する土壌を作り上げていた。ビートン夫人の『家政読本』は、家の切り回し方や料理のレシピ、さまざまな社会的たしなみを教えてくれるだけの書ではなく、この時代の人々が理想とした家族のあり方を説いている。このことは、家族一同の夕食の後、夕べのひとときを家で過ごすことの大切さを説いた次の部分にも現れている。

OF THE MANNER OF PASSING EVENINGS AT HOME, there is none pleasanter than in such recreative enjoyments as those which relax the mind from its severe duties, whilst they stimulate it with a gentle delight. Where there are young people forming a part of the evening circle, interesting and agreeable pastime should especially be promoted. It is of incalculable benefit to them that their homes should possess all the attractions of healthful amusement, comfort, and happiness; for if they do not find pleasure there, they will seek it elsewhere. It ought, therefore, to enter into the domestic policy of every parent, to make her children feel that home is the happiest place in the world; that to imbue them with this delicious home-feelings is one of the choicest gifts a parent can bestow.

一日の終わりを家で過ごすという習慣には、過酷な任務のために疲れた心を穏やかな喜びでもって癒すやすらぎとなるような心地よさがあり、これほど愉快な喜ばしさにまさるものはありません。若い人が夜のまといに加われば、楽しく愉快なひとときがより一層心地よいものになるでしょう。彼らの家庭が健康的な娯楽や、慰安や幸福というあらゆる魅力にあふれていることが、若い彼らにとってどれだけ有益かは計り知れません。もし彼らが家庭にそうした喜びを見出せないのなら、どこか他のところに探そうとするでしょう。ですから、すべての親御さんが家でとるべき方針というのがおわかりのはずです。子供たちに家庭が世界中で一番幸せな場所であることを感じさせること、子供たちに家での感じがとても気持ちのいいものだという感覚を浸透させることは、親が子供に授けることの出来る最もすばらしい贈り物なのです（筆者訳）

ここでは、世間の荒波にさらされ荒んだ心を癒す場となる一家団欒を奨励し、子供たちにそのすばらしさを教えることが親にとって最も大切なことだと説いている。「家庭」が安息所、避難所であるとの考え方は、正反対の現実が広がっていたことを裏打ちするものであり、“Household Management”の発表から四年後の一八六五年に著されたラスキン著『ごまとゆり』にもみられ、同時期の“Information for the People”、“Self Help”にもこうした考え方が根底に流れていたとみられる。[39] イザベラ・ビートンは、家を居心地の良い場所にするための工夫をこらし、一家団欒を主宰し演出する存在として、‘housewife’ に注目したのである。

一家の家計を担い、家を居心地よくする務めを負う存在とされた ‘housewife’ としてのもう一つの重要な務めは、使用人を管理し一家の「女主人」＝‘mistress’ としての責任を果たすことであった。『家政読本』の第一章 ‘THE MISTRESS’ は、一家の「女主人」＝‘mistress’ が果たすべき務めを説いたものであり、‘housewife’ の重要な務めの一つとして使用人の扱い方を特記している。その内容は、早起きのすすめや使用人の給料と雇い入れ方、扱い方についての知識、他家を訪問する際の作法、訪問を受けた際の応対や招待の仕方、晩餐の仕方、飲料水や借家についての知識であった。‘THE MISTRESS’ は、男性一二種類、女性一三種類の使用人毎の年間給与額を記した一覧表を収め、収入規模に応じた使用人の数が注記されている。

年収一、〇〇〇ポンドクラスではコック、ハウスメイド、ナースメイド、アンダーハウスメイド、男性使用人の五人が相当とし、年間一五〇から二〇〇ポンドのクラスでは全ての仕事をこなすメイドを一人置くのが適当としている。十九世紀イギリスの中流といわれる層の平均年収はまさに一〇〇ポンドから二〇〇ポンドといわれており、[40]『家政読本』の年収規模を示した脚注からも新興中流階級を読者の対象としていることがわかる。管理すべき使用人の種類は第四十一章 ‘DOMESTIC SERVANTS’ において家令、執事、料理を給仕する ‘foot-man’、コック、馬丁から看護婦、乳母まで十五以上が紹介されていた。『家政読本』は、‘Ball’＝「舞踏」をともなう晩餐会の催し方や、七、八〇人規模のディナーのテーブルセッティング、および献立の例などを収録している。時代は異なるものの、第一次世界大戦直前のイギリス南部で女中であった女性の回想は、地主の一家に自分を含め二人の女中がおり、家庭教師のような役割の男性と、‘houseboy’ と呼ばれる青年の計四人が雇われ、その他に料理人もいたという。[41] 地方の地主のような生活規模でも、使用人の数は四、五人程度に止まっていたのであり、『家政読本』が提案するディナーの解説が、如何に破格なものであったかがうかがえる。

『家政読本』が解説する「貴族」向けのような知識は、新興中流階級の人々の生活に新たに必要とされたものというよりも、大英帝国の繁栄により生活水準が上昇したことで最低一人の使用人を置いてステータスを確認し、さらなる社会的地位の上昇を目指すという欲望を反映したものといえる。『家政読本』は、上流階級のふるまいを手本とするさまざまな「作法」を紹介した。その一例は、暇を告げるにはまず女主人にそれとなく告げるのが礼儀であることや、他人を訪問する際には事前に名刺を玄関先に置いてくることなど、上流階級の礼儀に適ったマナーであった。何種類もの使用人の扱い方や他家の訪問の仕方などの作法を紹介することは、社会的に上層の階級では当たり前の常識とされる知識を説くことで、より豊かに暮らしたいという人々の欲求に対応したものであった。新興中流階級の人々が社会的に自己の地位を確固たるものにしたいという欲求が、こうした「作法」を具体的に紹介した書である『家政読本』をベストセラーの地位に押し上げたのである。

幕末から明治初期にかけての西欧文明との出会いは、圧倒的な「文明」との出会いにより「文明」と「野蛮」との対比が文野の差として認識され、日本が西欧諸国の植民地として支配されるかもしれないとの危機感をもたらした。福澤諭吉や中村正直ら洋学知識人たちは、遅れた日本が西欧列強と渡り合っていかなければならないという課題のもと、西欧諸国の発展の原因を探ろうとし翻訳に取り組んだ。“Self Help”をはじめ“Information for the People”や“Household Management”などの英語の書物は、日本にはみられない西欧社会の仕組みを伝えるきっかけとなった。特にイギリスは、開国したばかりの日本にとって「大英帝国」として燦然と輝きを放ち、「新国」とのイメージがあったアメリカとも一線を画す圧倒的に尊敬される存在であった(42)。

福澤や中村正直らが十九世紀のイギリス社会に見たものは、“Household Management”や「ホーム・スウィート・ホーム」などに説かれた、一家団欒を可能とする生涯一人の男に一人の女という考え方にもとづく一夫一婦の夫婦関係を基礎とする家族によって築かれる社会であった。[43] 翻訳者たちは、家族の結束を重視するイギリスの規範を紹介し、そこに一国を支える人間の精神を形成する源があると読み解いた。「主婦」という言葉は、手本とすべき尊敬の眼差しが向けられた十九世紀のイギリスにおいて語られた'housewife'の翻訳語であった。'housewife'という語に出会った翻訳者たちは、ヴィクトリア朝期のイギリスで一般的となった理想の「ホーム」を追い求める考え方の背後に広がる精神的基盤をも検討し、「本妻」「正室」との意味がある漢語の「主婦」を翻訳語として登場させたのである。

十九世紀半ばの'Household Hints.'や"Household Management"＝『家政読本』の流行は、中産階級においても使用人を抱えることが一般的になり、妻たちに使用人を指揮する有能さが求められたこととあわせて、生活のあらゆる場面で生じる問題の全てが妻の肩に背負わされようとしていたことを物語っている。産業の発展の恩恵を受け、生活水準が上昇しつつあった中産階級は、最低一人の使用人を持てるような経済的基盤を有し、書物の世界を実践しうる担い手であった。『家政読本』に収められた広範な内容は、料理の仕方のみならず育児、看護、身近な法律の知識にまでおよび、新たに勃興した中流階級が抱く是非とも「婢僕」を雇い入れたいという欲求に向け、その扱いの心得に紙幅を割きながら、ようやく一人の女中を抱えるのが精一杯という現実に対応するものであった。

こうしたヴィクトリア朝下の社会で説かれた'housewife'の務めは、夫の不在や敵の侵攻という緊急事態に対応する力が求められた中世の女性たちと同じように、家計管理を完璧にこなし、使用人を上手に指揮するという新たな能力が必要とされた十九世紀の女性たちの課題に対応するために説かれた。ヴィクトリア朝社会を支えた開拓者、労働者たちは、いずれも故郷を捨てて新天地に船出した故郷喪失者の群であり、新たなふるさとを自ら創造しなければならない人々であった。'housewife'としての女性像は、'housewife'という言葉が登場した中世に匹敵するほど、植民地や大都市で新たに生きる人々にとってより一層妻たる女性の能力が求められたことにより登場した。いわば'housewife'という言葉は、一家の結束が必要とされる状況のなかで、妻に一家の存続を左右するほどの重要な役目を負わせることで命脈を保ってきたのである。

第三節　用例の広がり

翻訳語の「主婦」は、『家事倹約訓』や『家内心得草』の翻訳以降、いくつかの翻訳書の中に登場している。その一つ、明治九（一八七六）年十月刊行の『経済小学　家政要旨』は、アメリカで一八六一年に刊行されたハスケル夫人（Mrs.E.F.Haskell）の"The Housekeeper's Encyclopedia"を原典とする翻訳書である。[44]訳者は、ギゾーの『欧羅巴文明史』の翻訳者としても知られる永峰秀樹（一八四八―一九二七）である。永峰は、甲州巨摩郡に蘭方医の子として生まれ、藩校で漢学を修めた後長崎に出て英語を学び、幕臣永峰家の養子となり戊辰戦争を幕府軍の一員として戦った後、徳川亀之助に随行して静岡へ移住、沼津兵学校で本格的に英語を学び、明治六（一八七三）年海軍少尉に任官、以後主として海軍内の教育に従事した洋学者であった。[45]永峰の翻訳能力は、維新前後の翻訳家たちの中で「際だった一人」と評され、原書の内容を的確に理解するとともに著者の思想を正確に把握していたことが指摘されている。[46]永峰は、幼少時代の教育や藩校での勉学により十分な漢籍の素養を持っていたはずで、さらに沼津兵学校に学んだ時期が中村正直が教授を務めていた時期と重なっていることから、学問のみならず人間的な面でもさまざまな影響を受けたと思われる。こうした素地が『経済小学　家政要旨』の翻訳にも生かされている。

永峰は、『経済小学　家政要旨』翻訳の目的を「緒言」で次のように述べている。

原書ハ、一千八百七十五年米国新約克刊行、「ハスケル」氏の著述ニ係リ、一家ノ経済ヲ記載シテ、彼邦居家必用ノ諸事ハ余ス所ナシ、然リト雖モ其書タルヤ、頗ル浩瀚、且ツ東西風ヲ異ニスルヲ以テ、尽ク此ヲ我国ニ移シテ日今ノ用ニ供スル能ハス、故ニ今中ニ就テ、我国ニ必要欠可ラサル所ニシテ、未タ世ニ類書ノ刊行スル者

ナク、婦女教育ノ欠典ト思ヘル部類ヲ摘訳シテ此小冊子ト為シ、聊婦女教課ノ一端ニ供ヘントスル者ナリ

翻訳は、未だ「婦女教育」のために適当なテキストがないとの認識のもと、その「欠典」を補うとの意図によって行われた。『経済小学　家政要旨』は、刊行と同年の明治九年に学校用教科書として京都府女学校で採用され、翌十年には群馬の師範学校、千葉、茨城、東京の女子師範学校での採用が続き、明治十年代前半を中心に全国各地の中等教育機関に普及した。『経済小学　家政要旨』は、最初の木版刷りの和綴本から活版印刷の小型本となり、明治十年には小型本の初版三千部を売り切るほどの人気を集めた。『経済小学　家政要旨』の翻訳は、学校用教科書として採用されることを前提に、アメリカで説かれた女子教育の内容が維新後の日本にも必要と考えられたことで行われたとみられる。

内容は、原典の十二章のうち料理のレシピを除外した三章分を上・中・下巻の三部構成として抄訳し、全十四の章にまとめられた。料理の項目は、‘PART 3 GENERAL COOKERY’という日常の料理を紹介したページにおいて‘SOUPS, GRAVIES, AND SAUCES’というスープやグレイビーソースの作り方、‘PASTRY AND PIES’というパイ菓子の作り方などの内容が紹介されていた。永峰は、こうした内容が「外国ノ法ハ之ヲ訳出スルモ未タ世間普通ノ用トナル能ハス」とみなし、日本の実情に合わないと配慮して除外した。原典となった“The Housekeeper's Encyclopedia”は、一八六一年という南北戦争開戦の年に刊行された書籍であり、アメリカを二分する内戦のもと、効率よくかつ経済的に毎日の食事を確保するという切実な課題に対応するための緊急の書との性格があった。永峰は、こうした“The Housekeeper's Encyclopedia”が負った課題をふまえ、戦時下という特異な状態の中で女性が果たすべき務めを説いた内容が、維新後の日本にも必要なものととらえて翻訳に努めたと考えられる。

『経済小学　家政要旨』は、冒頭の第一章「総論」において女性が担うべき務めを次のように位置づけた。

当今ハ文明モ進ミ来リタレハ、婦人ノ役目モ次第ニ重クナリテ、飲食其外家内日用ノ万事ヲ取扱フノミニテハ

婦人ノ職掌ヲ尽シタル者ト言フコトヲ得ス、必ス家族ノ健康ト爽快ト幸福等ニ於テ凡テ之ヲ配意シ又外人ヲ接遇スルコトモ亦婦人ノ職務トナセリ（史料中の句読点は著者の記入）

「婦人ノ役目」は、「飲食其外家内日用ノ万事」をこなすという従来からの「職掌」だけでは不十分であり、「家族ノ健康ト爽快ト幸福等ニ於テ之ヲ配意」し、外部の人を「接遇」することがより一層重要な「職務」であると説いている。冒頭の「当今ハ文明モ進ミ来リタレハ、婦人ノ役目モ次第ニ重クナリテ」との一文は、原文では‘the present generation’とあるだけで、「文明」が進みつつある今日において婦人の担うべき役割がますます重要になってきたとの意味が加えられ、意訳されていることがわかる。[47] 永峰は、アメリカの現状に対応するため説かれた女性の務めに仮借して、『経済小学　家政要旨』の翻訳を通して明治日本が取り組むべき主題が「文明」にあると訴えた。永峰は、日本の女性の課題を「文明」社会にふさわしいあり方を会得することと位置づけたのである。

『経済小学　家政要旨』における「主婦」との言葉は、男子の教育に対して女子への教育が著しく劣位に置かれ、「之ニ学問教育ヲ務メシムルモ無益ナリト為シ、却テ教育備ハリタル婦人ヲ嫌フ人モ少ナカラス」との分析に続く次の部分に登場する。

世間ノ人男児ヲ教育スルニ斯ク慈善ナルニ、何故ニ女子ヲ教フルニモ斉シク慈善ニシテ、後来人ノ妻トナリタル時、家内ニ取テハ有益幸福ナル妻トナリ、母トナリ又主婦トナリ、世間ニ取テハ温厚愛スベキノ夫人トナリ、又家内家外ノ人ヲシテ皆歓喜セシムルガ如ク、心ヲ用ヒザルヤ

女子への教育は、後年の「幸福ナル妻トナリ、母トナリ又主婦トナリ」、そして「温厚愛スベキノ夫人トナリ」との将来に向けてなされるべきで、その配慮が欠けていることに疑念が向けられている。永峰は、アメリカの女子教育が抱える問題に日本と全く同じ共通項があることを訳出し、単なる家事の担当者としてではなく家族が快適に気持よく過ごせるように心を配るという精神性を備えることが、期待される女性像であることを伝えようとした。ここに、

「妻」や「母」といった既成の言葉に加えて「主婦」を併置することで、新たな女性像が求められていることをしめそうとしたのである。

『経済小学　家政要旨』において「主婦」は、‘housekeeper’の翻訳語として登場した。‘housekeeper’は、明治二（一八六九）年発行の『増補　和訳英辞書』において「家事ヲスル人。家事ヲスル女」と訳され、「妻」との意味がある‘housewife’とは異なり、家事担当者との意味に止まっている。永峰は、特に婢僕との関係を表す場合に「主婦」を用いており、[48]それ以外には「内政《ウチカタ》」との言葉も使っている。[49]こうした使い分けは、永峰が英語に対応する単語を用意するだけではなく、原典の内容に即して忠実に翻訳したことによるものと考えられる。原典の‘housekeeper’は、家事を担当する妻との意味以上に、婢僕を指揮する「女主人」という意味が強調されているとみなされた場合、「主婦」との言葉があてられている。

『経済小学　家政要旨』は、巻末に本文の漢語の語彙を集めた「字引」を付し、この中に「主婦」も収録されている。「字引」に収められた漢語は、「職掌《ショクショウ》　ツトメ」、「健康《ケンカウ》　タツシャ」などのように、読みと意味とがしめされ、「主婦」は「シュフ」とのふりがなとともに「オクサマ　カミサン」との意味が記されている。ちなみに、「夫人《フジン》」にも「オクサマ　カミサン」との意味が添えられている。高い翻訳能力を備えた永峰にとって、「主婦」は、従来の言葉で表すなら「オクサマ」「カミサン」の範疇と理解されていた。永峰が未だ「主婦」という言葉が定着していない時期に、本文の翻訳語に「オクサマ」「カミサン」、あるいは「夫人」などではなく「主婦」を用いたということは、日常用いる「オクサマ」「カミサン」という従来からの意味に相当するものとして把握しつつも、他ならぬこの「主婦」を用いることこそ最も適切と認めたことによる。「主婦」は、「文明」の世を目指すという新たな時代において、「文明」を形作るための役割が課された女性像としての意味合いを表す言葉として、これ以外にないものとして用いられたのである。

「主婦」という言葉は、翻訳によるのではない書籍の中にも見られるようになる。明治十一（一八七八）年に発行された望月誠『女房の心得』は、明治の比較的早い時期に「主婦」という言葉が使われた書籍の一つである。[50] 著者の望月誠は、長野県出身の士族で、明治十年代に『家内の倹約』『亭主の心得』などの通俗書を次々と発行した書肆「兎屋」の主人である。[51]『女房の心得』は、三十三の項目を収め、主に倹約の方法や「婢僕」および「傅婢《もり》」の扱い方などを説いている。「主婦」という言葉は、第一項「一家〈そのいへ〉の安全幸福〈しあはせ〉は女房〈にようぼう〉たるもの、学識〈がくもん〉と才能〈はたらき〉とに依る」の部分に、「女房《にょうぼう》の任めを尽くさゞる女は、いかほど学識才智《がくもんはたらき》ありとも主婦《おかみさん》とは云ひがたし」と、「おかみさん」とルビを付して使われている。この箇所は、一家を治める「主婦」の務めを説いた翻訳書『家内心得草』の内容と極めてよく似ている。第一項の表題「一家《そのいへ》の安全幸福《しあはせ》は女房《にょうぼう》たるもの、学識《がくもん》と才能《はたらき》とに依《よ》る」は、『家内心得草』における「一家の安全幸福も全く妻たる人の才能と其学識とに依るものなり」という部分の引用とみられる。同じく第一項の本文に見える「只衣服《ぬひはり》、飲食《のみくひ》の世話、その他日用《にち〱》の小事《こと》を恰好《ほどよ》く取扱ふのみにて足れりとはなせしが、当今文明《ひらけたるいま》の世となりては中々そのくらゐのことでは女房の任《つとめ》を尽したるものとはいひがたし」という部分は、やはり翻訳書である永峰秀樹『経済小学　家政要旨』の「総論」にある「当今ハ文明モ進ミ来リタレハ」、「飲食其外家内日用ノ万事ヲ取扱フノミニテハ婦人ノ職掌ヲ尽シタル者ト言フコトヲ得ス」という箇所とほぼ同じである。[52]

『女房の心得』は、『家内心得草』や『経済小学　家政要旨』など既存の翻訳書の内容を「学識才智《がくもんはたらき》」「衣服《ぬひはり》、飲食《のみくひ》」などルビによって日常の言葉に言い換え、分かりやすくしめしたものであった。こうした工夫は、ルビによる言い換えのみならず翻訳書がしめした西欧のモデルを日本の実状に即して具体的な問題に置き換えたことにも表れている。

第二項「家費《きんせん》の出納《でいり》は何《なに》よりも緊要《たいせつ》なるものにて、これを扱ふには是非とも算術《そろばん》を知らざるべからず」は、『家事倹約訓』や『家内心得草』において「主婦」の重要な務めとされた一家の家計管理という概念を説いたものである。

ここでは、「算術《そろばん》を少しも学ばず加減乗除《よせひきかけわり》も知らぬほどならば、とても一家《そのいへ》の出納《かんでう》を扱ふことはできぬゆゑ、自然驕奢《おごり》に陥り、果ては家をも破るほどに零落《たちいた》ること当然《あたりまへ》なれば、必ず算術《そろばん》を知らざるべからず」との説明がなされ、「家費の出納」を「きんせんのでいり」、「算術」を「そろばん」とするなどのルビによって意味をしめしている。「算術《そろばん》」の知識は、一家の家計管理に直結するものととらえられ、西欧で説かれた家計管理が「そろばん」を扱うことと言い換えられている。

こうしたしめし方は、翻訳で紹介された知識を身近な問題に引き寄せて分かりやすくしめそうとした「兎屋」の書籍の特徴であり、河鍋暁斎の挿画にも平易さを追求する姿勢が表れている[53]。六枚の挿画のうち、三枚は本文とは正反対の夫を足蹴にするような悪妻ぶりなどを描いた悪い例を、残りの三枚におだやかな表情で働く女性の姿を描き、良い例をしめしたものとみられる。悪い例の一枚目は、文机に肩肘をつき煙管を片手に本を読む女房の傍らに、夫が文字通り尻の下に敷かれて頭を抱えている姿、二枚目が女中部屋と覚しき部屋で着物が散乱し、乱れた夜具の上で寝間着をはだけたまま大あくびをする二人の女中の姿、三枚目が鍋釜や食器が散乱した部屋の真ん中で、赤ん坊に乳を含ませるというよりぶら下げながら腰巻き姿で煙草を吸う母親の姿というものであった（図1）。『女房の心得』は、こうした挿絵を付すことで良き「女房」像のイメージを肉付けしようとした。「主婦」という言葉は、漢籍の素養を持つ翻訳者により登場したことで定着のきっかけが作られ、『女房の心得』のような翻訳書の内容を抄録した書物によって日常使う言葉に言い替えられることを通して、旧来からある「女房」「おかみさん」などの女性像が重ねられ、さらに挿絵などのイラストにより視覚的なイメージが提供され、次第に具体的な像が共有されることとなるのである。

「主婦」という言葉は、『女房の心得』以外の書籍にも登場している。その一つ、明治十四年四月発行の青木輔清『家事経済訓』は、上下巻全二十章から成り、主に一家の経済という観点から衣類の整理や料理法、家計管理、婢僕

図１　望月誠『女房の心得』の挿絵（明治11年）

の扱い方を説いた書である。[54] 著者の青木輔清は、忍藩洋学校出身といわれる人物で、忍藩士の子である永田健助とは同郷にあたり、何らかのつながりがあったことが想像される。[55] このことは、『家事経済訓』の「凡例」において永田が訳した『家事倹約訓』に触れていることにもうかがえる。青木は、従来の翻訳書などの内容が外国の女性向けであるため日本に適用できる部分が少ないと指摘し、編述の意図を次のように述べている。

文部省翻訳ノ家事倹約訓ハ以テ婦女ニ教フベシ、然レドモ其事固ヨリ彼ノ婦女ノ為ナレバ本邦ノ婦女ニ至テハ其用十中ノ一二ニ過ザルノミ、因テ今自ラ浅見寡聞ヲ顧ミズ此書ヲ編述シテ以テ梓ニ上ス（略）書中記スル所和漢洋ノ書中ヨリ婦女経済ノ一助トナルベキ者ヲ抜抄シ、或ハ諸経済書、修身書ノ意義ヲ浅解シ、或ハ熟練ノ人ニ質シ、或ハ余ガ実地経験ニ得タルモノヲ録ス

（史料中の句読点は著者の記入）

『家事経済訓』は、青木が日本の女性に役立つとみ

なした内容を「和漢洋ノ書」から抜粋して一冊にまとめたものであった。それゆえ、「主婦」との言葉は『家事倹約訓』や『家内心得草』に登場したのと同じ文脈で現れている部分も多く、この点で望月誠の『女房の心得』と似た内容の書籍といえる。(56)しかし、青木は「余ガ実地経験ニ得タルモノヲ録ス」との方針によって『家事経済訓』をまとめており、翻訳によって登場した言葉を翻訳という枷がないことで割合自由に日常の言葉のように使っていたとみることができる。

『家事経済訓』は、同年十二月に『通俗家事経済訓解《かないけんやくのはなし》』と題して総ルビによる訓訳書が発行され、これにより言葉の意味がよりわかりやすくしめされることとなった。(57)「主婦」との言葉は、左側に「シュフ」との音を、右に「おかみさん」とのルビが付され、「おかみさん」の意味に相当するものとして使われていたことがわかる。

永峰秀樹の『経済小学　家政要旨』において「文明」にふさわしい女性像を表す言葉として使われた「主婦」は、「オカミサン」との意味がある言葉として『女房の心得』や『家事経済訓』など、翻訳書を抄録した書籍にも登場し、より日常的な言葉として用例を広げていくこととなった。「主婦」は、明治二十年代以降「オクサマ」「カミサン」などの旧来からの意味を内在させつつ次第に定着するようになり、明治二十年代以降小説に登場するまでになる。明治二十三（一八九〇）年発表の宮崎湖處子『帰省』は、『日本国語大辞典』によれば、「主婦」という言葉が使われた小説の最も早いものとみられる。「主婦」は、九州に帰郷した主人公が故郷の家々について評するくだりに、「吾上京の後其主婦の失策に由りて、洗ふが如く貧しくなりぬ」とある部分に登場する。ここでは、家を切回す女主人としての意味が込められ、その働き次第で家が没落するとの文脈で使われている。

ほかに「主婦」という言葉が使われた小説の一つである明治三十四（一九〇一）年発表の徳冨蘆花『思出の記』は、「無給で下婢を使ふ法を主婦が発見したかの様に」という部分に「主婦」が登場する。ここでは、下宿屋の女主人が傭人の小女をこき使うというニュアンスで「主婦」を登場させており、経営者の女性に相当する意味で使われている。「主婦」という言葉を使った小説の登場は、他人の妻たる女性や経営者の地位にある女性の名称に「主婦」を用いることが広まり、こうした女性をどう呼び慣わすかという場面で「オクサマ」や「ニョウボウ」、「オカミサン」ではそぐわないという感覚が広まっていたことをしめしている。『帰省』と『思出の記』は、作者の宮崎湖處子が民友社の社員、徳冨蘆花が蘇峰の弟であり、いずれも『国民之友』に連載された小説であった。『国民之友』の小説に「主婦」という言葉が登場したことは、ここに新しい言葉に対し敏感に反応するような、新しい感覚を求める人々の磁場が形成され、こうした場を通して翻訳語が日本語の中に浸透していった過程をしめすものである。

英語の翻訳語としての「主婦」は、十九世紀イギリスの中流階級の生活を反映して訳出された言葉であり、「オカミサン」や「家刀自」とは異なる意味を有する言葉と受け止められた。明治二十年代以降、小説においても「主婦」という言葉が使われたことは、この頃女性をどう位置づけるかという問題が浮上し、新たな意味合いをどう表現するかが模索されたことによっていた。

明治二十年十月号の雑誌『貴女之友』[58]の社説「主婦」は、タイトルが「主婦」そのものであり、普通名詞として通用している。ここで「主婦」は、「夫あるも夫なきも一家のあるじたるべき位地に立ちて家政の万端を取扱はんずる婦人の事を指していふなり」とされ、「妻たり母たるの務めを除くの外には、第一家産保護の事、第二金銭出納の事、第三下男下女の召使ひ様の事、さては祖先の祭祀、郷党縁者の交際等を以て主なる箇条とす」などの務めがあるものとして説かれている。[59]『貴女之友』は、こうした務めを果たすため読者に次のように訴えた。

之を要するに、我が日本婦人の欠点とも云ふべきは、唯経済的の智識に乏しきの一事あるのみ。もし此の智識をして、他の学術と相伴ふて今より尚数歩の上進を見るに至らしめば、適れ古今東西に独歩して、貴女の亀鑑を太平洋岸の一島に示さんずと云ふも決して過言にはあらざるべし。吾儕は我が姉妹諸君に向て、常に這様の覚悟あらん事を希望して已まざるものなり（史料中の句読点は著者の記入）

「主婦」は、妻、母、家計管理者、家事担当者などのさまざまな意味を内包するものとして理解され、さらに「亀鑑を太平洋岸の一島に示さんず」という世界に視野を向けた問題に関わるものへと飛躍している。「適れ古今東西に独歩」するとの発言は、この言葉が単に「おかみさん」を表す呼称ではないことを表している。それは、「主婦」たる「覚悟」に対する自覚ある女性の存在が、日本という国を歴史的にも地理的にも一個の独立した存在として、より高みへと向かわせるとの希望を託すものとして意味づけられたことによっていた。女性を「主婦」と位置づけることは、日本という国に関わる問題として考えられることとなる。

福澤諭吉は、社会における女性の位置づけという問題を論究し続けた一人であり、慶應義塾における永田健助とのつながりから「主婦」という言葉の訳出においても何らかの影響があった可能性が考えられる。その福澤当人が「主婦」という言葉を使用した例は、晩年の著述である『女大学評論　新女大学』の中に見える。

『女大学評論　新女大学』は、『時事新報』紙上に明治三十二（一八九九）年四月一日から七月二十三日にかけて掲載された連載記事をまとめたもので、改正民法施行や外国人の内地雑居実施という明治後半期の大きな事件を意識して書かれている。[60] 福澤の女性論への取り組みは、「恰も先天の思想より発したるもの」といわれるほど日常の行動に裏打ちされた深みを持っていた。[61]『女大学評論　新女大学』の執筆は、民法の実施に寄せた「非常の大変化にして、所謂世道人心の革命」と言わしめるほどの期待と、内地雑居によって日本社会の「醜態」、具体的には一夫多妻の習俗が西欧の人々に晒されることになるとの危機感に刺激されたものであった。[62]「主婦」という言葉は、『女大学』の十二項目を解釈した次の部分に登場する。

人の妻たる者が能く家を保ち万事倹にして費を作す可らず、衣服飲食なども身の分限に随て奢ること勿れと言う。人生家に居るの法にして甚だ宜し。大に賛成する所なれども、我輩は今一歩を進め、婦人をして経済会計の主義技術を知らしめんことを祈る者なり。一家の経済は挙げて夫の自由自在に任せて妻は何事をも知らず、唯夫より授けられたる金を請取り之を日々の用度に費すのみにして、其金は自家の金か、借用したる金か、（略）其辺は一切夢中にして、夫妻同居、家の一半を支配する主婦の身にてありながら、自分の家の貧富さえ知らざる者あり

福澤は、「主婦」が「家の一半を支配する」との務めを負った「人の妻たる者」であり、さらに「経済会計」の知識をふまえ、一家の経営に重い責任を持つ人と位置づけている。ここで話題とされている「主婦」は、夫からお金を渡されるだけでその貧富の度合いすら知らないという受動的な人物として描かれ、重い責任を持つにもかかわらず、その責任を果たしていない人が多いと説かれている。また、別の箇所に登場した「主婦」は、夫の許可がなければどこへも行くべきでないとした注意に対し、一々夫の許可を得なければ外出できないというならば「一家の主婦は監獄の囚人に異ならず」と述べた部分に見える。

ここで「主婦」という言葉が使われたのは、「一家の主婦」というほどの女性であっても、「囚人」の如き扱いを受けているのだという逆説的な意味合いを込めようとしたからとみられる。福澤は、「主婦」という言葉が単なる夫ある女性＝妻ではなく、夫とともに一家運営の責任の一半を担う高い見識と地位を有する存在として意味づけていた。さらに、夫と協働で一家を経営するという妻との姿は、一夫多妻の習俗が入り込む余地がなく、漢語の「主婦」が本来持つ「本妻」「正室」との意味合いが反映されている。福澤は、西欧文明社会の人々の目を意識し、旧来からの模範的な女性像を称揚したものとして知られた『女大学』を批判することで、新しい時代にふさわしい女性像が「本妻」「正室」としての尊厳が与えられるべきことをしめそうとした。福澤は、『女大学評論　新女大学』の発表以前から、妻たる女性が「本妻」「正室」として存在し得る社会が作られるべきことを繰り返し説いている。(63)

福澤の女性論は、女性の位置づけという問題を足がかりに日本社会のあり方について転換を図ろうとするもので、男性への猛省を促し社会のあり方そのものを問い直すものであった。福澤が晩年に「主婦」という言葉を用いたこと

は、この時ようやく「主婦」という言葉に託して社会の転換を図るとの福沢の存念に、時代が追いつき始めたと見定めたことによるのではないだろうか(64)。

日本が日清・日露の二つの戦争を経て、明治三十年代以降本格的に産業の発展期を迎えたことは、十九世紀イギリスにみられた都市への人口の集中という現象と同じような状況をたどり、後年故郷喪失者が都市に集中し、こうした人々がやがて新たに社会的な層として立ち現れることとなった。十九世紀半ば以降のイギリスは、こうした人々が理想とする故郷を求め、「ホーム・スウィート・ホーム」を語る担い手として社会の表層に登場した。かくて明治以降に新たにもたらされた考え方は、時代とともに大きく読み替えられた。十九世紀イギリスの思想を反映し明治初期に翻訳という経路をたどって新たに生み出された「主婦」という語もまた、十九世紀末から二十世紀初頭の言葉としての新たな意味づけがなされるのである。

註

(1) 「主婦」という言葉について最も早い用例を明治七年三月刊行の永田健助訳『家事倹約訓』と指摘したものに、今井泰子「〈主婦〉の誕生」(『女性学』(日本女性学会) 第一号　一九九二年四月、四九～六五頁) がある。

(2) 文部省百科全書の翻訳事業については、杉村武『近代日本出版事業史』出版ニュース社　一九六七年、一三八～一六四頁および、福鎌達夫『明治初期百科全書の研究』風間書房　一九六八年、一九～六三頁参照。

(3) 'ORDER AND MANAGEMENT.' "Chambers's Information for the People" William And Robert Chambers. (New Edition of the 1833, 東京大学図書館蔵、無年記) .p786.

(4) 堀達之助『改訂増補　英和対訳袖珍辞書』蔵田屋清右衛門　一八六九年 (初出　洋書調所　一八六二年)、一八八頁。

(5) 高橋新吉・前田献吉・前田正名編『改訂増補　和訳英辞書』American Presbyterian MissionPress, 1869, p266. 同書は、前掲(4)堀達之助『改訂増補　英和対訳袖珍辞書』の改訂版である。

(6) 柴田昌吉・子安峻訳『附音挿図　英和字彙』日就社　一八七三年、四六七頁。

（7）「永田健助」唐沢富太郎編『図説教育人物辞典』（中）ぎょうせい　一九八四年、一一二～一一三頁。

（8）朱熹（一一三〇―一二〇〇）による儀礼書『文公家礼』は、家の祭祀の場である「祠堂」における四代の祖先を祀った位牌や、「主人」と「主婦」の位置を図示している。こうした儀礼書にみえる「主婦」は、「主人」とともに一族の祭祀を司る重要な務めを果たすべき責任を背負った、儀礼という儒教にもとづく規範において特に重視された存在であった（「通礼」祠堂通図、『文公家礼』巻之一　三十三丁）。

（9）漢語の読みと語義とをしめした漢和辞典のうち、見出し語に「主婦」が登場する最も早いものは、明治三十七（一九〇四）年発行の『新編漢語辞林』とみられる。ここでの「主婦」の意味は、「オンナアルジ」とされ、同じく見出し語として登場した「主人」の意味が「アルジ」であり、「主婦主人」を対でとらえる『秉燭譚』の考え方と同様の用例がしめされている（山田武太郎『新編漢語辞林』松井栄一・松井利彦・土屋信一監修『明治前期漢訳辞書大系』五十七巻　大空社　一九九七年（初出一九〇四年）、三二八頁）。

（10）谷口彩子「永田健助訳『百科全書　家事倹約訓』の原典研究（第1報）」、『日本家政学会誌』第四十二巻第二号　日本家政学会、一九九一年二月）一〇九頁。

（11）『家事倹約訓』の原典 ‘Household Hints.’ は、“Information for the People” の① ‘New and Improved Edition.’（William And Robert Chambers.,Edinburgh,1842）（国立国会図書館蔵）にはなく、前掲（3）の② ‘New Edition’ に登場する。この他、③ ‘Fifteenth American Edition’（1860）（国立国会図書館蔵）は、‘Household Hints.’ が収録されておらず、アメリカに関連する項目が収められている（前掲（2）福鎌達夫『明治初期百科全書の研究』、五九～六〇頁）。国立国会図書館所蔵の版は、‘New And Improved Edition’（1867）で、④遣欧使節団が持ち帰った「使節団持ち帰り本」と⑤大蔵省旧蔵の二種類がある（①国会図書館蔵本は、同じ ‘New and Improved Edition.’ であるが、出版地が異なる）。この二冊は、装丁が異なるものの発行所が同じ（J.B.LIPPINCOT T&Co.,Philadelphia）で、‘Household Hints.’ も含まれている。この他、「明治十二年十月廿七日文部省交付」の印がある⑥ ‘Fifth Edition’（1875）（国立国会図書館蔵）は、‘Household Hints.’ が収録されている（‘Fifth Edition’ は、松永俊男解説『チェンバース編　インフォメーション・フォー・ザ・ピープル』（ユーリカ・プレス　二〇〇五年）として復刻）。ただし、この第五版所収の ‘Household Hints.’ は、④、⑤の ‘New And Improved Edition’ 版とは内容が異なる。前掲（10）谷口彩子「永田健助訳『百科全書　家事倹約訓』の原典研究（第1報）」は、『家事倹約訓』の底本を④の一八五六～一八五八年頃に刊行された第四版であり、「使節団持ち帰り本」ではないかと推定している（一〇九頁）。④「使節団持ち帰り本」が実際に底本として使用されたものかどうかは推測の域を出ないが、英文と翻訳文、および挿図が一致していることから、『家事倹約訓』の原典が'New And Improved Edition'（1867）版であるとすることは妥当である。

(12)　"The Shorter Oxford English Dictionary" Oxford University Press,1973（Third Edition of The 1933）,p424. 'housewife'を構成する'house'と'wife'は、それぞれ明治初期の英和辞書の見出し語にあり、「'house'　家。室。家筋。躰。家事。盤ノ目」、「'wife'家婦。妻」（前掲（4）堀達之助『改訂増補　英和対訳袖珍辞書』二六六、六六七頁）と訳されている。'housewife'は、翻訳者たちに単なる「妻」や「家婦」とは異なるニュアンスを含む言葉として理解されていたといえる。

(13)　社本時子『パストン家の女性たち』創元社　一九九九年、九一～九九頁。

(14)　スーザン・小山『大草原の小さな旅』（三一書房　一九九八年）は、母・キャロラインが時に銃を使うような場面に遭遇したことは間違いなく、開拓地の女たちが誰でも銃を扱えたのではないかと指摘している（一三一～一三二頁）。

(15)　ルイス・フロイス『ヨーロッパ文化と日本文化』（岡田章雄訳注）岩波文庫　一九九一年、四八頁。妻が独自の財産を持ち得たことは、夫が妻を離縁する際、「化粧料」「化粧田」などと呼ばれた妻の財産を返還する必要があり、そのため持参金を妻が夫に貸与する貸金のようにみなしていた例を挙げている（中田薫『徳川時代の文学に見えたる私法』（岩波文庫　一九八四年（初出　一九二三年））一四六～一四七頁）。妻の財産は、明治初期に各地の慣行を集めた『民事慣例類集』（一八八〇年）にも離縁の際に妻側に返還すべき慣行であったことが記録されている。

(16)　漢語の「内室」は、①「女房。妻女」②「なかの室。内舎。内庁。」③「勝手のへや。」④「寝室。奥の部屋。」との意味とされ（諸橋轍次『大漢和辞典』第一巻　大修館書店　一九五五年一〇五〇頁）、主人に対置しうる位置づけや、「正妻」の意味は含まれていない。

(17)　「かみさん」日本国語大辞典第二版編集委員会編『日本国語大辞典』第三巻　平凡社　二〇〇一年、九九一頁、「おかみさん」同　第二巻、一〇二六～一〇二七頁。

(18)　柳田國男「女性生活史」『定本柳田國男集』第三十巻　筑摩書房　一九七〇年（初出　一九四一年）、三一頁。

(19)　柳田國男「酒」『明治大正史世相編』(下)講談社学術文庫　一九七六年(初出　一九三〇年)、二八～三二頁。「家刀自」という言葉の成立については、義江明子「「刀自」考―首・刀自から家長・家室へ―」(総合女性史研究会編『家と女性』(日本女性史論集3)吉川弘文館　一九九七年(初出　一九八九年)、二一七～二四〇頁)参照。「家刀自」は、地域共同体を統率する主体である男性の「首」と対をなす女性の名称「刀自」が、八世紀後半から九世紀にかけて夫婦寄り合いの永続性を持たない「家」から、家父長権のもとでの「家」が成立した後、「家」経営に参画する主体となる過程で誕生したと指摘している。このことは、「家刀自」が家内における女性の地位の高さを表す尊称としてのみとらえることが一面的な理解にすぎず、家父長権にもとづく「家」の成立と密接に結びついた歴史的な奥行きのある言葉であることを指摘している。

(20)　穂積清軒については、田崎哲郎「『穂積清軒略伝』について」(田崎哲郎『在村の蘭学』名著出版　一九八五年、二四五～二五七頁)に清軒の弟穂積寅太郎による『穂積清軒略伝』の写し全文が翻刻されており、これを参照した。

(21)　「女房」前掲(17)『日本国語大辞典』第十巻、五三〇～五三一頁。

(22)　福澤の「家族」に対する目線は、西欧社会における一夫一婦の概念への注目を背景に、一夫多妻の習慣が西欧の「家族」とはかけ離れた殺伐とした人間関係の温床とみなし、一夫一婦の啓蒙普及に務めることにあった。

(23)　一九世紀イギリスに関する以下の記述については、村岡健次・川北稔著『産業革命と民衆』(生活の世界歴史　第十巻)(河出文庫　一九九四年(初出　一九七五年))、村岡健次『ヴィクトリア時代の政治と社会』ミネルヴァ書房　一九八〇年、角山栄・川北稔編『路地裏の大英帝国』(平凡社ライブラリー　二〇〇一年(初出　一九八二年))、長島伸一『世紀末までの大英帝国』(法政大学出版局　一九八七年)、L．C．B．シーマン『ヴィクトリア時代のロンドン』(社本時子・三ツ星堅三訳)(創元社　一九八七年)等を参照した。

(24)　明治三十四(一九〇一)年に家事科研究のためイギリスに留学した大江スミは、イギリスの家政学が一定の収入を遣り繰りする必要から発達したとの見方を次のように述べている。

例令へば、一週間の中土曜日に夫が工場から賃金を貰つて参りますと、高いビフテキの如きものを食し、来週の木曜日金曜日頃になると、再び財布が明き空となつて、僅かに、水とパンとを食するといふ有様である(中略)斯の如く、一家を経営致す上に、如何斗り家事科の必要なるかを悟りまして、今から凡そ二十年前に有志の英国婦人達が相集まりて、中等以下の女子に家事上の智識を与へんため、家事科教授につき研究するやうになりましたのが、後に段々発達して今日に至つたのであります（大江スミ『三ぼう主義』宝文館　一九一一年、九六〜九七頁）。

大江スミが学んだイギリス家政学の日本への導入については、第四章第四節参照。

(25) 高橋昌郎『中村敬宇』吉川弘文館　一九六六年、七八頁。

(26) 松沢弘陽『近代日本の形成と西洋経験』岩波書店　一九九三年、二四七頁。

(27) こうした上昇志向への欲求は、明治後期の『西国立志編』の翻訳が「成金の思想に堕落」（佐藤忠男「読み直す　1　西国立志編」『朝日新聞』一九七一年一月五日　夕刊　第十五面）していくことにもつながった。

(28) 山路愛山「命耶罪耶」（『国民新聞』一八九五年二月二十八日〜四月二十一日）岡利郎編『山路愛山集（一）』（民友社思想文学叢書第二巻）三一書房　一九八三年、一九七〜二二四頁。

(29) 山路愛山「余に感化を与へたる書物」（『新公論』一九〇六年二月）『山路愛山集』（明治文学全集　35）筑摩書房　一九六五年、四一一頁。

(30) 前掲(20)田崎哲郎「『穂積清軒略伝』について」二四五〜二五七頁。女子教育の実践は、中村正直も同人社女学校を設立し携わっていた。同人社女学校については、第三章第三節参照。

(31) 亀高京子・犬尾智穂子「『家内心得草』とMRS.BEETON'S『THE BOOK OF HOUSEHOLD MANAGEMENT』」（『家政学原論部会会報』第二〇号　日本家政学会　一九八六年八月、二〇〜二四頁）は、『家内心得草』の原典がビートン夫人の著書であると結論づけ、「原書の全篇中より抽出・意訳してあるとみられる」としている。

(32) 前掲(23)角山栄・川北稔編『路地裏の大英帝国』は、"Book of Household Management"について「早くも明治九年、穂積清軒の訳で『家内心得草、一名保家法』（青山堂発兌）と題して出版されたのであった。このことはあまり知られていない」（六四頁）と述べている。前掲(31)亀高京子・犬尾智穂子「『家内心得草』とMRS.BEETON'S『THE BOOK OF HOUSEHOLD MANAGEMENT』」は、『家内心得草』より後に刊行された版である国会図書館蔵書本の一八七七年版を「原典」としている。しかし、原典の英文と比較照合した箇所が明示されておらず、根拠が不十分で原典を『家内心得草』とするのは結論に無理がある。『家内心得草』には「付録」があり、その概要と翻訳の動機が「凡例」に次のようにしめされている。

英府龍動ノ婦人ウオーレン氏ガ僅ニ二八ノ妙齢ヲ以テ他人ニ嫁セシニ、固ヨリ治家ノ事ニ慣レス渡世ノ道ニ暗キユヘ家政忽チ乱レ大ニ借財ヲナセシヨリ、中途幡然志ヲ改メ家政ヲ改革シ、遂ニ定額ヲ節減シテ一家ヲ支給スルノ方ヲ立ツルニ至ルマテ、其間艱難辛苦ノ状及ビ自ラ実験セシ説話等詳細ニ之ヲ記録シテ、幼年婦女ノ未ダ家政ヲ知ラザル輩ニ示シタル者ナレハ、恰モ能ク本編ノ意ヲ補フニ足レリ。余因リテ急ニ筆ヲ下シ且巻首ノ数節ヲ抄訳シテ本編ノ付録トナス。其意亦聊我国幼年主婦ノ鑒戒ニ供セントスト云（一～二丁）

「英府龍動ノ婦人ウオーレン氏」の事跡を描いたこの「付録」とともに、『家内心得草』の原典の特定については今後の課題である。

(33) 高田義甫『女黌必携　女訓　一名新女大学』石川松太郎編『女大学集』東洋文庫　一九七七年（初出　一八七四年六月）、七一～一〇一頁。高田義甫（一八四六―一八九三）は、近江の富裕な商家の長男に生まれ、近江八幡の国学者西川吉輔の「帰正館」に学び、勤王の義を唱えて近江大森藩の幕派の首領を暗殺、維新後明治八年に事件が発覚し、同十年九月まで獄につながれた。出獄後大津で学校を開き、新島襄のキリスト教宣伝に協力し、自由民権運動や帝国水産株式会社の設立などにも加わった。高田は、『自由譚』（一八七四年四月）の著者としても知られる。

(34) Isabella Beeton “THE BOOK of Household Management”（S.O.BEETON, LONDON,1861）は、何度も改訂を繰り返されながら刊行されている（“OXFORD WORLD'S CLASSICS”（Nicora Humble ed. “Mrs Beeton's Book of Household Management” Oxford Univ. Press,2000（Reprint of the 1861））。「ビートン夫人」の名を冠した書籍は、イザベラ・ビートンが一八六五年に二八歳で亡くなった後も多数登場したとみられる。

(35) 「解説」中島俊郎監修・解説『ビートン夫妻のヴィクトリア朝婦人生活画報』（The Englishwoman's Domestic Magazine -The Reprint of the Mid-Victorian Ladies Journal,1852-1856）ユーリカ・プレス　二〇〇五年　参照。

(36) 前掲(23)角山栄・川北稔編『路地裏の大英帝国』、六六～六七頁。

(37) 小林章夫『コーヒー・ハウス』講談社学術文庫　二〇〇〇年（初出　一九八四年）、五五頁。

(38) 前掲(23)角山栄・川北稔編『路地裏の大英帝国』、二〇六～二〇七頁。

(39) ラスキン『胡麻と百合』（石田憲次・照山正順訳）岩波文庫　一九三五年（初出　一八六四年）、一四三～一四四頁。

(40)前掲(23)長島伸一『世紀末までの大英帝国』、二一〇頁。
(41)シルヴィア・マーロウ『イギリスのある女中の生涯』（徳岡孝夫訳）草思社　一九九四年、一一三～一三一頁。
(42)中西輝政『大英帝国衰亡史』ＰＨＰ研究所　一九九七年、二一〇頁。
(43)こうした考え方は、キリスト教のピューリタニズム（原理主義）を経由した「ロマン主義的な愛　romantic love」が登場したことによるもので、愛するがゆえに結婚し、その愛の証明のために「愛―性―結婚の三位一体」を重視するというものである（デビット・ノッター『「純潔」の近代』慶應義塾大学出版会　二〇〇七年、四頁）。「ロマン主義的な愛　romantic love」については、大澤真幸『性愛と資本主義』（青土社　一九九六年、九二頁）参照。
(44)谷口彩子・亀高京子「永峰秀樹抄訳『経済小学　家政要旨』とその原典との比較考察」『日本家政学会誌』第四七巻第四号日本家政学会（一九九六年四月）、二八九～三〇二頁。原典は、Mrs.E.F.Haskell "The Housekeeper's Encyclopedia"（1861）である（"Civil War Recipe-The Housekeeper's Encyclopedia",1992,1861 D. Appleton）。なお、永峰秀樹訳『家政要旨』は明治十二年発行の「後編」があり、これは全く別の原典による翻訳書である。この点については谷口彩子「永峰秀樹纂訳『経済小学　家政要旨後編』の原典解明」（『日本家政学会誌』第五〇巻第二号　（一九九九年二月）日本家政学会、一一一～一二〇頁）参照。
(45)矢島翠「欧羅巴文明史」加藤周一・丸山真男校注『翻訳の思想』（日本近代思想大系15）岩波書店、一九九一年、四一七～四一八頁、および前掲(44)谷口彩子・亀高京子「永峰秀樹抄訳『経済小学　家政要旨』とその原典との比較考察」、二九一頁。
(46)加藤周一「明治初期の翻訳―何故・何を・如何に訳したか―」、同前、加藤周一・丸山真男校注『翻訳の思想』、三七二～三七四頁。
(47)前掲(44)谷口彩子・亀高京子「永峰秀樹抄訳『経済小学　家政要旨』とその原典との比較考察」、二九七頁。
(48)「主婦」は、『経済小学　家政要旨』巻之上の第三章「雇人ノ取扱ヒ方」において「都テ雇人ヲ使フニハ、其心ヲ使ハンコトヲ心懸ケテ、其身体ヲ使ハンコトヲ心懸ケベカラス、其心ヲ使フトハ、心ニ悦ンデ主婦ノ命ニ従フヲ云フ」（六丁右）との箇所に登場し、婢僕との関係が説かれている。
(49)「内政」は、「ウチカタ」とのルビが付され、第四章「料理ノ経済」の中で「内政タル者ノ目的ハ、家内ヲ和楽ナラシメ、子女ニ利益アラシムルニアレハ、廟堂ノ官吏ガ国家ノ事務ヲ取扱フガ如ク、一定不変ノ者ナラズ」として登場する（同前、十四丁左~右)。ここでの「家内ヲ和楽ナラシメ、子女ニ利益アラシムル」という意味づけは、永峰が「内政」を家事担当者に止まらないものとして位置づけ、「主婦」に共通するものとしていたことが読み取れる。

(50) 望月誠『女房の心得』上野千鶴子・熊倉功夫校注『風俗・性』(日本近代思想大系26)岩波書店　一九八九年(初出　一八七八年)、三六八頁上~三七四頁下段。

(51) 望月誠による書肆兎屋の書籍は、『女房の心得』のほか、『家内の倹約』(一八七八年)、『早起の功能』(一八七九年)、『実地経験家政妙論』(一八八〇年)などがあり、いずれも漢語を多用した総ルビという作りである。

(52) 前掲(50)望月誠『女房の心得』、三六八頁上、永峰秀樹訳『経済小学　家政要旨』(巻之上)(田中初夫・田中ちた子編『家政学文献集成』明治期Ⅱ　渡辺書店　一九六七年(初出　一八七六年)一丁右~左。こうした類似は、他に『女房の心得』第七項「婢僕《ほうこうにん》の早起よりは　主婦《おかみさん》の早起を緊要《だいいち》とす」(三六九頁上)が『家内心得草』「主婦の早起ハ奴婢の早起よりも尚ほ大切なり」(三丁右)とほぼ同一という点にも見られる。

(53) 河鍋暁斎の挿絵は、人物を滑稽に描き出し『女房の心得』や『亭主の心得』などの望月誠の本を飾っている。挿絵は、前掲(50)上野千鶴子・熊倉功夫校注『風俗・性』では割愛されているため、原本を参照した。

(54) 青木輔清編述・羽山尚徳校正『家事経済訓』同盟社　一八八一年(田中初夫・田中ちた子編『家政学文献集成』続明治期Ⅰ　渡辺書店　一九六八年、二一〇~二五六頁)。なお、題字は旧尾張藩主で維新の功により従一位に叙せられた徳川慶勝が寄せている。

(55) 青木輔清は、旧忍藩の医師であり忍藩洋学校出身といわれる人物で、「東江」と号し、『家事経済訓』のほか、明治四(一八七一)年には同校官許による『横文字独学』、さらに英和辞典やアメリカ人フランシス・ウェイラード著『ウィズダム』(Francis Waylard "Wisdom")の翻訳を含む『小学教諭　民家童蒙解』(一八七四年)、などの教科書を著し、自ら「同盟社」という版元を興して出版した洋学者である。青木の生没年は未詳であるが、明治三十九年に「勧業貯蓄債権の販売を業としている」ことから、この頃までの活動が確認できる。青木の経歴については、長谷川宏「青木輔清の『横文字独学』初編」(埼玉県編・発行『新編埼玉県史』資料編十二　近世3　文化、四五頁)参照。なお、忍藩の出身である永田健助(第一章第一節参照)とは、忍藩洋学校などにおいて何らかの関係があったのかもしれない。推測の域を出ないが、「主婦」という翻訳語の使用においてもこうした関係が作用したことが考えられる。

(56) たとえば、「家内ノ安全幸福ハ多ク主婦ノ学識ト才能トニヨルモノナレバ」(巻之一、四丁左〜五丁右)という箇所は、穂積清軒訳『家内心得草　一名保家法』(青山堂　一八七八年)からの引用といえる。また、「家事ニ関ル出納ヲ日々計算シ無益ノ出費ナキヤウニ注意スルハ是レ主婦ノ責任ナリ」(巻之二、廿一丁右)という部分は、『家事倹約訓』の「一家ノ主婦タルモノハ凡テ其家ノ出納ヲ日々算計シ無益ノ費ナキヤウ注意スルヲ其任トス」(十一丁右)という箇所を参照したものとみられる。巻之一の第一章「経済訓ノ大意」に「仮令ヒ許多ノ下男下女ヲ召シ使フ身分ニテモ厨房ノ事ハ悉皆他人ニ委任セズシテ、主婦タル者宜シク其大要ヲ監督スベシ」とあり、「主婦」との言葉が登場している。ここでの婢僕を抱える地位にある女性を「主婦」と呼ぶことは、永峰秀樹の翻訳に沿ったものであった。

(57) 『通俗家事経済訓解』の発行は、「諸府県の学校にて教ゆる家事経済訓の全文を平仮名もて俗解したるもの」(青木輔清『通俗家事経済訓解』同盟社　一八八一年、序目一)とされ、学校の教科書とするためのものであった。

(58) 『貴女之友』は、明治十八年十二月に創刊された『女学叢誌』の後継誌で、東京教育社より発行された(村上薙子『女学叢誌』中嶌邦監修『日本の婦人雑誌　解説編』大空社　一九九四年、一三〜一五頁)。

(59) 「主婦」『貴女之友』第四号　一八八七年十月、前掲(50)上野千鶴子・熊倉功夫校注『風俗・性』、三六一〜三六三頁。本文は総ルビで、「しゅふ」のほか「あるじ」とのルビもみえる(同、三六一頁)。

(60) 「福沢先生の女学論発表の次第」(福沢諭吉『女大学評論　新女大学』(『時事新報』一八九九年四月一日から七月二十三日)福沢諭吉・林望監修『女大学評論　新女大学』講談社学術文庫　二〇〇一年(初出一九五九年)、一一四〜一一六頁。

(61) 石河幹明「序」、同前、一五頁。

(62) 前掲(60)「福沢先生の女学論発表の次第」、一一五〜一一六頁。

(63) たとえば、福澤が明治八(一八七五)年『明六雑誌』に発表した「男女同数論」(『明六雑誌』第三十一号一八七五年三月、『明治文化全集　第五巻　雑誌篇』日本評論社　一九六八年(初出　一九二八年)、二〇七頁)は、一夫多妻の習俗を「秘妾」の段階を経て廃絶しようとする現実的な一夫多妻を批判する論考であった。この点については、第二章第一節註(2)参照。

(64) 『万朝報』の「蓄妾の実例」は、『女大学評論　新女大学』刊行の前年、明治三十一年に発表され、一夫一婦をめぐる議論が活発となっていた状況をしめしている。この点については、第二章第一節参照。

第二章 「家庭」の登場

第一節 世紀末の家族像

「主婦」という漢語は、明治七(一八七二)年の『家事倹約訓』において「オカミサン」「オクサマ」「ニョウボウ」などの和語では表現できない「本妻」「正室」の意味を表すものとして、福澤諭吉を核とする人脈によりみいだされた。「主婦」と訳された英語の'housewife'は、『家事倹約訓』の原典である"Information for the People"の一章'Household Hints.'が著されたヴィクトリア朝イギリスにおいて、一家団欒せる家族のあり方を理想として求める風潮を背負って登場した言葉であり、「一夫一婦」という夫婦の関係を前提として語られた。「主婦」は、目標とすべき西欧「文明」社会の基礎を形作る重要な要素であり、一夫一婦の関係により築かれる家族のあり方を象徴するものとして説かれた。

一夫一婦のモラルは、福澤らの『明六雑誌』が、『家事倹約訓』の翻訳と同じ時期にその普及に努めていた。明治七年五月の『明六雑誌』に「妻妾論」を発表した森有礼は、「夫婦ノ交ハ人倫ノ大本ナリ」と述べ、「其本立テ而シテ道行ハル、道行ハレテ而シテ国始テ堅立ス」と夫婦関係を正すことが国家を成り立たせる道だと説き、翌八年二月に福澤諭吉を証人とする証人前結婚式を初めて行い、一夫一婦による結婚の実践例として注目された。[1] 一夫一婦の実践は、明治七年のニューヨーク副領事富田鉄之助、杉田縫の結婚にもみられる。「結婚契約」なる書面を妻のもとに預け置くという斬新な形がとられた結婚は、その第一条に「男女交契両身一体ノ新生ニ入ルハ、上帝ノ意ニシテ、人ハ此意ニ従テ、幸福ヲ享ル者ナリ」と記され、夫婦が男女一対の結びつきにより成立つということが「上帝」の意によるものと認められ、キリスト教の一夫一婦観にもとづく考え方によっていた。福澤諭吉は、明治八年発表の「男女同数論」において「男一人女数人ノ交際ハ十露盤ノ勘定ニ合ハヌユヘ」という「十露盤」の問題として見るならば、一夫多妻の状況が極めて不自然だと平明に説いた。[2]「主婦」という訳語が登場する背景には、一夫一婦による夫婦関係に基づく家族こそが目指すべき西欧社会の基盤にあるものであり、これにならうことが「文明」社会の実現に必要だとの発想があった。

一夫一婦というモラルは、西洋文明を支える精神的支柱の一つとして主にキリスト教界の人々によって紹介された。一夫一婦の主張は、離婚などの際に妻の立場が極端に低い現状に対し、妻の地位の保護を求める論拠として提唱され、明治二十二（一八八九）年六月、元老院に「一夫一婦の建白」が提出された。建白書提出は、基督教婦人矯風会のメンバー湯浅初子らが推進し、植木枝盛が起草して一、〇〇〇名にのぼる識者の賛同が寄せられた。[3]

湯浅初子（一八六〇—一九三四）は、基督教婦人矯風会の初代会長矢嶋楫子の姪で、徳富蘇峰、蘆花兄弟の姉であり、熊本洋学校に学んだ後同志社女学校に入学、熱心なクリスチャンとなり明治十九年の東京婦人矯風会の設立に参加、矢嶋楫子が運営する女子学院の教育にも協力した。[4] 夫の湯浅治郎は、群馬県安中の醤油醸造業有田屋を営み、新島襄の故郷での講演に出会うことでクリスチャンとなり、群馬県議会議員を務め廃娼運動の旗手として明治二十六年に群馬県を全国初の廃娼県に導いた中心人物であった。[5] 二十六歳で十歳年上の湯浅治郎と出会った初子は、治郎に己を一人前の人格として尊重してくれる人間性をみいだし、四人の幼子を遺して妻に先立たれた境遇を思いやるとともに、母を喪った幼い子供たちを自分が代わりとなって導き立派に育て上げたいとの思いから結婚へと踏み切ったとみられる。結婚した初子は、出入りの多い家にあって「来客は勿論、用聞きの八百屋魚屋に到《ママ》るまで、懇ろに其意味を語つて署名させて居た」と、根気強く一夫一婦の観念を説いていたという（久布白落実『湯浅初子』）。建白書それ自体は現存しないが、民法典論争中『国民之友』に発表され、その後冊子としても出回った「家庭の革命　人倫の恨事」がおよその内容を伝えている。

「家庭の革命　人倫の恨事」は、冒頭に明治十七年度から二十二年度の五年間にわたる婚姻数と離婚数のデータをあげ、「概算すれば結婚者中の三分の一は離婚者也」という現状をしめし、欧米各国の結婚一万件に対する離婚の比率がせいぜい五百件止まりであることから「是豈に日本国民の光誉ならん哉」と皮肉っている。湯浅初子は、離婚数の多さが「共諾の離婚にあらずして、追放の離婚」という理由に由来すると述べ、その主要な原因として次の五点を掲げていた。

（一）婚姻に関する理想の俗悪なる事
（二）婚姻の方法不完全なる事
（三）舅姑の干渉
（四）婦人の人類としての位置を確認せざる事
（五）家あるを知りて人を見ず

初子は、「（一）婚姻に関する理想の俗悪なる事」について、結婚が「衣と妻は新なるを尚ぶ」という俚諺にもとづき「肉慾を飽厭せしめ、若しくは俗楽を満足せしむる」ための手段となっていると指摘し、「（二）婚姻の方法不完全なる事」については、結婚に際して「彼は愛して結婚するにあらず、結婚して然る後愛せんと欲す」という方法に問題があると述べた。続いて「（三）舅姑の干渉」で夫婦が対等であるべき結婚が舅姑の声に影響されることが多く、

「(四)婦人の人類としての位置を確認せざる事」において、結果として女性に対して個人の尊厳を認める発想が欠けていることが原因と突き詰めている。そして、「(五)家あるを知りて人を見ず」で個人より「家」が尊重されていることによると指摘した。湯浅ら婦人矯風会による一夫一婦の推進は、これによって女子の地位を押し上げ、一人前の人間として存在感を高めたいという目標のもと進められた。

一夫一婦の主張は、当時の現実とはかけはなれた「理想」であった。『萬朝報』は、明治三十一(一八九八)年七月から九月までの約二か月間、「弊風一斑　蓄妾の実例」と題する連載記事を六十八回にわたって掲載していた。記事は、公然の秘密として妾を抱える「蓄妾」に関連した暴露話であり、五一〇例にのぼる著名人の「実例」を暴き、蓄妾の習慣を批判する一大キャンペーンであった。『萬朝報』社主・黒岩涙香(一八六二―一九二〇)は、連載第一回に「憐む可きは我国婦人の境遇より甚だしきは莫し」と述べ、「男女風俗問題としてこの記事を掲ぐる」との掲載意図を宣言し、同年六月に改定公布された民法について「文明法典に依拠せりと称せらるる」にもかかわらず「庶子を記して間接に一夫多妻を国風と認むる」ものであると糾弾し、妾の地位を法的に保障するもので、結果として女性の地位を貶める制度にほかならないと断じた。『萬朝報』は、「蓄妾の実例」において社会的に劣位に置かれた女性の立場に同情し、国の中枢を担うはずの人々が「文明」を謳いながら陰では全く正反対の行為をしているという欺瞞を見過ごさないとの姿勢で記事を発表し、政治家、官僚、軍人、僧侶、実業家、学者などさまざまな職業の有名人を多数登場させた。記事の対象は、新興華族も含めた華族の全体に占める割合が目立って高く、華族戸主全体の約一割に相当する七十二人にのぼっていた(6)。

正妻の他に妾を置く慣習は、嫡男を後継とする武士社会の規範にもとづくもので、江戸時代には大名クラスの武家の習俗として定着していた。後継は、直系男子であれば庶嫡を問わず可能であり、妾腹の子も後継者とすることができた。妾すなわち側室を置くという習慣は、世継がなければお家断絶という武家社会の規範に対し、後継たる次世代を確保するための家の存亡をかけた対応策であり、後継男子の不在によるお家騒動を避けるという社会的要請の意味からも必要とされていた。蓄妾の慣行は、家政規模が巨大であればあるほど切実に必要とされた後継確保のための手段であった。家の安定した存続を前提とする華族制度の創設においても、家の維持のために必要な手段と認められ、持続したのである。

妾の存在は、直系男子による家督相続のために必要とみなされる一方、より有能な後継を得るという目的から積極的に認めるという場合もみられた。彦根藩井伊家の家訓は、庶嫡に関係なく多数の男子の中から能力のある者を跡継にすることを定め、側室を置くことを優秀な藩主を得るため必要なものとみなしていた(7)。庶嫡にかかわらず能力のある者を後継にするとの条文は、藩主に強力な権力を求めたことによるもので、誰もが納得する「器量」を持つという点で家中の支持を得、余計な家督争いを回避しようとしたことによる。また、妾には本妻とは別の役割が課せられ、家政運営に不可欠とされるほどの手腕を発揮し、正妻と妾が「棲み分け」を演じ無理なく併存するという場合もあった。野上弥生子の小説『迷路』は、正式な妻を持たない江島宗則伯爵の身の回りの世話から夜伽はもちろん、江島家の奥向き一切の務めを担当する側室のおとみが、正妻の立場ではなくとも事実上正妻の如く家政一切を切り回す必要欠くべからざる存在として描かれている。おとみの人物像は、容貌が特に優れているなどの外見よりも、極めて気のきくこまやかさを持ち合わせた内面の有能さが際だつ人物として描かれ、「夫」である江島伯の意を言葉がなくとも即座にくみとり、己の分を弁え控えめだが才気煥発というものであった。小説の世界ではあっても、妻とは異なる働きをなすものとして妾が求められた一つのあり方がしめされていた。蓄妾の習慣には、巨大な家政規模において妻、妾それぞれに異なる働きが求められたという事情があり、単に女性の地位を貶めるなどの側面だけでは割り切れない要素も存在していたのである(8)。

蓄妾は、妻たる女性に後継の男子を産むという「資源」の供給といった役割を課すことにより存続した。しかし、

「蓄妾の実例」が明らかにしたのは、後継獲得との必要に迫られたわけでもなく、妻以外に気に入りの女性がいた場合に妾にするという、単に露骨なエゴによるものがほとんどであるという事実であった。妻の立場が極端に低い状況は、ひたすら堪え忍ぶ忍従の物語としての素材を提供し、妻と妾をめぐる小説が量産される土壌となっていた[9]。蓄妾問題への注目が高まったことは、それまで違和感を抱かれることなく存在した一夫多妻の慣行が、「弊風」というマイナスのイメージでとらえられるようになったことによる。「蓄妾の実例」は、当代の「貴顕紳士」の一夫多妻ぶりを暴露し、巨大な家の存続のために直系男子を確保することを必要としてきた習慣や、妾を持つことが社会的地位を築いた男の甲斐性とみなす風潮を次第に白い眼で見るようになり、むしろこれを隠そうとするような意識が広まってきたことを物語っている[10]。

「蓄妾の実例」が発表された明治三十年代とは、一夫一婦という夫婦の姿こそが標準的なあり方と認められ、一夫多妻の蓄妾の習慣が倫理に背く蛮風であり、「文明」の世にふさわしくないものとして排撃する傾向が強まった時代であった。一夫一婦は、夫婦が男女一対であることこそが「文明」の世に適うあり方とみなされ、これにより女性の地位を高めようとする新たな規範として唱えられた。『萬朝報』は、蓄妾の習慣がお家騒動を回避するための後継獲得を目指す社会的要請との理由を失いつつあるにもかかわらず、男性の得手勝手な欲望から温存されている状況を批判し、世論に訴えたのである。

蓄妾の公認は、妾を二親等に置いた民法の規定のほか、東宮の生母が権内侍の柳原愛子であるという天皇家の実例によって保障されていた。明治天皇の子供たちは、無事に成人した大正天皇を含む五人のほか、夭折した九人を合わせた十四人が明治六年から三十年までの間に生まれている。皇子・皇女の誕生は、国家の一大事として記録されるとともに、新聞によって著帯、産所への引っ越し、乳母の選定などの経過が懐妊した内侍の名前とともに伝えられ、皇后とは異なる生母の存在が知られていた。しかし、『明治天皇紀』の記述は、生母の出自や世話係の任命に関する情報が次第に少なくなり、誕生と母の名前だけが記載されるようになっていく。また、噂まで伝えていた内侍の懐妊に関する新聞報道は、明治十五年頃を境にほとんどみられなくなる。(11) こうした変化は、当たり前とみなされてきた側室の存在を隠そうとするものにほかならず、皇族の肖像を描いた絵画の中にも反映されていった。

明治十八（一八八五）年に製作された石版画「大日本帝国高貴御肖像」は、皇族の肖像をそれぞれ楕円の中に描き、一枚の画面に配置したものである。(12) 画面は、中央に明治天皇を描き、その下に東宮、東宮の左右に皇后、皇太后、東宮の真下にその生母である柳原愛子を配している。明治二十二年十月発行の「皇国貴顕肖像」は、明治天皇の左右に昭憲皇后と皇太后を置き、その下にやや小振りに嘉仁親王と柳原愛子がそれぞれ描かれている。(13) この二枚の肖像画は、いずれも正妻と側室とを同一画面上に描いており、皇室において妾の存在が何ら疑問視されることもなく公認されているという感覚がそのまま投影されていた。しかし、正妻の皇后とともに柳原愛子も同一画面に配置する肖像画は、後の大正天皇である明宮嘉仁親王の幼い頃のものに止まり、立太子礼が行われた二十二年十一月以降は次第に少なくなる。(14)

皇室における一夫一婦は、皇太子嘉仁の結婚において実現した。大正天皇は、明治三十三年五月の九条節子との成婚後、生涯側室を置かず一夫一婦を通した。このことは、大正天皇夫妻が跡継の資格を持つ男子に三人以上恵まれたことで側室を置く必要がなかったという事情があるものの、皇太子と同世代の人々が親の世代には当然とされていた蓄妾の習慣を容認せず、一夫一婦を新たなモラルとして実践しようとしたことが最大の要因とみられる。(15) 大正天皇の成婚と同じ日に創刊された『婦女新聞』は、「発刊の辞」において「今日の女子諸君の地位を高め、体格を強め、夫に仕へては良妻となり子をあげては賢母とならしめ、以て乱れたる家庭を治め、以て頽《くず》れたる社会の風儀を正す」ことを目指すと宣言した。

『婦女新聞』を創刊した福島四郎（一八七四―一九四五）は、東宮成婚の日を創刊日としたことについて、「皇室に於かせられてもこの東宮から一夫一婦の新例をお開き遊ばされるといふことなので、私は百万の味方を得たやうな心強さを覚え、其の御成婚の吉日を待ち受けて、明治三十三年五月十日に第一号を発行した」と述べ、皇太子夫妻がしめす夫婦像に期待を寄せ、「東宮殿下御成婚記念に婦女新聞を発行して、一夫一婦の倫道を正すのである」との決意だったと回想している。(16) 皇室は、洋服や肉食、牛乳を飲む習慣など西欧文明の導入に際し模範とされたように、皇太子嘉仁の結婚が社会の風紀改善へ大きな期待をもって迎えられ、従来の「乱れたる家庭」を正すきっかけとしてとらえられたのである。

新聞の三面記事は、華族や政治家など著名人の乱倫を明らかにする一方、夫の放蕩に悩み思い余って夫を斬りつけた刃傷沙汰など、市井の醜聞を「艶ダネ」として報じた。明治三十年代になると横山源之助『日本之下層社会』をはじめとする貧民街の探訪記事が登場し、「細民」層の乱倫ぶりが報告された。『日本之下層社会』は、貧困の悪循環や劣悪な住環境の存在をしめし社会問題への注意を喚起する一方、父親が誰か分らず戸籍に記載されていない子どもや、それぞれが頻繁に相手を入れ替える夫婦などの実情を伝えた。三面記事や「蓄妾の実例」は、社会の上層、下層を問わず「乱れたる家庭」が蔓延する現状を写し出した。このことは、社会の規範として如何なる「家庭」を築くかという問題への関心を高めることとなり、皇室に文明的な夫婦のあり方としての一夫一婦の理想を重ね、一夫一婦にもとづく「家庭」を築くべきとの主張を広めるきっかけとなった。それまで特に話題にもされてこなかった一夫多妻は、人倫にもとる行為として否定され滅び去るべき悪習とみなされるようになっていた。「蓄妾の実例」は、民法公布を契機として夫婦、家族のあり方が問われ、「蓄妾」すなわち一夫多妻の習慣が「文明」に反する「野蛮」なものであり、「文明」にふさわしい一夫一婦による家族の実現という課題を世に訴えるため発表された。一夫一婦の実現という課題は、「主婦」という言葉が注目を集め、広く定着する背景として大きく作用したのである。

しかし、一夫一婦は、明治以降に西洋社会の規範にならうことで初めてもたらされたモラルというわけではなく、古くは鎌倉時代に成立した初の武家による成文法『関東御成敗式目』にも反映された習慣であった。女性の地位の高さは、「尼将軍」として実質的に幕府運営にあたった北条政子の活躍や、女性も所領相続の権利を持つ高い地位を有する立場にあることとして明文化されたなかにも表れている[17]。「尼将軍」と呼ばれた政子の存在は、将軍の地位が男性のみに限定されたものではなかったからこそ登場し得た人物像であった。北条氏の一門であり鎌倉幕府の重鎮として活躍した北条重時の家訓は、鎌倉武士の考え方を次のように説いている。

人の妻をば心をよく〳〵見て、一人をさだむべし。かりそめにも、其外に妻にさだめて、かたらふ事なかれ。ねたましきおもひつもりて、あさましくあるべし。されば其罪にひかれて、必地獄にもおちぬべき也[18]

妻を選ぶに心をよく見てただ一人を定めよ、との家訓は、女性も一家の一員として尊敬を集め、夫も妻も対等の高い地位を持ち、意思決定の権力を行使して事態の解決に対応することもあるというあり方を反映したものであった。このことは、幕府の中枢という高い地位にあった北条氏においても、一夫一婦がモラルとして重んじられたものであったことを伝えている。在地の村の慣習を起源とする武家法は、建前上女性をあらゆる場面から除外した大陸伝来の律令を参照した法体系である公家法とは異質なものである。妻が一家を代表するというあり方は、戦陣にある夫に代わり妻が留守宅を預かり家督を守るという習慣にのっとったものであり、北条政子のような存在が決して突出していたわけではなく、むしろあたりまえな村の女性の姿であった[19]。

女子相続を認める慣行は、分割相続のため経済的基盤を弱めてしまうことから惣領単独相続が採用され、長子単独相続制へと移行し、長男単独相続となることで除外され、女性の地位が相対的に下がることとなった。一夫一婦のモラルは、長男単独相続が実現した武家社会で女性の地位が低下したため、初めから存在しないかのように影の薄いものとなり、明治維新後西洋起源のモラルとして初めて登場したもののようにとらえられたといえる。他方、庶民の世界では、在地の慣習としての一夫一婦の風習がそのまま残っており、女性の地位は決して低いものではなかったのである。

明治九（一八七六）年五月、司法省は民法制定を見込んだ基礎資料収集のため、全国各地の古い習俗、慣例を集める調査を開始し、翌年五月に二十九ヵ国の慣例を『民事慣例類集』にまとめた。同十三年には、他の諸国を調査した事例を加えた『全国民事慣例類集』が刊行された[20]。以下は、この『類集』に記された事例に基づくものである。

調査は、婚姻の際の手続きや財産の取り扱い、離婚の場合の届け出や子女養育の方法、養子縁組や家督相続の際の手続きなど、主に人や財産に変化が生じる場合の事例を中心に行われ、地域によってさまざまな慣習があることを明らかにした。明治政府が届出主義を採用した婚姻は、江戸時代までは寺送り証文の送受により宗門改帳への記載を加除することで処理され、村役人へ口頭で届けるだけで婚姻届のような書面を提出することはなかった。中には送籍しない時期が三年に及ぶという例（和泉国大鳥郡）や、懐妊あるいは三年経過した後という地域（信濃国高井郡）、さらに「双方ノ父母及ヒ夫婦トモ互ニ親睦ノ情熟スル後」（越中国婦負郡）などの事例が見られた。婚姻にともなう送籍手続きを出産後や三年後まで待つという慣例は、嫁入り婚の場合に女性の地位が低かったという理由からではなく、婚家になじむか否かを判断するのに嫁入り先だけではなく、女性の側にも猶予が設けられていたからとみることができる。

このことは、婚姻や離婚において男女双方に発言権があったことを表すもので、三日の間なじまなければそのまま実家に戻ることが認められているという地域もあり、ならし運転のような期間をおいてはじめて成立するものであった。送籍が実際の結婚より遅れるという事実は、一般の庶民においては湯浅初子らが懸念した女性の立場が極端に低いため起こる「追放の離婚」のための口実ではなかったといえる。こうした届け出制を基本とする戸籍のあり方は、江戸時代ならば村役人などが宗門改め帳への記載に世話を焼いたはずであったかつての習慣が失われ、別段届け出をしないまま過ごしたため『日本之下層社会』にみられた戸籍に記載のない子供が生じてしまうことにもつながった。

離婚の原因は、男女双方ともに追及され、信濃国埴科郡の事例では次のような理由があげられた。

離縁ハ舅姑ニ事ヘテ順ナラザルカ、夫ニ貞ナラザルカ、兄弟及親戚ニ和セザルカ、家風ニ随ハザルカ等ノ件々有ル時ハ、其ノ実況ヲ媒介人ヘ談示、離縁ノ取計ヒヲ頼ム。媒介人見聞シテ正実ナル時ハ、其情実ヲ実家ヘ議シ、離縁ヲ計ル。又夫放蕩、且ツ不実、舅姑不慈愛、兄弟信ナラザル等ノ条件アリテ婦並ニ婦ノ父母ヨリ離縁ヲ欲スルコトアリ

妻側の原因は、①舅姑に柔順でない②夫に貞淑でない③婚家の兄弟親戚と不和④家風に合わないという四点があげられ、舅姑との不和が最も大きな理由とされた。夫側は①放蕩②不実③舅姑が嫁を大事にしない④嫁にとって夫の兄弟が信用できないことなどの他、暴力や犯罪、失踪なども離婚理由にあげられた。結婚は、婚家の舅姑が嫁を気に入るかという問題のみならず、嫁入った女性にとっても同様に婚家を気に入るかどうかということが配慮されていたとみることができる。

夫婦の財産は、妻にも所有する権利があった。夫側に離婚の原因がある場合、妻が持参した財産は全て妻に返し、金銭や物品等を夫から差し出すこともあった。妻が持参するなどして有した土地は、「化粧田」などの名称で呼ばれ、婚家の財産とは区別して管理されることがあった。子供がいる場合は、たいてい男子なら夫の側が、女子なら妻の側が養育することとされ、妻側に一定の年齢に達するまで養育費を渡して養育を依頼するという地域もあった。離婚の際、多くは三行半の離縁状を発行し、女性側の再婚の自由を保証している離婚の理由は、「父母ニ事ヘ方ノ届カザルハ不孝、姦通ハ不埒」という姦通と舅姑との不和とが「両条恥辱ノ甚敷モノ迚、成丈発表ハ不致候」と、最も恥ずべきものとして周囲に公表しないとした地域もあった。「不埒」とされた姦通は、男女ともに道に外れた行為として非難すべきものとされ、一夫一婦という考え方が庶民の間ではごく一般的な当たり前のものであり、これに外れた場合

は夫のみならず妻の側から離縁を要求する正当な理由とされていた。舅姑との不和が女性側の最大の離婚原因とされたことは、この理由による離婚が「恥辱ノ甚敷モノ」という位置づけで抑制しようとしなければならないほどきわめて多く、したがって『女大学』が「女三界に家なし」「七従三去」などの観念を説かなければならなかったように、現実には舅姑の言動に翻弄されひたすら耐え忍ぶという感覚が希薄だったといえる。

農漁業を生業とする場合、女子の労働力はほとんどの場合男子と同等の意味を持ち、妻も夫も対等の立場で離婚を協議する土台となっていた。「嬶天下」などの表現で女性の強さを言い表す言葉は、女性の機織りによる現金稼ぎが一家を支える大きな収入源となった上州地域の習慣によるもので、男女どちらでも現金を持つ者が強いという力関係を反映したものであった。こうした庶民の感覚を反映した習慣は、女性の地位が次第に低く押さえられるようになった武家法や、女性を社会的な表舞台から抹殺した公家法が支配する論理とは全く異なるものとして存在したのである。

『民事慣例類集』は、民法に盛り込まれた男系相続の理念とは異なる庶民の習慣を明らかにした。旧民法は、一家の長に最大限の権利を集中し、妻には無能力規定を設けて財産管理から外すとともに、男系相続を唱えて女子の地位を低く規定した。その基となった武士の慣行は、「智愚ヲ不論嫡長ヲ立ルヲ例トス」とされるなど、必ず長男を相続人とすることが前提で、廃疾や不行跡などの問題があれば次男とするものの、徳川将軍家三代家光の時に確立した長男単独相続にもとづく相続方法が貫徹していた。これに対し、長野県埴科郡の家督相続における権利者は、「長男ニ限ル。若シ長男癈疾カ事故有之節ハ、二三男或ハ女子ニテモ家督致シ候事」とされ、二三男、或いは女子が相続人となる場合があることが報告され、末子相続や東日本地域において「姉家督」と言われる女子相続の慣習があることを明らかにした。長男が家督相続者となる習慣に対し、女子相続や末子相続の慣行は、明治新政府に混乱をもたらしている。[21]「女名前人」「女亭主」などの名で通用された「女戸主」の慣行は、明治六年一月二十二日の太政官布告で公認されたものの、民法の成立過程で否定され、女戸主の可否を問うという発想自体がなくなっていく。[22] しかし、こうした政府側が右往左往するような混乱は、長男単独相続を規範とすることで次第に少なくなる。

明治の社会は、諸外国、特にヨーロッパ列強諸国に一人前の独立国家として認められるため一刻も早く西洋の「文明」に近づくことが求められるという課題のもと、異質なものをできるだけ「文明」の規範へと均質に整えていく必要があった。姉家督に代表される女子相続の慣行は、異質なものを排除し均質化を推し進めようとする明治政府の方針によって切り捨てられ、次第に影をひそめることとなった。男系による相続は、均質な社会を作り上げるための基準として武家のモラルが採用されたことにより推進され、女子相続や末子相続などの慣行が淘汰される方向へと進んだ。「一夫一婦」にもとづく夫婦の実現と男系相続の原則は、「文明」社会に近づくための新たな規範の一環として主張されることとなったのである。

新たな規範が求められた明治の社会は、人口の大部分を支える農村が激しい不況に見舞われ、先祖代々永続する「イエ」の維持自体が困難になるほどの苦境に追いつめられた。農村は、激しい貧困のもと荒廃し、人口を養う力が弱まっていた。『日本之下層社会』は、産業革命の進展の陰で搾取と圧制の下に生きるしかない「細民」たちの姿を露わにした。その一方で、『万朝報』紙上に「蓄妾」家として書き上げられた人々は、日清戦争後の社会において明日をも知れぬ極貧に苦しむ人々の対極にあって、富と権力を手にする「貴顕紳士」の群れであった。日清戦争後の社会は、社会の両極に生きる人々が埋めようのない巨大な溝をはさんで存在するという分裂した姿を曝した。暮らしの中に急激に資本主義が流入し始めた明治三十年代は、産業構造の変化によって暮らしが大きく変わる時期でもあった。この時期、社会の両極の真ん中にあって、社会の主役として新しいモラルを受け入れる人々が力を蓄えていたのである。

第二節 「ホーム」へのあこがれ

「文明」の尺度として語られた「一夫一婦」は、夫と妻が対等の人間関係を結ぶ姿を理想とし、夫婦を中心とする家族のあり方を一般化することとなった。一夫一婦による夫婦を中心とする新たな家族の姿は、従来とは異なるものとして新しい言葉で表されることが必要となった。夫と妻の対等な人間関係を軸とする家族像は、親子の関係にも変質を迫り、こうした変化を表す言葉として登場したのが「家庭」であった。「家庭」という言葉は、明治半ば以降流行といわれるまで盛んに用いられるようになり、石井研堂が著した『明治事物起源』にはその由来が次のように紹介されている(23)。

家庭といひ庭訓といふ、古来慣用の言語なれども、近来ことにこれを口にするに至れるは、明治九年九月十三日、慶応義塾出版社より『家庭叢談』を出せしによる。その発行緒言中に、「唯一家内の事のみを記して家の外をば顧みずと云ふ趣意には非ず、世上新聞紙の卑猥の記事多を歎き、清潔なる新聞紙を供給せんとの目的なる事」を述べおけり。

二十三年八月『女学雑誌』第二二四号に、「近頃ホームと云へる語は普通の如くなり行たり、数年前、吾人が『日本の家族』数篇を論出し、初めてホームと云へる語をば高く吹聴せしより、年月は此の微なる種を発育して、今や到る処に其声反響せり、…於是《ママ》乎、ホーム、スキートホーム、(原註《ママ》、室家、団欒せる好き室家)と云へり、言辞切りに流行し、女子教育者も亦た之を口にして、其教育の理想は然ありといふもの多し」

石井研堂は、「家庭」という言葉が明治九(一八七六)年に福澤諭吉が創刊した『家庭叢談』が広まるきっかけを作り、明治二十年代の『女学雑誌』誌上に発表された巌本善治の「ホーム」論によって再び注目を集めるようになったと述べている。『家庭叢談』は、「緒言」において「家内の事のみを記して家の外をば顧みず」ということではないと述べ、「家庭」を「家内の事」との意味で用いていた。登山家で数々の随筆を残した小島烏水は、明治三十七年発表の随筆「宏大なるホーム」の中で「家庭と云ふ当節殊に流行の新語は、初め誰かが英語のホームを訳したのなりとか承はり候」と述べ、「家庭」が英語の「ホーム」の翻訳語であり、当時「殊に流行の新語」と認められていたと記している。また、『広辞苑』の編著者としても知られる言語学者の新村出は、『家庭叢談』について「明治初期の新思想の源泉たる三田の学徒の手でさういふ名前の雑誌が出たのも考へて見れば不思議はない」と述べ、「家庭」という言葉の使用における福澤ら慶応義塾の人々の影響を指摘している。[24]

福澤諭吉が創刊した『家庭叢談』は、明治九年九月から翌年四月までの約半年という短い発行期間にすぎなかったものの、「家庭」ということばを世に広めるさきがけとなった。福澤は明治七年二月より『民間雑誌』を発行し、慶應義塾を拠点とする人々による論陣を張る場を設けており、これを引き継ぐ形で『家庭叢談』を創刊した。福澤は『家庭叢談』という誌名の由来を「家ノ内ニテ読ミ親子ノ間ニテ話スモ差支アラズト云フマテノ義」と述べ、家の中で子どもが見ても害にならず、親子の話の種にもなるような「清潔なる新聞紙を供給せん」との決意から命名したと述べている。新聞のいわゆる「三面記事」は、男女間の痴情沙汰がきわどい挿絵つきで扱われ、とても子供に見せられる内容ではなく親子が語らう素材になるはずがなかった。[25] 福澤諭吉の長男一太郎は、幼少時の思い出を「我福澤の家に於ては親子団欒の間に、例えば妾、女郎等の語は口にするをさえ慎むほどの次第」と語り、「妾、女郎」などが家族の話題にのぼることはなかったという。[26] 福澤の「清潔なる新聞紙を供給せん」との発言は、当時の新聞が幼い子どもたちに悪い影響を与えかねない内容とみなされたことをうけて、これに代わるものを提供するとの主張であった。

『家庭叢談』は、親子が新聞をもとに共通の話題を語らう姿を理想と描き、「家ノ内」で読まれることが期待された、はじめて「家庭」の文字が取り入れられた雑誌であった。ここには新聞を親子で読み、その内容について話し合うというあり方を理想とする福澤の家族観が反映している。親子が朝夕集い物語をするような姿こそは、福澤が「家風正シキ家」としてイメージしたものであった。福澤は、「主婦」という翻訳語が意味づける女性の存在によって、「文明」社会の基礎を形作る家族の理想を託し、それを「家庭」との言葉で表したのである。

福澤の家族観に少なからぬ影響を与えたと考えられるのは、この頃福澤と家族ぐるみの交流のあった英国国教会宣教師たちの存在である。福澤が「主婦」や「家庭」という翻訳語に込めたイメージは、観念のレベルではなく、宣教師たちとの現実的な交流により培われたものであった。福澤は一面には宗教嫌い、キリスト教排撃者として知られるものの、三田の福澤邸には明治七年頃から宣教師が出入りし、福澤が布教活動に対し敷地の提供や書類の整備などをはじめとする、手厚い支援を行っていたことが知られている。(27) このうち英国国教会宣教師ショー（Alexander Croft Shaw,1846—1902）は、福澤の三人の子供たちに英語を教えるなど福澤一家と深い関わりを持った人物であり、その交友は明治六（一八七三）年九月の来日から五カ月後に初めて福澤と接触して以来、二十七年の長きに及んでいる。ショーと福澤一家との交流は、明治七年二月頃から構想が練られた『文明論之概略』などをはじめとする著作に少なからぬ影響を与え、女子教育に関する論説において、宣教師夫妻と一緒に住まわせ、「起居動作一切の言動に関して自から実物の手本と為」して感化を与えるのがよいとする発言にもつながったことが想像される。(28)

福澤が宣教師を女子教育の模範とすべきと提唱したことは、ショーとその夫人の人格の高さや献身的な働きによるところが大きい。このことは、勝海舟の嫁として知られるクララ・ホイットニーが、福澤邸を訪れた際の印象を記した日記からも読み取ることができる。(29)

十一月十六日　火曜

土曜日、お菓子を焼いてから、富田さんの奥様と、芝の福沢（諭吉）氏のお宅に伺った。人力車の乗り心地もよく、福沢家の皆さんがとても親切で礼儀正しいので、私はすっかりうれしくなった。福沢氏は二階に案内して、江戸湾のすばらしい眺めをみせてくださった。そのあと七歳のお嬢さんが琴をお弾きになった。私には、なんだかピアノの調律をしているように聞こえたが、富田夫人はとてもいい音楽だと言われた。

やがて福沢氏が夕食をどうぞと言ってくださったので、階下に下りてみると、食卓が半分洋式、半分日本式に用意されていた。ご馳走は、生の魚、魚の揚げ物と煮物、鶏肉の煮込み、吸い物、お茶、ご飯、清国の砂糖漬けの生姜、それに私が持って来たお菓子だった。私は福沢氏の右側の上座に坐った。富田夫人が私の隣で次が福沢夫人、四人のお子さんは反対側だった。福沢氏はとても親切にもてなしてくださって、「またいらっしゃい」と念を押され、どうぞお風呂をお使いくださいと三度も言われた。

私たちは月明かりのもとで帰途につき、ここちよい人力車で早目に家に着いた。

当時十四歳だったクララは、この日記が書かれる三カ月前に来日したばかりで、後に日銀総裁や東京府知事を歴任する富田鉄之助夫人・縫とともに福澤邸を訪問した。クララが見た福澤一家は、「親切で礼儀正しい」という印象で、風呂をすすめられるほどの歓待ぶりで再訪するよう念を押され、気分良く帰路に着いたことを記している。この頃、福澤邸の敷地内には同月結婚式を迎えたショーが住んでおり、福澤は、この時のクララの訪問直後、同月来日した英領カナダ出身の女性宣教師ホア（Alice Eleanor Hoar, 1845—1922）に二階を貸すことになったとみられる。この後クララはホアと出会い、かなり気の合う友人同士になったらしく、ホアの学校を手伝ったことや「ライト氏、ショー夫妻、ミス・ホアといったような私たちと同じ考え方をする人たちとの静かな小さな集まり」との好意的な記述でたびたび日記に書き留めている。

福澤は、「世中斉しく人間にして、西洋の婦人は役に立ち日本の婦人は然らずとの道理はなかるべし[30]」との思いで有能な日本女性の育成をはかるべく、女子教育の重要性を説いた。こうした福澤の女性観や家庭観の根源には、国を代表する使命感をもって働いていた身近な宣教師たちの存在があった。福澤は、宣教師たちとの往来を通じて「ホーム」ということばが持つ意味を実感し、西欧世界において重要な要素であり文明を築くためには不可欠のものという理解を深めたとみられる。福澤が『家庭叢談』を発行したのは、ショー夫妻やホアが自宅の隣および自宅二階に住んだ時期と重なっている。福澤は、ヨーロッパ社会の繁栄の原動力としての「ホーム」の重要性を痛感し、その考えを広めることを意図して『家庭叢談』の発行を企画したのではないだろうか。

山路愛山は、「家庭叢談を読む」という一文において、福澤が『家庭叢談』を発行した意図を次のように読み解いた[31]。

此雑誌が発行せられたる時世を考ふるに之より先明治六年に征韓論の騒ぎあり。同七年に佐賀の騒動あり。台湾の征討あり。（略）斯の如く政論には客気の悲歌慷慨論多く、品行に於ては乱暴狼藉、所謂大功は細瑾を顧みず、英雄は色を好み、大塊肉を喫し大椀酒を飲むと云ふ蓬頭乱髪露骨無造作、殺風景なる世の中に於て先生の「家庭叢談」は出たり。（略）兎に角先生が品行、道徳の詮議を以て既に帰らぬ昔話なりとしたる人の多かりし世間に於て、新式の品行、道徳論を唱へ出し、何れに行き何処に落ち付かんと迷惑し居りたる世の人に新しき道の存することを教へ、文明開化の進歩を中途にて却歩せしむることなく、平民たる道徳の為めに荊棘を開き、世の人に「いざ此道を行け」と告げられたる勇気は我輩の感服に堪へざる所なり。

『家庭叢談』は、維新後の社会に不満が鬱積し、諸事殺伐として進むべき道とて見えず、如何にすれば文明開化を貫徹できるのか誰にも分からない明治初年代という時期に世に問われた。愛山は、「乱暴狼藉」「露骨無造作」という荒んだ人心に対し、福澤が「新式の品行、道徳論を唱へ出し」たと看破し、新たな「平民たる道徳」を広めるため、「いざ此道を行け」と告げたのだととらえた。その説き方は、世俗に通暁した綿密な観察振りを発揮したものであった。第一号の記事「世帯ノ事」において、「世帯トハ衣食住ノ物ヲ程ヨク用ヒテ一家内ノ者ノ健康ヲ保チ、其心ヲ楽シマシムルコトナリ」と平易な言葉で語りかけ、「世帯ノ要ハ事物ノ順序ニ注意シテ前後ヲ勘弁スルニ在リ」と述べ、家内の人を心安くするための家内切回しの工夫を説いたことにもよく表れている。また第九号に掲載された論説「家庭習慣ノ教ヘヲ論ズ」は、「身ノ挙動ニテ教ルコトハ、書ヲ読テ教ルヨリモ深ク心ノ底ニ染ミ込ムモノニテ却テ大切ナル教育ナレバ、自身ノ行業ハ決シテ簡閑ニス可ラズ」と説き、子供の教育のためには父母の行いを正すことこそ大切であると述べている。

『家庭叢談』は、一家における経済的な独立という条件の達成と「家風正シキ家」としての「家庭」をどのように築くべきかということを説く啓蒙雑誌であった。『家事倹約訓』の翻訳者・永田健助は、慶應義塾出身の福澤門下の一人であり、福澤が体感したイギリスの「家庭」の雰囲気が永田に伝えられ、そうした雰囲気をイメージしつつ翻訳作業が行われたと考えられる。『家事倹約訓』において登場した「主婦」という訳語は、福澤の体験をもとに「家風正シキ家」としての「家庭」を築く重要な存在として意味づけられたものであり、文部省百科全書編纂事業における福澤の門下生の活躍を土台に生み出されたのである。

しかし、『家庭叢談』は、およそ半年間発行された後再び『民間雑誌』と改題され終刊となった。漢語としての「家庭」は、本来「ホーム」に相当するような感覚、すなわち精神的な居心地のよさや慰安の場、心のふるさととの意味がなく、西欧流のこうした語感をそのまま持ち込むことには成功しなかった。「家庭」という言葉は、最初から英語の'home'の訳語に対応したわけではなく、カタカナの「ホーム」という表記を経てその定着までには長い時間がかかっている。『家庭叢談』のわずか半年という命運は、「家庭」という言葉が受け入れられる素地がなかったことを裏書きしている。「家庭」という言葉が再び注目されるのは、「ホーム」に相当する感覚が必要と改めて認識された明治二十年代以降に、その必要を説く巌本善治や内村鑑三の「ホーム」論が発表されてから後のことであった。

巌本善治は'home'を「ホーム」とカタカナ表記し、「室家、団欒せる好き室家」の意味と注記した(32)。英語の'home'

は「流行の新語」であり、「ホーム」とカタカナで表記されることで従来の日本語にはない意味と響きを持つ新鮮な言葉として登場した。それゆえ巌本は、「ホーム」を紹介した社説「日本の家族」（『女学雑誌』九六〜一〇二号）発表当時の明治二十一年頃、'home'を翻訳不能な単語としてカタカナで表記し、あえて「室家」の意味であると説いたのである。「室家」は、『日本国語大辞典』（平凡社）に「家、一家」と解説され、同じく「家内」の「家の内、家族」とほぼ同様の意味を持つ。巌本は、'home'を従来からある「家内」との意味を持つ「室家」に相当するとし、さらにこれ以外のニュアンスが加わるべきものとして、「ホーム」との表記を併置したのである。

内村鑑三は、明治二十一年『女学雑誌』に発表した「クリスチャン・ホーム」（一二五〜一二七号）において、「併し家庭と云ふ訳はホームと云ふの意味を十分の一も通ずることは出来ません」と述べ、「ホーム」と「家庭」の間には完全に対応しえない語感の差が存在することを強調した。内村は、「ホーム」について生まれ故郷のような心の拠り所であり、衣食住や生活の資が足りているという状態に加え、次のような居心地のよさという感覚を含むものとして説いている。

爰に何と申して宜しいか分らんが、世の中にココ程好い所は無い、ココ程清く美しい處は無い此世の中に此のホーム程大切なるものは無い此の広き世の中の画図を出して針の先でココに私のホームがある是れより外にイイ所は無いと定むることの出来る處、是れが即ちホームの解説であらうと思ひます

「ホーム」は、世の中に「是れより外にイイ所は無い」と断言できるほどの、心の安らぎが得られる至高の場所という意味でとらえられていた。内村鑑三や巌本善治、小島烏水らが「ホーム」という単語にみいだした思いは、和語には存在しなかった安らぎの場、心の拠り所となりうる場というものであり、「何ともいえない」感覚としかいいようのないものであった。「家庭」という漢語は、英語の'home'を翻訳する際に想起され、日本語にはなかった感覚を込めて語られ、「ホーム」というカタカナ表記を経て定着することとなった。翻訳語である「家庭」は、「ホーム」に

図2　大蔵次官若槻礼次郎氏の家庭（『婦女界』明治43年6月号）

込められた安らぎの場、心の拠り所という実態としてつかみ難い感覚を意味するがゆえに、これを理解可能な形に置き換えるという過程をくぐりぬける必要があり、そのため一般に広く浸透するまでに多くの時間がかかることとなった。

家族は、本来「ホーム」という言葉の登場を待つまでもなく、親子兄弟姉妹が集う楽しさや居心地の良さを感じさせる人間関係を予想させる。しかし、そのあり様は、家族の数だけ多様であり、必ずしも楽しさや居心地の良さを感じさせる関係ばかりではなく、むしろその反対ということも当然あり得る。夥しい「蓄妾の実例」によって明らかとなった貴顕富豪の一夫多妻は、社会をリードする立場にある人々とその家族とが「ホーム」的な感覚とはかけ離れた状態で日々を生きていたことを表しており、それは安らぎの場としての「家庭」の対極に位置するものであった。こうした多種多様な実態は、規範としての「家庭」をより一層必要とすることとなった。

「家庭」という言葉の流行は、雑誌に著名人一家の集合写真が「○○氏の家庭」というタイトルで紹介されたことにも表れている。博文館が明治三十四年一月に創刊した雑誌『女学世界』は、後に下層社会を探訪したルポルタージュ『最暗黒の東京』（一八九三年）を著す松原岩五郎（一八六六―一九三五）を編集長に迎え、せいぜい二、三千ほどの発行部数であった雑誌業界において七、八万部という売り上げを記録するまでの人気雑誌となった。『女学世界』は、創刊三年目となる明治三十六年頃から巻頭口絵に「○○氏の家庭」と題する写真を掲載した。写真は、有爵者の一家のほか、「独逸帝の家庭」などの海外の王室、日露戦争時には軍人の一家を取り上げた[33]。

こうした「○○氏の家庭」と題する写真は、明治四十三年三月創刊の『婦女界』にも掲載されている。第一回は、「鍋島直大侯の家庭」で、侯爵夫妻とその子息夫妻、詰め襟の学生服を着た二人の少年、さらに二人の少女と幼い赤ちゃんを含む総勢九人が写り、男性が立ち姿で女性が椅子に腰掛け、いずれの人物もモーニングや燕尾服、羽根飾りの付いた帽子にドレスという正装の写真である。翌月号の第二回は「目賀田男爵の家庭」で、大蔵省主税局の官吏であった目賀田種太郎男爵のモーニング姿を中央に、夫人を含む束髪に和服姿の女性が五人、学生服とセーラー服を纏った二人の少年、四、五歳くらいの少女の総勢九人が映っている。『婦女界』の有名人一家を紹介した記事は、「大蔵次官若槻礼次郎氏の家庭」（明治四十三年六月号）（図2）、「岩倉公爵の家庭」（明治四十三年九月号）、堀越商会を興した起業家「堀越善重郎氏の家庭」（明治四十三年七月号）、「日本一の漁業家日高栄三郎氏（貴族院議員）の家庭」（明治四十三年九月号）、「和気」との題が付けられた井上馨一家三人の写真（明治四十三年十二月号）など、いわゆる高級官僚や新興の実業家一家などが華族とともに多数登場した。記事は、ほかにも「堅実なる家庭」と題する三輪田元道一家（明治四十四年九月号）、「質実なる家庭」とされた東京美術学校校長正木直彦一家（同）、「うるはしき家庭」とされたジャーナリスト山路愛山の一家[34]（同）など、教育家やクリスチャンの一家を取り上げ、「家庭」のイメージを写真を通して伝えている。

これらの写真は、夫婦とその子、両親の世代を一つのまとまりとする集団を「家庭」として把握し、父母、子供、祖父母という直系血族を軸とする家族の集合が「家庭」なのだということを視覚的にしめすこととなった。さらに、写真の中の人々は、大人も子供も皆行儀良くすましたポーズをとり、いく分堅苦しい印象があるものの、全体的にはごく自然にリラックスしているような雰囲気がある。こうした写真の見本は、欧米各国から日本にやってきた外国人たちが携えていた家族写真にあったのかもしれない。家族を写した写真は、撮影された人々自身が、自分たちが「家庭」の姿を象徴することになるという自覚をもってカメラに向かったことで、一種独特な雰囲気を作り出したと考えられる。それは、全員が行儀の良い立ち居振る舞いで一枚の写真に収まり、大人も子供も男も女も、心一つにまとまっていることを表そうとするかのような雰囲気であった。ここに「家庭」は、特に華族や政治家、官僚、実業家など、いわば特権階級に位置する人々や、著名人の衣装や居住まい、表情などの具体像と、「堅実」「質実」「うるはしき」などの形容詞を添える演出を通してイメージが形作られ、写真に収まる各人が「家庭」と称されることで世の中の手本になるのだという自覚を持ちつつ流布したのである。

家族の記念写真は、新聞紙上にも登場し、日露戦争下の戦死報道の際にその妻子を写した写真が「故〇〇の家庭」として紹介された。戦死報道における家族写真の掲載は、日清戦争時にはみられなかったもので、印刷技術の発達という事情に加えて、明治末から大正初めにかけて家族の記念写真を撮ることが習慣として定着し始めたことをしめすものであった。家族の集合写真は、子供の誕生記念や旅行、出征などの折に写され、雑誌に登場した「家庭」写真と同じ様なスタイルが一般の人々にも踏襲され、「家庭」という言葉が広く定着してきたことを表す指標となった。

『女学世界』は、明治三十七（一九〇四）年九月発行の秋季増刊号でさまざまな職業や階層における生活ぶりを紹介する「社会百生活」と題する特集を組んだ。特集の巻頭を飾る「家庭生活の主宰者　主婦の境遇」という見開き二ページの記事は、さまざまな境遇の暮らしにおいて収入の多寡や身分職業によらず、すべて「主婦」の働き一つで如何ようにも暮らすことが出来ると次のように説いた。

△世に主婦の位置ほど美麗にして且つ値ある職務はあらじ。主婦は生活の主宰者にして又世界の主宰者なり

△主婦の職や単純なるも、その影響する所深くして且つ大なり、主婦の職は愛を以て奉公するもの、良標本なり、仮令男の力は半世界を震動することあるも良好なる主婦が恭謙他の知らざる間に尽すほど直接に熱心に永久に愉快ならしむるものなし

「主婦は生活の主宰者にして又世界の主宰者」との位置づけは、「社会の分子」たる「家庭」を舞台に女性が「主婦」として力をふるうことを期待したもので、「主宰者」という主体的な像を提示したものにほかならない。社会の基礎を形作る組織である「家庭」は、「半世界を震動する」ことに匹敵するような計り知れない奥行きを持つものと位置づけられ、それゆえ女性の存在感が世界を揺るがす偉大な力を持つものとして描かれている。

「百生活」として取り上げられたのは、華族、高等官吏、大阪の商家、牧師、巡査、海軍士官、新聞記者、東京の細民、漁民、農家、俳優、力士、そして本願寺門跡の十三の生活ぶりで、上層から下層にいたるまでのさまざまな階層や職業における生活のあり方、家計の切り盛りの工夫などを紹介し、傍目には見えない苦労話などを添え、広く社会への視野を提供した。「百生活の意義」と題する巻頭言は、特集の意図を次のように説いた。

家庭は社会の分子なり、善良なる家庭は健全なる社会を作り、健全なる社会は優大なる国家を作る。一国の文明は即ち個々善良なる家庭の集合に外ならざるなり。家庭は生活に因つて立つ、家庭の風儀は生活状態に由て其根本を培養す、これを社会に及ぼし、之を国家に及ぼす、生活の軽視すべからざるや知るべきなり。本篇必らずしも社会風教の模範たるを期せずと雖も彼の英国に所謂紳士の家風なるものありて常に社会の良風を維持し一国文明の源泉となるが如く、我国にも又この種の家風ありて以て国家の重に任ぜんとす

「家庭は社会の分子なり」との言葉は、日清戦争を契機として国家の存在が大きくクローズアップされ、日露情勢が風雲急を告げる時期に「家庭」を国家社会の基礎をなすものととらえ、その良否が一国文明にかかわる重要なものと説いたものである。しかし、日々の暮らしを生きていく営みは、如何に戦勝を意識し国の行く末に一喜一憂しよう

平民的《へいみんてき》な華族《くわぞく》さまで、そして理想的《りさうてき》な家庭として知《し》られてゐる加納子爵家《かなふししやくけ》の方々《かた〴〵》です。本號《ほんがう》に載《の》せてある『名流若奥様《めいりうわかおくさま》の家政振《かせいぶり》』と参照《さんせう》して御覧《ごらん》ください。第《だい》三十ページにございます。

図３　加納子爵家の人々（『主婦之友』大正６年３月号）

とも、腹が満たされなければどうしようもないという次元で淡々と進むものである。「社会百生活」は、開戦を直前に控え大きくのしかかる戦争による財政負担を前に、やがて訪れる不景気を打開するための方策が求められることに対応した特集であった。

「高等官吏の生活」は、「世間体は大層立派」に見えても「年俸は僅に千円、それでも相応に見栄も体裁も飾らねば成らぬ」ものという内幕を紹介し、麹町、四谷、赤坂、麻布などの山の手に家賃十八円から二十五円ほどの「お屋敷風」の住居を住まいとし、夫婦に就学前の二人の子供、小間使い兼子守と、飯焚女、書生の合わせて三人の使用人を抱えた総勢七人の一家の暮らしぶりで、「借金の出来ぬのは余程経済上手な方と云ふて可い」と結んでいる。「社会生活の安全機関」と紹介された巡査の暮らしは、五カ年は離職できない「誓約年限」や、勤務時間の都合上「一家団欒の楽を完ふする事は出来ません」とのマイナス面が強調され、「職務の劇しきに同情し、その地位の低さに同情し、其の待遇の薄きに同情」すべき「実に御気の毒な事が多い」ものと述べている。

記事は、十八円の収入で子供二人と主人夫婦、老母の五人家族の暮らしを賄う例を紹介し、「百円の収入ある身分で老親への奉養も十分尽さず、其上に借財などして毎月窮々で居られる向も多い」という現状に対し、「そんな不心得な経済方をされる世の細君達は今この巡査の主婦に対して大に恥入るべき事」との叱咤を交え、収入に応じた生活をなす手腕が求められると説いている。「社会百生活」は、華族から細民まで、如何に家政規模が異なろうともあらゆる階層の人々に「家庭」という組織が適用しうることをしめした。このことは、編集者松原岩五郎の都市最下層に生きる人々への目配りを忘れない視線により、「家庭」という概念が社会のあらゆる層へと広く浸透する経過を表すものであった。

子爵加納久宜の一家は、「家庭」の模範として明治半ば以降新聞・雑誌上に盛んに取り上げられ、「理想の家庭」を実践する実例として著名であった（図3）。加納家は、八代将軍吉宗に従い江戸住まいとなった紀州徳川家の家臣の家柄で、吉宗の側近から大名に取り立てられ、上総一宮藩主となった。久宜は、加納家の養子となって一宮藩主を襲職し、維新後子爵に叙せられ、鹿児島県知事や一宮町長、貴族院議員を歴任し、地方振興や日本における農会の発展に寄与した人物である(35)。

『女学世界』は、大森八景園に隣接する加納家の邸宅を訪問し、子爵本人の談話による「加納子爵の家庭」を二号にわたり連載したほか、夫人の鎰子に取材した「加納子爵夫人生活談」を掲載するなど、数度にわたって一家を取り上げた。「加納子爵夫人生活談」は、加納家の暮らしの様子を「平民的生活をもって文明的教育を令息令嬢に施されつゝあることは、世人の普く歎美する所」と紹介し、家憲や子女の教育方針、米や味噌醤油に至る食品や衣服などの買い方や節約の工夫を詳しく報じた。鹿児島からの帰京後にとり決めたという家憲は、「一同心を揃へて節約を守る」との決心で、「召使も下婢三人に家僕一人だけと致し、子供達の学校通ひも三等汽車に乗せ、新橋停車場から学校までは徒歩と定め、衣服は夏冬とも一切綿服筒袖と致したのです」という節約の徹底であった。ことに衣服についでは、「布地もタント入らず、運動上にも便利」な木綿の筒袖と定め、このスタイルで何処へでも出かけると述べ、完全な洋服ではないものの和服から洋服の過渡的な形というべきものを用いていた。

加納家が「理想の家庭」の典型とされたのは、毎週土曜に開催される「家庭懇話会」が長幼や男女の別なく下婢と下男も参加するという平等な人間関係で成り立つ様子が知られていたことによる。加納家の「家庭懇話会」は、子爵夫妻と六人の子供たちのほか、下男、下婢も参加し、持ち回りで演説をして批評し合うというもので、明治三十九（一九〇二）年四月の『婦女新聞』が次のように紹介した。

加納子爵家の家庭懇話会

過日の誌上に四令嬢を日光に旅行せしめられたる事を記せしが、今又聞き得し子爵家の家庭懇話会なるものこそ趣味ありて面白けれ。抑も加納家は子爵久宜氏仝夫人嫡男久朗、次男久憲及び國子、八重子、治子、夏子の四令嬢と下婢四人、下男一人なるが、此人々打集ひて家庭懇話会なるものを組織し、子爵及び夫人を名誉会員に、久朗氏会長となり久憲氏を副会長に、其他は下婢も下男も同一資格にて、毎土曜日の午後七時より一室に相会して演説会を開き、抽籤にて定められたる四人の弁士交るく立つて演説すれば、傍聴者は一々立つてこれが批評を試むるにて、時としては子爵の演説を下婢が批評する事あり、或は下婢の演説を若様方の批評さるゝ場合もあり。会員にして旅行より帰り来りたる時は、必らず土曜日の晩は一同の前にて其旅行談をなさゞるべからざるの定めにて、過る土曜は四令嬢の日光旅行談ありたりとか

記事は、娘たちだけで日光旅行を敢行したり、親子が対等の立場で会話を交わし、懇話会では家族のみならず使用人の立場の人間も平等に参加するという華族とは思えないあり方を紹介した。加納家は、平素から贅沢を慎み、特権意識を振りかざすような態度をとらず、下婢や下僕も平等に遇するという開明的な一家として知られ、このことが目指すべき「理想の家庭」のモデルとして受け止められる理由の一つとなった。久宜の嫡男久朗は、内村鑑三に出会

い聖書を学んだこともあり、内村が久宜に招かれ大森の邸宅でキリスト教の講話をなし、後に一宮町で講演が開催される契機を作った。内村は、町の人々に「家庭とは、系統《ちすぢ》の同じ人々が一つ屋根の下で一つ釜の飯を食つて居ると云ふだけの所ではない、又たゞの休息所《やすみば》ではない、世に家庭程美はしいものはありませぬ、其美くしさは私は形容に困《くるし》みます」と語りかけ、「家庭」とは何かを次のように説いた。(36)

家庭とは「天国の出張所」とでも申したらよかろう、天国とは愛を以て結びついて居る処を申すのであります。親子、兄弟、姉妹が互に相愛《あい》し互の間に遠慮なく喜びは打明けて共に相喜び悲しみも打明けて共に同情し合ふ所、それが即はち家庭であります。それ故家庭には金が必要ではありませぬ、立派な家や美くしい着物は要りませぬ、楽な暮しも必要ではありませぬ（略）愛と愛とを以て結び付いて互の間に遠慮のない処が家庭であります

加納家をはじめとする内村鑑三につらなる人々が共有した「家庭」は、精神の次元で語られるべきものであり、物質的な問題を超越した魂のレベルで説かれたものであった。こうした「家庭」観は、現実に起こる諸問題が深刻であればあるほど憧憬の対象として想起され、精神の改革を求める論拠とされたのである。『婦女新聞』に「加納子爵家の家庭懇話会」が掲載され、一宮町において内村鑑三の講演が開催されたのは、日露戦争による戦争の負担が鮮明に表れた時期であった。日露戦後の社会は、疲弊した農村を立て直すため戦時に次いで度重なる増税が行われ、これによりさらなる農村の破壊と向都離村を引き起こしつつ深刻な生活苦を招き、過度の人口流入による急激な都市化の問題が発生する閉塞状況の中にあった。現実問題の深刻さは、精神の改革が急務との課題意識を生み出し、「家庭」とその建設に携わるべき存在としての女性像である「主婦」に注目が集まることとなるのである。

第三節　語られる「家庭」

福澤諭吉の『家庭叢談』は、「家庭」という言葉を世に広めるきっかけを作ったものの、明治九年から翌十年にかけてのわずか半年という命運に終わっている。再び「家庭」という言葉をタイトルに持つ雑誌を世に送ったのは、明治から昭和にかけて日本の成長とともにジャーナリズムの最先端に君臨しつづけた徳富蘇峰猪一郎（一八六三―一九五七）である。『家庭雑誌』は、『家庭叢談』の終刊から十五年後の明治二十四年九月に創刊された。

福澤の『家庭叢談』が発行された明治九年頃は、なじみの薄い「家庭」という言葉が一般に定着するにはいたらなかった。このことは、「家庭」がなじみのない言葉であったということ以上に、家内の私事に関する些事、雑事というイメージを連想させることで、雑誌としての『家庭叢談』に「物足りなさ」を感じる読者もいたという事情によっていた。若き蘇峰はその一人で、福澤の雑誌ということで「政事」に関する事柄を求めていたが、がっかりしたと回想している。[37]『家庭叢談』が発行された時期は、明治新政府への不信や「藩閥」への憎悪が高まり、西南戦争の行く末が最大の関心を集めた政治の季節であった。こうした時機に「女子供」を髣髴とさせる「家庭」でもあるまいということが、『家庭叢談』が廃刊に至った理由の一面にあったとみられる。しかし、蘇峰は、福澤同様「家庭」の語に着目し、明治二十五年にその名も『家庭雑誌』という名前の雑誌を創刊した。『家庭叢談』に物足りなさを感じたという感想を抱いた蘇峰が、同じ「家庭」の語をタイトルに含む『家庭雑誌』を創刊したことは、かつて物足りなさを感じた『家庭叢談』の中に、明治二十年代の社会に必要なものをみいだしたからといえる。このことは、熊本にあって横井小楠の主宰する実学を信奉する名望家一族として育ち、「田舎紳士」論を展開した蘇峰の出自に深く関わっていた。

蘇峰は、文久三（一八六三）年に熊本水俣の郷士の家格である徳富家の長男として父一敬、母久子のもとに、姉五人に続く待望の男子として家族の期待を一身に集めて誕生した。徳富家の親族は、母久子の生家である矢嶋家が政務に奔走する惣庄屋の一族であり、その姉妹がいずれも地元の名士に嫁ぐことで華麗な係累の一翼を担っていた。久子の姉弟は、双子の惣領娘が母久子の実家三村家、細川家家老の家臣斎藤家に嫁ぎ、横井小楠門下の竹崎茶堂に嫁いだ順子、横井小楠に嫁いだつせ子、後に女子学院院長となる楫子、そして嗣子源助があった。竹崎順子は、夫亡き後熊本女学校を興し、熊本における女子教育を担った人物であり、横井つせ子の娘みや子は、蘇峰とともに熊本バンドのメンバーの一人であった海老名弾正に嫁している。一族は、こうした矢嶋家を起点とする係累に加え、徳富家もまた弟健次郎蘆花をはじめ個性豊かな人材を輩出した。蘇峰の三番目の姉音羽子の娘は、楫子を助けて基督教婦人矯風会を支えた久布白落実であり、四番目の姉は、本章第一節で紹介した湯浅初子であり、矯風会での活動をはじめ蘇峰の『家庭雑誌』にも寄稿し、一夫一婦の建白運動などを推進した人物である。庄屋兼代官として村役を務める矢嶋家の暮らし向きは、久子、楫子ら姉妹の母矢嶋鶴子の猛烈な働きに支えられたもので、後に矢嶋楫子が次のように回想している(38)。

長女が生れてから以後、私共が誕生するまで、父の収入は少くして人の出入は多数ですから、収入の途が外にない一家の主婦だった母は大変な働きをしたものでした。蚕は養ふ、機は織る、裁縫はする、うみつむぎの業、なかなか容易なことではありませんでした。（略）母は嫁入して来た後矢嶋家の為には実によく尽したものでした。何しても父が働けば働くほど家事万端費用は重なつて来る。それに人出入の多い家のことですから、母の心遣はなみなみのものではありませんでした。子供は多い、教育は皆母の手でするといふのですから、今考へてみても母の苦労は大変であつたと思ひます。こんなに忙しい中にもかかはらず、子供等には一様に自筆の書物を巻物にして与へられました。百人一首、古今の序、三十六歌仙などいふものでした。

楫子が回想する母鶴子の働きは、政事に奔走する夫や舅の働きを支えるため家事万端の用意を整え、自ら養蚕、機織り、裁縫までこなしつつ子女の教育にも自筆の書物を用意し心を配るという、休息の暇とてない激務であった。こうした働きは、政務に尽瘁する男たちの活動を支え、徳富家をめぐる縁戚の地方名望家たちが少なからず共有するものであり、蘇峰が描いた「田舎紳士」の具体的な姿であった。蘇峰の説く「田舎紳士」は、イギリスの「カントリー・ジェントルマン」に相当するもので、田舎に土地を持って自らの暮らしの費用をまかない、自らの手で耕作する自作農という理想像で、女性たちの働きにも多くを負った姿であった。徳富家もまた、新田開発や機織りなどの産業を自ら推進し、殊に女たちの働きが一家経営に大きな役割を果たしていた。徳富家の女性たちは、村役人としての任務を負い政治的活動に邁進する男達にひけをとらず、すさまじいまでの働きぶりで家を支えていた[39]。

その働きは、矢嶋楫子が母鶴子について「茶の間に母が座つて居る時は来客がたえなかつたものです」と回想したように、近在の人々に頼りにされ、来客の応対にも一廉の手腕を発揮するというもので、こうした家風を受け継いだ横井つせ子の娘みや子の働きは、後に『主婦之友』を創刊する石川武美が本郷教会での活動に触れることで体感している[40]。蘇峰は、男も女もそれぞれに活躍する独立自営の「田舎紳士」こそが、新たな「国民」の一員として社会を構成するという「平民社会」像であるとイメージした。蘇峰が『国民之友』を世に問うたのに続いて創刊した『家庭雑誌』は、「家庭」の建設が、「平民社会」を築くために不可欠の課題であることを主張するための雑誌であった。明治二十年代の「家庭」論は、西欧諸国で説かれる「ホーム」に相当するものがないとの自覚のもと、国民の育成、国家の形成と不可分のものとして、新聞雑誌を賑わす大きなテーマの一つに躍り出たのである。

蘇峰の『家庭雑誌』は、明治三十一年八月まで、民友社のメンバーを中心とする執筆者により全一一九号が発行された。内容は、論説を中心に「家政」欄を設けて家事の細々とした技術を解説する記事がみられ、蘇峰が『国民之友』で展開した主張を「家庭」という場を軸に広めようとした雑誌であった。しかし、「平民社会」を担うべき「田舎紳士」として把握されたのは、村役人などを兼ねる地主クラスの豪農であり、社会の牽引役となるべき階層の育成を目指すとの主旨から、社会のごく一部の層に目を向けていたといえる。この頃の「家庭」は、地主のような、いわばアッパーミドルクラスまでの人々を対象にイメージされたものであり、それ以外の人々にはほとんど縁のない言葉に止まっていた。「家庭」がより広い階層へと浸透するのは、まず知識として「家庭」という観念が教育の現場で教え込まれた後のことである。このことは、「国家」が「家庭」に注目したことによるものであり、学校教科書の中にその「家庭」像が最もよく表れている。

図４　ワガ家（『尋常国語読本』金港堂　明治33年）

　小学生用の教科書は、新たな家族の姿をしめし、「家庭」とは何かをより広く伝える媒体の一つであった。明治三十三（一九〇〇）年に発行された金港堂版『尋常国語読本』に掲載された巻三第七課「ワガ家」は、家族の人数や住まいの間取りが語られている。家族構成は、「我ガ家ニハ、父母ヤ、ヂ、バ、ヲハジメトシテ、ヲジモオバモ弟妹モ居マス」とあり、父母、祖父母、三人の子供、さらに「ヲジ」「ヲバ」も加えた総勢九人である。これは、直系のみならず傍系にあたる叔父、叔母も家族の一員に加えた構成で、ここでの「ヲジ」「ヲバ」が父母の弟妹にあたるのか、或いは配偶者を含む夫婦なのか不明であるものの、傍系を含むいわゆる合同大家族が珍しくなかったことをしめす例といえる（図4）。

挿絵に描かれた家屋は、雑木林の横を過ぎ、野原の向うに見える木立が目印の一軒家で、周囲に垣がめぐらされ飛石を配した庭に、ぬれ縁つきの座敷が面している。間数は、「ゲンクヮンヤダイドコロノ外ニ、五マアッテ、一バンヒロイノガ、八ジョーノザシキデゴザイマス」とあり、五間に台所、玄関という造りである。このうち「八ジョーノザシキ」は、五部屋のうちで最も広く、残る四部屋が八畳以下の六畳または四畳半の広さということになる。家屋は、本文と挿絵から、ある程度の広さの庭があり板塀に囲まれた平屋建て部屋数五間という造りで、父母、祖父母の世代、「ヲジ」「ヲバ」がそれぞれ寝間を持つことも可能な広さである。柳田国男は、叔父夫婦も同居していた生家を「日本一小さい家」とたとえ、狭い家屋に雑居するような暮らし方が諍いの絶えない原因であったとの思い出を語っている。(41)「ワガ家」に描かれた家屋は、柳田の生家ほど狭くはなく、「ヲジモオバモ」いる家族構成ながら間数の多い家屋で、柳田の回想にあるような諍いからは無縁のはずである。しかし、家族構成と間取りとを順次紹介した記述は、「是れより外にイイ所は無い」という居心地の良さを表現した「ホーム」の語感を感じさせるものではなかった。

明治三十七（一九〇四）年に制定された第一期国定教科書『尋常小学読本』掲載の「わたくしの家」は、同三十三年の金港堂版『尋常国語読本』「ワガ家」にはなかった「ホーム」の感覚が読み取れる。この課は、「わたくしの家には、おとうさんとおかあさんとがおいでです。おぢいさんも、おばあさんもおいでです。また、おはなという妹もゐます」という三世代六人家族の構成である。一家の様子は、「ゆふはんは、うちのものが、みんな、そろって、たべます。ゆふはんがすむと、わたくしは学校でならったことのお話をします。そのあとで、おばあさんが、いろいろ、おもしろい話をしてくださいます」と描かれ、全員が揃って夕飯を食べた後、食後の「お話」の時間というくつろいだ団欒のひとときが共有されている。夕飯は、挿絵がないため食卓を囲むのか銘々膳かは不明であるものの、

「みんな、そろって」という文言や、箱膳ではないテーブルを囲む食事風景をイラストでしめした同時期の修身教科書「カテイノタノシミ」などから、同じ食卓を囲んでいるものとみられる。食事の作法は、徐々に箱膳からちゃぶ台を囲む形への転換が進み、家族全員が揃って食卓につくという形が教科書に取り入れられるまでになっていた。また、祖父母、父母、子供の三世代同居という家族構成は、明治三十三年の「ワガ家」が描いた傍系の「ヲジ」「ヲバ」同居という形とは異なるものであった。

様
御祝
申上
今上天皇陛下
コレハ今日ハ、
天長節トイッテ、
今ノ天子様ノ
御生マレアソバシ
タ日デアルカラ、
一家コゾッテ、御祝
ヲ申上ゲテ居ル

図5　天長節（『尋常国語読本』金港堂　明治33年）

明治四十三（一九一〇）年発行の第二期国定教科書『尋常小学修身』に掲載された「カテイノタノシミ」は、「カテイ（家庭）」ということばが課のタイトルに用いられた最も早いもので、小学一年生向けに食事時の風景をイラストのみでしめしたものである。画面は、長方形の食卓を囲み、祖父、父、本人とみられる男の子、妹とみられる女の子、母、祖母の三世代六人を描いている。一家六人が揃って食事をする風景を「タノシミ」と形容したことは、「ホーム」から「家庭」への翻訳の際に生じた、もともとの日本語にはない概念を如何に表すかという課題において、「タノシミ」という感覚が最適と考えられたことによる。「カテイノタノシミ」における家族の食事風景に描かれた和気藹々とした雰囲気こそが、「ホーム」に含まれる語感であり、「家庭」という漢語に新たに込められるべきとみなされた感覚であった。明治三十年代に盛んに使われ始めた「家庭」という言葉は、三世代の直系家族をイメージし、そこに居並ぶ人々が「タノシミ」という居心地の良さを感じるものとして定着したのである。

しかし、教科書が描く家族像は、こうした家族全員が揃う食事時の和気藹々とした団欒の風景だけではなかった。金港堂編『尋常国語読本』第四巻第六課の「天長節」は、祝祭日として制定された天長節について、人々の生活に全くなじみがなく何をすればいいのかわからないという人が多かったため、具体的にどう過ごすべきかを知らしめるため登場させた課であった(42)(図5)。挿絵つきの本文は、祝いの日の様子を次のように描いた。

此ノ家ノ床ノ間ニハ、今上天皇陛下ト、カイテアルカケモノヲカケ、其ノワキノ花イケニハ、美シイ菊ノ花ヲサシテアリマス。一家ノモノドモハ、皆床ノ間ノ前ニカシコマリ、主人ハ、少シ進ミ出テ、テイネイニオジギヲシテ居マス

家の中で最も格式の高い床の間のある部屋を舞台に、「天皇陛下」と書かれた掛け軸をかけて菊の花を生け、全員がかしこまっているという厳粛な雰囲気を描いている。挿絵は、父が床の間を背に羽織袴の正装で座し、二人の子供が父に向って正座し、父のやや斜め横に母が座り、さらに祖父母がいずれも和服姿で続いており、ここでも「わたくしの家」や「カテイノタノシミ」と同じ三世代六人の家族が登場している。「天長節」は、家長たる父以下の家族の序列を整然としめし、父を頂点とする垂直な力関係を表現した。国定教科書は、夕飯を一緒に食べて団欒を楽しむ「カテイノタノシミ」に描かれた家族の姿と、父親の権威が天皇の威光によって補強され、強力な家長たる父親を中心とした一家の姿を描いた「天長節」とを併置した。明治の教科書は、こうした二つの素材を併用し、「タノシミ」に流れず厳粛さだけにとどまらず、という一見異質な二つの要素を取り込んだ「家庭」像を提供したのである。

明治四十四（一九一一）年五月発行の第一期国定唱歌教科書に収録された「冬の夜」は、楽しげな団欒を描いた「カテイノタノシミ」や、厳粛な「天長節」とは多少異なる「家庭」の姿をしめした。『尋常小学唱歌』第三学年第十

六課に登場した「冬の夜」は、家族が囲炉裏端に集うある吹雪の夜を、次のような歌詞で綴っている。

一、燈火ちかく衣縫ふ母は　春の遊の楽しさ語る
居並ぶ子どもは指を折りつゝ　日数かぞへて喜び勇む
囲炉裏火はとろく　外は吹雪

二、囲炉裏のはたに縄なふ父は　過ぎしいくさの手柄を語る
居並ぶ子どもはねむさ忘れて　耳を傾けこぶしを握る
囲炉裏火はとろく　外は吹雪

歌詞は、寒さの厳しい雪深い山村を思わせる地方のある農家で、囲炉裏の火が熾火になるような夜更けまで、子供たちが熱心に父母の話に耳を傾けるという静かな夜を描いている。四拍子でト長調の曲調は、外の吹雪という激しい気象条件に対し、囲炉裏火のほのかな暖かさを感じさせ明るい印象を与えている。登場人物は、父母と子供たちで、第一期国定尋常小学読本の「わたくしの家」で「おばあさん」が「おもしろい話」をしてくれたのに対し、祖父母世代が含まれていない。ここでの母と父は、縫い物をし、縄をなうという手仕事の傍ら子供たちの話し相手となり、片時も勤勉に働くことを忘れないとの姿勢で描かれている。このことは、第一線での労働から退いた格好の隠居の世代では表現することが難しく、祖父母が不在となった理由の一つと考えられる。さらに、子供たちに向かって語られる戦争の記憶という内容は、祖父母ではなく必然的に若い父母の世代を語り手とすべきものであった。母が語る「春の遊の楽しさ」は、雪に閉ざされた冬から春を迎え、劇的に変化する自然がもたらす喜びであり、こうした話を通して村の暮らしを子供たちに伝え、郷土を愛する心を説いていると見ることができる。父が語る「過ぎしいくさ」は、日露戦争を指し、子供たちが興奮気味に「こぶしを握る」ほどの迫力をもって語られ、海外へと進出する国家の姿を父の「手柄」と重ね合わせて誇りあるものとして受け止められた[43]。

「冬の夜」は、父母とその子供という単婚小家族において、郷土への愛着を育み、国家の来し方に対する記憶を共有することが実現され、父母が子供たちの世代に郷土愛や国家の記憶を伝えることが「家庭」に課せられた役割の一つであることをしめしている。さらに、子供たちへの語りかけが母、父の順番でなされたことは、日露戦争後の「帝国」日本の形成という課題に対応しうる教養を、母たる女性が備えていることを求めるものにほかならず、「家庭」における女性の存在を強調するものであった。「家庭」は、日清、日露の二つの戦争を経て、単に暖かい人間関係が集うだけの場としてではなく、明治生まれの若い世代が明確に「国家」を形作るための記憶の器として用意され、女性の存在感を重視しつつ語られることとなったのである。[44]

国定教科書に登場した家族像は、特定の規範をあてはめようがないという性質のものについて、ある一定の類型をしめそうとしたものにほかならない。このことは、「文明」の名の下に如何なる国づくりを進めていくかという課題において、実態としての家族像に収集のつかないほどの多様さが存在したことの裏返しであった。国定教科書がしめした家族の姿は、食事時の風景に象徴される心地よい団欒を共有し、「天長節」がしめした厳かな場に連なる結束を担うという両面を併せもつものとして描かれ、画一化した像をしめす布石となった。国定教科書は、家族のあり方とともに「主婦の務」という課を設けて女性のあり方についても模範とすべき均質な人間像を提示している。

明治四十三（一九一〇）年の第二期国語国定教科書巻十二第二十二課に掲載された「主婦の務」は、「主婦」という言葉が課のタイトルとして教科書にも登場し、翻訳語から普通名詞として定着したことをしめすとともに、理想の女性像を表す言葉ととらえられていたことを反映している。「主婦の務」は、家内の整理整頓、衛生上の注意、老人の世話および子供の養育など、家事や家族の健康管理、育児に責任があると述べた。なかでも、冒頭の一節「出入口に、はき物の置乱れたる家には、盗人のうかゞうこと多しといへり」は、誰もがそのとおりだと共感しうる具体的な例によって、「主婦」とは如何なる存在かを端的にしめしたといえる。さらに「家庭」における重要な役割があるとして、次のように説いている。

主婦は又常に家庭和楽の中心となりて、家内一同を楽しましむべし。家内能く和合して、互の心にわだかまりなく、むつまじく打揃うて夕の膳に向ふ時、一日の労苦は忘れられて、更に明日の活動を思ふなり。日々の暮しは「入るを計つて出づるを制す」を第一義とす。家の収入を基として、予め其の支出を定め、衣服・飲食の費皆其の範囲を越ゆることなかるべし。其の上不時の出費の為、多少の準備を為し置くを必要とす。身分不相当の活計は産を破り、家を亡す基なり。をごりに流るるは易く、をごりより倹約に進むは難し。

「主婦」は、「家庭和楽」という一家団欒の楽しみを生み出す中心と意味づけられ、「家庭」という言葉とセットで用いられた。さらに、一日の労苦を忘れさせるという心の平安をもたらす存在であると同時に、家計管理を司り、不時の出費にもまごつかないよう日頃から準備をし、倹約に励む人として描かれた。こうした人物像は、同じ第二期国語読本の巻七第十二課に登場した「山内一豊の妻」を念頭に置いたものといえる。「主婦」という言葉は、衣食住にまつわる家事はもちろん、「山内一豊の妻」のような内助の功が期待される妻との意味合いが込められ、「家庭」とともに登場したことで一家団欒のイメージと重ね合わせて理解されることとなった。

しかし、教科書が説いた「主婦」は、徳富家や矢嶋家に連なる女性たちが担ったような名望家としての存在感や、具体的な地域性に根差した働き、あるいはその家その家が抱える個別の事情に応じた働きという意味が何ら考慮されることなく、どの地方のどの家の女性でもこうあるべきという模範がしめされただけにすぎない。翻訳語としての「主婦」は、日常の言葉へと定着する過程で十九世紀のイギリス社会を理想とすべき「文明」と見据えた翻訳者たちの意図が欠落し、理想の「ホーム」を築くという「家庭和楽」との部分だけが知識として理解されることとなった。教科書によってしめされた型は、作られたものであっただけに、かえってそうあらねばならないという規範としての影響力を持つこととなったのである。

郵 便 は が き

料金受取人払郵便

麹町局承認

5304

差出有効期限
2020年3月
31日まで

102-8790

204

東京都千代田区飯田橋4-4-8
東京中央ビル406

株式会社 同成社

読者カード係 行

ご購読ありがとうございます。このハガキをお送りくださった方には今後小社の出版案内を差し上げます。また、出版案内の送付を希望されない場合は右記□欄にチェックを入れてご返送ください。 □

お名前《ふりがな》　歳　男・女

〒　TEL

ご住所

ご職業

お読みになっている新聞・雑誌名

〔新聞名〕　〔雑誌名〕

お買上げ書店名

〔市町村〕　〔書店名〕

愛 読 者 カ ー ド

お買上の
タイトル

本書の出版を何でお知りになりましたか？

イ．書店で　　ロ．新聞・雑誌の広告で（誌名　　　）

ハ．人に勧められて　　ニ．書評・紹介記事をみて（誌名　　　）

ホ．その他（　　　）

この本についてのご感想・ご意見をお書き下さい。

注 文 書

年　　月　　日

書　名	税込価格	冊　数

★お支払いは代金引き替えの着払いでお願いいたします。また、注文書籍の合計金額（税込価格）が10,000円未満のときは荷造送料として410円をご負担いただき、10,000円を越える場合は無料です。

国定教科書がとりあげた食事時の風景は、食卓が必須の道具として登場した。箱膳ではない配膳を可能にした食卓は、やがて脚が折りたたみ式で持ち運びと収納に便利なちゃぶ台の登場により広まり、ちゃぶ台が狭い住宅事情に対応する優れた道具として浸透し、食卓を囲む家族の姿が暖かい一家団欒を表現するシンボルとなった(45)。ちゃぶ台のある暮らしは、日清戦争から日露戦争以降新たな階層として生み出された中産階級を構成する人々によって取り入れられた。東京の人口は、江戸時代末期の一三〇万人から明治維新期の混乱で八〇万人にまで落ち込んだ後、明治十年代から徐々に回復し二十年代中頃には市部で一二九万人、同二十八年には一三〇万人に増加し、以後の十年で二三〇万を突破した(46)。こうした人口増加は、明治十年代の松方デフレで自作農が土地を失い向都離村が加速し、農村からの膨大な人口の流入によって進んだ。多くの人口流入を支えたのは、工場労働者の需要の高まりであった(47)。流入者の多くは、都市下層民としてスラムを形成する一方、大量の社員や労働者を求める会社企業および工場の勃興が農村を捨て新たに都市に移り住む人々の受け皿となった。俸給生活者を表す呼称として登場した「サラリーマン」は、明治以来の「月給取」「腰弁」などに代わる俸給生活者を指す呼び名として大正期に広まった。いわゆるホワイトカラーの事務職系会社員であり、日清・日露の二つの大戦を経て急速に発展した資本主義経済の進展によって会社企業が簇生し、社会的な層を形成するにしたがって地位を固めていった(48)。サラリーマンは、都市に流入した人々を主体とし、新たな生活様式を受け入れる社会的階層を形成したのである。

田舎を離れ都市に暮らすことになった移住者たちは、やがて結婚の適齢期を迎えることとなる。明治三十年代になると、東京生まれの東京育ちという移住者の第二世代が結婚年齢に達し、このほか進学などの目的で出郷した人々が都会にそのまま住み続けるなどして、新たに定着する新住民が層を形成し始めた。しかし、農村を離れた多くの若者たちは、配偶者選択の重要な場ともなっていた若者組や娘宿の習慣から切り離され、こうした習慣が文明にそぐわない蛮俗とみなされ破壊されたことにより、配偶者を得る機会を失っていた。柳田国男は、婚姻において媒酌人の需要が高まったことを指して「高砂業の隆盛」と述べ、若者が自力で結婚相手を探す機会が失われるにつれて、第三者の仲介により配偶者を選定する見合い婚によって婚姻がまとまっていたことを指摘している。(49)見合いを斡旋する結婚媒介所は、結婚の仲介を手数料を取って商売にしたもので、明治十三年に大阪で始まった後各地に広まり、明治四十二年の東京では二十軒前後が数えられた。(50)結婚媒介所の隆盛は、親類縁者や知人の紹介に頼ることの出来ない人々が、他人の世話にならずに配偶者を見つけるために利用していたことによる。さらに、新聞紙上に求婚広告を出して配偶者を探そうという人も現れた。明治十四（一八八一）年には親が娘の結婚相手を求める広告を出し、明治四十四年には日露戦争のため婚期を逸したという女性が自ら求婚広告を出している。(51)結婚媒介所や求婚広告の登場は、男女の結びつきにおいて家同士の釣り合いを重要な関心事とみなすのとは異なる、新たな婚姻観が登場したことをしめしている。新たな結婚のスタイルは、田舎とのつながりを残しながらも都会を地盤に生活の場を築く人々が増加し、都会で結婚して所帯を構えた世代が、新たな生活の仕方を実践していくきっかけとなった。こうした明治維新以降に生まれた人々は、会社企業で働く主体となり、ちゃぶ台のある暮らしを営むことで「家庭」という言葉を具体像をともなうものとしてとらえることとなった。「家庭」という言葉は、明治三十年代以降、西欧文明社会を象徴する理想としてのイメージから、暮らしの中で実践し得る現実味のある言葉へと変質したのである。

ちゃぶ台を一家団欒と結びつけ、「家庭」に欠かせない道具と位置づけたのは、蘇峰と同じタイトルの雑誌『家庭雑誌』を手がけた社会主義者の堺利彦（一八七〇―一九三三）である。(52)新たな道具としてのちゃぶ台の登場は、観念的なレベルで説かれた「家庭」が、現実の暮らしにおいて実体験として理解される大きなきっかけとなった。堺利彦の『家庭雑誌』は、蘇峰が「田舎紳士」たる階層向けに説くことで出発した「家庭」への理解が、より広い受け手へと拡大したことを背景に登場し、編集者の交替や発行所の変更などの変遷を経て明治三十六（一九〇三）年四月から四十二年七月まで全五十四冊が発行された。サラリーマン世帯という「家庭」を実践し得る社会的基盤の形成を受けて登場した『家庭雑誌』は、堺が明治三十四年から翌年にかけて内外出版協会から発表した六分冊からなる『家庭の新風味』を土台とする雑誌であった[53]。堺は、ここで得た読者に対し「おもむろに社会主義を説くつもり」で『家庭雑誌』を創刊したと「予の半生」の中で述べている。『家庭雑誌』の内容は、この『家庭の新風味』においてすでに用意されていた。

『家庭の新風味』は、夫婦それぞれの務めを夫が「総理大臣」、妻が「内務大臣」と「大蔵大臣」の務めであるとなぞらえ、夫と妻が互いに権限を有し協力しあって一家を築くべきことを説いた、進歩的な「家庭改良」論であった。「家庭」という概念の普及は、蘇峰の「田舎紳士」論による「中等社会」を育成するという課題がしめされた後、堺利彦による社会主義思想の啓蒙という側面から展開することとなった。ちゃぶ台は、こうした考え方を実践する必須の道具立てであった。

食事の時は即ち家族会が開けたのである。謂はゆる、一家団欒の景色は最も多く食事の時にある。此点から考へれば、食事は必ず全時に全一食卓においてせねばならぬ。食卓と云へば、丸くても四角でも大きな一つの台の事で、テーブルと云つても善い、シッポク台と云つても善い、兎に角従来の膳といふ者を廃したいと我輩は思ふ

ここに説かれたテーブルやシッポク台を囲む食事風景は、箱膳からちゃぶ台への移行という変化を反映するものである。ちゃぶ台による一家団欒を説いた堺の論は、食卓と「家庭」とを結びつけた最初のものであった。ちゃぶ台は、「全時に全一食卓」という家族の成員の平等を実現しうる道具であり、「新に家を作つてゆく」という「新家庭」を築く際のシンボルとなった[54]。

堺は、「家庭」を築く前提となる結婚について「元来嫁に行くの婿を取るのと云ふが間違つた話で、今後は只、一人の男子と一人の女子とが結婚するのである」と述べ、親のため先祖のためにする不本意な結婚を認めず、女子に対

してのみ離婚再婚を責める風潮を排すべきとし、婚姻における完全な男女の平等を説いた。このことは、「一夫一婦」による夫婦の結びつきを重視し、代々の家の存続という重責から解き放たれた個人の結合によるあり方を理想ととらえたものである。堺は、家族のあり方について「民法は、我国旧来の家族制度の皮をかぶつてゐるので、到底今後の家族を説明するには足らぬ」と旧来からの「家族制度」を退け、「今後の社会は家族を単位とせずして個人を単位とす」べきで、「家といふものが代々伝はつてゆく訳ではなく、一人の男子と一人の女子とが結婚して、そこで新に家を作つてゆくのである」と述べた。それゆえ堺は、嫁姑の諍いという問題についても「親の財産など当にせず」早く独立して別家を構えるべきで、別居できなくとも「二つの家の同居といふ場合」と考えて相互の干渉を控えれば自ずと争いは減ると説いた。堺は、夫婦の関係が対等であるべきと述べ、妻たる女性が尊厳のある「主婦」たる資格をもってちゃぶ台のある暮らしを主宰すべきと説いた。ちゃぶ台の登場は、「家庭」という場が女性の手腕を発揮すべき舞台にふさわしいものとして、現実の暮らしの中に登場したことを表す出来事であった。

堺利彦の『家庭雑誌』とほぼ同じ頃、「家庭」という言葉をタイトルに持つ雑誌『家庭之友』が発行された。『家庭之友』は、羽仁もと子（一八七三―一九五七）・吉一夫妻により明治三十六年四月に内外出版協会より創刊された、現在まで続く『婦人之友』の前身にあたる雑誌である。この頃、羽仁もと子は、次女の出産やその急死など、自身の生活における厳しい体験の最中に執筆、編集を全て担当していた。もと子による読者への呼びかけは、実生活の経験から生み出されたリアルなものとなる一方、子供を喪った苦痛や主筆であるもと子の体調不良などが重なり、しばしば編集が滞りがちであった。こうした中、もと子は『家庭之友』と平行して明治三十九年四月に『家庭女学講義』を発行している。『家庭女学講義』は、翌年十二月に第四号を発売した後、翌年一月に『婦人之友』へと改題された。

『家庭之友』は、『婦人之友』に集中するとの理由で明治四十二年八月に羽仁夫妻の手を離れている。羽仁もと子が『家庭之友』を創刊し、やがて『家庭女学講義』から『婦人之友』へと移行したことは、一つには「家庭女学会」

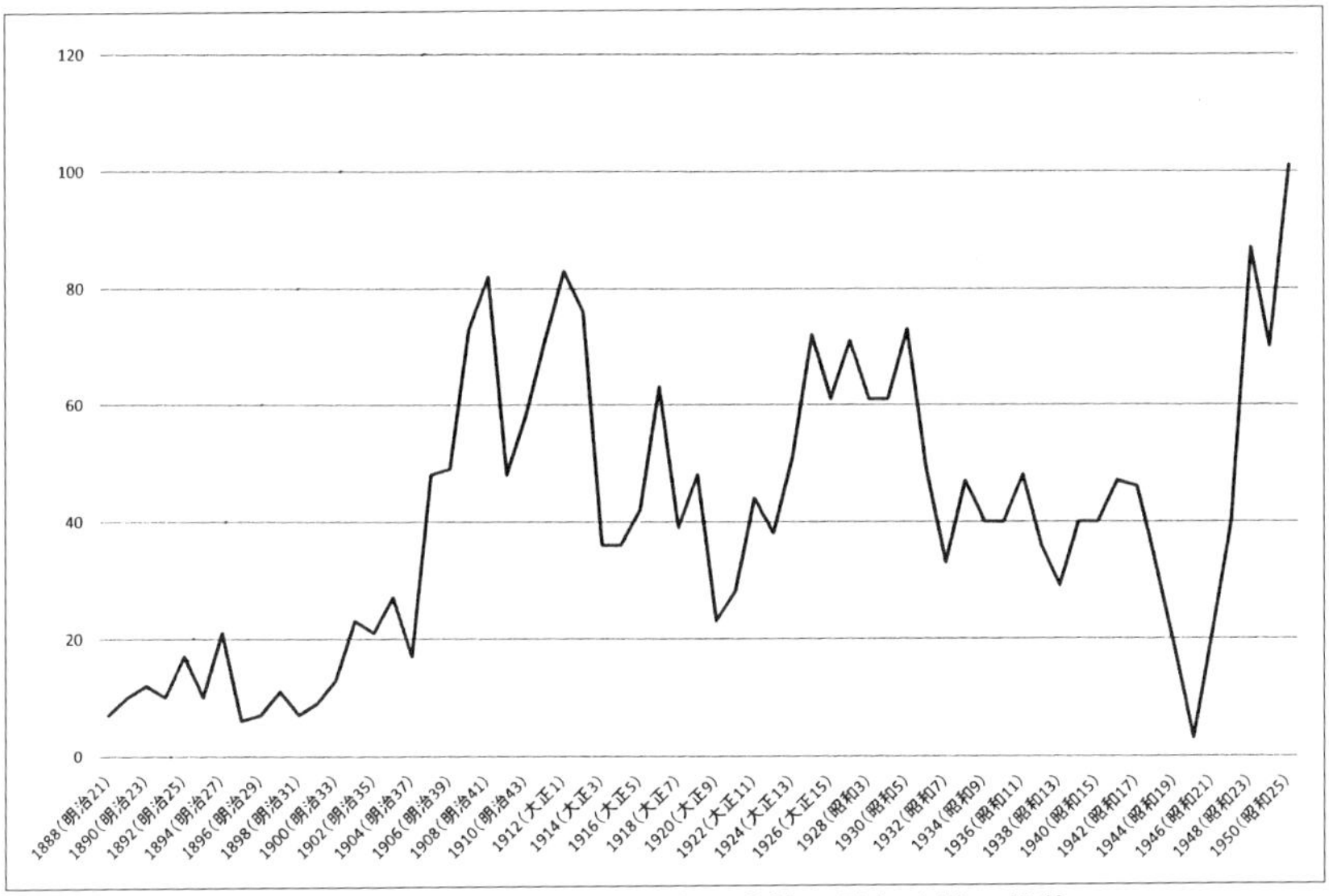

図６　「家庭」をタイトルに含む書籍の発行点数の推移

を発行所とする『家庭女学講義』という雑誌のスタイルが、もはや明治三十年代後半の社会において人気が集まらなくなっていたこと、さらに、明治三十年代後半から四十年代という短い期間、もと子自身が体験した生活の激変と連動する形で、既婚女性に限らずより広く女性全体を対象にとり込んだ雑誌を発行することへと問題意識がシフトしたことが考えられる。もと子は、こうした状況をふまえ、広く全ての女性一般に呼びかけ、「家庭」という場のみにとどまらず社会全体に視野を広げたいとの問題意識から「婦人」とのことばを選んだと考えられる。雑誌の購読者として想定されたのは、女学生を養育できるような生活水準の階層であり、明治末年代以降広がりつつあった会社企業に勤める勤労者世帯の中でも、収入の安定した上層の人々であった。『婦人之友』の販売は、いわゆる総合商業雑誌というべき売り方ではなく、羽仁もと子の主張に賛同する人々を『家庭女学講義』の会員という形でまとめた組織をベースに、着実に売り上げにつなげるというもので、こうした階層が読者の多くを担っていたことによる。このことは、『家庭之友』および『婦人之友』が掲載した読者の家計相談に答えるコーナー「家政問答」にも表れていた(55)。

『家庭之友』から『婦人之友』への変化は、「家庭」への関心が言葉の定着とともに下火になり、言葉の持つ新しさが失われていったことをしめしている。このことは、明治期に続々と生まれた「家庭」をタイトルとする雑誌が大正期にかけて多くが廃刊され、創刊の点数が減少したことにも表れている。「家庭」の語をタイトルに冠する雑誌は、明治二十年代から三十年代にかけてのごく限られた一時期に続々と出版され、これらの雑誌のほとんどが明治末から大正初めの時期に改題されるか廃刊されたりした（**巻末表1**「『家庭』をタイトルに含む雑誌の創刊・終刊年」参照）。

雑誌の創刊と廃刊は、明治二十年代に「家庭」という語が時代を先取りする新しい言葉として注目され希望をもって語られた時期と、言葉の持つ新鮮な響きが失われていく時期との重なりをしめしている。このことは、雑誌のみならず書籍の発行状況にも表れている（**図6**「『家庭』をタイトルに含む書籍の発行点数の推移」）。

国立国会図書館の蔵書目録による「家庭」という語をタイトルに含む書籍は、明治十年代まではわずかに『泰西家庭精訓』（明治十年）、『家庭経済録』（同十六年）の二冊を数えるのみで、ほかに明治九年創刊の福澤諭吉による雑誌『家庭叢談』のみに止まっていた。明治二十年から二十二年にかけての二十一点は、『家庭教育』（明治二十年）、『家庭衛生論』（明治二十一年）など、多くが「教育」「衛生」などに関連するものであった。その後、発行点数は徐々に増加し、日露戦争の頃一つのピークをなした後、四十年代に再び増加する。明治四十年に七十五点、四十一年に八十八点、大正元（一九一二）年には九十四点が発行されている。特に明治三十三（一九〇〇）年以降の点数の増加は、博文館が「家庭百科全書」と題する叢書全五十巻を明治四十年五月から大正二年にかけて刊行し、大正四（一九一五）年十月には「家庭文庫」と題する全十二巻の叢書が登場するなど、「家庭」をテーマとするシリーズものの書籍が多数登場したことによる。こうした書籍の発行状況は、「家庭」という単語が流行となるほど多数用いられ、急速に定着したことを裏付けている。「家庭」という言葉の流行は、日清戦争前後からの「家庭小説」の急増にも表れている。家庭小説は、表題に「家庭小説」との角書が付けられたことで「家庭」という単語を含む書籍の総数を押し上げる一因となった。ただし、家庭小説は、家内で読まれるにふさわしい読物との意味で名付けられたもので、「ホーム」という西欧社会に由来するニュアンスを込めた意味の「家庭」の場に取材した小説との意味ではない。流行といわれるまでに普及した「家庭」は、単に「家内」と同等のものとしてとらえられ、ここには精神の安らぎの場、心の拠り所という意味はほとんど失われている。

言葉の新鮮味が失われつつあった「家庭」は、明治三十年代後半以降、流行を通り過ぎてすっかり日常の言葉へと定着した。日露戦争後の疲弊した農村の再興を訴えて全国行脚の旅を続け、『理想の村』を著した石田伝吉は、姉妹編として『理想の家庭』を発表し、改めて「理想」としての「家庭」を説きその意義をしめそうとした。[56] 石田は、従来の「家庭」に関する議論が「平民階級や農業者などには一向適用する事の出来ない様な議論ばかり」であったことをふまえ、農村やより広範な「中等階級の読書人」以外の人々、いわば一般の実情に対応したものを提供するとの執筆の意図を述べている。

石田が説く「理想の家庭」は、妻と夫が互いに尊敬し合い、その結びつきを柱とする家族によって築かれるというもので、嫁がひたすら重労働に耐え舅姑や夫に従い過酷な仕打ちにも忍従するという旧来のステレオタイプ化された慣習を前提に、これを否定しつつ説かれた。石田は、「家族は如何あるべきか」の中で、よき「家庭」を築くためには一家の成員を「風化教養する」ことが大事であり、その実践の一例として互いに「さん」づけで呼び合うことを勧めている。

ここにイメージされた「理想の家庭」は、石田の著作中唯一つけられた油絵のカラー口絵の中にも表れている。口絵は、和服姿の祖父母と小さな女の子、洋風の髷に着物を着て手振りで話をしている妻と、背広を着て口ひげを生やし、手元に書物を広げている夫の総勢五人が椅子に腰掛け、中央に果物を載せた皿が置かれたテーブルを囲み、明るい電灯のもとで談笑するという一家団欒を描いている。室内後方には書棚が見え、額装の絵が一枚飾られている。テーブルに椅子という洋風の生活スタイルを取り入れた家族の姿は、モダンな都市の暮らしを想像させるものであり、石田が「はしがき」に述べたような農村で暮らす人々や貧しい暮らしを余儀なくされている人々が取り入れるには現実的ではなく、このことが『理想の家庭』がベストセラーとなった『理想の村』ほどの注目を集めなかった要因の一つとみられる。「家庭」は、社会をよりよくするとの社会改良を目指す目標のもと、精神の改革の必要を訴えつつ論じられた。しかし、家族がお互いを「さん」づけで呼び合うことや、夫婦が対等の関係にあって一家の運営に共同であたることなどとしてしめされた例は、その背景にある精神性にまで踏み込むことなく形としての生活スタイルを提示したものにすぎない。

福澤諭吉や徳富蘇峰、堺利彦らの説いた「家庭」は、西欧の倫理観にもとづく人間関係を基礎とし、夫婦や親子の関係の平等を基盤とする「家庭」の集合により、真に「文明」に値する「国家」を希求するもので、それゆえ「家庭」を築く要となる存在に人格の高さを求め期待をかけた。妻たる女性を「主婦」と位置づけることは、「国家」の基礎たるべき「家庭」を主宰する存在として、人間性を重視して説かれたものにほかならない。『理想の家庭』の口絵に描かれた「家庭」像は、仲睦まじい家族の語らいを前提とし、国定教科書に登場した「カテイノタノシミ」や「冬の夜」の世界をイメージさせる。「家庭」は、こうした理解しやすい視覚的なイメージを媒介とすることで、目に見えるものとしてとらえられ広まることとなった。

しかし、精神の改革なくして「家庭」の実現はあり得ないとの認識は、誰もが抱く共通のものとして強く訴えられながらも、その具体的な内容が真に理解されることが難しく、「家庭」とは何なのか、なぜ「家庭」が必要なのかという根本的な問題を抜きにしたまま、言葉としての「家庭」だけが流布することとなった。「家庭」という言葉は、その内側に込める意味合いを時代に応じて変化させながら、改めて歴史の舞台に登る時を迎えるのである。

第四節　文明の器として

播州仁豊野の医者の家に生まれた哲学者・和辻哲郎（一八八九―一九六〇）は、産業革命の影響が村に押し寄せた記憶を、女たちによる機織りの音が消え、手織り木綿から工場での機械織りの反物へと移り変わった着物の思い出と重ねて次のように記した(57)。

この革命は地方によっては時期が違うかも知れないが、わたくしの村などでは、明治二十年代の末から三十年代の初めへかけて、非常に迅速に、台風のように吹きぬけて行ったかと思う。尋常小学の頃には手織木綿のかすりの着物をきていたのが、高等小学校の頃にはすでに紡績会社の工場で出来たガス糸織の着物に変っていた。それに伴って、糸を紡ぎ、糸を染め、染めた糸を合わせて、機にかけて織るという、女たちの楽しそうな活動が、急に見られなくなってしまった

和辻が語る衣生活の変化は、衣服を全て自前で賄う習慣が変質し、やがて村の紺屋の没落となって現れた。日本の産業革命は、繊維産業から鉄や機械などの重工業へと展開し、近代的な鉄工業の発達により村の鍛冶屋が立ちゆかなくなり、農村内における自給自足の経済を破綻させ、村の景観や人心に大きな影響を与えることとなった。こうしたことが和辻の脳裏に「明治維新にもみられなかった」変化として記憶されることとなったのである。

産業革命の進展は、会社企業の発展の陰で村の生活を著しく変貌させた。日清戦争を契機とする生活の変化は、明治三十七、八年の日露戦争がより激しい農村の荒廃をもたらし、産業革命によって一層加速した。日露戦争における牛馬も含めた徴発は、厩肥の不足をもたらし牛馬耕が不可能になったことで、働き手を徴兵で失った労働力不足を倍加させ、加えて明治三十八年の凶作の被害が農村荒廃に追い打ちをかけ、村で生活が立ちゆかなくなった人々が村を

捨て都会に集中し、貧困層が増大する一因となった。内務省は、都会の過密と産業がもたらす公害という十九世紀イギリス社会が抱えたのと同様の問題に直面し、日露戦後社会の立て直しを図る切り札として「地方改良運動」を掲げ、「国運の発展を図る」との決意で臨んだ[58]。

内務省地方局長床次竹二郎をはじめとする内務省地方局有志は、都市問題の解決を図るべく「田園都市」づくりを提唱し、明治四十年十二月に『田園都市』を刊行した。『田園都市』は、イギリスのハワード（Haward.Sir Ebenezer 1850―1928）が組織した「田園都市協会」など、各地の実践例を紹介し、「或は菜圃、花園、運動園、浴場、遊泳等を作り、或は学校の外吏に図書館、音楽堂等をも設け、或は共同組合、倶楽部の類を組織して、茲に田園生活を中心とせる清新の市民生活を遂げしめんとした」という街づくりの具体例が収められた。ハワードらが提唱した田園都市は、労働者の生活改善を目的とした都市計画であり、日々の労働で疲れた身心を休める場とすべく公園やプール、図書館、労働者クラブのようなものを街の中心に据えるという構想で、労資協調による街づくりを通して明日への活力を養おうとするものであった。

『田園都市』の内容は、欧米各都市における具体的な実践例の紹介に大部分を費やし、主に都市問題の解決に関心が寄せられたことを反映していた[59]。都市問題への関心は、渋沢栄一ら実業家を発起人として大正七（一九一八）年に設立された田園都市株式会社にも表れている[60]。田園都市株式会社は、荏原郡玉川村から洗足村にかけての一帯約四十二万坪を選定し、土地分譲と交通機関の敷設によって開始され、大正十二年九月の関東大震災をきっかけに売り上げを伸ばし、一区画百坪から五百坪というゆったりとした地割りに洋風住宅が建ち並ぶ空間を作り上げた。土地購入者は、会社社長や銀行支配人、貴族院議員、大学教授、官吏、エリート会社員らが名を連ね、坪単価十三円から五十五円の土地を購入しうる人々で占められた。購入者の顔ぶれは、日本における田園都市開発が中産階級の住まいを提供するものとして進展したことをしめしている。内務省地方局有志によって輸入された田園都市構想は、職工ら労働者の生活状態改善を図ることで生産性の向上を目指す欧米の計画とは異なり、「有産知識人」や「紳商」の職寝分離を実現するための宅地開発を指すものと読み替えられた。欧米の田園都市が目指した工場主が職工ら労働者のために築く都市との構想は、荏原郡矢口村に建設された黒澤商店蒲田工場の「黒澤村」に唯一実現されている。

黒澤村は、若き日に渡米し明治三十四年の帰国後日本におけるタイプライターの普及と発展の礎を築いた黒澤貞次郎が興した黒澤商店を母体に、一万二、五〇〇坪の構内に工場と従業員住宅、公園、浴場、食堂、幼稚園、テニスコートなどを併設する「工場村」で、大正十（一九二一）年夏に床次竹二郎内務大臣、田子一民社会局長らが視察に訪れ、特に公園や水道の設備が「他の模倣を許さない理想に近い施設」と激賞している。黒澤貞次郎は、タイプライター技術の習得に励んだ在米時代にジョージ・プルマンの「鉄道村」を見聞し、事業の成功により自身も労働者のための工場村建設を志し、労資がともに村民であると宣言した労資協調による「一大家族」の理想郷「吾等が村」を築き上げた。黒澤村は、大正十年の神戸における川崎・三菱両造船所の労働争議など頻発する労資の対立をよそに、昭和四（一九二九）年には小学校も設立され、ハワードの田園都市構想に最も近いものとして異彩を放った。しかし、こうした経営者の志に支えられた工場村は、床次らの視察を受けつつも日本の実情に合わないとされ、十五年戦争下に消え去ることとなる。

日本における田園都市は、黒澤村が放った理想に目を閉ざしたまま、企業の利潤追求を目的とする中産階級のための郊外住宅開発との意味づけに終始した。田園都市を舞台とする生活は、ハワードらが説く「剛健なる精神は健全なる家庭に宿り、健全なる家庭は常に整頓せる住居の中に形成せらる」との論旨にもとづき、こうした「家庭」に関する理想を投影するための住居を必須の要素とした。田園都市を構成する住宅は、電気やガス、水道を完備し、立ち働き式の台所や内風呂を備え、中廊下が家屋を貫く構造の「文化住宅」をモデルに、日々の労働を終えて帰り着く平安の地として人々のあこがれを誘った。田園都市は、住み処としての「文化住宅」さえ手にすれば「健全なる家庭」

が得られるとの幻想を生み出し、ハワードが説いた理想の上澄みを実現する場との意味しか持ち得なかったのである。

日露戦争後に「家庭」が日常の言葉として定着したことは、もともとの和語にはないとらえ難い感覚が、目に見える形あるものに投影されつつ理解され始めたことによる。「家庭」の概念は、『田園都市』に紹介された暮らしのあり方などに象徴される物質的なモノを通じて広まることとなった。大正四（一九一五）年に開催された「家庭博覧会」は、具体的なモノを「家庭」の象徴としてしめす試みの一つであった。徳富蘇峰の国民新聞社は、大正四年に『国民新聞』創刊二十五周年を迎え、五月一日から六月二十六日までの約二カ月間、上野不忍池畔に「家庭博覧会」を開催した。(61) 精神の改革の必要を求めて説かれた「家庭」は、物質的な器の問題へと置き換えられた。「家庭」は、『田園都市』にしめされた「文化住宅」などの容れ物を整え、その器にふさわしい道具を揃える必要がある問題として理解されることとなった。「家庭博覧会」の開催は、「家庭」に対する理解が物質的に目に見える次元のものとして定着しつつあったことを表している。

大正期は、大正三年開催の東京大正博覧会を皮切りに、戦捷博覧会（四年）、海の博覧会（五年）、婦人子供博覧会（同）、東京奠都奉祝博覧会（六年）、化学工業博覧会（六年、十五年）、電気博覧会（七年）、畜産工芸博覧会（八年、十四年）、奠都祭（同）、平和記念家庭博覧会（同）、生活改善展覧会（同）、大正衛生博覧会（十年）、平和記念東京博覧会（十一年）、保健博覧会（十四年）、家庭文化博覧会（同）、電気の市博覧会（十五年）など多くの博覧会が毎年のように開かれ、花見、映画とともに三大レジャーに数えられるほどの博覧会ブームといわれる時代を迎えていた。(62) このうち大正博覧会は、前売入場券の売上が目標より一〇万枚多い六〇万枚を数え、三月から七月までの四カ月にわたる会期中およそ七四六万人の入場者を集めた。大正十一年開催の平和記念東京博覧会は、「不入り」や赤字が伝えられたものの、四カ月間の最終的な入場者数は一、一〇三万人を数え、最も盛況な博覧会となった。この頃、博覧会を訪れることは寄席や芝居見物に代わる楽しみの一つと考えられ、家族が揃って楽しめる新しい時代の娯楽として多くの見学者を集めたのである。

国民新聞社主催の家庭博覧会は、ロンドンのデイリー・メール社が開催した「ホーム・エキシビション」を参考に、侯爵鍋島直大を名誉総裁、子爵平田東助を名誉会長、後藤新平、阪谷芳郎を名誉副会長に迎え、平山成信、武井守正ら官僚を名誉顧問とし、鍋島侯爵夫人栄子や渋沢栄一が賛助員に名を連ねるなど多数の著名人の賛同のもと開催された[63]。初日の入場者数は二万八、〇〇〇人を超え、会期中近郊の小学校や女学校などの団体客も含め多くの見学者でにぎわった。入場料は平日大人一〇銭、休日二〇銭で、子供と軍人が半額、夜間午後九時までの開催であった。会場は、実物大の家屋や設備、道具の展示のほか、巌谷小波のおとぎ話をモチーフとする子供の遊び場「お伽園」をはじめ、活動写真、演劇、奇術などを催す演芸場が作られ、親子連れが遊園地感覚で楽しめる施設を多数備えていた[64]。新聞社の主催する博覧会は、大正五年九月開催の読売新聞社による「婦人子供博覧会」など、上野を会場に各種開催されている。婦人子供博覧会は、十一月までの会期中およそ六九万人の入場者を集め、翌年にも「涼しい博覧会」と銘打って第二回婦人子供博覧会が開催された。このことは、工場や会社企業で日曜日が休みという暦が浸透し、休日に家族揃って出かけるという習慣が広まったことに対応したという側面とともに、参加企業が新聞の広告効果を期待して盛んに開催されるようになったことによる。家族が揃って出かけるという余暇の過ごし方は、「家庭」や「婦人」、「子供」の存在がクローズアップされ、労働者に対し如何なる娯楽を提供するかという課題において考慮されるべき条件となっていた[65]。

家庭博覧会開催の目的は、『国民新聞』紙上に次のように説かれた。

家庭博覧会とは家庭に関するあらゆる事物を蒐めた最も実用的な最も娯楽的な且つ最も斬新な博覧会です。各家庭の方々が揃つて楽しく一日を過さる丶高尚な遊び場所であると同時に、一家の主婦、家族の方々に精神的

実用的経済的の利益を無限に供給する場所と致したいと思います

家庭博覧会は、「家庭の方々が揃つて楽しく一日を過さる、高尚な遊び場所」となることを目指し、「一家の主婦、家族の方々に精神的実用的経済的の利益を無限に供給する場所」たらんという目的のもと企画された。国民新聞社は、博覧会開催に合わせて『理想の家庭』と題するB六判三〇〇ページ余りの書籍を発行し、写真や図版を収め展示物を説明するとともに「理想の家庭」とは何かを解説するガイドブックとした。『理想の家庭』は、展示を担当した各分野の第一人者を主な講述者として全十八項目が収録されている。各項目と講述者は次の通りである。

①理想の家庭　徳富猪一郎　②教育　下田歌子　③結婚　鳩山春子　④育児　瀬川昌耆　⑤衛生　吉岡弥生　⑥交際　山脇房子　⑦住宅　伊東忠太　⑧中流の納戸と裁縫部屋　羽仁もと子　⑨室内の装飾　井上秀子　⑩庭園　長岡安平　⑪園芸　鈴木武太郎　⑫台所　入澤常子　⑬家庭料理　赤堀峯吉　⑭家庭経済　嘉悦孝子　⑮衣服　堀越千代子　⑯洗濯　宮川寿美子　⑰下婢の使ひ方　加藤常子　⑱家庭の娯楽　巖谷小波

博覧会は、料理、洗濯、家計管理などの家事にまつわる内容のほか、家屋や庭、室内の意匠などを視覚的にしめすとともに、「理想の家庭」「教育」「結婚」などの観念的な内容を書物の形であわせて提示した。各章の末尾は「〇〇の栞」や「〇〇の心得」など章の内容に関連して座右とすべき事項を記したコラムや、徳富蘇峰『家庭小訓』が抄録された。博覧会の展示は、会場内に住宅や納戸、裁縫部屋、台所などの各室内を「芝居の大道具式」に作り、マネキン人形や模型も活用して立体的な効果を上げるよう工夫された。[66]『理想の家庭』は、会場内を写した写真や設計図などの図版をいくつか収め、博覧会の即物的な展示の様子を伝えている。こうした展示は、蘇峰の「家庭の生活の成功者とならんとするには、先づ須く家庭生活術を心得ねばならぬ」との発言にみられるように、次々と登場する道具に対応し、生活の向上を実現するためには、相応の「生活術」としての技術の習得が求められたことによっていた。家庭博覧会の展示物は、日清・日露の二つの戦争によって達成された産業革命の下で、新たに登場してきた都市生活を営む人々に定着しはじめた新しい生活スタイルを象徴する道具類を中心に、電気、ガス、水道などの普及によって登場した最新の設備を用いた暮らし方を提案し、そうした暮らし方が人々の憧れを集めたことにより構成されていた。

新しい暮らしへの憧れは、郊外の一戸建て住宅を「理想」と描いた。『理想の家庭』所収の⑦「住宅」は、東京帝大教授・伊東忠太による「中流住宅」と名づけられた住宅について、平面図や側面図、書斎や応接間を描いたイラストとともに設計の意図や概要を説いたもので、博覧会会場内には応接室、書斎、台所の三室が実物大に建設された。「中流住宅」は、東京郊外の三四〇坪の敷地に建坪四四・五の平屋建て、坪単価七〇円総工費約三、〇〇〇円、夫婦に小学生の子供二人の四人家族で女中一人を雇うという条件で設計されている。間取りは、玄関一坪、「玄関の間」が四畳、客間一〇畳、書斎一一畳、居間八畳、食堂七畳、子供部屋六畳、納戸三畳と女中室四畳、台所四畳半、風呂三畳がついて外便所というおよそ六間プラス台所、内風呂がある造りである。住宅の改良は、明治末年頃から多くの建築家たちによって唱えられ、各部屋を横断することなく移動できる中廊下の採用などが推奨されるとともに、やがて住宅改善運動へと発展し、住まいの合理化がすすめられることへと展開した[67]。伊東は、従来の住宅が抱える「廊下や縁側を矢鱈に付けて、非常な不便を我慢して居る」という難点を改良し、「家族慰安の為に役立つべき」設計を心がけたと述べた[68]。設計案は、家族構成や職業とともに、家族それぞれがどのように部屋を使うかを次のように設定した[69]。

一、主人

毎朝某官衙又は会社等へ出勤、主として書斎を使用し、書見調べ物に従事す、親類の客は書斎に引見して、其他は多く客室に引見す

一、夫人

手仕事類は　居間にて
着換は　同
結髪は　洗面所にて
一、子供
勉強睡眠は　子供部屋にて
戸外運動は　運動場にて
一、家族として
食事及び食後談笑は　食堂にて
奏楽は　客間にて

夫が「毎朝某官衙又は会社等へ出勤」との設定は、家庭博覧会がこの頃「腰弁」や「月給取」などの呼称を脱却し、社会的地歩を固めつつあったホワイトカラーの俸給生活者、すなわち「サラリーマン」を見据えて開催されたことをしめしており、サラリーマン社会の到来を先取りするものであった。「中流住宅」の各部屋は、書斎と応接室が畳ではなく床に「椅子卓」という洋室で、その他は「畳敷廃し難き」との判断で和室とされた。夫婦に子供二人の家族四人という人数は、嘉悦孝子の⑭「家庭経済」も東京郊外に住む月収一〇〇円の四人家族の予算表を掲げており、女中一人を置くという点も共通する、博覧会において標準的とみなされた家族構成であった。[70]家庭博覧会が新しい道具や情報の受け手として設定したのは、主に都市部で俸給生活を営む新興サラリーマンであり、書斎で書物を読んだり調べ物をしたりする習慣がある「中流」と称される人々であった。「食後談笑」を楽しみ、客間で楽器を演奏してくつろぐという家族の姿は、女中を雇うこととあわせて「中流」とイメージされたものにほかならない。

東京は、城下町として形成された江戸期以来、住人の圧倒的多数が借家住まいで一戸建て住宅を持つ発想すらない自営の職人や商人層が支えるという伝統を引き継いでいた。土地付き家屋は、明治四十年代に三菱が開発した市内本郷から小石川にかけての住宅地が一区画あたり一万円という金額で、ごく少数の高額所得者のみが購入可能という法外な値段であった。[71] 明治四十三年に新聞連載された夏目漱石『門』は、主人公宗助・お米夫妻の住まいとして、本郷丸山福山町に実在した六畳の居間が二つと四畳半の小部屋、小さな池のある庭を備えた借家をモデルにしたといわれる。この借家は、漱石の弟子森田草平が、平塚らいてうとの心中未遂事件を起こした明治四十一（一九〇八）年当時下宿していた家であり、その六年前には、樋口一葉が亡くなる直前の約十四カ月間を過ごしたという縁があった。[72] 漱石が描いた「崖下の家」は、人目を憚るようにひっそり暮らす宗助夫婦を象徴する住まいであり、見上げる位置にある山の手の崖上の家々が、富者たちの明るく広い住まいであることとの対比によって、よりいっそうじめじめと重苦しく、息詰まるような空気を感じさせる舞台となった。森田草平や一葉が暮らしたこの家屋は、『門』が発表されたのと同じ年に台風による崖崩れで壊れてしまう。急斜面に建てられた家屋は、圧倒的多数の人々が営む借家暮らしの象徴であり、崖下から見上げる一戸建て住宅がいっそうの憧れを誘ったとみられる。伊東案の三四〇坪の土地も含めた総工費三、〇〇〇円という金額は、都心よりも相当安価な郊外住宅の開発が進み、一戸建てを購入する人の裾野が広がったことに対応するものであった。[73]

嘉悦孝子の⑭「家庭経済」が掲げた月収五五円で夫婦二人暮らし世帯の予算表は、東京市外大久保に八畳、四畳半、三畳の三間に台所のついた家賃八円の借家に住み、図書費に五円をかけるというサラリーマン夫婦の設定である。食費は、調味料も含めて一〇円六〇銭余で、エンゲル係数がせいぜい二〇パーセントという値である。「家庭経済」が掲げたもう一種類の予算表は、四人家族で月収一〇〇円というもので、エンゲル係数がこちらもほぼ同様の二〇・三パーセントという数値であった。食費が二割台という水準は、比較的余裕のある生活を営み得るものといえる。この月収五五円の夫婦二人暮らしの予算は、夫婦の年齢が不明であるものの、サラリーマンという設定から就業年数とともに収入が増加することが予想される。サラリーマンの登場は、家族が増えることはあっても収入が右肩上がりに上昇する保障がなく、家族の増加とともに相対的に生活水準が下がってしまうという感覚とは異なり、将来に向けての安定した生活感覚を生み出した。家庭博覧会は、こうした将来の人生設計を図るという生活感覚を持つサラリーマン世帯の登場という社会的な背景があったからこそ、実現可能な手が届きうるあこがれを満たす見せ物として注目を集める内容となり得たのである。

家庭博覧会の展示物は、洋間の導入や掛け流しの台所など、部分的な変化が少しずつ進んでいたことで、現実の生活とほとんど無縁の全くの芝居見物をするような絵空事というわけではなくなっていた。伊東忠太の設計で四畳半とされた台所は、「東の光線を高き窓より取り立働らきに便利なる様、諸道具を配置す」とあり、西日を避けつつ明かりを十分に採り入れ、しゃがむ姿勢から立ち働き出来るようにすることが改良点に挙げられた。台所は、ほかに医学博士入澤達吉夫人常子による「一畳半台所」の実物が展示され、わずか一・五畳で女中も含めた家族五人の用をまかなえるという実践が『理想の家庭』に⑫「台所」として掲載された。入澤常子の「一畳半台所」は、展示された間口六尺奥行四尺五寸の台所の写真を掲げ、棚や壁に掛けられた道具類が個数も含めて全てリストアップされている。入澤は、「中流住宅」の台所について伊東忠太から意見を求められた際、「四畳半で宜しかろう」と答えたものの、「最も狭い台所を考案して見やう」と考え、「若しパンを配達する様に、御飯を炊いて配達する事になりましたら、私共の台所は乍麼に楽になりませう」との期待とともに設計したと述べている。「一畳半台所」は、将来の炊飯配達という理想とともに考えられた。そこでは、家族銘々に用意される箱膳の姿はなく、ちゃぶ台のような食卓に食器を並べることが前提とされている。伊東忠太による「中流住宅」の平面図に描かれた七畳敷きの「食堂」は、正方形の座卓を配置しており、箱膳からちゃぶ台へという食事の取り方の変化が台所の変化にも影響し、それぞれの変化が相互に対応しながらしめされていた。

家庭博覧会は、台所の改善とともに料理や献立についても取り上げた。赤堀割烹教場を主宰する赤堀峰吉の⑬「家庭料理」は、冒頭部分の「家庭料理の真髄」の節で「食べて旨しく、見て美しく、そして経済でもあり衛生にも適ふといふのが、家庭料理の極意である」と述べ、材料の洗い方や包丁の使い方をはじめとする調理の仕方全般について注意が必要であり、無駄を出さずに衛生にも気を配ることが大切と述べた。赤堀は、「家庭料理」を「日常生活の根本」と位置づけ、年代の違う家族がそれぞれ適当な栄養分をとれるよう「滋養」の多寡に注意すべきと説いた。味や見た目など調理における注意や、栄養に対する気配りは、塩辛い漬物や塩引きの干物に浮き実のほとんど見えないお汁というような、単調な食事を基本としてきた暮らしでは顧みる余裕すらない考え方であった。家庭博覧会は、日常の食事がおいしく見た目も美しくあるべきという考え方を「家庭料理」という概念として説き、味や栄養を重視した料理が、暮らしの中で大きな意味を持つことを力説したのである。

コラム「料理のこといろ〳〵」で説かれた四十三項目にわたる料理に関する心得やヒントは、正月や初午、雛祭り、端午の節句など季節のハレの行事における料理やその飾り方、また「米の良否鑑別」「味噌汁の煮方」「牛肉の鑑定法」「糠味噌の秘伝」など、食材の選び方や保存法、調理のコツについての知識が紹介されている。「正月の料理には」との題で紹介されたのは、次のような献立であった。

　おせち（人参ごぼう焼豆腐ごまめ里芋）を始とし鯛かれ《ママ》比目魚の塩焼さしみ煮付、鯛のうしほ、鮪の刺身照焼、鰶の柚酢あへ黄味酢、白魚うど甘煮、鱈煮付、蒲鉾、鴨鍋、其外吸物には半ぺん、三葉、うど、白魚、焼竹輪、蒲鉾、菠薐草

ここに並んだ正月料理は、お節料理の内容こそシンプルであるものの、焼き物、刺身、煮物、汁物、和え物と多様な調理法が並び、専門の料理人でもなければ一人で調理するのも容易ではないと思われるものが多く、正月から鯛や鮪の刺身という新鮮な生魚を手に入れることが前提の献立で、地域性や生活水準を考慮したものではないと想像さ

れる。紹介された刺身の作り方は、「平作り、細作り、笹作り、洗ひ、薄作り、厚作り、水作り」の七通りを紹介し、酢の物でも「皮作り、銀皮作り、絲作り、細作り、紙塩、揉肉、開き身」の七種類を挙げるなど、プロ並みの腕前を持つ人に対するような内容であり、何より、ハレの日のためのものであった。多様な調理法の解説は、日常において多くの副菜が彩りよく食卓を飾る風景を理想とすることで登場した。

「家庭料理」で紹介されたいわゆる西洋料理のメニューは、「フライとカツレツ」「オムレツ」「コロッケー」「ビフテキ」「スチュウ」「ライスカレー」「オートミール」「鶏肉スープ」「牛肉スープ」の九種類で、それぞれ作り方が紹介された。このうち、「ライスカレー」の作り方は、次のように説明されている。

細かに刻んだ肉をバタで炒り、鍋から上げて残りの汁に更にバタ、メリケン粉、カレー粉を入れて一寸炒り、その汁を延して之に人参、玉葱などの刻んだのを入れ、中火で煮る、煮えるとアクが浮くから其を掬去り、前の肉を交ぜて牛乳を加へ、塩、胡椒で味を付け、それを御飯に撒けて出す

「ライスカレー」は、明治の末にはすでにデパートの食堂などの定番メニューであり、カレー粉さえあれば割合手軽に作ることが出来る料理であった。(74) 西洋料理のメニューは、箱膳からちゃぶ台へという食事スタイルの変化とともに、博覧会の展示という見せ物の次元から次第に現実の生活の中に浸透していく。コロッケやオムレツ、シチュー、そしてカレーライスなどの献立は、食卓に並ぶことで食事に新たな色合いをもたらし、赤堀峯吉が説く「見て美しく」という要素にも適う料理として「家庭料理」の座を獲得した。ちゃぶ台を囲む食事は、食器のうち飯茶碗、箸、湯呑みについては銘々が決まったものを使うというあり方で箱膳の習慣を残しながら、衛生的であることや収納のスペースを節約できるという利点により、箱膳が次第に駆逐されることで一般化した。

ちゃぶ台は、箱膳や囲炉裏などの場合の座とは異なり、長幼や男女の差などによる垂直の関係ではない水平の人間関係を築くことが可能となることに気づかせ、座る位置が固定されていようと一家団欒のひとときを共有するため

の道具として理解され、「家庭」のイメージを形作ることに一役買ったのである。このことは、ちゃぶ台の登場以前に「家庭料理」に相当する概念がほとんどなかったことを裏書きするものにほかならない。「家庭料理」という概念は、日々の食事に味や見た目、栄養、経済性、衛生という観点を取り入れ、多彩なおかずのある食卓が一戸建て住宅同様あこがれの対象となることで登場した。ハレの日の食事を日常生活にも求めることへの幻想が、「家庭料理」に対する過大な期待を助長し、「主婦」たる女性が日常の食事に膨大な労力を注ぐことを強要する一因ともなったのである(75)。

料理にバリエーションが増えたことは、台所にガスや水道が普及したという変化にもよっていた。料理のための燃料は、嘉悦孝子による予算表に「薪炭代」とともに「昆炉専用瓦斯代」などの名目が登場し、「一畳半台所」の炊事用具のリストにも「瓦斯軽便竈」「瓦斯七輪」などの器具がみえ、ガスの普及が進んでいた(76)。また、照明については予算に「電灯料」の項目がみえ、「主婦の部屋」にも電球の保管場所についての説明を加えていることから電気も着実に普及し、台所にも明るさがもたらされることとなった(77)。電気、ガスの普及は、日々の暮らしに画期的な便利をもたらし、家事にはかり知れない労力の軽減をもたらす出来事であった。なかでも家事の負担を大幅に減らすこととなったのは、水道の普及、とりわけ台所の流しに蛇口が取り付けられるようになった変化である。

鉄管を敷設し加圧ポンプを用いたいわゆる洋式上水道は、明治二十年代にまず横浜、函館、長崎などの外国人居留地、および軍事用水道を敷設した広島市などの諸地域で供給が開始された(78)。水道栓のついた台所は、明治三十六年発行の村井弦齋『食道楽』の巻頭イラスト「大隈伯爵邸の台所の図」（春の巻）、「岩崎男爵邸二階建台所之真景」（夏の巻）に蛇口というより消火栓といった体裁の大きな水道栓とともに、電気、ガスの設備が整った様子が日本画家の山本松谷によりカラーで描かれている。牛込早稲田にあった大隈邸の台所は、「現今上流社会台所の模範」といわれ、セメントの土間部分を英国製の「瓦斯ストーブ」が占め、さらに六基の竈もガス式で天井に明かり取りのある清潔で明るい空間で、五十人前以上をまかなうことができるという大規模な調理場であった。

また、神田駿河台の岩崎邸の台所は、二階造りで階上を日本料理用、階下を西洋料理用とし、「電気瓦斯灯各五基、夜中と雖も昼を欺き、光線の反射も建築法に叶ひて厨人下働女の立働に便利良し」と評された立ち働き式の調理場で、水については「水瓶には一旦沸騰せし熱湯を冷し之を飲料水とする衛生上の注意行き届けり」とあり、水道の水を煮沸消毒したものが飲料用に用いられた(79)。東京市内の山の手に位置し広い空間を持つ大邸宅の台所においては、明治三十年代半ば頃までに電気、ガス、水道のインフラが整えられ、輸入品も含め新たな機器が取り入れられた。台所の新しい設備は、すでに日本女子大学の調理実習室である割烹室に水道栓を備えた流しが導入されていた。

井戸は、明治三十年代に手押しポンプが導入されたことで、はねつるべに比べて水の汲み上げが大幅に楽になった。しかし、水桶から瓶などへと水を移す手間は井戸も共同水栓も変わりなく、岩崎家のように飲料用には上水道の水を煮沸消毒して使い、その他の洗い物や洗濯、風呂水には井戸や河川の水を使うという使い分けも続いた。内風呂であれば、風呂の水くみは子供の手伝いの筆頭であり、洗濯もまた、しゃがんだ姿勢で行う重労働の一つであった。嘉悦孝子の予算表は、水道代の項目がみられないことから、上水道ではなく井戸水や個別に引かれた簡易水道などを使用するものであった。上水道が一般的になるのは第二次世界大戦以降のことであるが、こうした新たな設備の導入が台所に坐式から立ち働きへの変化を可能にしたのである。

台所仕事を立ち働き式とすべきとの主張は、家事の仕方全般を改善し生活の「合理化」を唱える「家事科学展覧会」と結びついた。大正七（一九一八）年に文部省の主催により開催された家事科学展覧会は、第一次世界大戦による戦後恐慌を消費の節約によって打開すべく開始された生活改善運動へと発展し、大正九年の生活改善同盟会の設立へと進展した(80)。台所は、改良をテーマとする設計競技がたびたび開催され、家屋の中で最も改善すべき余地の多い場所とみなされていた。台所の改良は、立ち働き式とすることや明かりを十分に取り入れ換気などの衛生面に配慮することなど、大隈邸や岩崎邸で実現されていた改善策を一般の住宅にも反映させようとするものであり、欧米諸国の暮らしを標準とみなす生活スタイルの導入としてとらえられた。家屋の構造も含めた住宅、とりわけ台所の改良は、結果として女性が担う家事労働の負担を軽減する側面があり、女性の地位を底上げするという意味合いも担うこととなった。そして、最も日常的な生活の場の改良こそが、女性の地位向上に最大の効果を発揮するという実感をもたらすこととなる。

ここで唱えられた「合理化」の内実は、明治の文明開化期に唱えられた「文明」を目指すという構造と大差なく、「旧習」として存在する多様性を「野蛮」とみなして排除するための仕掛けであった。第一次世界大戦後に登場した生活改善運動の主張は、奢侈を抑制することで資本のバランスをとろうとするもので、底辺の底上げを図るのではなく高きを低きに合わせることによる均質化の一端を担い、その後の総力戦体制を準備するものであった。

台所改良とそれにともなう住宅改良の声は、生活改善運動と呼応しつつ大正十一年開催の平和記念東京博覧会における「文化住宅」十四棟の実物展示へと進んだ(81)。大部分が洋風の外観をたたえた住宅群は建坪二十坪、坪単価二百円以内という条件で建てられ、ほとんどが家族が集う「居間」を家屋の中心に据え、各部屋を横断しなくても移動できる中廊下を採用する形式をとっていた。家庭博覧会の大正四年当時七十円だった坪単価は、第一次世界大戦後のインフレの影響からほぼ三倍となっていた。居間を中心とする住宅は、客間に意匠をこらす在来型の住宅とは反対の考え方によるもので、『住宅改善の方針』にも適う設計であった。この居間中心主義ともいうべき住宅の設計は、すでに伊東忠太も「来客本位」ではなく「家族本位」を徹底すると述べ、「自今は、家中で一番好い室は、之を家族常住の間と定めて客間に其程全力を傾倒しなくても可い」との方針をしめしていた。住宅設計における「家族本位」との主張は、「主婦室」や「小児室」など子供部屋を設けるという案の登場とともに、「家庭に欠く可らざる要素いふまでもなく婦人である」という女性や子供を住まいの主人公として尊重しようとする考え方が現れたことによるもので、こうした考え方が「文化」という新鮮な感覚をもつことばとして唱えられた。「文化住宅」は、「文化」ということばに生活改善、家族中心主義などの概念を象徴する意味も含めて名付けられたものであり、こうした住宅やちゃぶ台の普及という変化ともに、新たな家族のあり方を実現する容れ物として定着していったのである。

東京女子高等師範学校教諭の後閑菊野と宮川すみ子（大江スミ）が考案した「主婦の部屋」は、妻にも専用の部屋を設けるという提案で、マネキンの母と子を配置した実物大の部屋が展示された。「主婦の部屋」は、八畳間に間口二間奥行き二尺の整理戸棚と押し入れを備えた作りで「一家日常の経済又は主人子供の衣類及其他ひと通りの家務は此室にありて用の足りる様工夫したもの」と説明され、室内の戸棚や押入れ、物置場のスペースには電球や薬箱、茶道具、ミシンなどを収納するとし、壁面の収納スペースにさまざまな物が整然と納められた。ミシンは、明治四十五年にシンガーミシンが「月に三円宛数ヶ月間払ひ即ち一日僅か十銭づゝの割合ひで買へます」との月賦販売広告を出しており、足踏みミシンを家族が囲むイラストとともに「無料御試用、無料教授はお宅で致します」と無料で使い方の説明を教授することもつけ加えている。(82) しかし、ミシンが一般に普及し始めるのは昭和に入ってより安価な国産ミシンが登場してからのことで、昭和以降も高級品であることに変わりなかった。(83) ミシンに関する記述は、家庭博覧会が一家に一台のミシンを持つような人々を対象として考えられた企画であることをよく表している。

「主婦室」の提案は、羽仁もと子の⑧「中流の納戸と裁縫部屋」にも登場した。羽仁は、特に家族めいめいの整理箪笥を作って「一寸主婦が病気をしても、誰にでも品物のあり場所のわかる、子供も大人もそれぞれ独立し得る、斯うした押入を持つことは必要なことだと存じます」と述べ、効率よく衣類を整理し、室内を整然と片づけるための工夫を説いた。また、日本女子大学家政学部教授井上秀子⑨「室内装飾法」も「主婦執務室」について触れている。井上は「其の複雑なる家政をして、一糸乱れず、秩序整然たらしむるの設備をなすのが、一家の家政を整理して行くに必要な設備である」と「主婦執務室」の必要を次のように説いた。

主婦の毎日為す事は、其の主人の職業、家族の多寡、其家の社会上の位置により、多少の差はあるも、凡て其種類多く、献立、買物、仕立物、積り物、四季相当の贈物、訪問客の応接、書信の整理、会計、育児上の注意等、実に複雑極まるものである、之を秩序正しく整理し行くには、仕事の分類が必要である

毎日の仕事を「秩序整然」とこなすことが大切で、種類の多い仕事を分類して整然と効率よくこなすことが肝要だと述べている。博覧会での「主婦室」の展示は、夫が書斎を持つのみならず妻も個別の部屋を持つことで、秩序立った効率の良い暮らしを目指すというもので、妻の「主婦」としての働きに大きな期待が寄せられたことをしめしている。しかし、「主婦室」といった用途の固定された部屋を作る提案は、結局日本の住宅に実現することはなかった。このことは、伊東忠太の設計案が書斎を置く一方、妻が行うもろもろの作業は居間で行うとしたのにみられるように、妻のために「主婦室」を作るという考え方が日本の生活習慣にはなじまなかったという事情が大きかった。第二次世界大戦後登場した公団住宅は、２ＤＫの間取りで出発し、ｎＬＤＫを経てリビングダイニングという台所と居間との仕切りが無い空間が一般化することとなった。「Ｌ＋ｎＢ」で計算される間数は、狭い住宅事情のもと個室の数を表す「ｎ」が家族の総員を超えることはほとんどなく、夫婦を一体として「家族の人数―１」とするのが標準的な間取りであった。(84) 戦後の公団住宅によって展開した日本の住宅政策は、いかに生活水準が上昇し、子供部屋を作ったとしても夫婦二人に一つの部屋という方針を固定化させたまま、妻や夫個人のために専用の部屋を設けることはなかった。妻は、「台所は女の城」という俚諺を盾に台所に居場所を確保し、その領域をリビングダイニングへと広げ、対面式カウンターキッチンやアイランド型キッチンを導入することで己が存在を証明する機会を増やした。女たちは、家事の現場に己の痕跡を残すことで、家と女が不可分という関係を築いたのである。

住宅は、「文化」に象徴される生活スタイルの提案を消化する間もなく、衣服や家具、電化製品の買い物と同じ様な一商品として、生涯に一度の大きな買い物として是非とも購入すべき財産という位置づけで庶民のあこがれを誘っ

た。住居の中心とされた茶の間は、リビングと名称が変化しても居間中心主義が続き、居間さえあれば家族が一つにまとまるという幻想をもたらした。妻のための「主婦室」が定着しなかったことは、妻と家とが一体との見方を決定的にしたのである。「文化」に込められた新しい家族のあり方を象徴するとの意味合いは、文化生活を標榜する道具類がきわめて消費的なものとして受け止められたことで消滅し、表層的な洋風スタイルの受容に止まり生活様式の根本的な革新につながるものとはなりえなかった。

人間が直接身にまとう衣服は、住宅以上に目に見える変化が現れやすく最も改良が必要とされ、和風と洋風の二重生活の改善が説かれた。『理想の家庭』は、衣生活について和洋裁縫女学校長・堀越千代子の口述による一編⑮「衣服」を設けた。堀越千代子は、維新以来洋服の需要が高まってきたものの、和服を着用する機会も多く「日常生活の一変せざる限りは、差当り服装の統一などといふ事は、到底出来難い相談」とみなして「一般家庭の主婦たる者は、宜しく和洋両服の裁縫に熟達し、一方に於て一家の経済を図ると共に、一方に於て家庭の幸福を増進することを必要条件としなければならぬ」と述べ、和洋裁縫の技術を備えることを「主婦」たるものの要件に数えている。技術としての家事は、家族の衣服を仕立てる裁縫の技術が女子に必須のものとされ、既製品が氾濫し始める昭和三十年代までは日々の生活に欠かせないものであった。

東京女子医学専門学校を創立した吉岡弥生は、明治十七年に小学校高等科を卒業した後、村の寺で開かれていた「お針の稽古場」に通ったことを回想している。[85] 静岡県土方村の医師の娘に生まれた吉岡弥生（一八七一―一九六〇）は、農繁期に稽古を休む農家の娘たちとは異なり、毎日三里の道のりを一年休まず通い続け、「家中の着物を祖母から赤ん坊のものに至るまで、袷や綿入れのほか浴衣などまで数えて、一年間に八十四枚も縫いあげて」と、一通りの針仕事をこなすまでに上達した。吉岡は、その後家の手伝いをして過ごし、桑の葉摘みや糸車を回して糸を紡ぐ糸繰りの仕事、機織りも母親から教えられ、自分の晴着を仕立てる全ての工程を初めから終りまで一人で作り上げたとい

なれ
う。その時の思い出は、一人で着物を作ることのたいへんさに気づき「二度と自分の晴着をこしらえてみる気になれなかった」と回想されている。

吉岡弥生が通った「お針の稽古場」は、「裁縫塾」や「裁縫所」、「学校」などの名で呼び慣わされ、たいてい町や村に少なくとも一軒以上はあり、裁縫の技術のみならず礼儀作法などの躾を教える場でもあった[86]。裁縫塾は、裁縫の技術が嫁入り前の若い娘たちに不可欠なたしなみとされたため、農村のみならず町場にもみられた。裁縫塾は、裁縫の腕前が結婚に必要な資格ととらえられていた昭和三十年代頃までは各地にみられ、小学校や女学校を卒業した娘たちが嫁入りまでの一時期を裁縫塾に過ごすということが当たり前の習慣であった。高等女学校に教科として取り入れられた裁縫は、週四時間ほどの授業時間で実物の縮小版「ひながた」を作るというものが主流で、裁縫の技術を十分に会得することが困難であり、学校では得られない技術を学ぶ場として裁縫塾の需要がなくなることはなかった[87]。裁縫塾は、農村の娘達にとっては貴重な息抜きの時間であり、娘宿の習慣を引き継ぐような、女同士の情報交換の場という側面もあった。

⑮「衣服」は、本編に続く「衣服に就て」というコラムで「和服の納ひ方」「洋服の手入方」など、具体的な衣服の扱い方を説いた。『理想の家庭』は、衣服に関する心得を説いたにすぎなかったが、次の⑯「洗濯」において詳しく家事の「方法」を解説している。東京女子高等師範学校教授・宮川寿美子の口述による⑯「洗濯」は、「用具」「洗濯法」「張り物」「洗濯の仕方」「白地に青味の付け方」「糊の付け方」「洗濯物の乾し方」「汚点の抜き方」の八節にわたり、「一寸した白い物を洗ふにも、洗板といふ板を盥にのせて、その上でゴシゴシ擦りますが、布がいたみますから、決して力を入れて、布を板に強く擦りつけるやうなことをしないやうに、ほんの布を掻い摘んで、寄せ集めるやうにするだけで良いのです」などの細かい解説を付した内容である。「乾燥洗濯法」「湿潤洗濯法」などの用語を定義づけつつ、具体的な方法を事細かに解説することは、家事の一つ一つを解析し、そうした理由づけを心得ていること

が効率的に家事をこなす前提とみなされたことによる。このことは、家事の技術に科学的根拠をみいだし、体系立った学問の領域に高めようとする傾向が現れてきたことをしめしている。料理、洗濯、裁縫、掃除などの家事は、それぞれの技術について科学的な知識を備えていることが求められ、こうした家事を担当する人が単に労働力を提供する以上の意味合いをもたらすこととなり、「主婦」としての存在意義が高められる原因となった。「主婦」は、家事についての科学的な知識を備え、さらに使用人の扱いや家内の人間関係の調整に長けていることを理想とする人間像として説かれることとなった。

医師加藤照麿夫人・加藤常子の⑰「下婢の使ひ方」は、「下婢」を使用する立場の人間として気をつけるべき「下婢の撰びかた」「下婢の教育方」「下婢の待遇」の三点を掲げ、コラムとして『女大学宝箱』の「下女」に関する記述を抄録した一章である。家事は、水道やガス、電灯が導入されつつあったものの、多くの労力を必要とする重労働に変わりなく、家事を担当する労働力としての「下婢」が必要とされた。「女中」という呼び名は、江戸時代の大奥において下働きを担当した「下女中」に由来し、「下女」「下婢」という名称が蔑視を込めたものであると考えられたことから、明治末から大正期にかけて新たに登場したものである。(88) しかし、定着するにつれて新鮮な感覚が次第に失われ、「下女」「下婢」と同じ命運をたどり、「仲居」「家政婦」など職業を表す名称が使われるようになった。「下女」から「女中」への呼び名の変化は、住み込みで主人一家と生活をともにすることから公私ともに際限なく拘束されてしまう「奉公人」としての働きに対し、労働力の提供以外の時間を私的な時間として明確に区別すべきという意識が生まれたことを背景としている。こうした意識の変化は、公私の時間の区別がない女中よりも、工場勤めが人気を集め、女中の不足という事態を引き起こした。家庭博覧会が説く女中の雇い方は、如何にインフラが整備されつつあっても「小間使い」「仲働き」「飯炊き」「児守」など育児にも及ぶさまざまな事をこなす労働力が求められるほど、家事の範囲が多岐にわたっていたことと、最低一人の女中を置くことがステイタスの一つとして前提とされたことにもとづいている。女中の仕事を的確に差配する能力は、不足しがちな女中を確保する必要からも「主婦」に欠くべからざるものとして求められたのである。

家庭博覧会は、家屋や部屋などを改良するという観点のみならず、そこに暮らす家族の人間関係にも目を向けた。『理想の家庭』の冒頭に掲げられた徳富蘇峰①「理想の家庭」は、大正初期に目に見えて現れた家族の変容を「親子関係から夫婦関係に変遷する過渡期にある」ととらえ、「縦にしては親子本位、横にしては夫婦本位、此両本位を十字形になし、それに円環を描きたるものを以て」理想とすべきものと説いた。二十代の頃から『国民之友』や『家庭雑誌』において「家庭」論を発表していた蘇峰は、「各自唯己れが行ふべきを行ふて、多きを他に望まざる」という「家庭生活術」が大切であると説き、次のように述べている。

余り各自が自由を行ふ場合には、自由と自由の衝突する虞れがある、それに就て思ひ遣りといふことが大切である。自分の自由はさることながら、之が為めに他に迷惑を懸けてはならぬ、殊に一家の主婦たる人が、此思ひ遣りといふことがあれば、家族は勿論、下女下男車夫馬丁まで家族同様皆、欣々然として働くのである。即ち一方には人に向て多きを望まず、他方には人に向て思ひ遣りがあるとすれば、如何なる頑迷不霊のものも之を化することは難からぬのである

家族各自の「自由と自由の衝突」という事態に対し、「家庭」の場から解決することを目指すべきと説いている。蘇峰が憂えた「自由と自由の衝突」とは、自然主義の隆盛にともなう個人主義の考え方の浸透と、他者を出し抜き己のみの「成功」を目指すという殺伐とした競争原理が跋扈する風潮に対する危機感であった。自己本位の立身出世願望は、中村正直の『西国立志編』が再版された際「立志成功の礎」との副題が付けられ、中村が意図した明治政府との緊張関係において旧幕臣たちの精神的な拠りどころを提供するとの思いから遠く隔たり、単なる「成功」のための秘訣を教えてくれる書とみなされ売り出されたことにも表れていた。[89]蘇峰は、時代人心の微妙な変化を鋭く読み取

り、他人を蹴落としても良しとする殺伐とした風潮が蔓延しているとの思いから、他人への「思ひ遣り」という言葉に説き及んだとみられる。蘇峰が語る「下女下男車夫馬丁まで家族同様」との発言は、現実にはこれらの職業が差別の対象とされたことの裏返しであった。ここに蘇峰が説いた「理想の家庭」とは、蘇峰自身が体験してきた「田舎紳士」による夫婦関係や親子関係の姿にほかならない。

家庭博覧会が提示する生活のあり方は、上層サラリーマンなど手が届く層が増えたとはいえ、ほとんど大多数の女性にとっては無縁の世界の、あこがれと呼ぶことすらできないものであった。「文化」の名の下に叫ばれた生活改善運動は、「合理化」を目指す生活の道具立てを新たに導入することにのみ注意が向けられ、やがて戦時体制の中で消滅する。蘇峰が訴えた「理想の家庭」は、いかに精神的な意味合いが力説されようとも、必要なモノさえ備えていれば成立可能な道具程度の意味にまで格下げされ、目に見える次元のものとして理解されることとなったのである。

日本の社会は、明治末から大正、昭和戦前期にかけてのほぼ半世紀の間に、資本主義経済が浸透し農村の荒廃やサラリーマン世帯の増加などを通して人心が一変するような大きな変貌を遂げた。「家庭」は、日々の平凡な暮らしの中に必要なものとして求められたというよりは、近代国家を築き上げるとの目標のもと、多様な実態を均一にならすための鋳型として活用されることとなった。単婚小家族を営む人々が家内の人間関係に和気藹々とした精神の慰安の場としての意味をみいだし、夫婦を軸とする家族関係を是とした「家庭」の姿を実践しようと努める姿は、第二次世界大戦後に急に登場したものではなく、二十世紀に入って以降容れ物として用意された型に適応することで見られるようになったものである。「家庭」という言葉の浸透は、西欧社会を標準とみなす「文明」の枠組みに自らを順応させ、その変奏として第一次世界大戦以降唱えられた「合理化」によって具体的に生活の仕方を変更するというあり方が機能したことによる。「主婦」は、新たな人間関係を築く場としてのみならず、国家を基礎づける最小単位として把握され、「国民」を育む場としての意味を担った「家庭」を築く要となる存在として意味づけられた。それゆえ

「家庭」を築く要としての「主婦」は、日本「国民」を育成するという課題の成否を担う重要な存在と目されることとなった。「文明」の枠組みにおいて「合理化」を目指すという近代日本の歩みは、日常の暮らしにおいて築かれる権威ある女性の立場としての「家刀自」のような存在感を切り捨てる一方、均質な「主婦」像を提示することによって誰もが国家の中に位置を占めることができるのだという可能性をなげかけたのである。

註

（1）「新式結婚数様」石井研堂『明治事物起源』第一巻　ちくま学芸文庫　一九九七年（初出　一九〇八年）、二〇八〜二一〇頁。

（2）福澤諭吉「男女同数論」（『明六雑誌』第三十一号　一八七五年三月）、明治文化研究会編『明治文化全集　第五巻　雑誌篇』日本評論社　一九六八年、二〇七頁。ただし、福澤の主要な論点は、聚妾の慣習について「或ハ此話モ尚早シトノ説アラハ妾ヲ養フコトモ芸者ヲ買フコトモ黙シテ許サン。唯コレヲ内緒ニシテ人ニ隠ス可シ」（同前、二〇七頁）とし、「秘妾論」を説いて聚妾の正当性を失わせることにあった。この点については、森岡清美『華族社会の「家」戦略』（吉川弘文館　二〇〇二年、三八七〜三八八頁）参照。

（3）「家庭の革命　人倫の恨事　解題」海野福寿・大島美津子校注『家と村』（日本近代思想大系20）岩波書店　一九八九年、四三一頁。

（4）湯浅初子の事績については、久布白落実『湯浅初子』（東京市民教会出版部　一九三七年（伝記叢書　169）大空社　一九九五年）参照。

（5）湯浅初子と治郎の結婚や、幼い四人の子を育て貧しい母親たちを支えるべく榎木坂幼稚園を創業したことなどの事績については、同前『湯浅初子』の他、大濱徹也『女子学院の歴史』（女子学院　一九八五年、二三八〜二四四頁）参照。

（6）華族は、「皇室の藩屏」たることが期待され、常に人々の注目を浴びる立場にありながら「蓄妾の実例」の温床であり、『蓄妾の実例』では世人周知の事実であることや、むしろやむを得ない習俗と認められ、「宮家に渉るを以て」との理由で実名を伏せたり、記事の対象から除外したという事例もみられた（四三頁）。

（7）「解説」山本眞功編註『家訓集』平凡社東洋文庫　二〇〇一年、三九二～三九三頁

（8）明治期の官僚で『蓄妾の実例』にも登場した尾崎三良（一八四二―一九一八）の場合、正妻が「家政管理を主たる役割とし」、妾が「セックス・サービスも含めて尾崎の身の回りの世話を主たる役割とする」といった「暗黙の分業」が成立していた（前掲(2)森岡清美『華族社会の「家」戦略』、三二九頁）。

（9）明治二十二（一八八九）年に『国民新聞』に発表された坪内逍遙の小説『細君』は、洋行帰りで官吏の夫が外に妾を囲い、小間使いには「おくさま」と呼ばれながらも陰で馬鹿にされ、夫からはないがしろにされるという夫の不実と侮辱に虐げられる妻の姿を描いた（坪内逍遙『細君』（『国民之友』一八八九年一月号）佐竹昭広ほか編『坪内逍遙・二葉亭四迷集』（新日本古典文学大系　明治編18）岩波書店　二〇〇二年、一～五六頁）。円地文子『女坂』は、明治のいわゆる高級官僚が妻に妾を選ばせ、妻妾同居を強いるという倒錯した世界を描き、上田万年の二女という出自によって知り得た親族に語り伝えられた話として紹介している（円地文子『女坂』新潮文庫　一九六一年（初出　一九五七年））。

（10）前掲（2）森岡清美『華族社会の「家」戦略』、三九〇～三九六頁。

（11）新聞報道は、「畏こくも皇后宮にハただならぬ身にならせ給ひ（下略）」（『読売新聞』明治十年七月二日、一面）、「権内侍柳原愛子の君ニハ（略）噂にハ御懐妊のよし」（『読売新聞』明治十三年十一月九日、一面）など、皇后や内侍の懐妊の噂まで記事とした。また、『明治天皇紀』における親王・内親王誕生の記述は、明治十九年二月の第五皇女誕生以降、「母は権内侍園祥子なり」などの簡単なものに止まり、極端に素っ気なくなる（宮内庁『明治天皇記』第六巻　吉川弘文館　一九七一年、五四四頁）。ただし、明治三十四年四月の昭和天皇誕生の際は、皇太子妃が実母であり、「臨産」から誕生の時間まで詳しく記述している（宮内庁『明治天皇紀』第十巻　吉川弘文館　一九七四年、二五七頁）。

（12）「大日本帝国高貴御肖像」（一八八五年）神奈川県立歴史博物館編・発行『王家の肖像―皇室アルバムの始まり』二〇〇一年、三六頁。

（13）潮瀬茂一「皇国貴顕肖像」（一八八九年）同前、四三頁。

（14）若桑みどり『皇后の肖像』筑摩書房　二〇〇一年、三〇〇頁。

（15）皇室における一夫一婦は、明治二十九（一八九六）年四月に侍従長徳大寺実則が「御側女官」の新任を願い出たものの、天

皇が聴許しなかったことで側室制度の廃止と一夫一婦の確立に向けた一歩が印された（前掲（2）森岡清美『華族社会の「家」戦略』、三七三〜三七五頁）。皇太子裕仁（後の昭和天皇）は、大正天皇の摂政に就任し真っ先に女官の通勤制を主張し宮中改革に乗り出した（同二一四〜二一五頁）。

（16）故福島四郎『婦人界三十五年』不二出版　一九八四年（初出　一九三五年）、四頁。『婦女新聞』は、創刊後しばらくの間東宮御所に献上され、以後毎号五部ずつの「御買上」を賜わっていた。

（17）山本幸司『頼朝の天下草創』（日本の歴史第9巻）講談社　二〇〇一年、一五四〜一五七、二四三〜二四四頁。

（18）「極楽寺殿御消息」第五十条、前掲（7）山本眞功校註『家訓集』、七三頁。

（19）北条政子のような女性像が当たり前の姿だったことは、「女地頭」の存在により裏付けることができる。「女地頭」については、小和田哲男「「女性地頭」次郎法師」（総合女性史研究会編『政治と女性』（日本女性史論集2）吉川弘文館　一九九七年（初出　一九九一年）一八五〜一九一頁）参照。「次郎法師」は、永禄五（一五六二）年に今川氏真に対する謀反の廉で井伊直盛の養子直親が殺害され、後継として家督を継いだ直盛の娘が称した出家名で、この他「直虎」と名乗ってあたかも男性の如くに領国支配にあたっていたという。

（20）風早八十二解題『全国民事慣例類集』日本評論社　一九四四年

（21）末子相続が一般的であった長野県諏訪地方では、大正の初め頃、裁判所に長男廃嫡の許可を求める申請が多く出され、司法省が認められないとの回答を出している。長男廃除の申請は、地方の実情に即した末子相続の慣行を維持するための方策であった（中川善之助『民法風土記』講談社学術文庫　二〇〇一年（初出　一九六五年）、一五〜一六頁）。

（22）夫婦財産制からみた「女戸主」の法的地位の変化については、白石玲子「民法編纂過程における女戸主の地位と入夫婚姻—「家」の財産をめぐって—」（『法制史研究』第三十二号　法制史学会　一九八三年三月三十日、一四〇〜一六六頁）参照。

（23）「家庭の熟字」前掲（1）石井研堂『明治事物起源』第一巻、八八〜八九頁。

（24）新村出「家庭といふこと」『日本の言葉』創元社　一九四〇年（初出　一九二八年）、一三〇頁。新村出は、『家庭叢談』の編集人・箕浦勝人の出身地豊後臼杵藩と、福澤の出身地である中津藩との中間に位置する杵築藩の藩儒・綾部絅齋による『家庭指南』に注目し、「私は杵築藩に出来た家庭指南が、西方の中津藩や南方の臼杵藩まで影響して、九十年後箕浦氏の家庭叢談といふ題名を生むに至つたものと臆断するわけではないが、何等かの因縁がその間に潜みはしないものかと感ぜざるを得ないのである」（「家庭といふこと」一三一頁）と述べている。

(25) 大正・昭和期の婦人運動家で評論家の山川菊栄は、日露戦争の頃、『朝日新聞』を購読していると言ったところ、小学校の教師にひどく険しい顔をされたという思い出とともに、「娘には新聞も小説も読ませないというのが、そのころのまじめな家庭の誇りだった」と回想している（山川菊栄『おんな二代の記』平凡社東洋文庫　一九七二年、一一〇頁）。当時、東京府下で刊行されていた主な新聞は、明治五年三月創刊の『東京日日新聞』、同じく『東京曙新聞』、同七年創刊の『朝野新聞』、同じく『読売新聞』、同九年創刊の『東京絵入新聞』などがあり、このうち『読売新聞』が市井のゴシップを紙面の中心に据えた「小新聞」の最初として、急速に読者を拡大していった（山本武利『近代日本の新聞読者層』法政大学出版局　一九八一年、四〇二頁）。

(26) 福澤一太郎「序」福澤諭吉『女大学評論・新女大学』講談社学術文庫　二〇〇一年（初出　一八九九年）、一二頁。

(27) 白井尭子『福沢諭吉と宣教師たち』未来社　一九九九年、七八～九八頁。

(28) 福澤諭吉「耶蘇教会女学校の教育法」（『時事新報』一八八七年七月三十日）慶應義塾編『福澤諭吉全集』第十一巻　岩波書店　一九六〇年、三二二頁。

(29) クララ・ホイットニー『勝海舟の嫁　クララの明治日記』上巻（一又民子・高野フミ・岩原明子・小林ひろみ訳）中公文庫　一九九六年（初出　一九七六年）、七八頁。

(30) 福澤諭吉「日本婦人論　後編」（『時事新報』一八八五年七月七日～十七日）慶應義塾編『福澤諭吉全集』第五巻　岩波書店　一九五九年、四八〇頁。

(31) 山路愛山「家庭叢談を読む（福沢諭吉先生を論ず）」（『信濃毎日新聞』一九〇〇年三月三十一日）山路彌吉『愛山小品文』第二輯　警醒社　一九〇八年、一三八～一四一頁。

(32) 社説「細君内助の弁（上）」『女学雑誌』第二二四号　一八九〇年八月二日、二頁（復刻版　第七帙　臨川書店　一九八四年）。

(33) 『女学世界』の口絵写真は、明治三十四（一九〇一）年二月号（第一巻第二号）で「男爵夫人花房千鶴子」と題して花房義質夫人千鶴子を取り上げたのに始まり、著名な女子教育家や皇族の女性達の単独の肖像が掲載された。「○○氏の家庭」と題する写真は、同三十六年九月号（第三巻第十一号）の渡辺千秋一家を取り上げた「渡辺男爵家庭」が最初である。軍人一家の写真は、『女学世界』明治三十七年三月号（第四巻第三号）の「東郷中将の家庭」「瓜生少佐の家庭」に始まり、翌年五月号まで毎号取り上げられた。なお、海外王室の写真の一つ、「独逸皇帝の家庭」は、明治三十八年四月号（第五巻第五号）に掲載されている。

（34）トルストイとドストエフスキーを日本に紹介したことでも知られる評論家、小説家の内田魯庵（一八六八―一九二九）は、山路愛山について「山路は又家庭の美しい人だ」と評している（内田魯庵「山路愛山氏」（『中央公論』一九一〇年九月）山路愛山『山路愛山集』（明治文学全集35）筑摩書房　一九六五年、四二一頁）。愛山の子息山路平四郎は、父の思い出を「ずいぶん無理な原稿も書いたらしいが、それでも一家揃ってする朝の食事に、父が顔をみせなかった記憶は一度もない」（山路平四郎「父・山路愛山のこと」（『早稲田公論』一九六五年六月）、同前、四三〇頁）と回想している。愛山の一家は、理想の「家庭」を実現している一つの例として知られていた。

（35）大囿純也『加納久宜』高城書房、二〇〇四年。『婦人世界』は、子爵夫人加納鎰子による「我が娘を旅行さしたる時の実験談」（明治三十九（一九〇六）年八月号、一七頁）、加納久朗「我が家の演説会」（同年十月号、三五頁）など、加納家についての記事をたびたび取り上げたほか、『新女界』が安井哲による「加納家家人の心得」を掲載している（『新女界』第一巻第八号明治四十二年十一月号、一四～一五頁）。また、『主婦之友』は、創刊号（大正六年三月号）において一家の写真を「加納子爵家の人々」と題して取り上げた。写真は、モーニングで正装し、椅子に腰掛けた加納久宜子爵と洋髷に羽織姿の夫人鎰子、立ち姿の嫡子久朗、洋束髪で矢絣の着物を着た久朗夫人多津子、そして筒袖半ズボン姿の男の子二人とリボン飾りをつけスモックのような上着を着た女の子の総勢七人が写っている。写真横の解説文は、「平民的な華族さまで、そして理想的な家庭として知られてゐる加納子爵家の方々です」と説明し、久朗夫人多津子の日常を取材した本編の記事「名流若奥様の家政振」（同、三〇～三四頁）を参照するよう注記している。

（36）加納久朗（一八八六―一九六三）は、明治四十四（一九一一）年東大法科を卒業後横浜正金銀行に入行、第二次世界大戦中ロンドン支店長を務め戦後イギリスに抑留され、帰国後政府の終戦事務局次長に起用されるも公職追放を受け、昭和二十五

（一九五〇）年に解除後、同三十四年発足の日本住宅公団初代総裁に就任、三十七年には千葉県知事に当選し、東京湾の大規模埋め立てや住宅造成を提唱したが在任三カ月で急逝した（小泉欽司編『現代日本朝日人物事典』朝日新聞社　一九九〇年、四七七～四七八頁）。内村の講演の内容は、久朗が筆記し、内村の校閲を経て『家庭と宗教　如何にしたら平和に死ねるか』との題で出版され、一宮町の八百戸に配布された（「解題」『内村鑑三全集』第一九巻（岩波書店　一九八二年）、五一四～五一六頁）。内村鑑三「基督教と其信仰―イエスを友とするに外ならず―（三月七日大森に於て）」『聖書之研究』一四一号（一九一二年四月十日）、「家庭と宗教」「如何にしたら平和に死ねるか」（『家庭と宗教　如何にしたら平和に死ねるか』一九一二年四月十三日）。「家庭と宗教」は、「明治四十五年三月十七日午後二時一宮町婦人会に於ける先生の講演なり」、「如何にしたら平和に死ねるか」は、「明治四十五年三月十七日の夜、一宮町浅野金五郎氏宅に於ける先生の説教なり」との注記がなされている（同前、九四～一〇九頁）。

(37)　米原謙『徳富蘇峰』中公新書　二〇〇三年、一九頁。

(38)　徳富健次郎『竹崎順子』福永書店　一九二三年、二四頁。矢島楫子は、『新女界』に寄せた「わが母―身に沁みた親の躾　其の三」（『新女界』一九一二年五月一日　第四巻第五号）のなかで、「子供にさせたいと思ふものは、自分が先づ為て見せた」（四九頁）という母の思い出を語っている。その働きは、蚕をたくさん飼って「死後白髪の糸が長持一パイにありました」というもので、こうした気質が「堤防溝渠と申して始終人民保護のこと斗りを考へて居りました」という「肥後の代官」を務めた家系によるものではないかと述べている（五一頁）。

(39)　久布白落実『矢嶋楫子伝』（伝記叢書　31）大空社

(40)　拙稿「『主婦之友』をめぐる人々―石川武美と本郷教会との関わりを中心に―」（『年報日本史叢』一九九七　筑波大学歴史・人類学系　一九九七年十二月二十日、九三～一〇九頁）参照。

(41)　柳田国男『故郷七十年』『定本柳田国男集』（別巻第三）筑摩書房　一九七一年（初出　一九五九年）、十五頁。

(42)　「天長節」は、新保磐次『日本読本』（金港堂　一八八七年）の巻六「紀元節・天長節」（海後宗臣編『日本教科書大系　国語（二）』近代編第五巻　講談社　一九六四年、四二六頁）、学海指針社編『帝国読本』（集英堂　一八九三年）の巻之四第一課「天長節」（同四八〇頁）、などで取り上げられた。国定教科書は、第一期国定国語教科書『尋常小学読本』において、「天長節」

（巻四第四）を取り上げている（同四三四～四三五頁）。

(43)　出征による異文化体験は、茂沢祐作（新潟県長岡市出身）や田村正（茨城県石岡市出身）の従軍日記（茂沢祐作『日露戦争従軍日記』草思社　二〇〇四年、大濱徹也・郡司淳「田村正「征露日記」の世界」『北海学園大学人文論集』第三十三号　二〇〇六年三月、（一）～（一二三）頁）などが朝鮮半島や中国に降り立った時の印象などを細かに綴り、こうした感想が故郷の人々に伝えられたと想像される。また、母が語る春の楽しさは、厳しい冬を夫の不在を待ちわびる辛さに喩え、無事に帰還した喜びと楽しい春を重ねる妻の心が織り込まれていると見ることができる。

(44)　「冬の夜」は、第二次世界大戦後、二番の「過ぎしいくさの手柄を語る」の部分が「過ぎし昔の思い出語る」に変えて歌われた（池田小百合『童謡と唱歌』唱歌の歴史2　秋冬のうた　夢工房　二〇〇二年、一六〇頁）。歌詞の変更は、日露戦争の勝利という記憶を親から子へ伝え、「帝国」日本の隆盛に思いをめぐらすという思想性を欠如させ、戦前とはまるで異なる歌として再登場させたものにほかならず、戦前からの構造を変化させることなくなし崩しの戦後が用意された一端といえる。

(45)　熊倉功夫「ちゃぶ台のある風景」『現代庶民生活の原型』（週刊朝日百科　日本の歴史　近代Ⅱ②）朝日新聞社　一九八九年、一一～五〇頁。ちゃぶ台は、一九六〇年代の高度成長期に公団住宅型の住まいが普及し、ｎＬＤＫ型の間取りに洋風のダイニングキッチンが典型的な食卓となったことで、移動可能なちゃぶ台から据え付けのダイニングテーブルへと変化した。公団住宅型住まいの浸透については、内田青蔵・大川三雄・藤谷陽悦『図説・近代日本住宅史』（鹿島出版会　二〇〇一年）参照。ちゃぶ台の消滅は、明治時代に登場した類型としての家族像の消滅と、同時に頑固で威厳ある父親像の消滅をも意味することとなった。

(46)　青木宏一郎『明治東京庶民の楽しみ』中央公論新社　二〇〇四年、三〇七頁。

(47)　工場数は、工場・労働統計が発表された明治十九年度以降、明治四十（一九〇七）年から昭和二（一九二七）年までの二十年間には五、九八五に増加し、職工数も一、一二七七九人から四一万八、一四〇人に急増した（小田内通敏『帝都と近郊』大倉書店　一九七四年（初出　一九一七年、九五～九八頁）。

(48)　サラリーマンの登場については、「不況と好況のあいだ」（南博・社会心理研究所『大正文化』勁草書房　一九六五年、一七二～一九五頁）、「サラリーマンの誕生」（大濱徹也・熊倉功夫編『近代日本の生活と社会』放送大学教育振興会　一九八九年、一二四～一三五頁）参照。昭和五（一九三〇）年の国勢調査は、「一般事務者、管理人、職員監督技術者、公務自由業その他」というサラリーマンに相当する人々が約二〇五万人で、全就業者中の約七パーセントを占めるという数値をしめした。サラリーマンは、ほとんど大都市に集中していたことから、ひとつの階層を形成し新しい文化の担い手として力を持つこととなったとされる（坂田稔「モダニズムの時代相」南博・生瀬克己・坂田稔編『人間世間』（近代庶民生活誌　第一巻）三一書房　一九八五年、四六〇頁）。

(49) 柳田国男「恋愛技術の消長」『明治大正史世相篇』講談社学術文庫　一九七六年（初出　一九三〇年）、四二～四四頁。

(50) 有地亨『近代日本の家族観　明治篇』弘文堂　一九七七年、二五六頁。結婚媒介所は、「地方から都会に出てきた親戚縁者の少ない者にとっては人手を借らずに配偶者を選択できるとすれば僥倖」（二六一頁）との理由で利用者を集めていた。

(51) 読売広告社社史編纂室編『案内広告百年史』ダヴィッド社　一九七〇年、一四三～一四四頁。

(52) 徳富蘇峰や堺利彦の『家庭雑誌』と同じ『家庭雑誌』というタイトルは、博文館も名付けている。博文館の『家庭雑誌』は、大正四（一九一五）年六月～十五年二月まで発行された。この間、家庭雑誌社版が明治四十一年二月に創刊され、同年五月にも同じく家庭雑誌社版として同名誌が発行されている（浜崎廣『女性誌の源流』出版ニュース社　二〇〇四年、二一五～二一七頁）。

(53) 堺利彦『家庭の新風味』内外出版協会　一九〇四年（分冊版　一九〇一～一九〇二年）。同書は、『新家庭論』（講談社学術文庫　一九七九年）として復刻された。

(54) ちゃぶ台を囲む食卓という発想は、農家において土間にテーブルという形を推奨することへと引き継がれた。一家団欒に欠かせない道具と主張されたちゃぶ台は、農家においては土間にテーブルという現実に即した形で取り入れられた。作業スペースとして広い三和土を持つ農家の作りは、家に上がらずに食事を取り、すぐに作業に戻ることが出来ることからテーブルに椅子という形が効率的であった（山田太一郎『理想之農村』裳華房　一九〇五年、三〇～三二頁）。土間にテーブルが置かれた農家の姿は、宮本百合子『播州平野』（『宮本百合子全集　第六巻』新日本出版社　一九七九年（初出　一九五二年））に登場している。

(55) 『婦人之友』の「家政問答」欄に寄せられた家計記事は、もと子が「中流標準生計費」を作った時期に近い明治四十五年の場合、会社員の一七〇円を最高に、一〇〇円内外という医師、官吏や教師などの他、六〇円の軍人、三〇円の官吏、他に一三〇円に加え賞与が年八〇〇円という銀行員などの例が見られる。家族構成は、夫婦のみか、最大六人までの子供がおり、収入五〇円台でも女中一人を置き、収入規模が大きいほど一人ないし二人の女中が置かれた（斎藤道子『羽仁もと子』ドメス出版　一九八八年、七二頁）。この家計規模は、大正六年三月号の『主婦之友』創刊号に掲載された共稼ぎで月収三十三円の会社員、六十五円で六人家族の会社員、翌月号の月収二十六円の小学教師などと比べると、かなりの高額といえる（鹿野政直『戦前・「家」の思想』（叢書　身体の思想9）創文社　一九八三年、一一一頁）。

(56)　『理想の家庭』は、大正三年一月の『理想の村』の発表直後、同年十一月に発行された。『理想の村』は、架空の村「明星村」を舞台に石田自身をモデルとする旅の伝道者・石井洋の助力を得て産業組合を設立し、模範村へと改善される経緯が語られた物語で、数年で一万部以上を売り上げるという人気を集め、石田に一万円を超える額の印税収入をもたらしている（郡司美枝『理想の村を求めて』同成社　二〇〇二年、一〇八頁）。

(57)　和辻哲郎『自叙伝の試み』中公文庫　一九九二年（初出　一九六一年）、三〇～三一頁。

(58)　「平田東助内相訓辞」一九〇八年十月十四日（大霞会編『内務省史』第四巻　地方財務協会　一九七一年、三五六頁。

(59)　『田園都市』は、全十五章のうち最後の三章を「我邦田園生活の精神」上・中・下とし、国内の理想的な町づくりの事例を紹介している。紹介されたのは、水戸藩の偕楽園や水戸藩九代藩主徳川斉昭による「農人形」の逸話、模範村として知られる浜名湖畔の漁村・村櫛村の「村方酒専売仕法」、岐阜県蛭川村の「学友交親会」、「賭博禁制申合規約」などの諸申し合わせ、鐘ヶ淵紡績兵庫支店の寄宿舎改良、三菱造船所が設置した職工のための学校などの事例であった（同前、三一四～三七九頁）。

(60)　大田区史編さん委員会編『大田区史　下巻』東京都大田区　一九九七年、三一〇頁。

(61)　家庭博覧会の開催は、三月十日付けで「家庭博覧会」（『国民新聞』一九一五年三月十日号　一面）として最初に告知され、名誉会長平田東助による「家庭博覧会の理想」（三月二十四日号　一面）、賛助員終渋沢栄一の「家庭博の結構は堅実にして徹底的なれ」（三月二十六日号　一面）などの談話を始め、終了までの間多数の関連記事が掲載された。

(62)　大正期の三大娯楽に数えられた博覧会、花見、映画は、東京市民の半数以上にあたる延べ一〇〇万から一、〇〇〇万人が参加または動員されたといわれる（青木宏一郎『大正ロマン東京人の楽しみ』中央公論新社　二〇〇五年、三〇一頁）。

(63) 海老名一雄「家庭博覧会につきて」『新女界』第七巻第六号　一九一五年六月号　五一頁、「家庭博覧会役員及賛助員」『国民新聞』一九一五年三月二十日号　一面。
(64) 巌谷小波の設計による遊園地「お伽園」の盛況については、「お伽園の開園式と桃太郎像の除幕式」(『国民新聞』一九一五年五月三日号　一面) に写真入りで紹介されている。
(65) 権田保之助『余暇生活の研究』(生活古典叢書8　光生館　一九七〇年 (初出　一九二三年)) は、小学生や中学校、女学校の生徒、男女職工等に対し余暇に関するアンケートを実施し、「余暇利用は年少者に於てこそ極めて重要なる意義を発見するので彼等が将来一家の主人となり主婦となつて社会的活動を始むる時彼等が経験した余暇利用の効果が現はれて来る」との観点から調査の意義を力説している (二〇八頁)。
(66) 家庭博覧会の会場構成や出品物等については、「宛然一大家庭」(『国民新聞』一九一五年三月二十日号　五面)、「出品の一例は」(『国民新聞』一九一五年三月二十一日号　四面) に紹介されている。
(67) 住宅改善運動の展開については、内田青蔵・大川三雄・藤谷陽悦『図説・近代日本住宅史』(鹿島出版会　二〇〇一年、三二〜三七頁) 参照。
(68) 伊東忠太「住宅」、家庭博覧会『理想の家庭』国民新聞社　一九一五年、一二〇〜一二一頁。
(69) 「工学博士伊東忠太氏設計中流住宅説明」、同前、一一三頁。「毎朝某官衙又は会社等へ出勤」とのあり方は、サラリーマンが次第に存在感を増してきたことを表すものである。サラリーマンの登場については、「サラリーマンの誕生」(大濱徹也・熊倉功夫編『近代日本の生活と社会』放送大学教育振興会　一九八九年、一二四〜一三五頁) 参照。
(70) 嘉悦孝子「家庭経済」、前掲 (68) 家庭博覧会『理想の家庭』、二六〇頁。
(71) 大濱徹也「「文化」への憧れ」前掲(45)『現代庶民生活の原型』(週刊朝日百科　日本の歴史　近代Ⅱ②)。一一〜四一頁)。
(72) 西川祐子『借家と持ち家の文学史』三省堂　一九九八年、一七〜二〇頁。
(73) 伊東案の坪単価は、約八十八円で、阪急が大正十四年に豊中市に売り出した宅地は、建坪十七坪の土地の場合三、〇〇〇円で、坪単価一一一円余である。
(74) ライスカレーが普及したのは明治二十七 (一八九四) 年頃といわれ (下川耿史編『明治・大正家庭史年表』河出書房新社

二〇〇〇年、二三二頁）、明治二十八年発行の民友社編・発行『簡易料理』（家庭叢書　第八巻）では、次のように紹介されている。

鍋に牛酪一匙を容れ玉葱を輪切にしたるものと、米利堅粉と共に入れカレイ粉（西洋食品店にあり）を加へ交ぜ合せ其中にスープ又は肉醤液を加へ沸騰するを待ち食塩又は好みによりて胡椒を投じ又之に鳥獣肉の煮焼にしたるものを細切し、斯の如く出来上りたるものを炊き立ての米飯の上にかけて食す、但し余り沢山カレイ粉を交じゆれば辛味舌に堪えざるに至るものなれば能々加減して用ゆべし（九四頁）

(75) 岩村暢子『〈現代家族〉の誕生』（勁草書房　二〇〇三年）、同『普通の家族がいちばん怖い』（新潮社　二〇〇七年）は、妻または母親が手作りの料理を食卓に供する「家庭料理」という発想自体が、実態レベルで解体している現状をレポートしている。

(76) 前掲(70)嘉悦孝子「家庭経済」、二六二頁。燃料としてのガスの普及は、明治三十年代から本格化し、ガス利用戸数が明治三十年の一・七パーセントから大正二年には郡部を含めて四七・八パーセントに上昇している。熱源としてのガス利用は、関東大震災後灯火の電気エネルギーへの転換が進んだことで飛躍的に増加した（前掲(67)内田青蔵ほか『図説・近代日本住宅史』、六八頁）。

(77) 電灯の普及率は、大正初期の東京で七八・二パーセント、大阪で七三・三パーセントに達し、郊外電車の延伸による送電線の拡大により広範囲に進んだ（同前、『図説・近代日本住宅史』、六八頁）。

(78) 堀越正雄『水道の文化史』鹿島出版会　一九八一年参照。上水道の普及は、江戸時代の用水に依存することで不自由がないとの理由で遅れる地域も多く、戦前までの給水普及率が簡易水道も含めて三十五パーセントという水準に止まっていた（同前、『図説・近代日本住宅史』、八六頁）。

(79) 東京の水の需要は、市域への上水道供給が始まった後も江戸時代以来の水売りから購入する習慣や井戸もしくは私設の簡易水道、共同水栓によってまかなわれた（堀越正雄『水道の文化史』鹿島出版会　一九八一年　参照）。

(80) 文部省の外郭団体として発足した生活改善同盟会は、大正八年から翌年にかけて行われた「生活改善展覧会」の内容を広く普及させる目的で設立され、昭和八年に生活改善中央会へと改称するまで活動が続けられた。生活改善運動の展開については、中嶌邦「大正期における「生活改善運動」」（総合女性史研究会編『日本女性史論集』6　吉川弘文館　一九九八年（『史艸』一

四号、一九七四年)、二三〇~二六三頁)参照。
(81) 生活改善同盟会の調査委員会の一つである住宅改善調査委員会は、『住宅改善の方針』において将来の住宅の方針として六点を掲げ(①椅子座とする②家族本位とする③実用的な設備とする④実用的庭園を設ける⑤実用的家具とする⑥共同住宅及び田園都市を奨励する)、従来の畳敷きによる床座の住宅と同面積で椅子座の住宅とすることや、台所を衛生的で能率の良い立ち働き式とすることなどの主張が盛り込まれた(生活改善同盟編・発行『住宅改善の方針』一九二〇年、一~六頁)。
(82) シンガーミシンは、「無料試用、無料教授」を謳い、婦人雑誌に次のような広告文を掲載した。
幾千と云ふ日本の家庭は皆此図にある様に楽しき家庭をして居られます。なぜと云へば皆様がシンガーミシンを買つて家庭裁縫上非常の経済をして居られるからです(略)月に参円宛数ヶ月間払ひ即ち一日僅か十銭づゝの割合で買へます(『婦人世界』一九〇二年五月号 第二巻第三号 口絵広告)
(83) 昭和二(一九二七)年頃のミシンの価格は、一世帯あたりの平均月収一三〇円九五銭に対し、一台一二〇円であった(下川耿史編『昭和・平成家庭史年表』河出書房新社 一九九七年、一二、一四頁)。
(84) 上野千鶴子『家族を容れるハコ 家族を超えるハコ』平凡社 二〇〇二年、一六~二三頁。
(85) 吉岡弥生先生伝記編纂委員会編『吉岡弥生伝』吉岡弥生伝伝記刊行会 一九六七年(初出 一九四一年)、五三頁。
(87) 島立理子「ひながたによる裁縫教育~複製を通して~」(『町と村調査研究』創刊号 千葉県立房総のむら 一九九九年三月)一九~二五頁。
(88) 奥田暁子「女中の歴史」、鶴見和子他監修『悶ぎ合う女と男』藤原書店 一九九五年、三六六~三六七頁。
(89) 佐藤忠男「西国立志編」(読みなおす 一)『朝日新聞』一九七一年一月五日、第一五面。

第三章　「主婦」像の成立

第一節　「重宝記」という世界

岐阜県出身で尾張徳川家の付家老家中の家に生まれた歴史家・津田左右吉（一八七三―一九六一）は、日清戦争を境に名古屋に近い村東栃井（現美濃加茂市）の暮らしが大きく変化したことを「子どもの時のおもひで」の中で次のように回想している。

村を離れてゐたから一々には知らぬが、二十七、八年戦役のころから、いろ〳〵のことが変つて来たらしい。てぢかなことをいふと、小学校の先生や村役場の役員などが、洋服を着るやうになつた。戦役のために、村にも今までには無かつた新しいしごとができたり、都会地との往復が多くなつたりしたためであらう。そのおつきあひにか、父もセビロをきて何かの会合に出かけたのを、見たおぼえがある。近所の人たちが話をするのに、漢語めいたことばのまじつてゐるのを聞くやうにもなつた。（略）もう少し後になつてからのことと思ふが、帰つて見るたびに、近所の家の家づくりのだん〴〵りつぱになつて来たのが目についた。養蚕が盛んに行はれるやうになつたので、そのために大きい家が必要なためでもあつたが、またそれによつて、富が増して来たから

でもあつたらしい。屋根を瓦ぶきにした家や二階だてのもできた

津田の観察は、日清戦争頃を境に村役人や教師などが背広を着始め、日常会話の中に漢語が飛び交い、その後養蚕を背景に生活水準が上昇したことに及んでいる。さらに、都会地との往来が激しくなったとの記述は、村の中だけで必要な物や情報をまかなう暮らしから、人々の関心が村の外へと向かう風潮を反映するものであった。こうした変化は、着物の種類や言葉遣いによって身分出自が分かるという社会から、誰もが同じ均質な人間として把握される社会へと転換が生じたことを表すものであった。津田の回想は、明治という新しい時代を生き抜き、よりよい生活を手に入れるために必要な知識と行動の規範とが次第に固まり、人々が一定の「型」に沿おうとする傾向が強まったことを裏づけている。こうした時代に求められたのが「重宝記」と呼ばれるマニュアル本、すなわち時代が求める暮らしの知恵を説いた手引書であった。

「重宝記」とは、「節用」「重宝」「宝鑑」「宝典」などのタイトルを持ち、さまざまな知識や情報を網羅し、身の処し方や行動パターンの指南にも及ぶ、広汎な内容を備えたいわゆるハウ・トゥ本の一種である。その起源は、室町時代の「節用集」に遡り、江戸開府以来約一世紀を経た十七世紀末から十八世紀にかけての元禄期には、多様な内容を収めた「重宝」な書物として人気を集めた。元禄期の「重宝記」の流行は、さまざまな場面で身を処すための規範が次第に整えられ、その規範を身に付けることが必要とされたことを表している。明治における「重宝記」は、元禄期と同様、人々の行動に基にすべき「標準」が成立し、その規範に沿って行動することが求められるような、いわば時代の常識というべきものが整えられたことが考えられる。

津田左右吉の回想に見られるような、服装や言葉遣いが変化し、村の外へと活動の場が拡大したことは、それまでは身近な手の届く範囲に広がっていた世界が、次第に認識の埒外へと拡散し、やがて把握することが困難になるという経過をしめしている。「重宝記」の流行は、こうした変化と併走するように起きている。「重宝記」のようなマニ

ュアル本の登場は、社会が大きな転換を迎えた時期を経て、ある程度の落ち着きを見せる頃に特徴的な現象と考えられる。「重宝記」が求められたのは、世の中の変化に乗り遅れないようにと気を遣い、社会にたった一人で向かわなければならないことへの不安や怖れがあったからにほかならない。

明治の「重宝記」として最も刊行時期が早いものは、明治五（一八七二）年五月発行の悔遅二橋長編『大東宝鑑』とみられる。『大東宝鑑』は、縦約四十三・五センチ、横約九六センチの一枚刷りの「重宝記」である。表題の「大東」は、日本の異称であり、明治の早い時期に「大東」の名を冠した「重宝記」が刊行されたことは、新たな国づくりを課題とする時代に、東方の偉大なる国との認識を言い表そうとしたもので、未だ「日本」という呼称で一体感を共有するには至っていないことを反映していた。項目は、「帝国」以下、幅員、国郡名、戸口および人員数、歳入・歳出、陸海軍の概要、神社、学校、病院、寺院の数、外国留学の人数など、さまざまなデータを一覧表の形でしめしている。

帝国の項では、「今上天皇　御名睦仁」と天皇の名前を記し、その下に生誕日、立太子、即位日、年齢、続いて皇后以下皇族の名前と年齢を記載し、表の中央には、条約締結国十六カ国の国名、首長および大使等の名前、条約締結年が記載されている。このほか、開港五市の開港年、居留民の数、位置のほか、輸出入額、造船所、鉱山の数および産出量、電線、鉄道の延長、浮標および灯台の位置、度量衡換算表、貨幣、沿革、官員数が収録された。沿革に記載されたのは、「神武帝創業」以下、東京奠都の「明治駐輦東京」までの二十八項目である。明治八年に発行された同タイトルの室田義文編『大東宝鑑』は、国内の情報を収めた「府県概表」のほか、条約締結国の政体や首都、国家予算の規模、輸出入額、陸海軍、学校などのデータも加わり、十六に上る諸外国との比較が可能であった(1)。

「重宝記」は、さまざまなデータの提示のほか、最先端の「文明」を活用するための手引きとしての役割も担った。その代表例は、鉄道と郵便制度の情報である。明治十（一八七七）年六月発行の青木輔清編『日用諸規則重宝記付紙入書状用便』[2]は、口絵に京都、大阪、神戸間の時刻と運賃をしめした「汽車発着並賃銭表」と、「西京ヨリ大坂神戸間鉄道略景」という鉄道のルートを描いた鳥瞰図が見開きで掲載された。本編は二部構成で、前半に「礼服着用日」「招魂祭及ヒ御政事始」などの年中行事に関するもの、船便や蒸気船、乗合馬車などの賃銭、さらに相撲の興業や劇場茶屋運営に関わる府税、「五等親」の範囲、死亡届の出し方など、全二十八の「諸規則」を収めている。後半の「書状用便之部」は、「書礼認方心得」「書中心得大略」「闕字闕画」等、手紙を書く際に注意すべき心得とともに、「御手紙拝見仕候の類」「恐悦ニ奉存候の類」などの場面に応じたさまざまな文例を収めたものである。こうした内容は、鉄道が開通し、暦や郵便制度、役所を通した諸届けの方法が定められ、その正しい利用方法が知識として求められたことによる。

明治十年代までの「重宝記」は、天皇の名前や皇族、国土の面積、府県、人口などのデータを掲げた一覧表のスタイルに始まり、祝祭日を記した暦や諸願届けの様式など、明治以降の新たな制度文物についての情報を掲載し、鉄道の運賃や旅程表、郵便料金など「文明」を象徴する文物を使いこなすための指南書となったほか、手紙の文例集や字引なども兼ねていた。そこには、新しい国家の枠組みに相応する国民を育成しようと、天皇家をはじめとする国家の規模に関わる基本事項を紹介し、新たに制定された諸制度を活用するための指南書を目指す思いが読みとれる。

こうした「重宝記」の内容は、明治二十年代に大きく変化した。一覧表型から、数値やデータを項目毎に提示し、法令集や統計などの資料集の役割を持つ、いわば「便覧型」のものが登場した。その嚆矢の一つ、明治二十五（一八九二）年九月発行の松本徳太郎編『明治宝鑑』は、大日本帝国憲法発布後の社会に対応すべく、明治以降の新たな諸制度に関する情報を網羅し、二千ページを超える総合的な資料集として登場した[3]。巻頭には、侯爵蜂須賀茂韶、子爵品川弥二郎、渋沢栄一の三人による書が寄せられ、グリム童話を翻訳したことでも知られるジャーナリストで代議士の本願寺派僧侶、菅了法の漢文による序文が掲載された。

編者の松本は、序文において明治二十一年の時点で同書編纂の意志を固め、泰西諸国の例にならったことを次のように述べている。

思フニ泰西ニ於テハ簡便利益ノ書尠ナキニ非ズ、政治上ノ事項ニ就キテハ Statesman's Year-book アリ、商業上ノ事項ニ就キテハ Commercial Year-book アリ、科学上ノ事項ニ就キテハ Scientific Cyclopedia アリ、年中須要ノ事項ニ就キテハ Almanac アリ、其他或ハ毎年其年間ニ発生シタル世界各国ノ事件ヲ記シタル Annual Cyclopedia アリ、知人若シクハ取引先ノ住所ヲ記シタル Directory アリ。是ヲ要スルニ社会ノ人事繁雑ニ赴クニ随ヒ此種ノ書籍ナカル可カラサルハ尋常ノ道理ニシテ、毫モ疑ヲ容レス。既ニ旧時ノ日本ニシテ尚且節用集ノ著アリ、況ンヤ今日ノ社会ニ於テヲヤ。乃チ予ハ此書ヲ編纂スルノ意ヲ抱ケリ、時ニ明治廿一年ナリキ

（史料中の句読点は一部著者の記入）

『明治宝鑑』は、「旧時ノ日本」に対して、帝国議会設置が約束され内閣制度が整えられ、間もなく憲法が発布されようとしていた「今日ノ社会」という新たな時代に対応すべく編纂が開始された。その内容は、西欧では当たり前に刊行されている各分野の年鑑類を、一冊のうちにまとめようという取り組みであった。価格は、一冊三円という高額なもので、予約を募って販売された。巻末の「附言」の頁には、約六百名の予約賛同者の肩書き、姓名が記され、分冊販売の計画も披露されている(4)。

『明治宝鑑』の項目は、十二にわたり、「政事之部」以下、宮内、内事、外交、理財、農工商、交通、学事、社寺衛生、軍事、法律、警事の各部門が収録されている。このうち「政事之部」に最も多くの紙幅を割き、「憲法」「内閣」など二十二節を収めている。こうした構成は、大日本帝国憲法が発布され、政治的な諸制度の整備を踏まえ、近代国家への出発を果たした国の姿を確認し、その現状を遺漏なくしめそうとしたものといえる。明治以前からの国の足取りを確かめ、世界各国との比較も可能という、過去の出来事や諸外国をも自在に横断する試みであった。

「重宝記」のもう一つの系譜として、情報やデータの列挙というしめし方から、「政治」「経済」「教育」などの項目を立て、それを解説するいわば「百科事典型」のものも登場した。博文館が明治二十七（一八九四）年四月に発行した『伝家宝典　明治節用大全』は、B五判サイズで千二百頁、価格が二円で、一ページを三段に分け、本欄の上に「贅頭中欄」「鼇頭上欄」を置いた三段組みの構成であった。巻頭の「例言」は、室町時代の『節用集』に起源をもつ高井蘭山の「大節用集」の例にならい、一冊を座右に備えておけば大抵の用は足りるという自信とともに、「文明」の世に即した「新節用」が求められていることに対応したという編集の意図を、次のように述べている。

然れども近年に至り、内外の交通開けて以来、人間日常衣食住の事より、文物制度に至るまで尽く一変し、旧時の節用は其用を為さず、是の時に当りて能く文明社会の新事物を輯めたる新節用は、未だ成らず、是れ本館が多年力を尽して本書の編輯に従ひ、此に大成を告くるに至りし所以なり

『明治節用大全』は、「伝家宝典」との頭書が表すように、日常の衣食住に関わる事柄から制度、文物にいたるさまざまな「文明社会の新事物」に関わる事項を収め、明治の「節用集」ともいうべき書物として、一家に一冊備え置かれることが意図された。巻頭は、「宮城二重橋」の写真版に続いて、江戸の名残を伝える春夏秋冬の風物を描いた日本画四葉が収められ、「大日本全図」ならびに「世界全図」が掲載された。地図の掲載は、日本という国の地勢を知識として備え、世界の中での位置づけを確認する手がかりとなるものであった。また、巻頭を飾る四枚の日本画は、上野の両大師参りや屋形船での夕涼みなど、江戸時代から続く風情が描かれた。こうした絵は、古い時代の情緒や雰囲気が急速に失われゆく明治という時代において、江戸の風物を知らない地方出身者や若い世代、そして地方に住まう人々に向けた旧時代への懐古を誘う「名所図会」というべきもので、「重宝記」が今現在の最新の情報のみならず、過去という時間をも視覚的に示そうとしたことによる。巻頭に図版を置くスタイルは、後に「重宝記」の定番として定着していく。ここには、江戸将軍家の下にあった各大名による統治が終わり、天皇による日本国が誕生した

ことを画像によって納得させようとする意図がうかがえる。

かつ、「重宝記」には、便覧型、百科事典型の他、日常生活のちょっとした場面で役立ちそうな、いわゆる豆知識を紹介するものが登場した。ここで言う「豆知識」とは、本来年長者から伝えられるなどして実生活の中で学び取っていく世渡りの術とでもいうべきものを文字に認めたもので、これさえ知っていればきっと世間で生きていく上で役に立つという「重宝記」ならではの内容である。書籍などの文字情報を手にすることによって、手っ取り早く世間智を習得することが可能となったのである。

こうした暮らしの知恵が収められた「重宝記」は、百科事典型の一項として登場することもあり、やはり明治二十年代に急増している。明治二十四（一八九一）年八月発行の大沢善一郎編『男女必携　国民之宝典』は、箇条書きで二〇二項目の「豆知識」をしめしている。前半は、「旱魃ニ稲田ノ黄枯ヲ防グ法」「猪猿ノ害ヲ防グ法」など、農作業に関する具体的な知恵と方法のほか、「古綿ヲ新鮮ニスル法」「寝小便ヲ治ス法」など、節約や民間療法に関するものが収められている。後半には、礼儀作法に関するものが「平常ニ心得べキ諸礼式」と「婚姻普通規式」の二つの項目に分けて列記された。食事の作法は「飯ハ大口ニ食フベカラズ、汁ハ口音高ク永クス、ルコトアシ、、舌打シテ味フ杯スベカラズ、椀ノ内ヨリ外ヲ見ルコト悪シ」など、不作法な振る舞いをしないよう注意された。また、避けるべき動作として、「座敷ヲ歩ムニ畳ノ縁又ハ敷居ノ上ヲフミ押板地炉ノフチニ上リ抔スベカラズ」という畳の縁や敷居などを踏んではいけないというもの、「人ノ女房タル者近カク男子ニ話スベカラズ」(5)という人妻が男性に近づいて話をすべきではない、などの禁止事項が掲げられた。ここに紹介された諸事項は、旧来なら古老から伝授されたであろう知恵にほかならない。ここには、身近な年配者に距離を置き、その仕草に習うことや先輩の知恵から学ぶのではなく、文字情報に依存していこうとの気分が強くなっている時代の空気がうかがえる。

ここで立ち居振る舞いへの細かい注意が喚起されているのは、家内であれば気にされることもなかった日常茶飯な行動までも、世間の眼を意識するようになり、見苦しいもの、礼儀に反するものとみなされることへの対処にほかならない。それだけに、開かれていく時代に相応しい心得ともいうべき行動規範が世間の「常識」として説かれていくこととなったのである。

このような世間の眼を意識した礼儀作法の手引きは、『男女必携　国民之宝典』がさらに細かく案内をしており、どのように振る舞うかのみならず、「男女肉体ノ色ヲ白ク且ツ艶美ナラシムル法」「口ノ広キヲ狭ク見スル法」など、審美的な外見の美しさにも及んでいる。見た目への配慮は、他人の目を意識することで生じるものであり、立ち居振る舞いへの注意とあわせて、他人との交際においても他者の眼を意識した行動が求められていたからにほかならない。美しいとされる見た目の規格は、男女ともに、色白であることや小さな口元であると説かれた。小さい口元には江戸以来の標準的な女性美が受け継がれており、力強さやたくましさ、労働に基づく健康的な肉体とはほど遠く、肉体労働が敬遠されている根がみてとれる。

「重宝記」にどのような項目が収録されているかをしめしたものが、**巻末表2**「重宝記」の内容一覧である。形態は、一覧表型から便覧型、百科事典型へと変化し、発行の時期によって内容にも変化がみられる。[6]暦、天皇、鉄道、郵便、諸願届の様式など、明治以降に登場した新たな制度文物を事項羅列的に紹介するものから、それらの内容を解説する形式へと変化し、礼儀作法など社会的なつきあいの次元で必要とされる事柄が増加している。このことを、都会と村とを往来する人が増えたという津田の回想と重ねてみれば、村の中とは異なる広い空間、知らない他者のなかで生きていかなければならない人々にとり、世に処するに必要な最低限の知識を身につけ、身体行動を規制して、新たな世間で生きていくことを促された過程といえる。「重宝記」は、そうした人々の手近な参考書として求められ、広く普及した書物であった。

「重宝記」は、内容のみならずタイトルにも時期によって流行ともいうべき変化がみられる。発行時期による内容の差異は、人々がどのような課題を抱え、その解決を目指そうとしたのかを反映するものである。「重宝記」は、女性向けに特化したものや、大正期以降「家庭」との言葉をタイトルに持つものも登場する。このうち、先に掲げた『男女必携　国民之宝典』のようにタイトルに「国民」の文字を含むものは、明治二十年代以降頻繁に登場するようになる。「国民」の文字は、タイトルに掲げられていなくとも、目次に登場し「重宝記」が解説する定番の項目となっていく。まさに「重宝記」は、女性向けをはじめとして家事等に関わる「家庭」をテーマとするものにおいても、目次や節の項目として「国民」が登場しているように、あるべき「国民」像を提示することで、国民の育成をめざす器であろうとしたのである。次節では、「国民」なる文字を手がかりに、「重宝記」の内容を解析し、そこで提示されている知識の変遷をあとづけていくことで、あるべき国民像の育成を目指す上で、大日本帝国憲法によって国家の規範を確立していく社会が課題を問い質し、その解決をどのように図っていこうとしたかを検証する。

第二節　「重宝記」にみる「国民」像

タイトルに「国民」の文字を掲げた「重宝記」は、明治二十二（一八八九）年の伊藤二朗編『大日本国民必携』を始めとし、同二十四年の前掲『男女必携　国民之宝典』、二十六年の山口米松編『国民必携懐中博覧』、二十七年の山口米吉編『国民必携年中宝鑑』、二十八年の小泉一郎編『日常宝鑑　国民必携』など、明治二十年代に次々と発行されている(7)。明治二十年代は、二十二年二月十一日に大日本帝国憲法が発布され、皇室典範制定、議員法、貴族院令、衆議院議員選挙法が公布され、九月三十日には天皇旗、皇后旗、皇太子旗、親王旗の制定、十二月十九日には天皇・皇后の御真影の市町村立高等小学校への下付が始められたように、王政復古に始まった天皇の政府がアジアにおける立憲君主国として、大きな第一歩を踏み出した時代である。そこでは、新国家に相応しい国民になることが問われていた。

こうした時代の空気は、すでに明治二十年に徳富蘇峰が『新日本之青年』を世に問い青年の心をゆるがせ、『国民之友』を創刊して時代の潮流に棹さし、ついで二十三年に『国民新聞』を創刊することで論壇の雄となっていく姿に読み取ることができる。「国民」という言葉は、蘇峰が新生国家の一翼を如何に担うかを青年らに説き聞かせた世界として、時代の希望を受け止める器として熱い眼差しが注がれていたのである。

しかし、「国民」についての理解は、まさにお雇い外国人のベルツが嘆じたように、明治二十二年の大日本帝国憲法発布に際し国旗掲揚の意味がほとんど理解されず[8]、国家祝祭日が外国人宣教師のいるミッション・スクールの学校行事にすぎないなど、一部の世界に限られたものであった[9]。「国民」という観念は、己の生国あるいは藩なるものを知っていても、日本国であるとか日本国民なる「我」を自覚することのなかった日本列島の住人に、日清戦争における戦意高揚が喚起した愛国心の発動に促され、日本国民として人心がまとまっていくことでようやく定着していくこととなる[10]。そのためには、生まれ育った土地ごとに異なるそれぞれの拠っていた共通の記憶、通用していた仕来りや約束事による世渡りの術に代わり、日本という国家の枠組みに相応しい常識の造型が求められたのである。「重宝記」は、新たに誕生した国家を担うに足る共通の記憶、通用する常識を教示することで、如何なる「国民」になるべきかを説き聞かせ、時代が求める国民像を提示することを使命として登場したのである。

明治二十二年十月発行の『大日本国民必携』(伊藤二朗編)は、このような類の「重宝記」として、最も発行時期が早いものの一つで、文庫本サイズ六四八頁、定価が一円、巻頭に見開きで「大日本皇城正門二重橋之図」と題する皇居二重橋の図を掲げている。冒頭の「凡例」には、刊行の目的が次のように記された。


凡国アレハ必民アリ、已ニ民アレバ政体、法律、及交際上ノ儀式風俗アリ、已ニ政体、法律、及交際上ノ儀式風俗等アレバ其ノ国民タル者必之ヲ知悉シテ以テ其国ニ民タルノ分ヲ全ウセザル可カラザルコト已ニ明ナリ、

是本書ヲ編纂シテ以テ我ガ日本国民ノ携帯ニ供スル所以ナリ（史料中の句読点は著者の記入）

編者は、国の存在と「国民」の存在は一体であり、政体法律等の国に関わる事象を知悉することが「国民」の務めとする。そして、国民となることを覚悟する上でも「我ガ日本国民」としての必須の事柄を身につけなければならないと、その思いをまず述べている。「我ガ日本国民」という問いかけには、「国民」なる存在を実態化することで、広く根づかせたいという志が読み取れる。ここで提示された国家像は、巻頭見開きの「大日本皇城正門二重橋之図」がしめすように、知っておくべき「政体、法律及交際上ノ儀式風俗等」の冒頭に「大日本神代略系譜」「大日本帝王暦代表」という天皇の系譜を置き、天皇、皇后、皇太后の略歴を記した「明治帝譜」が配置されたように、万世一系の天皇の国であることを誇示したなかにうかがえる。その国のあり方は、憲法をはじめとする諸規則、各種願書や届け出の様式、国勢、各国貨幣対照表などの諸表で提示し、国を担う国民共通の素養を和歌、女子用文章、和漢文章、日用文例、口上書の例、料理法、諸製法、「日用妙術」と題する豆知識、方位および吉凶、三世相、骨相学等の各項目としてしめしている。

このような様式が「重宝記」に広くみられる類型で、天皇皇室に関する情報の記載は、筆頭に置かれる主要な項目であった。そこでは、天皇の国であることを第一義とし、ついで立憲君主国日本や国勢、法律や経済などの国家の枠組みに関わる情報を教え、その一方で日常生活に根付いた慣習等にまつわる暮らしの仕方に関わる常識、厄日や歳神の方位、三世相などに言及することで、日常生活の手引きたりうる役割が期待されていた。これらの日常の知恵は、「方今瞥視セラル、所」であるが、欧米の「文明ヲ以テ自任スル国」にも見られることだとなし、旧来からの習俗に配慮し、時代相応の暮らしを説いたのである。ここには、「民タルノ分」を全うするため「国民」として身につけるべき知識としての、新しい制度文物である「政体、法律、及交際上ノ儀式風俗等」とともに、「交際上ノ儀式風俗等」で旧慣的秩序に配慮することで、方位や言い伝えの範疇にも及んでいた。かつ、料理法などの項目は、「男女貧富ニ論ナク」知っておくべきものとして取り上げられ、男女の別や貧富の差にかかわらず、全てが「国民」と意識されていた。また、「女子用文章」という項目が個別の一章として掲載されており、女性が他者との交遊において独立した存在たりうるとなし、「国民」の場に位置づけようとする意識の表れといえる。

このように「国民」育成の課題に応じようとした「重宝記」の構成は、発行時期毎に目次を比較検討して見ると、皇室に関するもの、法律、規則等に関するものが、どの時期にもほぼ必ず共通して登場している（巻末表2「『重宝記』の内容一覧」参照）。一方、暦、各種届出様式、鉄道、郵便に関するものは、明治二十年代以降次第に少なくなり、代わって礼儀作法やいわゆる豆知識、裁縫、料理などの実技に関するものが増えている。表題に「国民」の文字が含まれる「重宝記」をみると、天皇・皇室に関わるもののほか、暦、国勢、諸規則、礼儀作法、裁縫、料理等の実技に関するものが登場する。そして、「国民」という文字を含むタイトルは、明治四十年代が最も多くその後は徐々に減少していく。

こうした「重宝記」の内容は、「国民」として身につけるべき知識を反映したものであり、その対象となる人々をどのように捉え、如何なる「国民」像が求められていたのかを具体的に映す鏡であった。年代毎の発行点数の多寡は、その時代社会の要請の受け止め方を反映しており、その内容を解析することで時代が何を国民に求めたのかを明らかにすることができる。そこには、国民が身につけるべき世界として、変わらざるものと時代の風を受けて時代に応じ変化を促される課題が説かれている。そこで、「重宝記」が提示している世界を暦、天皇及び皇室、国勢・国土、礼儀作法の四項目に焦点を合わせ、日本国民となるために「国民」必須のことと見なされた世界がどのように提示されているかを読み解くこととしたい。まず、暦を取り上げ、文明国に合わせた太陽暦の採用、国家祝祭日の制定により、どのように日常生活への対応をうながされたかをうかがうことで、文明国民へと脱皮するために何が問われたかを明らかにし、そこで目指された文明国の秩序を担う国民に相応しい素養を問い質すこととする。

暦

暦については、明治五年十一月九日に暦制が改定され、十二月三日を明治六年元旦となし、神武帝即位年を紀元とし、太陽暦を採用することとした。ここに西暦に対峙する皇国日本の紀元を「皇紀」として創作した。この太陽暦採用は、時代人心に相応するものではなかっただけに、旧暦とされた太陰暦との整合性をはかるためにも、暦の大小、曜日の名称などが取り上げられ、太陽暦の導入にともなう新たな暦を理解させることが急務であった。そのため太陽暦は、明治初年代の「重宝記」において冒頭を飾る項目として登場している。明治六年発行のはる蔭編『開化調宝記』は、巻頭で「明治五年十二月三日を明治六年一月一日と定める」こと、皇紀と西暦がそれぞれ「神武天皇紀元より二千五百三十三年」、「西洋千八百七十三年」に当たると説き、月の大小や曜日の仕組みとともに、西暦という新しい時の感覚を神武創業と重ねてしめすことで、西暦的秩序に入りながらも皇国日本の固有性を説き聞かせようとしたのである。この皇紀を軸とした新暦的秩序の説明こそは、国民が万世一系の皇国の民であること、臣民としての国民であることを示唆したものにほかならない。

暦とともに、一日が二十四時間であることや時計の見方を知ることも新たな課題であった。『開化調宝記』には、時計の図が描かれ「西洋にては一昼夜を廿四時に分つゆへ、彼の一時ハ日本の旧半時なり」と解説されている。また、午前・午後という言い方も、午前一時は子の刻というように、旧来の時と対応させてしめされた。時間の感覚も、新しく習い覚えることが必要であった。

明治六年十月に制定された国家祝祭日は、太陽暦の導入と同様、維新がもたらした生活上の一大変化であった。国家祝祭日の制定は、ヨーロッパ諸国の王室の慣行にならい、天皇家の皇室行事から出発した。このため、旧来の五節句のような日々の暮らしに基づく意味や背景がなく、ハレ日とは別のハタ日と称して対応された(11)。『開化調宝記』では、神武復古に重ねた明治という時代において、特に重要視されたとみられる神武天皇祭と天長節が取り上げられた。国家祝祭日は、その来歴が天皇の国であることを誇示し、その一員たる者としての共通の記憶を形作るための方策であったが、時代人心にとり日常生活には全くなじみのないものであった。この祝祭日の説明には、どの日が大礼服着用日かという服制の情報も取り上げられており、新政府の「官員様」に必須の知識であるものの、一般の人々にはほぼ関係がないと思われる事項にもかかわらず掲載されている。

暦に関連して服忌令および五親等の解説も取り上げられ、一親等から五親等までの親等に応じた服忌の日数がしめされた。服忌令は、古代公家社会での律令が武家社会においても持続し、江戸時代には五代綱吉、八代吉宗という統治の転換点において改めて制定され、近親を悼む模範例をしめすことで人心の引き締めを図るとともに、統治の正統性を主張する根拠とみなされた。明治七年の太政官布告に基づく服忌令の「重宝記」への収録は、役人の服務体系を整備し円滑な統治を図ろうとする江戸期以来の方法がとられたことによるものといえる。ここには、文明の政府を目指す国家にとり、旧秩序の慣例を換骨奪胎することで制度設計をなし、それに相応しい統治者の育成を図り、国民への浸透を目指したことがうかがえる。

「略暦表」は、その年の暦を一覧表にまとめたもので、中央に「皇紀」をしめし、国家祝祭日、月の大小、日曜日の一覧に加え、彼岸、社日、土用のほか、甲子、己巳、庚申の日一覧、小寒、大寒、夏至、冬至などの節季が記載されている。陰暦との比較においては、一月を「五日頃より　寒梅香を放ち茶の花ひらく」、「二十日頃より　椿咲く口なし花ひらく　福寿草ヲ見る」のように、太陽暦の月がどの季節にあたるかが、自然の事象を交えて説明された。また、「耕作種蒔の節」として、各種農業書から抜粋したという種蒔きの時期一覧なども掲載された。こうした旧暦や農事暦に基づく暦は、新しい慣習である太陽暦の普及浸透が意図されながらも、禁忌を考慮し方位を重視する慣習が守られていることにより必要とされ、何より自然の運行に寄り添う暮らしに欠かせない情報であった。

明治二十年代は、太陽暦と旧暦の情報をセットでしめす略暦表が集中的に登場し、旧暦に関する知識への需要が増した時期である。明治二十年以降の数年間は、二十一年に福島県の会津磐梯山が噴火し、翌二十二年の熊本県地震や暴風雨の本州縦断をはじめ、二十四年夏の九州・山陰・北陸・信越・東北地方を襲った風水害、同年十月の濃尾大地震、二十六年の九州・山陰・北陸・東北地方への暴風雨・津波被害等、大規模な自然災害が頻発し、農業生産にも甚大な被害が生じていた。旧暦の情報は、一つには、人知の及ばない自然に対して、改めて旧来からの知識に信頼が寄せられたことにより登場したと考えられる。太陽暦への対応という課題に応える急進的な変化を取り入れつつも、日常の基層部分では旧暦の感覚が持続するという、明治の人々の生活のリズムを反映するものであった。

太陽暦や国家祝祭日の情報は、掲載時期が明治二十年代までに集中し、明治四十年代以降はほとんど見られなくなる。このことは、義務教育の普及により、明治三十年代頃までに新しい暦の知識が定着したことを表している。太陽暦、時計の読み方を紹介する記述が明治三十年代から四十年代までにはほぼ姿を消したのに代わって、大正期には、家内の行事として暦をしめすものがみられるようになる。これは、社会の基礎単位として「家庭」が注目され、家内の営みを国家に取り込むことで国民の育成を目指していったことによる。

大正四（一九一五）年六月発行の小林良一『趣味と常識　現代婦人宝典』は、「家庭年中行事」として、一月一日の「四方拝」や二月十一日の「紀元節」、四月三日「神武天皇祭」など、皇室祭祀に基づく国家祝祭日および皇室行事を中心にさまざまな行事を紹介し、神武創業に始まる国のなり立ちを祝日の由来によってしめしている。かつ、各月の末尾には、「園芸仕事」の項目を添えて日常の活動と組み合わせることにより、明治生まれの新たな行事を日々の暮らしに刻み込もうとしている。

「家庭年中行事」は、国家祝祭日とともに人日、上巳、端午、七夕、重陽の五節句と、農事暦にもとづく休日を併記し、十月二十日の恵比須講、十二月二十五日のクリスマスなど、以前から続くものや新しい行事も紹介した。このうち六月二十五日の「地久節」は、明治七年に初めて皇后の生誕日を「地久節」としたとの由来が説かれ、「地久節の歌」三連を掲げている。「地久節」は、明治二十年代の女子教育進展の動きに支えられ、女性の地位向上を説く「女権拡張」運動の一つとして注目された。運動は、天皇の生誕日「天長節」とならぶ国家祝祭日とすることを提言し、各女学校が公式な祝祭日でなくとも休日と位置づけ、いち早く学校行事の一つとして取り入れていた[12]。国家祝祭日の定着は、最初に学校や官庁などの公的機関で進み、教科書や「重宝記」などがその由来や意味を解説し、年中行事という捉え方で日々の暮らしを編成することによって浸透し、国民意識の涵養を促していく。この営みは、日常の暮らしにおける営みの一コマとして溶け込むことにより、旧暦的秩序感覚に重ねて国家暦定着への道を開くこととなったのである。

天皇および皇室

天皇および皇室に関する項目は、御真影や二重橋の画像とともに世間の関心を集めたもので、特に明治二十年代および明治四十年代以降の「重宝記」に多く取り上げられている。明治初期の一覧表型の「重宝記」では、冒頭に天皇の名を掲げ、天皇の存在を諸項目の冒頭で紹介するという構成であった。前掲『大東宝鑑』（明治五年発行）は、大項目に「帝国」を置き、その直下に天皇の項を掲げ、生誕日や即位日、皇統、そして先々代仁孝天皇、先代孝明天皇、皇太后、皇后の名などの情報を掲載している。続く「皇族」の項には、四親王家、諸王、女王の項目毎に名前と年齢が記された。こうしたしめし方は、明治二十年代になるとさらに詳しい解説を付した皇室百科ともいうべき内容を帯びたものへと変化していき、やがて御真影などの肖像写真や天皇旗を始めとする諸旗、勲章の一覧などが付され、皇室が関わる世界が具体的に提示されていく。

明治二十六年発行の『明治宝鑑』は、天皇に関わる項目を「宮内之部」を立てて一括して収録し、その一節「皇室」において天皇、皇后以下皇族を紹介するとともに、皇室典範を始め宮内省の組織、叙位叙勲などの諸制度を説明している。かつ、「世界各国帝王並大統領」において、各国の政治形態を紹介することで、日本の皇室が持つ固有性を知らせようとしている。また、華族一覧のほか「日本勤王慷慨家列伝」という項目で楠正成、坂本龍馬らを「勤王」の士として収録することで、日本の統治形態を支えてきた世界に目を向けさせようともしている。まさに『明治宝鑑』は、皇室制度全般のみならず、「勤王」にしめされた尊皇の士が営んだ事績の具体相を紹介することで、天皇の国とは何かを理解させることに力を注いでいる。

百科事典型の『明治節用大全』では、「皇室一覧」「皇族一覧」「皇統略図」の三項目が皇室に関わるものとして取り上げられた。一頁が三段組みの構成のため、最上段に国土の面積を記した「日本形勢要覧」、中段に神武天皇即位から数える「帝暦」と元号を記した「和暦」、そして「西暦」と中国の「支那暦」とを並べた「和漢洋年代略記」が掲載されている。この構成は、天皇の存在と暦の設定に密接なつながりをしめし、時を主宰し暦を司るという意味が、視覚的に表されたものといえる。

明治二十年代の「重宝記」が帝国憲法発布という時期に合わせ、新制度の下での天皇の存在を広く紹介する必要があったのに対し、四十年代のものは、天皇と国民との関係を詳細に解説するものとなっている。明治四十（一九〇七）年に発行された矢田常三郎編『国民必携　実用百科全書』は、天皇と皇后の紹介、皇太子、皇太子妃等の皇族一覧表、皇室典範等の皇室関連法令のほか、歴代皇居と山陵の一覧も付している。題字は法学者梅謙次郎が寄せており、編者の矢田常三郎が法政大学の講師であった関係から、当時総理を務めていた梅が題辞執筆の労をとったと見られる。同書は、「国体」について主権の所在によって定まる国家の存立形態のことと意義づけ、次のように説いた。

我日本帝国の国体は万世一系の天皇が統治し給ふ君主国である。世界の文明国中英吉利、墺太利、独逸、以太利、露西亜などの各国は皆君主国なるも万世一系の君主が累代其国民を愛せられ臣民忠勇にして変ることなき国体は我日本に比ぶべきものはない

日本の「国体」は、万世一系の天皇によって統治される君主国であり、ヨーロッパ諸国にみられる一般君主制の

うち、君主が同じ系統で続いている唯一の形態と説かれている。このことは、西洋諸国の君主国家と同様と意味づけつつ、皇統の連続性という点において「万世一系」であるが故に他とは異なると説明しようとしたものであり、世界に比類なきものであるという主張の根拠であった。天皇については、「我国の政体は天皇が統治権を総覧し給ふ立憲政体」、「天皇は日本帝国の主権者」と、立憲君主制の枠組みにおいて明快に位置づけられた。

明治四十二（一九〇九）年十月発行の帝国実業協会編『帝国実用宝典』は、「天皇とは国の元首におはして、統治権を総攬するものなり」と述べ、帝国憲法の項目に沿ってその位置づけを解説している。ちなみに同書は、題字を幕末の七卿落ちの一人で尊攘派公卿として知られた東久世通禧が揮毫し、同じく尊攘運動に加わった国学者、小杉榲邨が序文を寄せている。また、少なくとも明治四十四年発行の第七版で巻末に四十二年十月二十六日にハルピン駅頭で暗殺された伊藤博文について、「伊藤公爵の略伝」という二十五ページの付録として紹介している。ここには、長州藩尊攘運動を想起しながら、勤王愛国の念を強調することで、日露戦争の勝利で世界帝国に連なることとなった日本の原点を強調しようとの思いが読み取れる。

このような大日本帝国憲法の下に天皇を位置づける姿勢は、大正元（一九一二）年十二月に発行された中外書院研究所編『日本国民大鑑』にも見られる。ここでも「政治」の項目の中に「国家の元首」という節が立てられ、政治形態が立憲君主制であるとの枠組みにおいて天皇の国法上の地位が明示された。こうした説き方は、伊藤博文の『憲法義解』が説いた世界をふまえたもので、世界の君主国家との比較において日本の統治の原点を説明し、その中で皇統が連綿と続き君臣の別が明確という特徴を有するという点に優越性をみいだすものであった。[13] いわば明治国家が世界に通用する君主国家を目指したことによるものといえる。

「重宝記」における天皇の描き方は、名前、生誕日、年齢を列挙し、何人の子供がいるかが一目瞭然の一覧の形でしめされたほか、巻頭に口絵ページが付され、ここに御真影などの天皇の肖像を掲載している。天皇の肖像は、明治四十二年六月発行の小原要逸『実用家庭百科全書』において、「高貴御尊影」と題して同一ページに明治天皇、昭憲皇后が並んで登場したのが最も早い例である。(14) ここでの肖像は、イタリア人画家キヨソネが描き丸木利陽が撮影したことで知られる「御真影」と同じものである。同書は、その裏面に皇太子夫妻と後の昭和天皇、秩父宮、高松宮の三兄弟をコラージュした肖像を掲載している。明治四十四年五月発行の内田安蔵編『新編帝国文庫』では、御真影と同様の明治天皇像が一頁全面に掲載され、その裏面に皇后の肖像、次ページに皇太子、その裏面に皇太子妃と続き、さらに三人の皇孫の写真が掲載された。写真は、皇族のものもあり、一頁に四人ずつ計二十四名が収録された。皇孫、皇族も含めた画像が掲載されたのは、この二点の「重宝記」に止まる。御真影のほか、皇太子、その子供である皇子の写真は、皇位継承に憂いのないことをしめすとともに、天皇の家族という実像を、わかりやすい形で表したものといえる。こうした天皇、皇室の描き方は、皇統の連続性を強調し、皇位継承の安定性をしめす役割が期待されたものとみられる。かつ、天皇家のあり方を視覚的に提示することで、新時代に相応しい家庭像を提示しようとの思惑もうかがえる。

「重宝記」への天皇の肖像の掲載は、明治四十年代から大正の初めにかけてまでの一時期に止まる。前出『帝国実用宝典』（明治四十二年十月）では、口絵に「宝祚隆盛　至尊御肖像」と題して御真影として知られる天皇の肖像を掲載している。裏ページに皇后、次ページに皇太子、その裏面に皇太子妃の写真が続いた。明治四十三年五月発行の家政学研究会編『日用百科全書　経済重宝』の口絵にも、御真影と同じ天皇像が登場する。画像の上部には「天壌無窮　至尊御肖像」の文字が添えられ、裏面に皇太子の写真が掲載された。ここでは、皇后、皇太子妃の肖像は掲載されていない。

「重宝記」における天皇像は、明治天皇が三十六歳の時の姿を写したキヨソネによる「御真影」の画像がほとんどであった。しかし、明治四十二年十月発行の両角斌ほか編『国民実用宝典』は、冠直衣姿の明治天皇の写真を「至尊御影」と題して掲載している。この肖像は、明治五年に内田九一が撮影し、初代五姓田芳柳の筆になる「明治天皇御尊影」の基になったものであり、明治天皇がまだ十代後半だった断髪前のものである。すでによく知られる大礼服姿の「御真影」が発表されているにもかかわらず、未成年の頃の像を登場させたことの意図は不明であるが、少なくとも明治四十二年という時期に、必ずしも「御真影」として知られる写真を使用する必要はなかった、ということは確かである。十代の天皇像は、様式化された御真影とは異なり、まだ幼さの残る少年らしい存在感を伝えている。この像は、見る人にかつての幼なき少年が立派に成長したという感慨を、明治という時代に重ねて思い起こさせるものであったのかもしれない。この意味で、少年時代の明治天皇像は、より生身の身体を連想させる効果があったと考えられる。

明治天皇が亡くなった後、大正天皇の肖像が同じように「重宝記」の巻頭を飾った例は稀である。前出『日本国民大鑑』(大正元年十二月)は、すでに大正への改元がなされ、嘉仁皇太子への践祚が行われた後の刊行であったが、明治天皇の肖像だけが掲載された。ここでは、明治天皇単独での掲載で皇后の姿はなく、大正五年六月に実用学会が同書を改題発行した『国民実用新教鑑』では、上巻の口絵に大正天皇と貞明皇后、下巻の口絵に明治天皇と昭憲皇后の肖像が掲載された。大正六年三月に『大日本国民宝鑑』として松本商会出版部から三たび改題発行された際には、口絵自体が省かれ、天皇の肖像も掲載されなかった。大正四年六月に大日本家庭協会から発行された『現代日用宝鑑』は、口絵に大正天皇、貞明皇后の写真を並べて「今上両陛下」として掲載しており、天皇像が掲載された時期の下限となっている。この肖像は、衣冠束帯に十二単という和装であった。口絵写真には、明治天皇と昭憲皇太后の顔写真を桃山御陵および桃山東陵に重ねた「御陵」、三人の皇子たちの写真を配置した「皇室」と題するページも収められた。

明治四十年代からの数年間という時期に天皇像が集中して登場したことは、天皇を核とした人心の糾合が急がれ、天皇、皇室の存在を心に思い描くための生身の像が必要であったことによる。この頃、日露戦争後の農村疲弊が地方改良運動を促したほか、足尾銅山鉱毒事件における国家資本による村落の蹂躙、大逆事件とその事態収拾を意図した戊申詔書の発布など、明治国家の矛盾が噴出し、人心の掌握、再編成が緊急の課題となっていた(15)。それだけに天皇を中心とした皇族像を多様に掲載したのは、荒廃する人心を慰撫し、その人心を天皇に収斂する器となることを期待した営みにほかならない。まさに、天皇の少年時代に始まり、夫たる天皇と妻たる皇后、天皇一家の相貌を親と子という家族の姿として視覚化したのは、当時の雑誌の巻頭を飾った著名華族家の写真を身近に感じる世界に引き寄せ、皇室のメッセージを発信したものである。

大正天皇の場合は、明治天皇のように単独でその肖像が掲載されることはほとんどなかった。やがて天皇の肖像が掲載されること自体なくなり、「国民」が知っておくべきとされた「重宝記」の内容から外されていく。このことは、天皇の存在がすっかり自明のものとなり、わざわざ肖像をしめす必要がなくなったという一方で、天皇、皇族を生身の人間として感じる契機が失われ、次第に権威の向こう側へと隠されていく過程を表している。「重宝記」は、天皇の肖像と入れ代わるように、旗や勲章の図を登場させている。

前掲『国民実用宝典』（明治四十二年十月）は、口絵の「諸旗図」において、「国旗」とされた日の丸を中央に配置し、全十七種類の旗を描いている。図版は、海軍佐官、陸軍佐官、高等文官、伯爵用の袖章、肩章の図に続き、勲章の図が「勲一等旭日桐花大綬章」「勲一等瑞宝章」から従軍記章まで二ページにわたって収められ、叙勲の制度が一目で分かるようになっている。旗図以下の図版のページは、西欧諸国にならって国家儀礼が整えられ、叙勲制度が創設され君主国家としての枠組みが整ったという明治国家の自負を強調する内容であった。天皇および皇室の存在は、勲章などで代替することが可能となった。しかし、この過程は、天皇像を提示するだけでは人心の収攬はもはや不可能ということと、表裏一体であったといえる。

天皇の存在は、二重橋や、天皇を頂点とする権威を表す旗や勲章のようなモノをしめすだけで、象徴的に表すことが可能となっていたのである。このことは、明治四十年代から大正初めにかけて、天皇という存在が当たり前のものとして定着したことを表している。「国民」の前に自明のものとなった天皇は、生身の身体から切り離され、象徴として存立しえた。それゆえ、実態とは何ら関係なく夫婦や親子、家族の在り方の模範像を提示することも可能であった。象徴としての天皇は、昭和二十年の敗戦を待たずに、すでに完成した像として用意されていたのである。

国勢・国土

固有の領土、面積、人口等をしめす「国勢」は、旧国郡や府県名、幅員等の数値を記し、国土の概況を列記することから始まり、地図を収録したものも登場した。明治十（一八七七）年九月発行の細島晴三編『日要重宝記』は、口絵に「地球略図」「大日本全図」として世界図や日本地図を載せた最も早い例である。明治十三年三月発行の稲葉永孝編『開化重宝記』は、題箋に「大日本全図　違式詿違条例」とあり、巻頭に「大日本帝国全図」と題する地図と、違式詿違条例の一覧表を掲載している。地図上には山脈、水脈、道路、港、灯台などの位置をしめしたほか、旧国郡名が書き込まれ、府県名と東京からの距離、管轄する範囲が一覧でしめされた。この日本図では、北海道、沖縄や小笠原諸島は含まれていない。

国土の範囲は、年代が下るごとに拡大していく。明治十四年四月発行の大林静編『懐中重宝記』では、巻頭の「大日本略全図」において北海道に加え千島四島が加わっている。前掲『明治節用大全』（明治二十七年）は、「世界全図」とともに、北海道・沖縄から千島列島、西南諸島、および小笠原諸島までを含む「日本全図」が掲載された。明治四十一年発行の大日本家政学会編『実用百科大全』は、巻頭折り込み図版の「世界地図」の次ページに「本邦地図」と題した日本地図が掲載され、ここでは千島諸島と樺太、台湾のほか、硫黄島を含む小笠原諸島、琉球諸島が詳細に描かれた。この図は、副題に「全国鉄道及電信線路」とあり、未完のものも含む鉄道路線、海底の延伸も含む電信および電線が距離とともに描かれている。また、同書の「世界全図」は、東半球、西半球の二つの図で「地球」をしめし、日本の位置が東半球側の東海の端に「大日本帝国」として描かれ、画面中央に描くのではない地球上の相対的な位置づけを試みたことが表れている。

明治四十二年発行の『実用家庭百科全書』では、「日本詳図」として朝鮮半島、台湾、樺太を描いた図が折り込みで掲載され、翌年韓国併合へと展開する領土拡張の軌跡がしめされた。国土の拡張とともに、主要な山岳、河川なども、植民地へと範囲を広げて数えられた。前掲『国民必携 実用百科全書』（明治四十年）は、巻頭に「著名山岳之表」「著名河川之表」と題する山の大きさや形、川の長さを描いた図版を掲載した。山岳では、富士山を画面中心に大きく描き、台湾の新高山が「一名モリソン山」として最も高い標高を記して描かれ、河川では、最も長い河川を石狩川とした。ちなみに、二番目以降は信濃川、北上川、阿武隈川、利根川の順である。「国内」の範囲が台湾、北海道へと広がり、ここでも版図の拡大とともに進む明治の歩みが表れている。

国勢に関する記述は、他国との比較という視点が加わり、明治四十三年の韓国併合以降は、版図拡大を強調する地図を交えてしめされた。前掲『日本国民大鑑』（大正元年）は、「世界全図」「日本帝国位置」という大縮尺の地図に続き、東北地方や樺太、台湾など、個別の地域ごとに拡大した日本地図、同様に世界各州の地図を掲載した。これは、国土とする範囲が広がり辺境が拡大したことで、新たに「国民」へと編成される人々を意識したものといえる。

国の概況は、地図以外にも政府の主要な機関や名所旧跡などの写真によってしめされた。前掲『国民必携 実用百科全書』（明治四十二年）では、「皇居二重橋」を筆頭に彩色写真が一ページに二枚ずつ掲載されている。宮内省、外務省、内務省などの行政機関や議会、学習院、東京帝国大学工科大学の教育機関を合わせた計二十ヵ所が取り上げられた。前掲『帝国実用宝典』（明治四十二年）も、同様に建物や名所旧跡の写真を一ページに二枚ずつ計十六枚掲載している。写真は、「宮城」と題する皇居前広場の遠景、東宮御所、靖国神社、大蔵省、東京府庁、東京地方裁判所、帝国大学、和田倉門のほか、「西郷南洲翁銅像」「川上大将ト品川子爵ノ銅像」の各銅像、日比谷公園、東京新橋および「陸前ノ松島」「近江ノ粟津晴嵐」の名所、「帝国軍艦」、「二十四珊大砲」である。最後の二枚は、日露戦争の勝利を記念したもので、仁川沖で引き揚げられた巡洋艦「ワリヤーゲ」と、その背後に写る旅順での沈没艦船「バヤーン」、二十四珊カノン砲を皇居周辺で展示した時の写真とみられる。(16)「重宝記」の写真版は、東京に集中する官公庁のみならず、明治国家の基礎を築いた人物の銅像や公園の景観、各地の名勝、軍艦や大砲などを収め、名所案内、名物案内であるとともに、日露戦争の戦勝記念との意味を込めたものであった。皇居二重橋の図は、他に天皇の肖像や名所旧跡などの掲載がなくとも、単独で巻頭口絵として取り上げられる場合があり、天皇の在所を象徴的にしめし、常に心に思い描くことのできる、天皇の姿を想起させる場所として定着したのである。

明治の新たな国づくりに関わる代表的な施設の写真が収められたことは、「重宝記」に東京名所案内ともいうべきガイドブックの機能を持たせ、地方在住の人に国の機関が集中する首都東京の姿を視覚的にしめし、権力が集中する場としての「中央」と、その周縁に広がる「地方」という空間の感覚を養うものであった。東京の市街図を掲載した「重宝記」も登場し、東京行きの際の参考とする需要が高まってきたことをしめしている。(17)

教育機関の紹介も、学校案内の需要に沿ったものとみられる。「遊学案内」の名で東京の学校を紹介した学校案内は、明治二十三年の『東京遊学案内』以降盛んに登場し、明治三十年代には「苦学案内」もみられ、「苦学」による立身出世が関心を集めていた。(18)こうした関心に対応すべく「重宝記」でも学校案内が「教育」の項目で取り上げられ、授業料や生活費、下宿などの情報のほか、受験対策などのノウハウがしめされている。

鉄道、郵便をはじめとする「文明」を活用するための情報は、版図の拡張とともに進む交通網の整備に合わせて、汽車や汽船など列島内外の移動に関する詳細な内容として掲載された。交通に関する情報は、五街道と主要な駅名を距離とともに記した「諸国道中記」のような内容において、特に東京日本橋からの距離が記載され、東京を中心とした距離感と併せてしめされた。汽車、汽船の時刻表や里程表、運賃表も収録され、鉄道時刻表のような内容も含まれていた。

国土の範囲に関する情報は、列島の外へと広がり、移民に関するものも登場した。本格的な海外への移民は、明治十八年のハワイ行きに始まり、同二十四年には外務省に移民課が設置され、第一次世界大戦後日本人の海外での活動が飛躍的に増大した[19]。「重宝記」は、海外渡航のための関連規則として「外国船乗込規則摘要」「海外旅行券規則摘要」などを掲載し、移民しようとする人への需要に応えた[20]。前掲『日本国民大鑑』（大正元年）では、「拓殖移民」という一章を設けている。

「重宝記」において海外への「移民」が語られたことは、日露戦争の勝利で帝国日本の国力の発展増強という課題と、個々の家々の繁栄拡大という課題とが同じ歩調で進むことが期待されるという、いわば国家への素直な信頼が背景となっていた。「重宝記」への「家庭」の登場は、「移民」という項目が必要とされるようになったことと無関係ではない。このことは、植民地支配を拡張し続けた十九世紀のイギリスにおいて、都市の汚穢の中で「ホーム・スイート・ホーム」が求められ、精神の故郷としての「ホーム」が語られたのと同じように、心の故郷が求められたことによる。「家庭」は、新天地での新たな故郷創出を志すほどにより強く語られ、植民地支配における課題の一つとなった「帝国」に必要な知識として、明治四十年代以降の「重宝記」に必ず登場する項目となっていた。

国土が産する自然の紹介も、「重宝記」の主要な項目の一つであった。前掲『日本国民大鑑』は、巻頭に「重要海産動物」と題する図版を掲載し、「禁止鳥図」「有毒菌類」において、フクロウ、トキなどの希少鳥類や毒キノコの図も掲げた。こうした希少種や珍種の紹介は、豊かな自然を擁する国土という特徴をしめすとともに、いわゆる絶滅危惧種への配慮という、自然をコントロールしようとする国家の意思が登場したことによる。「国産」への関心は、「産土」への関心を背景に広まっていた。大正二（一九一三）年には柳田国男らによる『郷土研究』が発刊され、郷土史研究により郷土の特徴や歩みに対する社会的な要求が高まり、郷土を知ろうとする試みが高揚していた。郷土愛が国土愛へと拡大し、ナショナリズムの高まりへと結びついていく過程は、大正期に国立公園制定の請願がなされることにも表れている。[21]「重宝記」は、国土への関心を呼び起こし、国への帰属意識を育む具体的な対象を提供する書物であったといえる。

礼儀作法

礼儀作法は、他人との交際に関わるものが取り上げられ、具体的な場面に応じた行動が解説された。最も早い時期に礼儀作法を取り上げた大館熙編『懐中重宝記』（明治十八年）は、「諸礼式の大概抄」という項目を掲げ、挿絵を交えて動作の概要を述べている。その一つ、「途中にて貴人に逢うとき」では、「手を十分に下げて礼をなすべし」との記述に添えて、羽織姿で腰を四十五度折ってお辞儀をする人物が描かれている。この項では、他に「障子のあけて」「扇に物を載せて参らす」「貴人に刃物を参らす」「鼻をかむ」「掛物生花をみる」「薄茶を受る」の六つの場面を取り上げ、最後に「総て礼儀ハおのが身分より一二段へりくだりて行ふべし」と結んでいる。一連の動作は、坐礼における基本的な所作が中心であり、四十五度腰を折るお辞儀の仕方などに、立礼への移行の過程を見ることが出来る。

他人との交わりにおける作法は、明治二十年代以降新しい習慣に伴う事例とともに掲げられた。千葉胤臣編『明治二十七年新撰　年中重宝記』は、「行儀作法　国民の心得」と題する十六項目の「作法」として、「皇族の御通行」や葬式、婚礼などに出会った際の行動や、慎むべきとされる行いを掲げている。大手を振って道路の真ん中を通ることや人を押しのけて歩くことは慎むべきなど、いわゆる公共のマナーのようなものも見られる。

礼儀作法に関する記述は、歩き方や座り方などの基本的な動作について、明治十年代半ばに学校教育に導入された小笠原流の所作を平易に言い換えて説かれた。女性向けに説かれた作法は、歩き方、座り方などのほか、障子や襖の開け閉め、訪問の仕方、茶の湯、飲食の仕方などが含まれる。これらは、一見江戸時代までの礼法書と同様の内容に見える。しかし、江戸時代の礼法に関する内容は、婚礼における作法や、茶の湯、生け花などの諸芸の解説が中心で、歩き方や座り方などの動作を具体的に解説するものではなかった。「重宝記」は、女性に向けて「礼法」としてふまえるべき模範的な起居動作のみならず、日常の立ち居振る舞いに至るまで標準とすべき動作を説くもので、江戸時代までのものとは大きく異なっていた。茶の湯、生け花などの解説も、たしなみとして引き継がれたものであるとともに、所作の規制という観点で説かれたものとみることが出来る。

明治二十八年に発行された国分操子編『日用宝鑑　貴女の栞』では、「歩み方」と題して歩き方が次のように説かれた。

一　歩む時は両手を膝の上に伸し臂を張らず肩を平かにし腰を屈めず胸を出さずして踵を地に落ち着けてしなやかに歩むべし

この説き方は、小笠原流の「行歩」にある「肩ヲ平ラカニシ頭頸ヲ直クシ、臂ヲ張ラス縮メス手ニ力ヲ用ヒス押シツケス」という歩き方が基礎となっている。[22] 江戸時代までの社会では、生業による固有の身体の使い方があり、体の動きから身分属性を判別することが可能であった。「重宝記」における礼儀作法の解説は、新たな秩序が成り立ちつつあった明治の社会において、手本とすべき動作が求められ、これと同じ動きを会得したいという欲求によって登場したといえる。

明治六（一八七三）年に長岡藩家老の家に生まれた杉本鉞子は、幼少期に眠っている時も気を抜いてはいけないとしつけられたことや、勉強の際、姿勢が崩れてしまって注意を受けたことが、幼い胸にひっかかったことなどを著書『武士の娘』の中で回想している。もともと武士の素養として説かれた小笠原流礼法が学校教育に採用されたことは、武家の娘たちが受けた躾と所作が、文明国を目指すにふさわしいたしなみとして、改めて注目されたことによる。

小笠原流礼法は、女子教育における正式な科目として取り入れられ、繰り返し身体に覚えさせる武士の教育を踏襲し、必ず作法室が備えられ、襖の開け閉めやお膳の運び方などの所作が課題とされ、実際に身体に覚えさせることを重視した女子教育の出発点となった。その教育の一端は、明治三十一（一八九八）年にお茶の水高等女学校に入学した平塚らいてうが、「行儀作法のきびしさは格別でした」と述べ、「お作法の先生」に対して「学校の廊下ですれちがうときにも、きちんと正しく足を揃えて立ちどまり、作法で習った通りのお辞儀をしなければなりません」という、平素の振る舞いにも注意が向けられたものであったことを『元始、女性は太陽であった』の中で回想している。

女性向けの「重宝記」では、礼法にもとづく身のこなしとともに、女性として日常わきまえるべきとされた行動を解説している。明治二十四（一八九一）年発行の坪谷善四郎編『閨秀錦嚢 日本女礼式』は、朝起きてなすべき行動を、次のように説いた。

> 婦人平生の行儀ハ朝はやくをき出で、先づ漱すべし。かみふりみだしてハ人にあふまじきなり。しかし場合に臨みて是非ともあハで叶ハぬことあり。故に朝ハ早く起きて顔を洗ひ髪を梳づり置くべし
>
> （史料中の句点は著者の記入）

女性は、早起きして身だしなみを整え、決して髪を振り乱したような様子を人に見せるべきではないと説き、平素から早起きし、顔を洗い、髪をとかして容貌を整える習慣を身につけるべきと述べている。朝起きたら顔を洗い、歯を磨くという一連の行動は、こうした書物によって説かれ、女性たるもの決してだらしない風体をみせてはならないとする意識の素地を形作った。こうした価値意識は武士の身だしなみの範疇であり、儒教にいう「礼」の規範を様式化した武士的作法である。明治の社会は、新たな規範の創出という課題において武士のたしなみを標準とみなし、人々に共通の感覚を持つことを要請したのである。

「重宝記」が掲げた「国民」に求められる知識とは、新しい社会に対応するための情報だけではなく、前時代から引き継がれるべき暮らしの規律も含めたものであった。暦においては、太陽暦や国家祝祭日のみならず、日常の暮らしを営むために必要な旧暦に基づく情報も欠かせなかった。天皇や皇室については、その存在を二重橋や勲章などを通して思い起こし、父を中心に母、子が寄り添い集う夫婦親子のあり方のモデルとすることが期待された。また、東京が中央であり地方が周縁であるという国土の感覚を持つとともに、産土から拡張する国家への愛着を有し、武士的作法を標準とする身体感覚を備えることが、「重宝記」から読み取ることのできる「国民」の具体像であった。ここには、急激な変化や新しさについて行けない人々を時代に適応できるようにとの手引きを説き、身近な世界への営みに配慮し、ある種の救いの手を伸ばすかのような、細かな目配りがなされていたといえる。それは、どれほど新たな制度文物が整えられようと日々の営みが急変するわけではなく、淡々と過ぎゆく日常において、何をどうすべきかについての指針が求められていることに対応するものであった。

こうしたことは、日常の暮らしに欠かせない技術や手仕事の面でより顕著に表れている。そこには、現在では「家事」として一括りにされている料理、裁縫、洗濯、掃除などをめぐり、女性の営みとして積極的に位置付けることで女性の場を提示しようとの思いがうかがえる。次節では、その意味づけの変化を辿り、「主婦」という女性像がなぜ登場するにいたったのかをあとづけていく。

第三節　「主婦」としてのたしなみ

「重宝記」は、タイトルに「婦女」「女子」「女性」などの言葉を含む女性に対象を絞ったものも登場した。女性向けと判断できるもののうち、最も出版時期が早いものは、明治十二（一八七九）年発行の飯尾次郎編『女子宝鑑』とみられる。『女子宝鑑』の構成は、「裁縫の事」「製糸の事」「育児法の事」「年中日用文章」「日用飲食物献立の大略」「西洋料理」の六章立てで、全八十二丁のうち半分以上の四十二丁を裁縫に関するページが占める裁縫指南書ともいうべき内容であった。序文は、中村正直が寄せており、学ぶべき事柄として裁縫、算術、庖丁の三つを挙げ、女子のたしなみとして特に裁縫が必須の素養であることを強調している。

中村正直は、『西国立志編』の著者として知られるとともに、西洋経験を通して早くから女子教育の重要性を認め、明治七（一八七四）年には自宅の二階に女子向けの私塾を開設し、同十二年に同人社女学校を開校した。(23) 慶応二（一八六六）年に幕府の留学生監督という立場でイギリス留学を経験した中村は、その西洋体験において女子教育の大切さを痛感した一人であった。

渡英当時三十五歳で昌平黌教授という一廉の地位にあった中村は、ロンドンに到着するや小学生と机を並べて勉強し、己の身分地位を顧みることなく情熱をもって学問に取り組み、真摯に学ぶ態度を貫いた。中村は、小学生に混じっての授業を通じて、イギリスの子供が雨はどうして降るか、雷はなぜ鳴るか、といった科学的な質問に「さっさと答える」のを目の当りにする。小学生たちに「君たちどうしてそんなこと知ってるの？」と聞くと、「お母さんから聞いた」との答えが返ってきたことに素直に驚いたという。(24) 中村が目にしたイギリスの小学生の姿は、その母親たちの教育程度の高さや、将来を担う子供のために母の存在が如何に重要かを実感し、翻って「婦人が今のままでは日本は外国と競争できない(25)」との思いを強くさせた。中村は、帰国した年の秋に女子教育の実践に乗り出すのである。

西欧社会における母親と子供の関係を観察した中村は、明治八（一八七五）年三月の演説「善良なる母を造る説」（『明六雑誌』第三三〇号）において、将来の妻、母となる存在という視点からの女子教育を説いた。教養ある母親が子供に良い影響を与えるとの感覚を実体験から得たことをふまえ、良き母を得て良い人間が育てば「日本ハ絶好ノ国トナル」と述べた。中村の女子教育論は、よき人格の涵養により将来のよき母となるよう育成をはかるというもので、女性が社会的に位置を占めるための教育を唱えたものであり、女性という存在が、一つのトータルな存在として重みを持って説かれていたといえる。同人社女学校は、教科書に『男女同権論』や『代議政体論』を採用するなど、女子の政治的啓蒙を目指した他に類をみないものであった。このことは、啓蒙家として世に新たな知識を広めることを課題とした観念的なものであったが、同時に、カリキュラムに裁縫を取り入れている(26)。

裁縫の素養は、女性ならば身につけておくのが当たり前ということに疑問の余地はなく、いわば社会通念として成り立っていた。裁縫や料理という日々の生活に密着した実技的なものは、得手不得手の差はあっても、身につけているかいないかが問われることはあり得ず、多くの人が必ずこなさなければならない日常の手仕事であった(27)。

そのため、裁縫の技術を身につけさせることは、娘を育てるにあたって必ずなさねばならない務めであった。中村正直は、女学校を開校する際、素養として当たり前とされていた裁縫を欠くことは、全く考えていなかったと思われる。裁縫を重視したことは、女性の存在自体の一部という範疇で説かれた裁縫の意味が軽んじられ、次第に単なる技術という現代的な意味へと転化しつつあったことに、女性の存在そのものが不安定になりかねないという危機感を感じ取っていたからではないだろうか。

裁縫、料理、出産、育児などに関する事柄は、必ずしも女性向けの「重宝記」にのみ取り上げられたわけではなかった。先に掲げた『明治節用大全』（明治二十七年）では、全二十五の項目のうち、八番目の「家事経済編」、続く「日本礼式」「家政整理法」の各章で家事、家政および礼儀作法に関するものを取り上げている。『帝国実用宝典』（明治四十二年十月）では、全三十編のうち二十八番目に「家庭」という一編を立てて料理のレシピを掲載し、続く二十九番目の「裁縫及編物」において図入りで実技にページを割いている。また、『日本国民大鑑』（大正元年十二月）は、全五十八項目のうち四十一番目以降に「家政」「生理衛生」「衣食住」「裁縫」「手芸」「料理」「茶道」「挿花」「礼式作法」などの項目を収め、家事の実技に関する項目を取り上げている。女性向けに限らず裁縫、料理などの実技が

「重宝記」に取り上げられたことは、その内容が、全て暮らしのために必要な事柄とみなされたことによる。これらの実技に関するものは、初めから女性向けの「重宝記」に取り上げられるものと決まっていたわけではなく、女性を社会の中で改めて位置づけようとする過程で、女性に関わりのあるものとして集められ、やがて女性の領分ということが常識化していったものである。裁縫、料理については、そもそも女性が日常的に担当する次元では、項目としてことさらに取り上げられるような種類ものではなかった。女性という存在が意識され、「重宝記」においても女性向けのものが登場するようになったことを背景に、女性の領分として固定化したのである。

たとえば、茶道は、もともと男性の心得であり、茶道と密接なつながりのある華道も同様であったといえる。女性との結びつきが当たり前のようになるのは、江戸時代後半になってからのことであり、明治期に女学校教育に取り上げられるようになり、小笠原流の行歩と茶道の所作が合致したことで、女性のものとして定着するようになった[28]。こうした茶道や華道などのいわゆる稽古事は、女学校教育に取り入れられたことで女性のものとして固定化し、嫁入り前に身につけておくおくべき素養の一つとみなされるようになった、比較的新しい慣行であったといえる。

裁縫や料理に関する項目は、女性向けの「重宝記」にはほぼ必ず収録される事項となった。明治二十四（一八九一）年十一月に発行された岡本可亭『家庭教育 貴女之宝』は、岡本一平の父であり、岡本太郎の祖父にあたる岡本可亭竹二郎による「重宝記」である。岡本可亭は、著名な書家として名を馳せ、北大路魯山人が弟子入りしたことでも知られている[29]。東京で版下作家として活動していた可亭は、同年十二月に『女宝』（金桜堂　一八九二年）と題する「重宝記」を東京日本橋の書肆から発行しており、類似の著作をほぼ同時に手がけて発表する活躍の時期にあった。

『貴女之宝』の構成は、「修身」「読書」「作文」「習字」「諸礼法」「裁縫」「家政」の七章立てで、末尾に「女子必要の字引」としていろは順の漢語のリストが付けられた。本文は、全て振り仮名が付いている。各章の内容は、「修身」が「孝女」や「節婦」の事績を集めた善行集であり、「読書」が必読書として貝原益軒『家道訓』や宮内省発行の『婦女鑑』などを紹介したもの、「作文」が室巣鳩や滝沢馬琴などを模範文として掲げ、手紙文の文例と手本を載せたもの、「習字」が書道の心得を説いたものである。こうした内容は、江戸期以来のしめし方と同一で、「往来物」のようなスタイルである。五番目の「諸礼法」は、「起居進退《たちふるまい》」「主客応接」「物品薦撤《しなものだしいれ》」「飲食程儀」「茶の湯心得」の五項目について、箇条書きで動作を解説したものである。「裁縫」および「編物」は、挿絵入りで主要な縫い方、編み方を解説したもの、最後の「家政」は、「倹約」「衣服の事」「飲食の事」「住居器具の事」の四つの事項について、山内一豊の妻の逸話を通して倹約の大切さを説くなど、訓話により行動の規範をしめしたものであり、躾の常道の一つとしてのしめし方であった。総ルビで挿絵も多い『貴女之宝』は、女性に必要な情報を集めた便利な「重宝記」として、裁縫や文章の指南書という内容に止まらず、古今の善行録や訓話を多く集め、読み物としても楽しめる作りとなっていた。豊富な訓話は、可亭が「人の行状を手近き譬諭や実例にとりて三歳児にも悟らしめ、且面白きハ道話に若くものなし」と述べ、模範とすべき例え話から人として取るべき行いを身につけ、教訓を盛り込んだ逸話から行動の規範を読み取らせるという、江戸期の躾のあり方に学んだものである。『貴女之宝』は、こうした江戸の教え方に学ぶことで、新たな時代に対応した女性の育成を目指したといえる。

『貴女之宝』には、表紙と見開き二ページの口絵に彩色画が用いられている。表紙は、華やかな牡丹の立木を背景に、右側に反物を手にした着物姿の女性を、左側に本を広げて見ている少女を描いている。口絵は、土間から座敷の中を見渡した空間に、着物に髷姿の女性八人と桃割れ髪の少女一人、子供二人を描き、商家とおぼしき家の妻子とその使用人とみられる女性たちを同一画面に配置した。この絵は、それぞれの立場で何らかの労働に携わる女性の姿を描いている。座敷には裁縫する人、番台で帳面を拡げ筆をくわえて算盤をはじく人がいる。土間に張り出した板の間には、手習いをする少女、子供をでんでん太鼓であやす羽織姿の母親とが描かれた。画面左側には、火除けの神を祀る神棚の下で盛んに煙が立ち上るへっついに薪をくべる人、板の間の上で正座してまな板に向かう人がおり、土間には、大きな樽の前で中腰で大量の大根を洗う人と、盥の前にしゃがんで洗濯する人がいる。へっついの陰からは、前掛けをして籠を手にした人が子供の手を引きながら出てくる様子が描かれた。

この絵は、江戸の風俗を再現したかのような雰囲気の中に、裁縫、料理、育児と読み書き算盤とに携わる女性の姿が描かれ、さり気なく描かれた床の間の琴を含め、女性に関わりのある文物が集められたものといえる。この描き方は、食事の用意のための手数や、水仕事の手間を表すと同時に、幼い子供の面倒をみることや、裁縫、商家における帳簿管理のような仕事が、日々の暮らしにおいて女性の存在自体と全て分かちがたく結びついていたことをしめすものであった。女性の領分とみなされる事柄が女性向け「重宝記」に取り上げられ、やがて常識として定着していくこととなったのである。

裁縫、料理などの実技に関するものは、明治三十年代になると「家政」や「家庭」などの項目が立てられ、この中で取り上げられるようになっていく。そして、明治三十年代末以降、目次のみならずタイトルに「家庭」という言葉を含む「重宝記」が登場するようになる。その嚆矢である明治三十九（一九〇六）年一月発行の大日本家政学会編『家庭宝典』は、上巻に「女礼」「裁縫」「生花」「茶の湯」、下巻に「手紙の文」「家庭」「料理」の各章を収め、『帝国実用宝典』や『日本国民大鑑』の中の礼儀作法や実技に関する部分の抄録ともいえる内容であった。「家庭」に関する「重宝記」は、たいてい裁縫、料理、育児などの項目が収められたものとして登場した。千ページ以上の大部のものだけでも、明治三十九年発行の『家庭宝典』（日本家政学会編）、四十年『家庭要鑑』（大日本淑女学会編）、四十二年『百次便覧　家庭宝鑑』（有川貞次郎編）、同年『実用家庭百科全書』（小原要逸）があり、大正期には大正五（一九一六）年の『日本家庭百科全書』（矢島一三・家庭研究会編）、同六年の『家庭経済全書』（梶康郎・加藤美命・大日本家庭教育会編）、同八年の『家庭宝鑑　日常の心得』（忠誠堂編集部編）、同九年の『生活改善処世経済　家庭百科全書』（加藤美命・大日本家庭教育会編）などが次々に登場した。

「家庭」に特化した「重宝記」が登場した明治四十年代から大正初めにかけての時期は、「国民」という言葉を冠する「重宝記」も同様に数多く登場している。「国民」の名を持つ「重宝記」は、明治二十年代に頻繁に登場した後一旦減少し、その後明治四十年代以降再び見られるようになり、「家庭」という言葉を冠する「重宝記」と拮抗して登場した。「国民」という言葉を含む「重宝記」において、「家庭」の項目が取り上げられ、その後「家庭」という言葉をタイトルに持つ「重宝記」が登場したという経緯は、明治四十年代という時期を境に、「家庭」に「国民」と同じレベルの意味づけがなされたことによると考えられる。すなわち、「国民」の造型と「家庭」を作り上げることが、「重宝記」が果たすべき使命として同等のものと考えられるようになったのである。ここには、日本が「帝国」という新たな段階を目指すという、国家としての転換点が背景となっていた。

前掲『帝国実用宝典』（明治四十二年十月）の第二十八編「家庭」は、家事経済や料理法、婚礼や葬礼などの儀式に関わる作法、産前産後の注意、生花、茶湯について触れている。「家庭」の冒頭の一節「一家の組織」では、「家長」と「主婦」とが果たすべき役割を掲げ、次のように説いている。

一家は家族の集合したもので、家長は之が主宰者となつて、能く一家の経営をなし、主婦は之が内助を掌り一同相親み相睦しく以て其の一門の繁栄をはかるものである

ここでは、「家長」が一家一門を主宰し「主婦」が内助を掌ることで相互に力を発揮し、「一同相親み相睦しく」という関係を保つことが重要だと説かれている。一家一門の繁栄の要として、内助を担う「主婦」が位置づけられている。「家庭」は、夫と妻それぞれが果たすべき役割を持ち、一家の繁栄を図るとの目的が語られ、『帝国実用宝典』とのタイトルがしめす通り「帝国」を築く上で欠かせないテーマであった。「重宝記」は、日清・日露の二つの戦争を経て、広大な植民地を抱えたより強大な「帝国」を目指すという使命感のもと、その基礎となるべき「家庭」を作り

上げることが課題となった。「家庭」は、明治二十年代にブームとなった時と同様、中心となるべき存在として「主婦」が意味づけられている。しかし、その意味づけは、明治二十年代に説かれた「家庭」におけるものとは、少し違っている。このことは、「家庭」における実技の分野の説き方に、よく表れていた。

「重宝記」が説いた「国民」として身につけるべきたしなみは、「叢書」「全書」「文庫」などの名前で数冊から数十冊単位のシリーズものとして刊行された実用書にも説かれた。こうしたシリーズものの書籍は、「重宝記」にも取り上げられた個別の項目を、より詳しく解説したものといえる。女性を対象としたものでは、文章や詩歌、茶道や華道などのいわゆる芸事が取り上げられ、武家や富裕な商家、豪農などの子女が嫁入り道具の一つとして備えるような装丁のものも登場した。

最初の女性向けのシリーズものとみられる「女学全書」全十二巻は、明治二十五（一八九二）年から翌年にかけて博文館より発行された。内容は、次の通りである。

第一編「日本小文典」、第二編「百人一首解略」、第三編「歌学捷径」、第四編「書法大意」、第五編「日本室内装飾法」、第六編「家政整理法」、第七編「画法大意」、第八編「日本女子用文章」、第九編「泰西婦女亀鑑」、第十編「婦女手芸法」、第十一編「和漢婦女亀鑑」、第十二編「通俗看護法」

こうした内容は、和歌を詠み手紙を認める能力や、それを表現するための書の技能を重視したものであり、絵や書に対する鑑識眼や室内の装飾への目が話題となりうるような、生活水準の高い家のいわゆる箱入り娘を念頭に置いたものといえる。ここでは、「重宝記」に取り上げられていた裁縫、料理などの項目が個別には取り上げられていない。このことは、裁縫、料理の技術が、嫁入り道具として勘案されていなかったからと考えられる。生活水準が高ければ裁縫、料理の技能を備える必要がなかったということではなく、女性であれば誰でも当然備えているものとして当たり前すぎて、話題にすらならなかったからといった方がいいのではないだろうか。こうした実技は、母や祖母の世代から伝えられるべきもので、それゆえ書物が介在する余地がなく、教則本のようなものもなかったため、取り上げられることもなかったと考えられる。明治二十年代には、裁縫、料理などの家事の実技の分野は、「家庭」に結びつくものとして確立していなかったのである。

民友社が発行した「家庭叢書」は、明治二十七年から二十九年にかけて発行された文庫本サイズの叢書で、「家庭」をタイトルに含むものとして最も発行時期が早いものである。明治二十五年に『家庭雑誌』を創刊した徳富蘇峰は、「家庭」にまつわる知識をコンパクトに紹介した叢書を発行することで、雑誌で説いた自らの主張を広めようとしたとみられる。(30)「家庭叢書」は、一冊あたりの定価が十銭で、それぞれ版を重ね、全十一巻に加え四冊の「号外」が加わり、好評のうちに刊行されたとみられる。

蘇峰は、「家庭叢書」発行の主旨を第一巻で述べた際、「家庭」を次のように位置づけた。

抑も家庭は、人と世界を連絡するの鉄鎖にして、亦た人か神に達する階段に候。然るに此の家庭の治らざるに於ては、人は世界の浪人と相成り、追々と神に遠かる悪業にのみ相募り可申候。一家治りて一国治り、一国治りて天下治る。一家修りて一身修まる。一身修まりて神人和合す。されは家庭の如何は、之を大にしては天下の治乱荒廃にも関係し。之を微にしては個人の正邪、善悪、吉凶、禍福にも関し候次第、分明に御座候

蘇峰は、「家庭」を「人と世界を連絡するの鉄鎖」「人か神に達する階段」という精神的次元に属するものとして捉えている。この時期「国民」という言葉を軸に人心の結合を訴えた蘇峰は、現実の政治的レベルに関わる部分を「国民」に、精神のレベルを「家庭」という言葉に仮託することで、トータルな国家論を展開しようとしたといえる。「家庭」について語ることは、個人のレベルから「天下」にまでおよぶものであり、『大学』の「身脩而后家斉、家斉而后国治、国治而后天下平」にもとづき「一家治りて一国治り、一国治りて天下治る。一家修りて一身修まる。一身修まりて神人和合す」という文脈の中に位置づけている。英語の'home'の翻訳語として登場した「家庭」は、漢語の

背後に広がる儒教と結びつき、身を修めることに通じる倫理的なものとしてとらえ返された。「家庭」を「国家」の基礎と位置づける論理は、漢籍の素養をふまえた儒教的な感覚をくぐり抜けることで展開し、儒教的な世界観を共有する人々には天下国家へと通じるものとして理解されやすかったと思われる。

「家庭叢書」全十五巻のうち、号外四巻を除く各巻のタイトルは、次の通りである。

第一巻「家庭之和楽」、第二巻「夏之家庭」、第三巻「玩具ト遊戯」、第四巻「家庭教育」、第五巻「小児養育」、第六巻「家庭衛生」、第七巻「家政整理」、第八巻「簡易料理」、第九巻「社交一斑」、第十巻「婦人と職業」、第十一巻「家庭理財」

「家庭叢書」の中で唯一実技的な内容に触れた第八編「簡易料理」は、料理が「家庭」にとって大切な要素の一つであると位置づけ、次のように説かれている。

料理とし言へば人を贅沢に導くやうなれども、強ち左にあらず、一日鞠躬尽力或は精神を銷し或は肉体を労する人も、晩餐の料理によりて夢の如く一日の勤労を忘却するにあらずや、且つ多くの人は之を以て楽しく快く日々を送るに非ずや、一家団欒の楽も大概飲食料理の中に在り、知己朋友交情を厚くするも大抵飲食料理を以てす、料理豈軽んずべきならんや

料理は、特に夕食の場において一日の疲れを癒し「一家団欒」を楽しむための大切なきっかけととらえられた。夕食時の団欒は、明治三十四（一九〇一）年発行の堺利彦『家庭の新風味』（内外出版協会刊）にも説かれたもので、食事の後の時間になされた語らいが、食事時に一緒に行われるものと見なされるようになっていた。このため、食事の重要度が高まり、技術としての料理の要素が重視されていくこととなった。蘇峰が料理を取り上げたのは、ある料理屋の女主人が新聞の料理欄を見て「これでは会席料理です、とても素人の台所で出来る気遣はありません」と語った批評を耳にしたことがきっかけであったという。「簡易料理」は、会席料理のような手の込んだ献立ではなく、素

人でも簡単に出来る料理を取り上げ、日本料理、西洋料理、ご飯物、漬物の分類別に紹介し、魚の捌き方や野菜の切り方なども掲載した。このことは、毎日の暮らしに目を向け「家庭の台所にて調製し得る簡易の料理を主とする」ものであり、「一家の主婦たる人の為に、聊か惣菜調製の案内者となり、又は来客ある時に自家にて間に合はする手軽の料理法を挙げたるのみなり」と、日常の料理とともに来客時に簡単にしつらえることが出来る手軽で簡単な料理法が必要と考えられたことによる。

「簡易料理」は、料理に対する考え方が、一家団欒のよすがとして大切であるということに加えて、「一家の主婦」の手腕をしめす領域と意味づけられている。来客の際、手際よく料理を供するという場面は、蘇峰が村の素封家であった水俣の実家で目にしたものであろう。水俣の生家では、手際の良さや料理の見事さが賞賛され、女たちがそのために腕を磨くということが、男たちが政治向きの仕事をするのと同等のものととらえられ、当たり前になされていた[31]。これに対し、一般の「素人の台所」で来客に対応できるようなよそ行きの料理や、バラエティーに富んだ献立を日常的に用意することは、あまり必要と考えられていなかったのではないだろうか。「簡易料理」は、日常の料理を「家庭」を築く上で大切な事柄の一つとしてとらえるというものであった。蘇峰が説く料理についての考え方は、蘇峰自身の出自に関わる「田舎紳士」たる立場の人々に向けて、実体験をふまえて語られたものであった。「家庭叢書」は、精神的な「家庭」を築きそれが現実的な「国家」へと至るという、「家庭」を語ることが「国家」へと結びつくものとして考えられていたことに基づくものであった。しかし、こうした「家庭」のとらえ方は、明治三十年代以降に変化していった。

博文館は、明治三十（一八九七）年から三十四年にかけて、下田歌子による「家庭文庫」シリーズ全十二巻を刊行した。下田歌子（一八五四―一九三六）は、美濃岩村藩士の長女として生まれ、十九歳で宮中に出仕し昭憲皇后に仕え、和歌の才能が認められ「歌子」という名を賜わるとともに、明治二十六（一八九三）年から二十八年にかけて二年にわたるヨーロッパ留学を経験した後、華族女学校長を経て実践女学校を創立した女子教育家である。[32] その足跡は、明治十四（一八八一）年に桃夭女塾を創立し華族の子女を受け入れて以来、宮中や上流の社交界に影響力を保ちつつ築かれた。その一方で、歌子の活動は、貧しい女子の職業訓練所ともいうべき女子工芸学校の創設や、実践女学校への清国人留学生受け入れなどにもおよび、社会の底辺や広くアジアへと至る壮大な信念に支えられた出色のものであった。

「家庭文庫」刊行当時の歌子は、欧米視察留学の経験を大日本女学会発行の「女学叢書」第一編として『泰西婦女風俗』にまとめ、明治三十一年に帝国婦人協会の創立を呼びかけ、翌三十二年に実践女学校および女子工芸学校を設立するなど、四十代半ばで大きな仕事を次々とこなしていた。「家庭文庫」は、欧米からの帰国後、女子教育家として目覚ましい活動を展開していた歌子により、従来とは異なる「家庭」に関する幅広い知識を提供することを目指した企画であった。「家庭文庫」十二編の構成は、次の通りである。

①「女子書翰文」、②「女子普通礼式」、③「詩歌之栞」、④「料理手引草」、⑤「婦女家庭訓」、⑥「母親の心得」、⑦「家事要訣」、⑧「女子手芸要訣」、⑨「女子普通文典」、⑩「女子作文之栞」、⑪「女子遊嬉の栞」、⑫「家庭教育」

この構成は、書翰や詩歌、作文など文章に関するものが全体の四割を占めるとはいえ、明治二十五年発行の「女学全書」にはなかった礼儀作法と料理が新たに加わり、「母」の心得を説いた一巻が設けられるなど、新たな試みがなされている。「母親の心得」は、西欧経験に刺激を受けたことによるものとみられ、よき母の育成を重視した中村正直に共通する反応であった。

下田歌子は、第五編「婦女家庭訓」の「緒言」において、「自由の空気は、徒らに、利己主義と変形して、濫りに、わが道徳の境域を蹂躙したり」と述べ、自由の尊重が誤った方向へ進めば利己主義を生み道徳の頽廃を招くと捉え、安易に西欧に範を求め、早急に西欧の文明を取り込もうとする姿勢に疑問を投げかけた。その一方で、「理も非も問はず。語らずして、唯、その命ずる所のこゝに従ひ、死ぬるを以て、其道を、尽したる者とせしが如きに習はしめんと云ふにはあらず」と論断し、盲目的に規範を強要するあり方を批判した。西欧経験を積んだ歌子は、「子女の言行を見れば、其家庭の如何を、知ることを得べし」との言葉により、「文明」の境地がよき「家庭」を土壌とする精神の錬磨によりもたらされることを痛感し、未来の「家庭」を担う存在として女子に対する教育の重要性を認め、「家庭文庫」の執筆に取り組んだと考えられる。

歌子は、「家庭」の執筆を次のように位置づけている。

一つ家の中に、諸共に住みなしつゝある、小女子達の、やう〳〵に、よすがもとめて、人の家に移ろひもて行く、折節毎に、心に打ち思ふぶしを、親めきて、つぶ〳〵といひつゞけ、きこえごちたるが、積れるどもを、更にとり集め、物したるもの

歌子における「家庭」の説き方は、日常の折節にじわじわと心に思い浮かぶような事柄の積み重ねこそが大事だという、漸進主義によるものであった。このことは、第六編「料理手引草」において、正月料理のようなハレの日の献立を紹介し、西洋料理の調理器具を多くのイラストを添えて解説する一方で、味噌の作り方など、日常の食事に関する事柄にもページを割き、丁寧でわかりやすい記述がなされたことにも表れている。

下田歌子の「家庭文庫」は、蘇峰が「田舎紳士」を母胎とするアッパークラスに向けて「家庭」の創造を高らかに宣言したのとは一線を画し、少し生活水準を下げた、実践女学校に位置するような人々に向けて、具体的で実行可能な方法を例示するものであった。「家庭」は、こうした現実的な場を対象に説かれるようになり、実技についてもより具体的で実践的な内容が説かれるようになっていった。

博文館は、明治期を中心に最も多くの「叢書」「全書」などのシリーズものを手がけた出版社であった。明治二十

二（一八八九）年の「実地応用　技芸百科全書」全六十一巻を皮切りに、明治三十一年に刊行が開始された「帝国百科全書」シリーズでは、全二百巻という規模で総合出版社としての隆盛ぶりを誇った。こうしたシリーズものの書籍は、「重宝記」同様、社会的使命を帯びたものとして出版されている。明治二十八年に刊行が開始された「日用百科全書」シリーズ全五十巻は、日清戦争の勝利を意識して編まれ、広告文に次のような編纂の意図が記された。

征清軍の大勝利は、帝国の品位をして世界の第一等国に列せしめたり、第一等国々民の生活も、亦世界第一等の品格を保たざる可けんや。茲に此趣意を以て人生欠く可からざる家庭内外の必需を、平易なる文章と鮮麗なる絵画とに由て、詳細親切に説明し、冠婚喪祭の礼法より、衣食住、衛生、看病、育児、音楽、手芸、演芸、文通、旅行、商業、経済に至るまで、総て本邦の生活に適実なるもののみを網羅して日用百科全書と題し、優美高尚なる冊子として逐次出版せんとす。読者坐ながらにして幾多専門の師に就き、一々口授指南を受くるの益あらん、若し之に由て春風の如く、秋月の如く、清潔にして節倹、健全にして和楽なる家庭を得ば、帝国の品位更に高きこと一等なる可し

ここには、日清戦争の勝利によって世界の「一等国」の仲間入りをしたとの自負とともに、戦勝によって自覚された、「一等国」としての品格を保つ生活が求められているとの課題意識が謳われている。「日用百科全書」は、「清潔にして節倹、健全にして和楽なる家庭を得ば、帝国の品位更に高きこと一等」と呼びかけ、一等国にふさわしい品位ある生活を営む「国民」を育成するという使命感に基づき発行された。「日用百科全書」は、「日用」の名に日々の暮らしに役立つ知識との意味を込め、主に暮らしの技術に関する項目を取り上げて「帝国の品位」を保つという要望に応えようとした。日清戦争の勝利は、欧米列強の圧力におびえていた人々に日本人たる自信と誇りをもたらし、さらなる誰もが勝利に酔い痴れる高揚感をもたらした。その思いを共有する感覚が「国民」としての一体感を演出し、さらなる共通の精神的基盤を育む必要が叫ばれ、さまざまな「叢書」の登場を促したのである。

博文館は、「日用百科全書」の発行から十年余を経た明治四十年から四十五年にかけて、「家庭百科全書」を刊行した。第一巻は、三輪田女学校長・三輪田真佐子による『新家庭訓』で、「家庭」に関わるものとして特に料理、裁縫、茶道、華道などの「実技」や稽古事に目を配り、それぞれ第一人者を著者に迎え具体的な技術を説く構成であった。このうち料理に関する内容は、「日用百科全書」では「実用料理法」の一編のみであったのが、「家庭百科全書」では『四季料理』（第二巻　石井泰次郎）、『惣菜料理』（第十巻　赤堀吉松）、『洋食の調理』（第三十巻　亀井まき子）、『欧米魚介新料理』（第三十九巻　赤堀峯吉）、『佳節儀式料理』（第四十九巻　赤堀峯吉）、『蔬菜魚鳥漬物法二百種』（第四十五巻　奥村繁次郎）など、素材や和洋の別毎に五名の執筆者が担当し、これに菓子や飲料の巻を加えると全九件にのぼる。[33]料理以外では、編物、手芸、裁縫に関するものが合わせて七編、その他茶道、華道、書道、音楽などの諸芸に関するものが七編、育児、衛生に関するものがそれぞれ四編ずつ取り上げられている。こうした諸芸、料理、裁縫などの項目は、専門分野が細分化したことでさまざまな流儀の専門家が育ち、多彩な執筆者を集めた「叢書」類が登場することとなった。

「家庭百科全書」における料理の位置づけは、「簡易料理」において蘇峰が述べたものとはかなり隔たりがある。「簡易料理」は、ごく普通の素人である「主婦」が日常的に作り、ちょっとした来客に対応できるような料理を紹介したもので、こうした料理を供することが一家団欒を可能にし、「家庭」に輪郭を与えるものと考えられていた。これに対し「家庭百科全書」の料理の巻は、料理という技術それ自体の参考書であり、その担い手である素人の「主婦」が実践するには、それなりの労力と負担を強いるものであった。「家庭」は、各分野の専門家が披露する流儀や、正統と主張する技術の実験場のような位置づけで、ますます細分化された情報が提供されることとなった。このことは、「家庭」の意味づけに変化が生じたことによっていた。

大正四（一九一五）年二月に忠誠堂から発行された宇野兩軒『家庭宝鑑』は、A五判九〇〇ページ、一円五〇銭という価格で、半年後には三十四版まで重ねた「重宝記」である。巻頭の口絵には、六枚の写真や絵が収められ、大礼服姿の大正天皇を写した「今上天皇陛下御肖像」、その裏面が二重橋の遠景、続いてローブデコルテ姿の「皇后陛下御肖像」、裏面に東宮御所の写真、続いて生花の作品を写した写真、鳩と戯れる女性を描いた絵画「愛の神」が掲載されている。『家庭宝鑑』は、冒頭に天皇、皇后の御真影を収録するスタイルを受け継ぐ「重宝記」で、大正天皇を取り上げた数少ない事例であった。

本編は、「総論」に続き「家政」「育児」「教育」「衛生」「裁縫」「手芸」「割烹」「礼法」「諸芸」の九編が収録されている。これらの項目は、「家庭」に関する知識の定番として、この頃までには定着していたとみられる。

巻頭の「総論」は、第一章「家庭の意義」、第二章「夫婦」、第三章「家庭と主婦」、第四章「家庭と軍国主義」の四つの章を収め、第一章「家庭の意義」の冒頭で「家庭」を次のように説明している。

或る人は、家庭とは一家族の由りて以て平和を享け、慰安を保ち、休息を得、修養を遂ぐる居処即ち之であると云ひ、社会の風波に対して一家を庇護する所、祖先の遺風の顕彰せられる所、父子夫婦の愛情に由りて結合せらる丶小なる社会、相互の人格を調和して相信じ相尽すところの犠牲的場所であると云つて居る、至極尤もな観察であると思ふ、併し、それは凡ての家庭がさう有りたいと思ふ丈けで、家庭そのものを其れであると断定するのは、之れ亦少しく穏当を欠いて居りはしまいか、之は単に理想の家庭と云ふ可きであらう、理想と実際とは常に大なる隔りがあるものである

「家庭」は、「社会の風波に対して一家を庇護する所」であり、「父子夫婦の愛情に由りて結合せらる」るという情愛にもとづく人間関係の結びつきと説かれ、明治期に登場した'home'の翻訳語としての語感をほぼ正確にふまえて理解されている。また、「修養を遂ぐる居処」との意味づけは、「国民」にふさわしい暮らしを営むために必要な努力をなすこと、すなわち「修養」が求められるという時代を反映している。しかし、後段では、こうした概念が「さう

有りたいと思ふ丈け」という理想の境地を描いたものにすぎず、現実とは大きな隔たりがある、と述べている。その上で、「然らば謂ふ所の家庭とは何？」と問いかけ、「同一戸籍内に登録せられた一家族が団欒せる状態それが家庭である」と明快に定義づけられた。

こうした「家庭」の意味づけは、蘇峰が述べた理想の境地を目指すものという意味を削ぎ落とし、家族が集うところ、あるいは「一家族が団欒せる状態」という完成されたもの、いわば物質的即物的なものに変わっている。これは、下田歌子が述べた「一つ家の中に、諸共に住み」という状態を表したものに近く、家族が集っている状態、そうした場所を表す言葉として、「家庭」が日本語の中に定着していった過程に沿ったものといえる。「家庭」は、「一家団欒」の境地に至るために何らかの精神的な働きかけをなすという意味が脱落し、英語の概念を剥落させた即物的な意味づけへと変化した。「家庭」をテーマとする「重宝記」が明治末から大正にかけて盛んに登場したことは、「家庭」に関する情報を得たいという欲求を持つ社会的階層として、いわゆる中間階級が増加したことによる。中間階級の増加は、個別多様だった家族のあり様を、団欒せる家族というイメージを重ねた「家庭」の一言で代替し、実態として把握可能なものにした。「家庭」は、頼るべきものがなく前世代からの知識の継承という回路を持たない人々が、新たな知識を得て世を渡らなければならないという課題を負うなかで、手に入れるべき対象として目指されることとなった。

「家庭」の意味づけが変化したことに合わせるように、「重宝記」の内容にも変化が表れている。「重宝記」は、より具体的で便利な知識や技術を提供するものとなっていった。大正九（一九二〇）年発行の加藤美侖編『生活改善処世経済　家庭百科全書』（大日本家庭教育会）は、巻頭に「台覧」の印影を載せ、総ページ数一、三三〇ページ、定価五円五〇銭という大部の「重宝記」である。『家庭百科全書』は、口絵ページがなく大隈重信の序文、東郷平八郎と海軍中将佐藤鉄太郎の題字が寄せられ、大部分が「〇〇に関する新工夫」と題する便利な豆知識の紹介という内容であった。著者の加藤美命は、早稲田大学の出身で、学生時代から妻帯し素人下宿を始めるなど、「世故にたけた」と評される人物であった[34]。加藤は、実業之日本社を経て大正のベストセラーと称される人気を集めた「是丈は心得おくべし」シリーズを大正十（一九二一）年に刊行し、最初の出版元に相当な売上をもたらした。他にも多くの編著書を手がけ、こうした点で加藤は、ベストセラーを次々と生み出すことが出来るような、世間が求めるテーマについて目端の利く臈長けた性格の持ち主だったといえる。しかし、加藤は、昭和二年に三十七歳の若さで世を去っており、活躍の時期は十年ほどであった。

『家庭百科全書』の内容は、次の十四編にわたっていた。

一　社交要訣と必要常識、二　食物経済の新工夫と秘伝、三　衣服に関する実験と新工夫、四　洗濯及染色に関する新工夫、五　編物細工物の新工夫、六　住宅器具に関する新工夫、七　廃物利用の新工夫、八　園芸に関する実験工風《ママ》、九　副業の研究と実験、十　生花盛花の実験工風、十一　美容法に関する新工夫、十二　素人医学と実験衛生、十三　手紙作文範と文字便覧、十四　演説と坐談と式

副題の「生活改善処世経済」がしめすように、第七編の「廃物利用の新工夫」や第九編「副業の研究と実験」などは、第一次世界大戦後の戦後恐慌をきっかけに展開した生活改善運動に沿ったものである。「家庭」は、不況の時期には節約の工夫を重ね、鶉や鶏、金魚を飼育する内職副業によって現金収入を図るというテクニックの舞台となり、英語の“home”に含まれた意味とは関わりのないものとなっていた。それゆえ、「家庭」に関する「重宝記」は、「家庭」の意味づけが変化したことに合わせるように、便利な知識を切り売りするようなものへと変質していったのである。

「家庭」の意味づけの変化とともに、「主婦」への意味づけも変化することとなった。「主婦」は、料理、裁縫、手芸、育児、看病など、日常の家事や育児にまつわる「家庭」に必須の事柄とみなされた事項について、具体的な技術

を備え、「家庭」の場に導入を図る人として意味づけられるようになった。すなわち、日々の食卓に日替わりのメニューやデザートまで考慮した献立が手際よく供されることが「家庭」に必要な「主婦」の素養であるかのように説かれ、「重宝記」や実技を解説した「叢書」にますます便利で手軽な実用性が求められるようになった。「家庭」の意味づけの変化は、「主婦」のたしなみにも変化をもたらした。「主婦」は、「家庭」の場に専門的知見を導入し、実用的な知識を実践する務めが課せられ、そうした技能を備えることがいっそう期待される存在となっていたのである。

「叢書」などのシリーズものは、あらゆる領域を一冊にまとめた「重宝記」に対し、一つの分野をより詳しく解説するものであり、特に実技的な分野で実用性を重視し「方法」を説いた。実用性を重視する傾向は、裁縫、手芸、料理など個別の分野毎に登場した通信教育のテキストにも表れている。「家庭女学講習録」は、大正十四（一九二五）年に刊行された全十四編の講義録で、「大日本家庭女学会」という会を組織して会費を募り、会員に定期的に届ける形の講義録であった。著名な講師陣による「家庭女学講習録」は、「実際生活修養と技芸」との副題を付し、上中下三巻の合本版としても刊行され、かなりの人気を博したとみられる。各講義は、経済の嘉悦孝子、家事の河口愛子、裁縫の堀越千代子、手芸の大妻コタカ、料理の秋穂敬子など、各分野において学校を創設するほどの人物が講師となり、礼法や育児、作文、書道、華道などを各学校の教師たちが担当した。各編の講述者は次の通りである。

一「家庭修養講話」宇野共次（日本修養会会長）、二「家庭経済講義」嘉悦孝子（日本女子商業学校長）、三「家事講義」河口愛子（小石川高等女学校長）、四「育児講義」大西きく子（日本女子商業学校講師）、五「礼式作法講義」吉村里子（成女高等女学校講師）、六「裁縫講義」堀越千代子（和洋裁縫女学校長）、七「手芸講義」大妻コタカ（大妻技芸女学校長）、八「料理法講義」秋穂敬子（東京割烹女学校長）、九「作文講話」山内秋生（日本大学推薦校友）、十「習字講義」斎藤春村（東京府立商業学校教諭）、十一「花道講義」久野蓮峯（京華高等女学校講師）、十二「生理衛生講義」石井国介（東北医学士）、十三「美容法講義」島田艶子（艶粧館主）、十

四「社会常識講話」黒田湖山（中外商業新報嘱託）

「家庭女学講習録」は、「実際生活」に役立つ具体的な方法をできるだけ分かり易く説くというスタイルが当たり前の形として定着していたことを表している。このことは、明治から大正にかけて、「重宝記」に求められた知識の中身が、日常の暮らしにすぐに役立つ実用性を重視する方向へと変化したことを裏づけている。

このうち、第三編の『家事講義』は、「主婦」に求められた働きが実技に傾いていることがよく表れた一編である。講述者は、大正十二年に小石川高等女学校を創立した河口愛子（一八七一―一九五九）である。河口は、熊本に生まれ、明治二十四年に結婚した後独学で中等教員の資格を取り、三十六年に夫亡き後子供三人と姑、さらに夫の弟妹四人の生活を支え、寡婦のような境遇の女子が経済的自立を図る道を得るための実務教育を目指し、大正五年に小石川高等女学校の前身である家事裁縫研究所を興した。(35) 家事への目線は、河口自身の実体験を反映し、家内のあらゆる事物を一つ残らず掌握しようとするかのような、細々とした雑事に目を配った内容が並んだ。

序講　家事に就て、第一講　履物の掃除、第二講　傘の手入、第三講　神棚および仏壇の掃除、第四講　室内掃除、第五講　点火用具の掃除、第六講　敷物の掃除、第七講　建具及び壁の掃除並びに手入、第八講　器具の掃除及び手入、第九講　便所及び湯殿の掃除、第十講　庭園の掃除、第十一講　大掃除及び整理の仕方、第十二講　洗濯用具及び用水、第十三講　綿布の洗ひ方、第十四講　麻布の洗ひ方、第十五講　綿布麻布糊張の仕方、第十六講　単衣丸洗ひの仕方、第十七講　毛織物の洗ひ方、第十八講　絹布の洗ひ方、第十九講　湯熨斗と湯通しの仕方、第二十講　各種汚点抜法、第二十一講　台所用器具の取扱ひ及磨き

履物や傘の手入れ、神棚から便所掃除にいたるまでの解説は、掃除や整理整頓について、科学的な理由づけや学問的裏づけを施し、玄人はだしの専門的な技術を導入しようとするかのような印象である。このことは、家事労働による女子の経済的自立という課題のもと、日常の家事に賃金収入へと結びつく付加価値が求められた故のものであっ

た。暮らしのさまざまな場面に役立つ実践的な内容は、整理整頓や節約、内職などの知識に加え、有料化のための要素が際限なく付随し、極めて煩雑なものとなっていた。「家庭」の領域は、優れた料理人や仕立て職人、家事の専門家などの知識のみならず、育児や看護の分野の知識も備え、文章の能力も書道の心得も有し、華道や茶道の芸事もカバーし美容もおろそかにしないということが必要条件として盛り込まれている。「主婦」は、こうした無制限に広がる諸条件を満たすことが求められたのである。

ただし、家事をはじめとする実技の解説は、時代の彩りが加えられたものとなっている。第一編の「家庭修養講話」や、第十四編「社会常識講話」などが取り上げられたことは、明治期の「叢書」類と異なる変化であり、「常識」という言葉が、世の中を渡る上で必要な知識が世間周知の共通のものとして形を整えていたことをしめしている。「家庭女学講習録」は、第一編に日本修養会会長・宇野共次による『家庭修養講話』を据えている。「修養」という言葉は、明治三十九（一九〇六）年二月に蓮沼門三により設立された修養団が、青年団運動の一つとして勢力を伸ばし、一高教授であった新渡戸稲造（一八六二―一九三三）が、『実業之日本』への連載をまとめた『修養』を同四十四年に刊行するなど、広く流布していた。明治三十九年九月から大正二（一九一三）年四月まで第一高等学校長を務めた新渡戸稲造は、倫理学の講義において「人《パーソナリティ》格、教《カルチユア》養、社《ソシアリティ》交性」を強調して広く社会を見よと説くとともに、雑誌への寄稿を通して、エリートのみならずより広い階層に向けて若者が社会への眼を養うことの大切さを語りかけた(36)。

「修養」は、学校を出た若者たちが社会で新たに中間階級を形成し始め、多くの恒産なき若者が世の中を生きていかねばならないという課題のもと、自分で自分の身を修め、自己を律して日々を生きるという人生訓が求められていたことに応じるものであった。「修養」を求める声は、大正二年に『婦女界』が「大日本婦人修養会」の創立を宣言し、昭和七（一九三二）年二月に至って機関誌『婦人と修養』を創刊したように、女子に向けても必要な事柄として説かれた(37)。このことは、「修養」という言葉が明日を指ししめしてくれるものとして歓迎されたからにほかならず、日々の日常をどう生きるかを考えることが、男女を問わず重大な問題とされていたことによっていた。この時期の「重宝記」は、単なる技術の説明のみではなく、「修養」「常識」との言葉と併せて説かれている。「家庭」における家事は、修養に基づく自己鍛錬という課題と呼応することで、日常のルーティンとは異なるものとして新たな意味づけが施され、社会へと連なる創造的な活動という新しい価値を確立したのである。

大正十五年十二月発行の右田清子『家庭文化宝典』は、新書判の七二六ページにわたる「重宝記」で、家事の実技を中心に八つの項目を収めている。序を広島県出身の文部参与官・山道襄一が寄せ、「生活改善とか、家庭改良の問題は、目下の我国として、最も重大であり、急務」と述べ、生活改善運動推進のための参考書として紹介している。各編は、第一編「手芸一般」、第二編「料理」、第三編「家庭経済」、第四編「家庭の生理と衛生」、第五編「産科の知識」、第六編「育児の知識」、第七編「美容法」、第八編「日用書翰の知識」という構成で、「子供洋服の仕立方」や「家庭電化」、「副業」など、大正期ならではの新しい項目が登場した。

冒頭の「はしがき」では、発行の意図が次のように述べられている。

現代は技倆、技能の時代であります。一片の学歴を尊重して、真の技能を等閑に付すべき時代ではありませぬ。家庭に於ては古くから、形式の学歴よりも、実質の技倆を要求して居ります。学識、技倆を学校教育に依つて系統的に頭へ入れたつもりでも、それが家庭に於て何等の役に立たなくては、結局何もならないことになります。技倆は必らずしも、月謝や授業料であがなひ得るものではありませぬ。自己の努力と勉学に依つて—即ち言葉を喚へて申しますれば、自力に依つてのみ得られるのであります

日々の暮らしに求められる「技倆」は、「自力」によってのみ会得することができるという考えがしめされている。このことは、前世代から継承される知識が当代においては通用せず、「自力」しか恃むものがないという心細さ、社会から浮遊しかねないという悲哀が表れているように見える。

『家庭文化宝典』は、明治・大正期の「重宝記」と異なり、天皇・皇后の御真影や教育勅語、二重橋などを写した写真版などを一切使用しておらず、天皇の肖像やその象徴となる文物なしに国家をイメージすることが可能となっていたことを裏づけている。その第三編「家庭経済」の一節「女中の使ひ方」は、「自由を与へて修養上の助力を与へることも必要」と説いているように、「国民」たるにふさわしく自己を鍛えるための「修養」に言及することで、各人が国家と直接つながりうる時代となっていたことを示唆している。

昭和二年六月には、同じ右田清子による『婦人の新知識』が玉文堂から刊行されている。『家庭文化宝典』同様、新書サイズの判型で、総ページ数が七五二ページ、昭和三年の七月には四十版発行と記載されている。「はしがき」には、執筆の背景となった思いが次のように述べられている。

ところで、この時代の趨勢に目覚めて、伸びんとする力の充実した若い婦人達の要求を満たし正しい指導の地位に立つてゆく、心の糧とも称すべき書籍が、いまだ男子のそれに比してまことに少ないといふことは、悲しむべきことゝいはねばなりません。特にこのごろでは専門的のものは別として、広く一般の常識を説き、家庭人としてはた社会人として婦人の指導に当たるべき心の糧の必要が痛切に感じられます

ここにいう「心の糧」とは、明治、大正の世の中では可能だった、目に見える天皇の姿に寄り添うことで「国民」としての自覚を確認するという、国家への回路を得ることも出来ず、すでに「常識」としての国家像や社会規範が確立し、そこから放り出されることへの恐れ、不安に悩む人々に求められていた、生きていく上での新たな希望というべきものではないだろうか。「新知識」としてしめされたのは、第一編「新らしい家庭訓」、第二編「社交礼法」、第三編「生花と茶道の知識」、第四編「学芸一般」、第五編「趣味一般」、第六編「婦人文化思潮」、第七編「新語の解釈」、第八編「法律顧問」の八項目である。これらは、体に覚え込ませるようなものとして説かれた礼式作法や生花、茶道のたしなみではなく、頭で覚える暗記物のような知識の一つとして提示されている。こうしたしめし方は、強固

に確立した常識や社会規範から取り残されないために、必須とされる知識を効率よく吸収したいという要望に応えようとしたことによる。「はしがき」は、「主として趣味、教養方面のものを説き、曩に公にいたしました『家庭文化宝典』と共に合せて現代の婦人百科全書たらしめむと努めました」と続け、『家庭文化宝典』とセットで「婦人百科全書」としたいと述べている。「重宝記」は、家事などの実技を解説するだけではもはや不十分で、「趣味、教養」という領域を添えることが必要となっていた。このことは、昭和三（一九二八）年にいたって『家庭文化宝典』と『婦人の新知識』の二つの書籍を合冊し、『昭和家庭宝鑑』と題する「重宝記」が登場したことに明らかである。

ここには、前の世代から営々と引き継がれるべき知識が通用しなくなった時代に、新たに「教養」として提示される知識を獲得することが必要という価値意識が表れている。「重宝記」は、必要な情報を取り出すための便利な虎の巻になるとともに、単なる知識ではない、自己を鍛え国家につながるための「教養」という新しい知識をしめしてくれるものとして求められることとなった。いわば「重宝記」は、日常の暮らしを営む上で必須のたしなみを説くことで、日清・日露戦争の勝利で「世界の一等国」となった日本の女性が、国家の一員たる責務を担う国民に相応しい生き方を提示したのである。こうした意識を受け止め、国家国民のあるべき理想を一身に引き受ける主体として、「主婦」たる女性像は登場したのである。いわば「主婦」には、日常の暮らしを担うのみならず、国家の課題に目を向け、社会に生きる己の場を確かめうる女性像が託されていたのである。それだけに、国民たる責務とは何かが女性の務めとして問われることとなる。

第四節　女性に説かれる「国民」の責務

前掲『日用宝鑑　貴女の栞』は、東京女学館教諭国分操子による「重宝記」で、明治二十八（一八九五）年十二月に大倉書店から発行され、明治三十四年には第十版まで重ねている。国分操子は、長野出身の女子教育家で、三重県で教職にあった時落合直文の知遇を得、歌人を志して明治二十三年に上京、文部省検定試験に合格し女学校教員資格を得るとともに、落合の浅香社に拠って作歌や国文の腕を磨いた。明治二十七年には、落合と同郷の宮城県出身で、新聞『日本』紙上での漢詩による時事諷刺で知られた国分青崖と結婚した。同年九月に東京女学館教諭となり、以後、昭和十七年十月に没するまで在職し、国語、漢文、家事などの科目を担当して約半世紀の長きにわたり女子教育に従事した。(38)『日用宝鑑 貴女の栞』の発行は、結婚と東京女学館への着任と同時並行で進められたものであり、日清戦争によって日本が世界へと躍り出たという高揚感と重ねて書かれていた。

『貴女の栞』は、上下巻全六三一ページの活版和装本という体裁で、上巻扉には昭憲皇后による「金剛石歌」を掲載し、題字を伊達伯爵夫人都子、大日本教育会会長辻新次、貴族院議員富田鉄之助が飾り、序を跡見花蹊、小中村義象、落合直文が寄せた。富田鉄之助は、明治七年ニューヨーク領事官時代に杉田玄白の曾孫にあたる杉田縫と「婚姻契約書」を交わして結婚したことが話題となった人物で、(39)夫妻ともに福沢諭吉との親交が厚かった。東京女学館は、明治二十年頃に創設された女子教育奨励会を母体とし、その発起人には富田鉄之助のほか、一時福澤諭吉のもとに身を寄せていた英国国教会宣教師アレキサンダー・ショーも名を連ねていた。(40)

巻頭は、折りたたみの彩色図版が三枚収められている。一枚目は「世界地球図」という東半球と西半球とを描いた周囲に、世界の河川の長さと山の高さを比較した「大川表」および「高山表」とをまとめたもの、二枚目に琉球および台湾、北海道からカムチャッカ半島までを含む「日本全図」と、京都・大阪・東京の市街を描いた「帝都三府之図」を同一画面にまとめたもの、三枚目が島田髷におひきずり姿の花嫁が介添えの人に手を取られ行く場面を描いた、水野年方による石版画「婚姻式の図」であった。続くページには、見開きで勲章および記章の図が掲載された。国分操子は、「緒言」において「一家の主婦」が知っておくべき「女子百科の大体」をしめし、幅広く多くの知識を網羅したと述べている。「主婦」として必須の知識を集めた「重宝記」であるとともに、広く日本という国家や世界に目を向けたものであった。

本編は、目次の直後に「教育勅語」を掲載し、続いて皇室一覧、皇族一覧、神代の天皇一覧、歴代天皇一覧、大祭祝日略説、勲章の解説、さらに叙勲表が続いた。全二十章の構成は、第一章に「国体及び政治の部」が配置され、「日本帝国の位置」「日本の国体」「政治の沿革」「政府」の四節を収め、いずれの知識も「男子は勿論の事女子たちとも一ト通り心得置くべきことなり」として、女性にも必要なものとして説かれた。

最初の節「日本帝国の位置」は、国の概況を「我が大日本帝国は亜細亜の東端に位して四ツの大島と数多の小島とより成れる国）」と述べ、面積と人口とをしめした後、国としての特徴を次のように説いた。

古へは大八洲国といひ、気温温和にして人身に適ひ、地味肥えて海陸の産物豊なり。殊に土地水田に宜しく米穀よく実るを以て、また豊葦原瑞穂国ともいへり（史料中の句読点は著者の記入）

「大八洲国」と称された日本は、アジアの東海に浮かぶ島国であり、豊かな水田をたたえた「豊葦原瑞穂国」であると高らかに主張されている。こうした位置づけは、続く「日本の国体」の「世界は広く万国は多けれど我が帝国ほど貴とき国はあらじ」との自覚とともに語られ、その根拠が「未だ曾て外国の辱めを受けたることなし」という歴史にあるとされた。『貴女の栞』は、巻の冒頭で国の誇りを説き、全編が誇りある国日本の一員としてふさわしい務めを果たさなければならないとの文脈で説かれた。女性向け「重宝記」は、女性に対しても、「国民」の一員としての感覚を養い、共有すべきものとして提示した書物であった。

「国民」として共有すべき感覚は、続く「国民の義務」の節にもしめされている。ここでは、「男子は勿論婦人たる者も常に此心を失はず、能く夫を助けて内を治め節倹を旨として奢侈を慎て、以て一家の幸福を計るを今日の義務とすべきなり」と述べ、夫を助けて倹約に務め、一家の幸福を計ることが女子の担うべき義務と説き、そのために必要な知識を育むとの目標が語られた。『貴女の栞』は、前年に開戦した日清戦争を「向ふ所敵なく連戦連捷の功を奏し、終に彼をして和を乞ひ地を割きて金を償《つくの》はしめ、武徳八荒《ママ》に揚り皇威四表に輝き、今は宇内の強国として欧米人にも大に我が帝国を畏敬するに至れり」と意味づけ、世界の強国の仲間入りを果たしつつあるという戦勝の高揚感の中で生み出された。初の対外戦争における日本の活躍という出来事は、国家への自覚を促し、女子には女子に相応しい「国民」としての務めがあるはずだとの意識を生み出させ、女子に求められるたしなみが何かを問うきっかけを作った。女子向け「重宝記」は、日清戦争を経て、男性のみならず女性の立場においても「国民」の一員となるべきとの目標が明確に主張されたことで世に問われたのである。

このことは、第二章「女礼式の部」において、女子の礼法が「常に君子国の婦女たるに恥ぢざる行状あらんこそ望ましけれ」と、目指すべき国家を「君子国」と意識して説かれたことにも表れている。礼式は、あるべき理想の国家に相応しいたしなみを説く「重宝記」に必須の項目であった。

国分操子は、『貴女の栞』の発行から十六年後の明治四十四（一九一一）年に『家庭日用 婦女宝鑑』を発行した。A五判全一、四〇〇ページ余という大冊の『婦女宝鑑』は、巻頭に「教育勅語」「戊申詔書」「皇后宮御歌」とともに、見開き二ページの彩色画「草香幡梭媛養蚕の図」および銀彩色が施された「大日本勲章及記章之図」を掲載した。天皇、皇后の存在は、肖像の代わりに養蚕や勲章を掲載することで十分イメージすることが可能とみなされたといえる。国分操子は、『婦女宝鑑』を編纂した経緯を、「緒言」で次のように述べている。

> おのれ曩に女子の自修に適する書なきを患ひ微力を顧ず貴女の栞を編纂して世に行へり。爾来年を閲すること十有六年、女子教育は日に月に益隆興の機運に向ひ、各地に高等女学校の設立を見るに至れり。然れとも其就学を得る女子は猶一少部分に止まるのみならず、其高等女学校を卒業せる者と雖も猶参考に供すべき良書の必要あるを感し、更に一書を編纂して名づけて家庭日用婦女宝鑑といふ。（略）専ら平易簡明を主とし、一家の主

婦たる者の常に座右にありて良師益友たらしめんことを希ふになむ（史料中の句読点は著者の記入）

『婦女宝鑑』は、高等女学校の教諭という立場から、女学校卒業者が座右の書として活用することを意図して作られた。このことは、女学校卒業者が層として厚みを増してきたことに対応するとともに、実際の生活に求められる知識及び実技が女学校の教育ではカバーしきれないことを自覚しつつ、対応策を示そうとしたことによる。

本編は、『貴女の栞』に比べてページ数が二倍以上に増え、十六年前の『貴女の栞』にはなかった項目が新たに加えられ、日露戦争後の社会において必要とされた女性のたしなみを網羅したものといえる。このことは、技術を伴う内容において図や表を多用し、より詳しい解説がなされたことにも表れている。そこでは、女子としていかに国家に向き合うかが強く問いかけられている。

第一編「国体皇室」の第一章「国体」は、『貴女の栞』の第一章「国体及び政治の部」に収められた四つの節、「日本帝国の位置」「日本の国体」「政治の沿革」「政府」とほぼ同じ内容で、新たに台湾、韓国が植民地となったことが強調されている。『婦女宝鑑』が『貴女の栞』とほぼ同じ内容ながら第一編を「国体皇室」とし、表題に「皇室」という一言を掲げたことは、「帝国」へと飛躍を遂げる日本が「皇室」を戴く国家であると強調するものであった。第一節「帝国の位置」は、植民地を拡張し「帝国」へと邁進する日本の姿を、次のように説いた。

我が大日本帝国の本土は、亜細亜大陸の東岸に沿ひ、太平洋の西北を限り、約一千二百里の間に亘れる一大列島より成り、世界最長の海国なり。近時台湾を併せ、樺太の一半を得、又新に韓国を併合せるが為め、帝国は、遂に一の大陸国となり、加ふるに関東州の租借、南満州鉄道付属地の経営によりて、帝国の勢力範囲は、大に大陸諸国と密接なる関係を有するに至れり

国分は、『貴女の栞』で表明したアジアの東端に位置する島国日本が、日清・日露戦争に勝利し「今は宇内の強国」に加わったとの自覚に加えて、「世界最長の海国」「一の大陸国」との形容を添え、小さな海洋国家との位置づけから

世界へと飛躍する「帝国」の姿を誇らしげに解説した。こうした表現は、日清・日露の二つの戦争を経て国家の姿を強く意識したことで生み出されたものであり、女性としても世界の舞台に躍り出た国家の存在を常に意識し、それにふさわしい「国民」として行動することが求められているとの主張であった。こうした国家への思いは、明治四十三年一月発行の第二期国定教科書に登場した「大国民の品格」と重なるものであり、「帝国」にふさわしい品格ある人間が求められるとの課題にもとづき説かれたものであった。

「大国民の品格」は、公共の精神を備え弱者をいたわり、外国人と接するにあたり偏見を排することが求められると述べ、「大国民」たるに相応しい品性と度量を備えるべきことを説いている。特に、外国人とのつきあい方を説いた一節は、台湾、韓国における植民地支配という現実の問題において、弱者と蔑視する風潮が横行していたことに対し、支配者としてどのような態度をとるべきかという切実な課題のもと盛り込まれた内容であった。「大国民の品格」は、この点について次のように説いている。

外国人に接するに人種・宗教・風俗の如何を問はず、いはゆる四海兄弟の精神を以て等しく之を親愛するは大国民の度量なり。国力我に劣れる国民を見て、やゝもすれば軽侮の念を以て之を迎へ、甚だしきは之と交るを喜ばざるが如きは、却つて我が国民の度量の狭く、品格の低きを示す所以にして、国交を傷つけ、随つて国力の発展をさまたぐること多し

「四海兄弟の精神」を以て他と交際する「品格」ある国民の姿は、「帝国」の威信をかけて築かれるべきものであり、それ故、この時期の国定教科書の教材に取り上げられたといえる。他国を弱者と見くびり虐げ、軽侮の念を以て接するような態度は、「国力の発展をさまたぐる」ものだと訴えている。日本が日清・日露戦争を経て明治四十年代に本格的に植民地支配へと乗り出したことは、明治二十年代の帝国憲法発布に匹敵する重大な転機とみなされた出来事であった。こうした国家のあり様の変貌が、操子に『貴女の栞』から十六年を経て『家庭日用　婦女宝鑑』を改め

て編集し直す決意を促したのである。

国分操子が『貴女の栞』や『家庭日用 婦女宝鑑』において、女性に向けて国家への意識を説いたことは、「叢書」などの書籍においても共通していた。大正四年に刊行が開始された「家庭文庫」十二編は、著名な教育関係者を「編輯顧問」に迎えた「婦人文庫刊行会」によるシリーズものの書籍である。編輯顧問は、芳賀矢一、上田万年、三上参次ら帝大教授、高田早苗、福原鐐二郎ら文部官僚、山脇房子、下田歌子らのほか、評議員として浮田和民の名も見え、私立専門学校や女学校の校長などが名を連ねていた。全十二巻の内容は、次の通りである。

①松浦政泰『家庭の娯楽』②保岡勝也『理想の住宅』③吉岡弥生『家庭衛生』④高木敏雄『童話の研究』⑤藤波芙蓉『新美粧法』⑥宮田修『良妻賢母論』⑦嘉悦孝子『家政講話』⑧成瀬仁蔵『新婦人訓』⑨三田谷啓『児童の教養』⑩島村抱月『芸術講話』⑪和田垣謙三『家庭経済』⑫石川千代松『家庭博物』

「家庭文庫」は、明治期の「婦人文庫」や「女学全書」とは異なり、もはや和歌などの文章や書画、茶道、華道を独立した一巻として取り上げることはなく、「娯楽」や「住宅」、「童話」、「児童」などの項目が加わっている。これらは、大正四年五月に開催された国民新聞社の家庭博覧会と同様の項目が並び、「家庭」に関する知識の内容が、明治期とは大きく変化したことを反映している。その内容は、「家庭」において必要とされるものとは何かを即物的に提示し、さまざまな具体的事物を示そうとしたものである。そこには、「家庭」の具体相を視覚的に提示することで、あるべき家庭を手に入れ得るものと期待せしめる世界でもあった。まさに「家庭」は、単に夢想する精神的次元のものから、どのようにすれば手に入れることができるのかという物理的対象となったのである。

このうち、第七巻の嘉悦孝子『家政講話』は、「主婦」の働きが国家との関係において重要であると強調した一編である。嘉悦孝子（一八六七―一九四九）は、横井小楠門下の四天王と言われた嘉悦氏房の長女として熊本に生まれ、明治三十六年私立女子商業学校を創立し、女子商業教育の先駆者として活躍した教育家である。[41] 徳富蘇峰やその姉音羽らと親交があり、小楠の妻と蘇峰らの母とは姉妹同士にあたっていた。『家政講話』は、「総論」において「昔は東の方の海の中にある一つの小さな島国だと謂つて、世界から見向もされぬほど哀な地位にあつた」明治日本の姿が、「殆ど一足飛に世界の一等国となつて」「世界の強国と立派に肩を駢べられるやうになつた」と述べ、開国から僅か五十年のうちに「一等国」への仲間入りが成し遂げられたと素直に讃えている。嘉悦孝子は、諸外国から「奇蹟」ともいわれるその原動力が、「陛下の御聖徳」とそれに促された「民草の大和魂」の発露にあるとして、次のように説いた。

何故とならば私等日本人の上には　天皇陛下の御聖徳が輝いて居る。それで私等国民は此の聖徳の御余光を仰いで、また古来幾千年、鍛へに鍛へて来た大和魂を以て、たゞよく　陛下の思召にかなふやうにと願ひ、日常恭倹、事に当つて堅忍、即ち　陛下の御為め国家の為めとあれば、家を忘れ身を忘れ、水火の中をも辞せずに御報国申上げて来たからである。言葉を換へて謂へば、陛下の御聖徳と、その御聖徳に浸されて発露した私等民草の大和魂に依つて、今日世界の人が奇蹟とまでいふ程の国家の進歩と隆盛を見るやうになつたものと思はれる

ここには、何の疑念もなく「私等日本人」「私等国民」という連帯意識、いわば「国民」としての一体感が吐露されている。その一体感を保証するものは、国民全体を遍く照らす「御余光」の光源たる「天皇陛下の御聖徳」にほかならない。天皇の存在は、もはや生身の人間としての存在感を超越し、淡々と続く日常にさえ「陛下の思召にかなふやうに」との心の持ち様という次元で作用し、常に心に戴くべき精神的な拠り所へと昇華している。天皇によって保証された国民的一体感は、「やがては日本を世界第一の文明国であり強国であり富国であり、即ち総ての点に於て最も優良なる国として、世界各国の模範国ともなるやうに心掛けなければならない」という、世界の模範国たる日本人の誇りと自覚を持つべきとの主張で結ばれている。嘉悦孝子は、こうした考え方を実現するものとして「主婦」の存

在を重く位置づけ、次のような自覚を持つべきと説くのである。

男子は外に出て活動するものとしてある。従つて家庭の方のことは一切、主婦が一身に引受けて、主人に後顧の憂ひのないやうに取捌かなければならない。（略）次期に於ける忠誠にして善良、才能もあり徳操もあり、日本国民として、完全な人物を仕立て上げるやうにしなければならない。是を第一の要旨として、主婦は何処までも家庭を護るのが本分であり務めであるから、一家の経済、家族の健康、調節、親戚、知己の交際、その他万般のことに心を配つて、家内を健全に平和に、常に無事円満を保たれるやうに力を尽すのである

「主婦」としての働きは、「家庭を護る」との名目のもと、「一家の経済、家族の健康、調節、親戚、知己の交際、その他万般のこと」に力を注ぐこととされ、こうした働きをなすことが「一等国」たる日本を支えるのだと語られている。「家庭」や「主婦」は、「一等国」との自覚を「私等日本国民」という強烈な自意識とともに共有することを求められた大正期の日本人が、是非とも備えるべき素養として説かれた。「主婦」は、女性が国民的一体感を得るための鍵概念であり、日清・日露戦争を経験し海外に植民地を有する巨大な「帝国」を目指すという国家の動向と密接に結びつき、語られるべくして語られることとなった歴史的産物にほかならない。まさに女性が生きる場と意味づけられた「家庭」こそは、天皇の下にある国民的一体感という命題、希望の要素を折り込んだ存在として、「主婦」の砦と位置付けられたのである。かくて「主婦」は、国家への自覚が問われた時代の課題を背負い、翻訳語として登場して以来ほぼ四十年を経て定着に至ったのである。

ここに「家庭」における「主婦」の働きは、一等国日本の「国民」に相応しいものとして語られ、女子もまた「国民」としての共通の意識を育むべきことが主張された。「家庭」に関わる「家政」が「国政」に対するものと位置づけられ、この過程で、「国政」に対する「家政」という言い方が見られるようになる。まさに「家政」を展開する場たる「家庭」は、「国家」に比定されるものとしてとらえられた。かくて「国政」に対する「家政」との認識は、前

掲『日本国民大鑑』（大正元年、中外書院発行）の四十一番目の項目「家政」において、「家政とは国政に対して云ふ語にして、即ち家を齊ふるなり」と述べ、家が治まれば国も治まるとの論理で「一家は一国の本」と位置づけられているのにも見られる。こうした発想は、東京家政学院の創立者で日本の家政学の礎を築いた大江スミ（一八七五―一九四八）が明治四十四年に発表した『三ぼう主義』において、闡明に表明された世界である。

『三ぼう主義』は、「世は三宝にて治れり、女房鉄砲仏法なり」と説いた太田錦城に示唆を受け、女房―家庭、鉄砲―兵備、仏法・説法―宗教と把握することで、この「三ぼう」を国を治める原点とみなして、国家の在り方を読み解き、日露戦争をはさんだ三年間のイギリス留学の経験において、「家庭、宗教、兵備」の三つの要素が「英国の世界に雄飛した一大原因であつて、又人格高き紳士を出した所以である」との確信を得て書かれたもので、女性の眼で書かれた最初の日英比較文化論である。(42) スミは、イギリスでの生活体験を総括し、「女房」「説法」「鉄砲」の「三ぼう主義」の眼でイギリスと日本との文化比較を検証し、この三つの要素を柱とすることで日本がイギリスのように世界に雄飛する国家へと成長することを目指し、そのために必要とされる人材を育むことを自らに課したのである。

ここでの「女房」は、「家庭」を築く責任を負った「主婦」を指し、一国が個々の家々の集合であるとの理解から国の良否を左右する存在とまでその意味づけが高められている。スミが説く「説法」は、クリスチャンであったスミを支えるキリスト教による家庭教育を称揚したもので、キリスト教の信仰にもとづく人間形成の必要が説かれた。「鉄砲」は、国を護る軍備において良き兵士が欠かせないとの思いから強き精神を備えた人間を育てることの意味を説き、「説法」というキリスト教の信仰によって築かれる「家庭」がその役割を果たすべきとの主張であった。スミの「三ぼう主義」が植民地を有し世界へと踏み出す日本の姿を意識して書かれたことは、「緒言」の結びに記された「明治四十四年十一月天長節の日」との日付にも表れている。大江スミが説いた「三ぼう」にかける国づくりは、羨望の眼差しを向けて語られたイギリス社会に劣らぬ国家を目指そうとする明治人たちが、明治末から大正にかけて再び「家庭」に注目し、「主婦」たる女性像に期待をかけるという構図を背景に登場したのである。

大江スミが説いた「三ぼう主義」の考え方は、前掲『家庭宝鑑』（大正四年発行）の総論第四章「家庭と軍国主義」の中にも表れている。「家庭と軍国主義」は、「過去二回の外戦」という日清・日露戦争の記憶から説き起こし、勝利の原因を「上将軍より下一兵卒に至るまで、国家の前には何者をも見ないと云ふ、大和魂が然らしめた」と述べ、特に大国ロシアに勝利したことを誇らしげに回顧している。この「大和魂」を培う場こそは、「家庭」であるとなし、その思いを次のように強調した。

> 家庭は如何に之を培養す可きかと申しますと、軍国主義を執ることであります、古昔の武士は治に居て乱を忘れずと申しましたが、軍国主義は即ちそれであります、いつも軍国に処して居る心持で居りますなれば、この貴とき民族的思潮は、益々発達を遂げるに相違ありませぬ、何故かと申さうなれば、軍国の時ほど国民の愛国心敵愾心の高まる時はある《ママ》ませぬ、御覧なさいまし日清でも日露でも戦争に国民の血の熱したときは、年端もゆかぬ児童までが、廻らぬ舌に日本勝つた〳〵支那敗けたや、露国は平和の敵なるぞ露国は世界の敵なるぞなど、唄ひつれて、さも勇ましい肩をいからして、行軍の真似ごとなどに食事も忘れるばかりでありました

「家庭」は、「愛国心敵愾心」を基礎とした「大和魂」揺籃の場と説かれ、この「国家の前には何者をも見ない」という「大和魂」を育てることが何より重要とされている。「家庭」という言葉は、英語が持つ「精神の慰安所」としての意味が単なる理想にすぎないとして除かれた分だけ、どんな要素をも受け入れることが可能となり、国民的一体感を容易に演出しうる「軍国」を旗印とした「大和魂」を育む場との意味づけさえ可能にしたのである。そうした「家庭」の中心となる存在が、「主婦」たる女性であった。

大正四（一九一五）年六月発行の小林良一『趣味と常識　現代婦人宝典』は、A五判サイズの九五四ページという大きさで、定価三円で大日本雄弁会講談社から発行された「重宝記」である。著者の小林良一は、栃木県立宇都宮

高等女学校の国語・漢文教師で、着任以来四年目を数え、発行当時三十七歳であった。序文は、芳賀矢一、萩野由之の二人の帝大教授が寄せており、小林と何らかの知己であったことが推察される。芳賀矢一（一八六七―一九二七）は越前国出身で帝大卒業後ドイツ留学を経て帝大教授となり、上田万年に続く国語国文学科教授として日本における国文学研究の礎を築き、国定教科書編纂にも携わった。大正六年から昭和二年の逝去まで、國學院大學学長を務めている。萩野由之（一八六〇―一九二四）は佐渡出身で、幼児より佐渡の官学等に学び十七歳で上京、興亜会の支那語学校に入学し重野安繹に師事した。帰郷と再上京を経て二十二歳で東京大学に入学し卒業後は元老院書記生となった。『神皇正統記』等の校訂や『古事類苑』編纂委員長を務めた小中村清矩の養子となった小中村義象との共著『日本制度通』で知られ、渋沢栄一著『徳川慶喜公伝』は実質的な執筆者である。芳賀矢一は、帝大文科大学において小中村清矩に学んでいる。

小林は、『現代婦人宝典』執筆の動機を「はしがき」で次のように述べている。

> 「学問ある女子はあれども常識に富む婦人は鮮し」とは社会一般の声として余が多年耳にせし所なりき。此欠陥を救済せんが為に企図したるもの此書を著はす動機の第一なり。（略）看護は実に婦人の天職なりと断じたり。此に於てか婦人に向つて衛生に関する知識を普及し、其天職の一端に裨補せんとしたるもの此書を著はす動機の第二たり。主婦は家庭の王たり。子女教育の大半また母の掌中にあり。されば常識を具へ、趣味を養ひ、日進の知識を吸収せざるべからず。然るに一旦学業を卒へて家事に従事するや、多くは読書の機を得ず、営々として日も是れ足らざる状態にあり。余惟へらく、婦人に必須なる事項を網羅し、簡便に繙くを得べからしめば、家庭の実益に裨補するを得んかと。乃ち此書を著はす志を起せるなり。之を動機の第三とす

執筆の動機は、第一に女学校で教育を受けた娘たちが「学問ある女子はあれども常識に富む婦人は鮮し」と非難される状況を改善したいという点を掲げている。第二は、看護、衛生に関する知識の普及を目指すというもので、盲

腸で入院した自身の経験によるものであった。三つ目は、女学校卒業後、読書する時間もなく家事に追われてしまうという声に応え、一冊に必要な知識を詰め込んだ「簡便」な書物が必要ではないかとの思いであった。いずれも、高等女学校の教師として、女子教育に携わる目線から生まれたものであった。同時に、日々の暮らしに必要な家事の他に、学問を受けた者ならそれにふさわしい働きがあるべきだという圧力や、「天職」との名分で看護の技術も求めるという、際限のない要求が織り込まれたものでもあった。

著者の小林は、「はしがき」を大正四年五月八日という日付けとともに記し、対華二十一ヵ条要求の趨勢を気にしながら「支那が要求承認の号外を手にして」と結んだ。このことは、『現代婦人宝典』という女子向け「重宝記」が常に国家の動向を意識し、その動きに寄り添いつつ書かれたことをしめしている。「重宝記」の発行は、「国家」への関心が高いほど「家庭」を何とかしなければならないという危機意識を高め、そのために「家庭」を主宰する「主婦」、或いは将来の「主婦」を対象に進められた。こうした課題のもと説かれた『現代婦人宝典』は、次の七編により構成されている。

第一編　家庭年中行事、第二編　家庭教育編、第三編　家政編、第四編　礼儀作法編、第五編　文芸編、第六編　園芸編、第七編　法制経済編

本編の上に設けられた「上欄」は、日本列島の位置や面積、人口、都市、湖沼山川などのデータをしめした「我が日本帝国」のほか、条約締結国、日本大使館および公使館所在地、地球の直径、面積、容積、世界の大都市や人種、宗教などのデータなどが掲載され、国家への目線が女性にとっても必要不可欠であると強調されていた。第一編の「家庭年中行事」は、第二章で述べたように、新暦を「年中行事」として日常生活の中に取り込もうとしたもので、そのことが国家の基礎となるべき「家庭」の造型につながると考えられたことによる。第七編の「法制経済編」は、『現代婦人宝典』の中で最も多くのページを占めている。女子向け「重宝記」に政治や経済、法律などの知識が

収められたことは、日常の暮らしの中に犯罪や裁判、手形、株券、証券などに関する知識が求められるほどに、女性もまたこうした知識を把握しなければならないとする考え方が登場したことによる(43)。「主婦」は、品格ある「家庭」に求められるあらゆる知識、技能を備えた女性として、男性の希望を盛り込みつつその像が形作られていったのである。

女性向けの「重宝記」が登場したように、一年間の出来事を概観する「年鑑」においても、女性に関する情報に特化したものが登場した。大正九（一九二〇）年に発行された『婦人年鑑』は、編集顧問に鳩山春子、吉岡弥生、跡見李子（跡見花蹊の後継者）、嘉悦孝子、棚橋絢子、三輪田真佐子という教育家を据えた初の女性専門の年鑑である。発行の趣旨は、「緒言」において次のように説かれている。

近時、我が婦人界の発展活動は、日一日と其歩を進めつゝあるに際し、這次世界の大戦終熄し、平和の克復と共に、我が婦人界の活躍は更に一層の必須を感ぜずんばあらざるなり。茲に於てか益々婦人年鑑の必要を認めざるを得ず。吾人が本書刊行の意、実に茲に存す

『婦人年鑑』は、第一次世界大戦をきっかけに女性の社会進出が目覚ましくなり、存在感をしめすに至ったことを背景に、「世界の大戦終熄」という安堵感とともに刊行された。『婦人年鑑』の発行は、大正八、九年というデモクラシー運動が最高潮の高まりを見せた時期に、女性においても社会に対する発言権を求めることで登場したもので、多様な意見が噴出したこの時代の動きに呼応するものの一つであった。『婦人年鑑』の構成は、冒頭に「教育勅語」、「年齢早見表」「満年算月表」という暦日と年齢についての早見表を掲げ、「宮廷」以下「土地」「婦人団体」「教育機関」「社会」「資料」「娯楽」「家庭」の八つの章を収めている。第一章の「宮廷」は、皇后の詠歌や地久節の由来、歴代女帝、宮中女官などの項目を取り上げたもので、皇室に関する項目が「重宝記」同様「婦人界の活躍」を跡づける際にも必須の事項とみなされていたといえる。

年鑑発行の試みは、一年間の歩みを総括し、国家の一員として共通の記憶となすべき素材を提供するものであった。この試みは、大正九年版の発行のみで途絶え、十五年後の昭和十年になって再び『婦人年鑑』と題する年鑑が発行されている。(44) 年鑑発行が途絶えた間、共通の記憶となるべき素材を提供する役割を担ったのは、「重宝記」であった。

大阪毎日新聞社による『婦人宝鑑』は、大正十二年度、大正十三年度に発行された「重宝記」で、最新の婦人問題や運動に関する項目を収録し、大正十三年度版には「家庭百科全書」との副題が付けられた。『婦人宝鑑』は、女子や児童の労働環境改善などの諸運動が展開した情勢を反映し多様な内容を含み、その年の婦人界に関する情報を収録した「年鑑」の役割を兼ねる「重宝記」であった。大正十二年度版の本編は、五十三にわたる項目を収めている。

①宮廷録事　②欧米に於ける婦人問題の起源及び其の潮流　③日本に於ける婦人問題　④支那に於ける婦人運動　⑤支那の職業婦人　⑥最近の婦人問題　⑦女子教育の現状　⑧児童教育の現状　⑨婦人労働界の現状　⑩文壇に於ける女流作家の活動　⑪大正十一年度文壇の代表作に現はれたる女主人公の性格　⑫美術界に於ける婦人の活動　⑬能楽界に於ける婦人の活動　⑭劇界に於ける女優の活動　⑮演劇会に於ける女形の活動　⑯京阪の舞踊界　⑰洋楽界に於ける婦人の活動　⑱運動界に於ける婦人の活動　⑲東京の婦人社交界　⑳大阪の婦人社交界　㉑婦人職業案内　㉒女子に必要な法律の知識　㉓婦人の社交と礼法　㉔現代の結婚式　㉕式日と記念日　㉖最新化粧の仕方　㉗髪の手入と結び方　㉘着物の着付と帯の結び方　㉙着物の選択の標準　㉚生花の事ども　㉛遊戯の諸流派　㉜西洋音楽の知識　㉝蓄音機の知識　㉞西洋食卓の作法　㉟日本料理の食膳作法　㊱食物の営養価　㊲簡易な家庭の染物　㊳染点抜き法　㊴洗濯のいろいろ　㊵毛糸編物の仕方　㊶家庭電化　㊷メートル法　㊸家庭に必要な小知識　㊹救急療法　㊺妊娠の分娩と幼児哺育　㊻婦人と写真　㊼家庭遊戯のいろいろ　㊽小鳥の飼育法　㊾園芸十二ヶ月　㊿貯金及保険のしるべ　51女子専門学校及職業学校　52現代の

代表的婦人　㊸郵便と電信に就て

①「宮廷録事」は、皇室の一年間の動向のほか歴代天皇および宮家一覧、朝鮮王室や宮中女官のリストにいたるまで、皇室に関わるさまざまな事項を収めている。大正十二年秋に予定されていた皇太子裕仁と久邇宮良子との成婚の儀式は、予算五〇〇万円が計上された「東宮御慶事」のニュースとして紹介されている。ちなみに昭和天皇の結婚式は、関東大震災のため延期され、翌年一月に挙行された。皇室関係の記事は、新聞や雑誌の付録に天皇・皇后・皇太子の肖像画が付けられるという扱いとあわせて、昭和二十年の敗戦後、雑誌やテレビが皇室関係の情報を取り上げるようになったさきがけともいえる。まさに皇室の動向は、「重宝記」の内容に加えるべき時代の常識として数えられ、こうした情報も国家の一員として知っておくべき必須の事柄の一つとみなされたのである。

この他の項目は、②から⑨までがロシアの共産党成立以後の情勢や「支那」の状況も紹介し、世界的に女性の権利を主張する運動が活発となったことを反映した内容である。⑩から⑳の各項目は、小説中の登場人物、歌舞伎の女形まで含めた各界の最先端で活躍する女性を紹介し、時代の潮流を示そうとしたものである。㉑「婦人職業案内」は、女工や女中のほか、働く女性の存在が認知されたことで「職業婦人」という名称が定着し、職業を求める人が増加したことに対応したものである。ここには、社会労働問題が日常化していく時代にあって、女性にとり社会を見る眼が問われ、その社会進出に応じ得る「重宝」な内容であることが求められていた状況がうかがえる。

㉒以降の内容は、礼式作法から豆知識に類するものまで、女性向け「重宝記」に定番の内容として登場している。しかし、それまでの「重宝記」であればたいてい収録されていた裁縫料理などの実技に代わり、着物の着付けが取り上げられるなど、従来とは異なる変化が生じていた。㉓「婦人の社交と礼法」は、礼法を「個人的礼法」「家庭的礼法」「社会的礼法」の三つに分類し、「談話の心得」「紹介の心得」など、他人との会話における話題の選択や言葉遣いなどの注意、紹介状を用いた人脈の拡げ方などの作法を「社会的礼法」と位置づけ、女性にも必要な心得として紹

介した。これらは現代のいわゆる「ビジネスマナー」と同じである。こうした作法は、女性の活動の範囲が広がっていたことを反映したもので、社会において共通の振る舞いや考え方を備えることが求められたことによる。

「年鑑」は、ある一年間の出来事のうち、特に重要とみなされた事項を選択し凝縮したものといえる。「重宝記」に「年鑑」の内容が盛り込まれたことは、ここに提示された事項を記憶として共有することによって、国家の一員としての自覚と連帯意識を育むことが目指されたことによる。このことは、共通の記憶を有する「国民」の形成という課題に、「重宝記」が応えるものであったことを表している。かつ、世代間の継承に依っていた知識をも、目に見える形にしめすというあり方が登場したことにより、より平易で簡便な内容が求められるようになっていた。「重宝記」は、ある特定の階層向けにではなく、より広い範囲、いうなればピラミッドの膨大な裾野を形成する人々へと対象を広げ、出自や経済力などの社会的要件に左右されない、あらゆる人々が「国民」としての対象と見なされたことに対応した。「重宝記」に「年鑑」の内容が取り入れられたことは、ある種の平準化が進展したことを表すものであり、こうした変化が大正期から昭和十年代という時期にかけて少しずつ進んでいた。

まさに女性は、「国民」の一員と位置づけられることによってその存在が明確化され、「家庭」を形成する「主婦」としての務めを果たすことを己の課題と決め、このことにより国家へとつながる働きをなすことを新たな希望として日々生きることが可能となった。すなわち、「主婦」という位置づけを獲得することによって、女性も己の生きる場をみいだすことができるようになったのである。

女性に「国民」としての記憶を形作る役割が託されたことは、第二章で述べた文部省唱歌「冬の夜」の歌詞が、母の語りから始まることにも明らかである。「国民」の育成という課題は、母たる女性の存在を抜きには語れないものであった。「主婦」という言葉の定着は、そうした使命を負わされた女性という存在が、女性への期待を意識し、国家の課題に沿う「主婦」という女性像を選び取り、その像が女性の生き方の標準として定着していく過程であった。

女性が担当するいわゆる家事は、その属する人間関係の中で、その人にしかなしえない仕事と誰もが認める中で課されたものであった。家事においてそうした意味づけが失われ、どこの誰でもがとって代わりうる作業へと転化し、賃労働に換算しうるものへ変化することで、たとえ同じ作業をしたとしても、もはやその背後にある意味づけを取り戻すことは不可能であった。「主婦」という女性像は、共通の記憶を備えた「国民」の一員として、新たな社会を日々生きるための希望をもたらす一方で、かつての女性が持っていたはずの一本の糸から反物を機り上げていく魔法のような能力が失われることと引き替えに成立した、明治以降の新しい女性像だったのである。

「主婦」という女性像は、第一次世界大戦後に多様な意見、多様な女性像が出現し、次いで万人一律に誰もが同じような感覚を持つ均質化が目指されていくなかで、それへの反対意見や逸脱、脱落さえ認められなくなる世の中が到来するという社会の渦に呑み込まれていき、その奔流に身をゆだねて進むしかない潮流が加速度を増し、もはや後戻り出来なくなっていくという歩みの中で定律した世界であったといえる。まさに「主婦」という女性像を成り立たせた道程は、「臣民」たる国民の造型をめざし、日本が世界帝国に脱皮していく軌跡と歩みを一とする世界そのものであったのである。いわば多様な「重宝記」類は、単なる時代を先取りしたマニュアル本である以上に、ある国家意思を先取りして担うことで、国民育成に大きな地歩を占め、国家を底辺から支える世界を説き聞かせたのであった。

註

（1）　室田義文編『大東宝鑑』（発行者未詳、一八七五年）は、条約を結んだ「締盟各国」として、イギリス、ロシア、フランス、オランダ、アメリカ、ポルトガル、ドイツ、スイス、ベルギー、デンマーク、イタリー、スペイン、スウェーデン、オーストリア、支那の各国と、「仮条約」国の「秘露（ペルー）」との十六ヵ国を挙げ、各国の「帝号」や「政体」、宰相や各省の名称と長官の名前を記した「衙門」、議院の組織とその人数、州郡の数、面積、人口、首都、港の数、歳出、歳入等の情報を一覧表にまとめている。

（2）青木輔清編・発行『日用諸規則重宝記付　紙入書状用便』一八七七年。著者の青木輔清は、教科書も執筆している（第一章第三節註(55)参照）

（3）松本徳太郎編『明治宝鑑』（明治百年史叢書　第一四〇巻）原書房　一九七〇年（初出　一八九二年）。

（4）予約者の一覧には、御雇い外国人ボアソナードや東京府知事富田鉄之助などの名が見え、各界著名人の人名録のようになっている。分冊販売については、実際に行われたかどうかは未詳である（「附言」、同前、一頁）。

（5）同前。人妻への注意は、『女大学』の「わかき時は、夫の兄弟・親戚・朋友、或は下部などのわかき男来たらんに、なずさい近づきて、まつわれ、打とけ、物がたりすべからず。つつしみて、男女のへだてをかたくすべし。如何なるとみの用ありとも、わかき男に文などかよわする事は、必ずあるべからず」（貝原益軒「女子を教ゆる法」石川松太郎編『女大学集』平凡社東洋文庫　一九七七年、二一頁）と同様である

（6）一覧表型や懐中型といった「重宝記」の形態は、慶応四（一八六八）年の『懐中重宝記』や明和六（一七六九）年頃の『日夜重宝記両面』（長友千代治編『重宝記資料集成』第三巻　臨川書店　二〇〇五年　所収）などがあり、いずれも江戸時代に起源を持つ。明治以降では、一覧表型では明治十四（一八八一）年発行の堀田善輔編・発行『軽便要覧』などがあり、各府県の位置や概略、裁判所の所在地、訴訟や契約、証書等の書類の書き方、戸籍や税、鉄道等に関する情報を収め、虎の巻のような実用的な内容となっている。「懐中」型は、明治十二（一八七九）年の綾部乙松編『新選懐中重宝記』（山静堂発行）、同十四年の大林静編『懐中重宝記』（青井三十郎ほか発行）、同十八年の大館熈編『懐中重宝記』（辻本秀五朗発行）などがあり、祝祭日や太陽暦、郵便、電信、汽車の時刻表や運賃、離縁状の書き方などを一覧表タイプのものより詳しく収めている。大館熈編『懐中重宝記』では、「奇妙不思議伝」と題して「火傷ヲ治スル法」「焼酎ニ酔タルヲ治スル法」などの豆知識も収録されていた。

（7）明治十年代に「国民」という言葉を含む「重宝記」が登場した例は、下田五山編『国民必携　改正懐中日用便覧』（明治十一（一八七八）年）のみである。なお、「国民必携」という頭書は、『国民必携法律規則全書』（明治十八年）、『国民必携所得税法註解』（明治二十年）、『掌中国民必携刑法並附則治罪法及監獄則』（明治二十一年）、『国民必携改正徴兵令新旧対照』（明治二十二年）、『国民必携大全書式類纂』（明治二十三年）など散見されるものの、これらは法律のみに的を絞った内容であり、「重宝

記」からは除外した。
(8)『ベルツの日記』(第一部　上)岩波文庫　一九六五年(初出　一九五一年)一〇七～一〇八頁。
(9)明治の国家祝祭日は、イギリスの祝日のあり方を模したため、ヨーロッパ風の行事になじみやすいキリスト教会やキリスト系学校が率先して受容した(大濱徹也『女子学院の歴史』女子学院　一九八五年、三一九～三二一頁)。
(10)「日清戦争の頃」井深梶之助とその時代刊行委員会編『井深梶之助とその時代』第二巻　明治学院　一九七〇年、三九四頁。
(11)大濱徹也「生活のリズム」大濱徹也・熊倉功夫編『近代日本の生活と社会』放送大学教育振興会　一九八九年、一二三頁。
(12)女子学院の場合、全国の女学校にさきがけて「地久節」祝賀を学校行事に取り入れた。これは、矢島楫子の、女子教育を通じて社会矯風をめざすとの志が「国母たる皇后陛下への敬愛の念に支えられた奉公と意識」したことによる(前掲(9)大濱徹也『女子学院の歴史』、三一九～三二一頁)。
(13)一九三七年の『国体の本義』に見える「国体」が、絶対的所与のものとして分析の対象となり得ないものとして扱われたのとは大きく異なっている。
(14)例外として、明治二十四年発行の『閨秀錦嚢　日本女礼式　一名　婦人一代重宝鑑』(博文館編・発行)では、昭憲皇后、英照皇太后の肖像画が並び、明治三十九年の『女性宝鑑』(大日本女性研究会編・有信堂発行)では、皇后、皇太子妃の洋装スタイルの写真が掲載された。これは、女性向けの内容のためか、天皇や皇太子のものは収録されていない。また、明治十九年発行の『開化実益現今児童重宝記』(佐藤為三郎・此村彦助発行)は、天皇、皇后の肖像が、大礼服姿の天皇に対し十二単の皇后という配置で、いわゆる源氏絵のような描き方で紹介されている。天皇の肖像の雑誌への掲載は、『太陽』明治二十八年一月号に皇后の肖像とともに掲載されたのが早い例である。
(15)この頃の時代人心については、大濱徹也『乃木希典』講談社学術文庫　二〇一一年(初出　一九六七年)参照。
(16)日露戦争の戦利品の展示は、『風俗画報』臨時増刊『凱旋図会第五編』(第三四〇号一九〇六年五月二十五日)に掲載された「宮城門外戦利巨砲之図」から確認できる。戦利艦船については、「戦利艦船一覧」(『征露図会補遺』(『風俗画報』臨時増刊)第三三三号　一九〇六年一月二十五日、二二頁)参照。
(17)森知幾編『至極重宝　一名東京案内』内田書店　一八九〇年

(18)熊倉功夫「解説(二)」加藤周一ほか編『風俗・性』近代日本思想大系二四　岩波書店一九九〇年、五〇三頁。
(19)〝いみん【移民】〟、『国史大辞典』JapanKnowledge, http://japanknowledge.com/lib/display/?ld=30010 zz039070)二〇一四年十二月一日
(20)「外国船乗込規則摘要」「海外旅行券規則摘要」澤畑次郎編・発行『重宝便覧』一八九四年、一八頁。
(21)「筑波山国立公園設置ニ関スル件」大正十二年五月二十三日(『議院回議建議書類原議』(五)衆甲第三九号)国立公文書館所蔵。
(22)「行歩」小笠原清務・水野忠雄編『新選立礼式』同源社　一八八三年、八頁。
(23)同人社女学校には、山川菊栄の母千世が学んでおり、学校の様子が「中村正直博士と同人社女学校」として回想されている(山川菊栄『おんな二代の記』平凡社東洋文庫　一九七二年、二七～三五頁)。
(24)高橋昌郎『中村敬宇』吉川弘文館　一九六六年、一五六頁。
(25)前掲(23)山川菊栄『おんな二代の記』、三〇頁。
(26)同人社女学校の「課業時間表」は、次の通りである。

一、素読　一時間　　一、裁縫　一時間　　一、講義　二時間
一、習字　一時間　　一、輪講　二時間　　一、漢学　一時間
一、算術　一時間　　一、正則　一時間或ハ二時間(前掲(24)高橋昌郎『中村敬宇』、一六一～一六四頁)。

(27)東京女子医学専門学校を創立した吉岡弥生が「お針の稽古場」に通った回想については、第二章第四節参照。
(28)熊倉功夫『文化としてのマナー』岩波書店　一九九九年、一二七～一五七頁。
(29)山田和『知られざる魯山人』文藝春秋　二〇〇七年、一二八～一三二頁。
(30)「(一)「簡易調理」」『簡易料理』(家庭叢書　第八巻)民友社　一八九五年、五頁。
(31)徳富健次郎『竹崎順子』福永書店　一九二三年、三八～三九頁。
(32)下田歌子の事績については、「下田歌子女史」(『婦女新聞』一九一三年七月～十月)、故福島四郎『婦人界三十五年』(婦女界社　一九三五年)六八四～六九七頁所収、故下田校長先生伝記編纂所編・発行『下田歌子先生伝』(一九四三年)参照。

（33）日用百科全書のうち菓子に関するものは、亀井まき子『和洋菓子製法』（第四編）、赤堀峯吉・赤堀道子『最新洋菓子の調製』（第四十一編）、赤堀峯吉・小原総雄『家庭新飲料』（第四十編）がある。

（34）白鳥省吾「校歌を訪ねて（四）」『河北新報』一九五六年七月二十五日号　第二一四七八号　夕刊、第一面、南陀楼綾繁「大正の何でも博士加藤美命のこと」『sumus』第十一号　二〇〇三年一月　山本善行、二二～二八頁。

（35）河口愛子『私の人生』大空社　一九九二年（初出　一九六一）参照。

（36）松隈俊子『新渡戸稲造』みすず書房　一九六九年、二一〇頁。

（37）「大日本実修女学会」広告、『婦人世界』第九巻第十二号　一九一四年十月号、七三頁右。

（38）落合直文「貴女のしをりの序」（国分操子『日用宝鑑　貴女の栞』大倉書店　一八九五年）および「東京女学館教職員一覧（明治21～昭和63着任順）」（東京女学館百年史編集室編『東京女学館百年史』東京女学館　一九九一年、（一三）頁）。

（39）富田鉄之助夫妻が生涯連れ添い多くの子孫に恵まれたことは、吉野俊彦『忘れられた元日銀総裁―富田鐵之助伝―』（東京経済新報社、一九七四年）に紹介されている。同じく契約書を交わす結婚をした森有礼、広瀬阿常夫妻の場合は、後に破局し森は再婚した。

（40）「女子教育奨励会発起人会」、前掲（38）『東京女学館百年史』、三三頁。

（41）嘉悦孝子の足跡については、「嘉悦孝子女史」（『婦女新聞』一九一三年三月四日）故福島四郎『婦人界三十五年』不二出版　一九八四年（初出　一九三五年）、六七六～六八〇頁、嘉悦康人『嘉悦孝子伝』（雪華社　一九八五年）参照。

（42）「緒言」大江スミ『三ぼう主義』宝文館　一九一一年、四頁。書名の「三ぼう」は、当時駐英総領事であった荒川巳次から聞いたという言葉で、江戸後期の儒学者・太田錦城の『梧窓漫筆』の一節を典拠とする（大濱徹也『大江スミ先生』東京家政学院大学光塩会　一九七八年、一二七頁）。

（43）同時期の『主婦之友』は、法律の知識に乏しかったため友人の保証人となり、借金返済に追われる生活を送っているとの告白記事「高利貸に苦しめらる、某勅任官の家庭」（『主婦之友』一九一八年十二月号、七四～七七頁）などを掲載し、注意を促していた。

（44）大阪毎日新聞社編・発行『婦人宝鑑』（大正十二年版）一九二三年（『近代日本女性生活事典』第四巻大空社　一九九二年）、

大阪毎日新聞社編『婦人宝鑑』(大正十三年版)一九二四年(『近代日本女性生活事典』第五巻　大空社　一九九二年)。昭和十一年版として発行された『婦人年鑑』は、吉岡弥生が委員長、守屋東が出版部長を務める婦選実現を訴える団体の一つ、東京連合婦人会によって編纂・発行され、以後昭和十九年版まで毎年発行されており、この時期をもって女性の存在感が再び高まったとみることができる。

第四章　「主婦」像の展開

第一節　『主婦之友』という世界

『主婦之友』は、大正六（一九一七）年二月に創刊され、平成二十（二〇〇八）年六月の休刊まで九十一年にわたって発行された婦人雑誌である。『主婦之友』は、初めて「主婦」という言葉をタイトルに持つ雑誌として登場し[1]、二十世紀の一〇〇年間にほぼ重なりながら発行されている。このことは、「主婦」という女性像が、大正、昭和、平成にわたる二十一世紀という時代を象徴するものの一つとして存在したことをしめしている。その人気は、創刊から三年後の大正九年には十万部を超え、昭和十年には月間百万部を超える発行部数を記録したことにも表れている[2]。『主婦之友』は、時代が求める「主婦」像を提示し、「主婦」という女性像の造型に大きな影響を与えるとともに、広く社会に浸透するきっかけを作った雑誌であった。『主婦之友』が創刊された大正六年当時に発行されていた婦人雑誌のうち、明治三十八（一九〇五）年創刊の『婦人画報』、同四十一年の『婦人之友』、大正五年創刊の『婦人公論』は、現在も発行が続く長寿雑誌である[3]。『主婦之友』は、この三誌が続く一方で、絶大な人気を誇りながら創刊百年を目前に休刊となった。こうした人気を誇った『主婦之友』が、なぜ二十一世紀初頭の二〇〇八年という時期に、休刊という区切りを迎えることとなったのか。

『主婦之友』は、他の三誌がタイトルに持つ「婦人」とは異なり「主婦」という女性像を提示するものとして登場し、人気雑誌へと成長した。『主婦之友』が多くの支持を集めたのは、その提示する「主婦」像が、時代の期待を集めるものであったからにほかならない。そして、その期待が失われたことが休刊の一因であったといえる。「主婦」という言葉は、今現在も使われている言葉である。しかし、現在の意味と、『主婦之友』が人気を誇った時代に込められた意味との間には、大きな隔たりがある。『主婦之友』が他の三誌と異なる歩みをたどった理由は、時代が求める「主婦」という女性像そのものの意味の変化によるものであった。

『主婦之友』が創刊された大正初期は、女子就学率の上昇および高等女学校生徒数の増加となって現れた女子教育の浸透を背景に、生活水準の上昇により雑誌を定期的に購読するという余裕が生まれ、日常的に雑誌や新聞を読む習慣が広まった。そして、何より「家庭」や「主婦」という女性をめぐる新しい概念に違和感を持たない社会的な基盤として、俸給生活を営む世帯が形成された時期であった。『主婦之友』は、こうした層に受け入れられて勢力を伸ばした雑誌であった。

『主婦之友』における「主婦」の意味づけは、創業者の石川武美（一八八七―一九六一）によって形作られた。『主婦之友』が時代の要請に応える誌面づくりをなし、魅力あるものとして多くの読者の心を捉えた背景には、明治の後半期に青年時代を過ごした石川武美の個性があった。そこで、『主婦之友』の基盤を築いた石川自身の足跡をたどり、『主婦之友』の創刊に先立ち刊行された書籍や、『主婦之友』創刊号の誌面の解析を通して、石川が作り上げた「主婦」像が如何なるものであったのかを明らかにし、『主婦之友』という雑誌を通して、「主婦」という女性像が求められた時代の相貌を跡づけたい。

石川武美は、明治二十年十月、大分県安心院町（現宇佐市）の農家に五人兄弟の次男として生まれた。(4) 上に兄と姉、下に弟、妹がいる三番目の子であった。石川は、宇佐中学校へ進学した後、二年生となった明治三十六年の夏休みに中退し上京した。石川の出郷は、中規模程度の農家であった生家の没落がきっかけとみられ、家運の挽回を目指す「青雲の志」を抱いての上京であった。石川は、村人が手のひらを返すように冷たくなったことなどを回想しており、こうした悔しさを背景にいつかは見返してやるのだという思いとともに、故郷に錦を飾るという目標を掲げて東京を目指したとみられる。石川は、小学校時代の恩師や同郷の官僚・尾立維孝夫人の厚意により、何とか東京での生活を始める。しかし、当初働きながら勉学する「苦学」を志していたものの現実には難しく、書店勤めなら働きながら本が読めるのでは、という恩師の勧めにより、上京した翌月の十月に同文館書店の住み込み店員の職を得た。

同文館での日々は、「小僧」の立場ゆえに本名で呼んでもらえず、一人前の人間と認められない過酷なものであった。仕事は、販売所や注文先への本の配達、売上伝票の整理などで、京橋、日本橋の支店から神田の本店まで本を積み込んだ箱車を引くという重労働であり、肉体的にも精神的にも疲れ果てる日々を送った。石川は、日々の労働に消耗し「苦学」の希望も実現せず、精神的に追いつめられた。こうした日々に大きな変化をもたらしたのが、本郷教会との出会いである(5)。

明治三十年代後半の本郷教会は、熊本バンドに名を連ねた海老名弾正が牧会し、東京帝国大学や女子高等師範学校、女子美術学校などの本郷界隈の学生たちを中心に、多くの若者が集う「青年の教会」として知られていた。石川は、本郷教会へ向かったきかっけを本の配達先の一つであった早稲田大学教授・安部磯雄や、本願寺派の僧侶でユニテリアン協会会長を務めた佐治実然の影響によると述べている。安部と佐治は、本郷教会主宰の講演において講師を務めるなど教会とのつながりを持っていた。前垂れに角帯姿で息せき切って礼拝に駆け込む石川の姿は、教会員に熱心な「勤労青年」と認められ、一目置かれるようになっていた。

教会員は、学生のみならず実業家も名を連ね、歯磨き粉の製造販売によって大企業を築き上げたライオン歯磨の社長、初代小林富次郎もその一人であった。石川は、本郷教会に集う実業家たちの姿に直に接し、企業活動において単に利潤追求を図るのではなく、その活動を通して広く社会に奉仕せんとする高き志に触れ、己の実家の家運挽回という目的から視野を広げることとなった。ちなみに、小林と石川との縁は、初代小林富次郎が明治四十三年十二月に亡くなった後も二代目に引き継がれ、石川が関係することとなった『婦人之友』、『新女界』のほか、『主婦之友』創刊号の裏表紙にライオン歯磨の広告が掲載されるなどの形で続いている。石川は、本郷教会においてさまざまな肩書きや社会的地位とは全く関係なく、人々が分け隔て無く平等であるというあり方を目にし、丁稚と蔑まれる己の日常と重ねて強烈な印象を受けた。本郷教会との出会いは、石川にとって物質的な成功を果たし故郷に錦を飾るという意識から、大きく転換を遂げる契機となった。

石川は、本郷教会へ通うようになった時期を日露戦争後の明治三十八年頃のことと述べている(6)。石川自身は、昼間店頭に立ち夕食後箱車を引いて本を運び、支店に戻った後売上げの整理をし、明治三十七、八年頃には早稲田支店が「東京一」の売上げとなって店が新築されたほどの働きぶりをしめした。日露戦争時の本郷教会は、日曜礼拝の会衆が常に五百を超え会堂が狭隘となったため増築されるなど、最も多くの聴衆を集めた時期であった。明治三十九年の秋には、海老名弾正、内ヶ崎作三郎、小林富次郎、小山東助らが仙台組合教会の集中伝道に参加し、四十七名の新入会者を得るなど活発な活動が続いていた。

石川は、学生の中で、角帯前垂姿の「一小僧」という自分に「可なりに引け目を感じました」と述べている。石川は、昭和十一年刊行の『本郷教会創立五十年』において「因に私の受洗は、明治四十年の七月、海老名先生からだつたと思います」と回想している。石川の受洗は、本郷教会の教会員原簿に明治三十九年六月との記録があり、回想とはほぼ一年の開きがある。石川は、明治三十九年に同文舘神田本店勤務となり、「小僧」から営業担当へと異動した。石川の受洗は、支店の売り上げを伸ばして営業職へと昇格し、本郷にも近い神田勤務となって東京での暮らしが軌道に乗った頃といえる。

本郷教会は、単身故郷を離れ家庭の温かさから遠ざかっていた多くの青年たちにとり、精神の渇きを癒す「心のオアシス」ともいうべき場であった。礼拝後の茶話会は、海老名弾正夫人みや子をはじめとする女性たちが中心となって運営し、オルガンの演奏や寸劇などの娯楽の要素を交え、手製のお菓子が振る舞われるなど、彼女らの献身的な働きに支えられたものであった。海老名みや子は徳富蘇峰、蘆花兄弟の姪にあたり、『主婦之友』創刊号にその暮らしぶりが取り上げられている。本郷教会で知った心の安らぎは、石川が『主婦之友』の誌面づくりにおいて「主婦」や「家庭」とは何かを語る際に、大きな影響を与えたと考えられる。『主婦之友』にしめされた「主婦」とは、本郷教会をめぐる女性たちの働きを手本とするものであり、「家庭」は、海老名弾正夫妻をはじめとする教会員の暮らしぶりそのものであった。

石川の雑誌編集者としての歩みは、同文舘が発行していた雑誌の営業担当となったことに始まる。石川は、明治四十年十二月から二年間、兵役のため小倉歩兵第四七連隊に入隊した。除隊後復帰した職場では居場所がなく、倉庫係を志願して出直した。その後、明治四十三年三月に創刊され、不振が続いていた『婦女界』の改革案が取り上げられたことで婦人雑誌に関わることとなった。石川は、羽仁吉一の『青年之友』を愛読しており、羽仁を迎えることを提案した。『婦女界』は、羽仁吉一、もと子夫妻を「編集監督」に迎え、羽仁の推挙で都河龍が編集協力として加わり、石川が営業を担当する体制で、明治四十四年新年号から再出発した。しかし、石川の営業振りは、出張先で書店の店頭に並ぶ婦人雑誌に『婦女界』のチラシを挟み込んだりしたようで、休日が取れたのを機に向かった大阪出張が独断によるものと非難され、明治四十四年四月に羽仁吉一、都河龍らも去就をともにし『婦女界』を去るという結果を招いた(7)。

石川は、同文舘を辞した翌月の五月には婦人之友社に入り、羽仁もと子・吉一夫妻の『婦人之友』の手伝いを始めた。『婦人之友』は、明治四十四年六月号から第五巻第一号として巻数を改め、平福百穂の静物画が表紙を飾り、目次もイラスト入りの見開きページとなって巻頭にグラビアページがつくなど、それまでの形態から大きく変化した。石川の協力は、『婦人之友』にとっても刷新の一つであったと考えられる。しかし石川は、兵役中に煩った肺尖カタルの療養のため九月から翌年二月まで館山および別府で過ごし、明治四十五年一月には婦人之友社を辞している。このため、『婦人之友』との関わりはそれほど深いものではなかったとみられる。石川は、後に『婦女界』に再び関わることになった際、「余は又曾て羽仁氏との関係の如き、極めて不快なる関係を都河氏との間に生じはせぬか」との記述を残しており、石川が考える雑誌発行に対する考え方が、羽仁夫妻の『婦人之友』とは相容れず、何らかの軋轢を生んでいたことが考えられる。この考え方の違いが、百年を超えて今もなお続く『婦人之友』と、『主婦之友』との違いとなって表れたといえる。

石川は、本郷教会の海老名弾正のもと、『新人』の姉妹誌として明治四十二年四月に創刊された『新女界』も手伝っていた。『新女界』には、一つだけ石川による署名記事が掲載されている。石川は、これらの婦人雑誌の営業を担当し、編集を手伝うという経験を積み、そこから『主婦之友』へと連なるさまざまな人とのつながりを築いていた。そして、出版活動を自らの行く道とし、出版活動を通して日本社会を変革することを志したのである。

出版活動を進むべき道と見据えた石川は、自分自身の雑誌を作りたいという希望を持ったと思われ、大正元年九月頃に『国民倶楽部』と題する雑誌を創刊した。しかし、『国民倶楽部』は不振のまま三号雑誌として終わり、印刷所に五百円という負債を残し廃刊となった。『国民倶楽部』は現存しないため、その内容を知ることはできないが、「国民」という言葉がタイトルに付けられたということが石川の初心を表すものと考えられる。それは、石川が明治二十年生まれの青年として、日清・日露の二つの対外戦争の時期に少年期を過ごし、日本が海外に雄飛する姿を自己の成長と重ねて歩んできた、この時期の青年ならではの感覚によるものである。いわば、日本という国家の一員であることが所与の前提として存在し、「国民」としていかにあるべきかが問われる中で成長した世代ともいうべき感覚である。さらに石川は、尊敬するジャーナリストの一人である徳富蘇峰の『国民之友』が放ったようなインパクトを、世の中に与えることを目指したとみられる。蘇峰へのあこがれは、後年、関東大震災後に国民新聞社へ出資し、資金面で蘇峰を支えようとしたことにも表れている。それだけに、「国民」というタイトルは、石川の初心を表すものとしてごく自然に名付けられものであった。

『国民倶楽部』の失敗は、『婦女界』や『婦人之友』、『新女界』での経験や本郷教会を通して得た多くの出会いに立ち戻り、身近な女性たちの働きを「国民」の基礎を育む「家庭」の場において位置づけ直し、その意味を改めて問い質すことへと向かわせた。石川が『国民倶楽部』に込めた初心は、『主婦之友』にも投影されている。石川は、『国民倶楽部』では果たせなかった「国民」として如何にあるべきかという課題を問いかけることを、女性のための新たな雑誌を通して実現しようとしたのである。このことは、草創期の『主婦之友』に色濃く表れている。

石川は、『国民倶楽部』廃刊後の大正元（一九一二）年十二月、都河龍が同文舘から名義を引き取り経営していた『婦女界』に関わることとなった。この間、『婦女界』の仕事を通じて南部藩出身のハリストス正教徒であった長谷川かつと出会い、大正三年五月に本郷教会で海老名弾正の司式により結婚した。そして『国民倶楽部』の廃刊から四年後の大正五年、八月には『婦女界』を辞め、翌月主婦の友社の前身である東京家政研究会を立ち上げ、十月に「実用家庭叢書」として『貯金の出来る生活法』を、続いて同叢書第二編として『実験千種　手軽でうまい経済料理』（上・下巻）を発行した。

『貯金の出来る生活法』は、残っている広告によれば職業別に「生活実例」と題して七十三の「家計の実例」を紹介したもので、巻頭に千葉県一宮町長や鹿児島県知事を歴任した子爵加納久宜、貴族院議員の法学博士山脇玄、日本女子商業学校を創立した嘉悦孝子、東京高等女学校長の棚橋絢子の四人の序文を載せている。理想的な家庭として知られた加納久宜の一家は、内村鑑三につながる人脈を有し、『女学世界』や『婦人之友』にも取り上げられたことがあり、『主婦之友』の創刊号にも一家の様子が写真とともに記事として掲載されている。また、山脇玄も『主婦之友』創刊号の巻頭を飾る記事を寄せた人物で、『主婦之友』につながる人的つながりが活かされていた。

『貯金の出来る生活法』にしめされた家計に関する情報は、石川が関わった『婦女界』や『婦人之友』においても家計の取り方を指南する記事として掲載されている。『婦人之友』の前身にあたる『家庭之友』の時代から、「家政問答」というコーナーが設けられ、羽仁もと子による家計指南が掲載された。『婦人之友』の「家計簿」は、この蓄積から生まれた現在まで続くロングセラーである。また、『婦女界』は、創刊第二号の明治四十三年六月号に「僅に三十円の収入で一家を経営しつつある私の苦心と実験」として、「某巡査の妻」の投稿という形の記事を掲載している。

石川が『貯金の出来る生活法』で取り上げた家計の例は、学校教師八例、会社商店員十三例、官公吏十四例、陸海軍人七例、商家六例、農家五例、職人六例、その他十四例で、月給によるサラリーマン世帯が七十三例中四十二例と全体の半数以上を占めていた。石川が「実用家庭叢書」を刊行した大正五年は、前年に国民新聞社の「家庭博覧会」が開催されたように、暮らしの中に新しい道具や文物を取り入れ、旧来からの生活様式を変換することが「合理化」とみなされ、そのための具体的な方法が求められていた。こうした需要を生み出す母体として、会社企業に勤めるサラリーマン世帯が層を形成しつつあった。石川の「実用家庭叢書」は、こうしたサラリーマンの世帯を主な対象として作られたといえる。『貯金の出来る生活法』は、発売から五カ月で九版を重ね、好評を博したとみられる。

続いて発行された「実用家庭叢書」第二編の『実験千種　手軽でうまい経済料理』上巻は、序文を東京帝大教授で納豆菌の発見で知られる農学博士・澤村真が寄せている。澤村は、同年五月に「家事文庫」の第一編として『食物』を著し、日常の料理のレベルに食物摂取の原理を説き、「食物の研究」という領域を家事の要件として紹介した。石川は、こうした「研究」に関わる人物に託し、読者が求める需要に応じ参考となるような書籍を刊行したのである。

『実験千種　手軽でうまい経済料理』は、現物が確認できないものの、広告文に「飯の炊き方五十余種、漬物の漬け方五十余種、お汁の拵へ方五十種」などの献立の一覧があり、ご飯の炊き方、漬物の漬け方などのごく基本的な日常の献立が取り上げられたことがわかる。このことは、家計記事の需要と同様に、前の世代の暮らし方から断絶し、近所づきあいのような横のつながりからも孤絶した、親の世代から継承されるはずの日常生活の作法を持たない人々が多数存在したことを表している。石川は、こうした人々が新たな暮らしの作法を求めていると確信し、「家政研究」という言葉で勃興するサラリーマン世帯の需要に応えたのである。

二つの実用書の売り上げは、『国民倶楽部』で背負った借金を清算し、五百円の貯金を得て『主婦之友』の創刊に向けた準備資金をもたらすものとなった(8)。石川は、二つの実用書の売上が好評であったことにより雑誌出版の機が熟したとの確信を得、大正六（一九一七）年二月に『主婦之友』三月号を創刊した。

創刊号の記事は、貴族院議員・山脇玄「私が感心した独逸の主婦気質」、東京帝国大学教授・新渡戸稲造「夫の意気地なしを嘆く妻へ」、安部磯雄夫人の安部こまを「十五人家内の主婦としての私の日常」、加納久宜の長男久朗の妻多津子を取り上げた「名流若奥様」が並び、石川の人脈を最大限活かして作られたものであった。『主婦之友』の執筆者は、石川が本郷教会で知己を得た海老名弾正夫人のみや子をはじめ、小崎千代子や野口せい子など、『婦人之友』や『新女界』などにも寄稿していた人々が登場し、石川が関わりを持った婦人雑誌と重なっていた。アメリカでの体験を「私の感心した米国の主婦気質」として『主婦之友』創刊第二号に寄稿した河井道子は、『婦人之友』明治四十四年六月号において「私の見てきました西洋の家庭」と題する記事を寄せている。石川は、『婦人之友』からも『主婦之友』の誌面につながる素材のヒントを得、知己を総動員したものとみられる。『主婦之友』創刊号は、印刷した一万部を売り切る好調な滑り出しとなった。

創刊号の執筆者の一人、新渡戸稲造は、かつて第一高等学校長時代に『実業之日本』に寄稿したことで批判を浴びた経験があった。『主婦之友』への寄稿は、それにも増して批判の対象となったことが想像される[9]。新渡戸は、『実業之日本』の記事を通して進学を諦め働かざるをえなかった勤労青年を励まし、連載を明治四十四（一九一一）年九月に『修養』という一書にまとめた。石川と新渡戸とのつながりは、石川の未発表の日記に、大正三年八月、軽井沢に新渡戸を見舞ったとの記述があり、『主婦之友』創刊以前に何らかの接点があったようである。『主婦之友』への寄稿は、一高生というエリートとは異なる勤労青年に向けた励ましと同様に、「主婦」となる女性に対し同様に期待を寄せたことによる。新渡戸が説いた「修養」は、自己一身を社会との関わりにおいて意味ある存在として認め、毎日を懸命に生きるそのことこそが修練につながるのだというメッセージであり、日常の暮らしに追われて自己を顧みることの出来ない人々にとって、人生をどう生きるかという一点において力強い光明となった。こうしたメッセージは、男性のみならず女性にも訴えかける力があり、『主婦之友』の読者欄「主婦倶楽部」には「日々の修養のため」（大正七年一月号、呉市　静子）、「わが身の修養にいたしたい」（同、東京　千草）など、「修養」という言葉が頻繁に登場した。石川が新渡戸に寄稿を依頼したのも、石川自身が新渡戸の「修養」論に力を得たという体験から、同じように読者を勇気づけたいと考えたことによる。

創刊号の「私が感心した独逸の主婦気質」は、法学者・山脇玄による「世界各国主婦気質」というシリーズものの第一回で、第二回は河井道子によるアメリカ、第三回は安井哲のイギリス、第四回は島崎藤村によるフランスの各国が取り上げられた。山脇玄は、福井出身で、十八歳年下の妻、山脇房子が山脇高等女学校を創設したことでも知られ、妻の活動に理解のある愛妻家という人物評が残されている。山脇は、『主婦之友』には第二号以降も記事を寄せており、草創期の主要な執筆者の一人であった。

「私が感心した独逸の主婦気質」は、山脇が明治三年から約七年にわたり文部省留学生としてドイツに留学した時の経験を語ったもので、親子四人の一家に下宿人が五人という総勢九人の家に、下宿人の一人として過ごした回想である。下宿先の一家は、盲目の退役軍人の父親、肥満のため満足に動けない母親、女学校を卒業した娘二人の四人家族で、姉娘が九人家内の世話を一身に引き受ける「一家の主婦役」であった。山脇は、この長女が他に靴磨きなどのための下僕と、通いでやって来る日雇いの老婆とを指揮し、年も若いのに実によく働いていたと述べている。

石川は、最初に「独逸の主婦気質」を取り上げ、第一次世界大戦の戦火の中、女性が戦地に赴く男性に代わってよく働き、「大は国家のことから小は一家庭の台所のことに至るまで、何から何まで絶えず新しい研究を試みるところ」を評価した。日々の小なる台所のことが大なる国家と並列に捉えられているというあり方は、新渡戸が説いた「修養」に呼応するものであり、国家のあり方として見習うべきものとして捉えられた。

第二回目の「私の感心した米国の主婦気質」は、新渡戸稲造の教え子であり、昭和四年に恵泉女学園を創立した河井道子（一八七七―一九五三）による記事である。河井は、伊勢山田の神官の家に生まれ、父の失職に伴い函館に移り、札幌のスミス女学校で新渡戸の教えを受け、その勧めでアメリカ・ブリンマー女子大学に留学、長く日本女子青年会（ＹＷＣＡ）の幹部を務めた。河井は、アメリカの「主婦」の特徴として、何もかも自分で行うこと、労力や手間を省くために機械や自動車を使う合理性を追求していること、子供の育て方においても甘やかさず適切に躾をすることなどを挙げ、その根本に「厳粛なる家庭の宗教」があると結論づけている。河井の観察は、アメリカにおける国力発展の源泉がキリスト教に基づき営まれる「家庭」にあるとし、そこに合理的価値を規範とする「主婦」の働きがあるとみなした。

第三回目の「英国の主婦気質」は、東京女子高等師範学校教授・安井哲によるもので、「主婦」を次のように位置づけている。

同じ主婦と申しても、結婚して夫に仕へ子供を養育してをる人だけとは限りません。英国にはいろいろな理由で未婚の生涯を送る婦人が多く、これらの婦人でも家庭にあつてはむろん主婦の役をつとめてをるので、一口に主婦といふ中にも、その種類は千差万別と申さねばなりません

こうした「主婦」のとらえ方は、山脇玄がドイツで四人家族の母親ではなく長女を「一家の主婦役」と見たのと同様に、妻の立場にある女性に限らず、一家を主宰する女性との意味づけによるものであった。一家を支える働きをこなす女性が「主婦」であり、必ずしも夫と妻のような対照関係を持つ言葉ではなく、女性ならではの働きを強調するものであったといえる。

「主婦」の意味づけは、女性が「家庭」を場として生きる「主婦」という立場を担うことで自己の存在を確かなものにできるという、女性の生き方に新たな一面を切り開くものであった。「主婦」という存在は、社会の中で女性が己の場を得て生きるということが困難であった時代、新たに生きる場となし得るものであった。「世界各国主婦気質」として「世界」という空間的な広がりとともに「主婦」が紹介されたのは、「主婦」の働きが国柄を特徴づけるほどの重みを持つものと認められたからであり、女性の存在が「主婦」という場を通して「国」へつながるものとして理解されたことによる。「世界各国主婦気質」は、西欧諸国を「主婦」という存在が活躍する条件が揃っているモデルとすべき場所とみなし、見習うべき模範とされ理想として紹介されたのである。

第四回目の島崎藤村「私の感心した仏国の主婦気質」では、「主婦」は既婚の女性を指す「夫のためには優しい内助者で、子女のためには温かい慈母」ととらえられ、河井道子と同様に、妻を称するものとして意味づけられている。その上で、第一次世界大戦下における女性の状況を次のように述べている。

今度の戦争が始まつて以来、夫や子供を多く戦場に送つてゐますが、彼等は男子に代り電車の車掌もやれば、銀行会社の事務員もやる。何でもかでも男子の業に代つてやつてゐます。私はある大きい印刷工場を見ましたが、凡て女子ばかりで、植字から器械の取扱まで一人の男子をも見ませんでした

男性に代わって女性が働く姿を伝えることで、女性が戦時下という危急の際に見事に役割を果たしていると述べている。このことは、夫との関係における妻や母としての働きの中で女性の働きをとらえるのではなく、国家における働きとの意味づけでとらえようとするものである。河井が述べた合理的価値に基づく働き方も、アメリカという国を支える源泉であるとして、同じように国家との関係における文脈で語られている。『主婦之友』は、第一次世界大戦のさなかにある国々の「主婦気質」に託し、国家における女性の活動という視点で、「主婦」の働きを位置づけようとしたのである。

『主婦之友』は、創刊号から読者の「家計記事」を募集し、「主婦」としての務めがいかなるものかを読者の実生活に即して紹介した。家計記事は、石川が『主婦之友』の創刊以前に手がけた『貯金の出来る生活法』と同様に、明治以降の社会に新たに登場した俸給生活を営む世帯を中心に取り上げられている。創刊号には、「懸賞発表　家計の実験」と題し三つの家計が掲載された。「懸賞」とはいえ、石川が創刊にあたって用意したものとみられる記事は、「共稼で月収三十三円」（神戸・ゆき子）、「六十五円で六人家内」（東京・とき子）、「月収八十五円の医学士」（大阪・春枝）の三編で、いずれも月給を得る勤め人の世帯であった。

二編目の「共稼で月収三十三円」は、結婚して一年の夫婦の家計で、役所に勤める夫の月手当二十三円、某会社の事務員を勤める妻の月給十円の合計三十三円が毎月の予算額である。妻が会社員として働くことは、「まだ子供もなき身、殊に将来に多くの希望を抱く身なれば今のうちに少しでも稼ぎためておきたい」との動機により、半年前から月給十円を天引きして「希望貯金」とし、この貯金に励まされて働いているという。そして、夫による収入二十三円を毎月の総収入とみなした予算を立てている（表3「共稼ぎで月収三十三円」の予算）。

この予算は、賄費には薪炭代が含まれること、二階の四畳半一間の間借であること、図書費については夫が「或る専門の学科を研究しているため余分に費用がかかる」ことが説明されている。また、被服費については、毎月積み立てておいて、安いものが見つかった時に買うといい、「一時に金を出すのでないから、同じことでも楽に出来るやうな気がいたします」と述べている。五円の雑費は、「交際費だの器具費だの、或は化粧料だの娯楽費だのを一緒にして」いるもので、二か月に一度、近くの名所めぐりをする費用も含まれている。

費目	金額（円）
賄費	9.00
間借代	3.00
電燈料	0.50
図書費	3.50
被覆費積立	2.00
雑費	5.00

表 3　「共稼で月収三十三円」の予算

記事の最後は、「感謝に満たされた今の生活」との小見出しで次のような感想が述べられている。

日曜の日やら毎日の夜分は、主人は勉強にいそしみ、私は台所の用がすめば主人の傍らで針仕事をいたします。自分たちの着物を縫つた合間には、他様の分もいたしますが、その仕立賃はためておいて盆正月に、御恩になつたお家への贈物のうちに加へてをります。かうして夫婦二人とも無病息災で働いてをりますのは、私共にとつての感謝の生活であります

この記事は、実在するものかどうか不明であるが、読者にこうした暮らし方もあるという模範例としてしめされたと考えられる。すなわち、将来を見据えて妻の勤めによる収入を貯金し、毎月の積み立てにより被服費を賄うという工夫をし、世話になった人への義理を欠かさず、二か月に一度程度は近くの名所めぐりをする楽しみを持つという暮らし方である。そして、記事の冒頭にある「私共が家をもつたのは昨年の春で、やうやく一ケ年を経たばかりの新家庭であります」との言葉は、これまでとは違った新しい生活を夫婦二人で力を合わせて築くというそのことを、「新家庭」という一言で言い表し、『主婦之友』がしめすあるべき「主婦」が活躍する場を象徴するものであった。

『主婦之友』の家計記事の体裁は、『婦人之友』において羽仁もと子がよりよい方法を指南する形式の「家政問答」とは大きく異なっている。『主婦之友』の場合は、記事によっては末尾に「記者」によるコメントが付されることが

あるものの、指南や助言などではなく、感想が述べられた読み物のような形であった。本文は、手紙のような語り口で淡々と説明が続き、毎月の予算が費目別にしめされ、結びに家計管理に関する感想や今後の決意が語られるという構成であった。『婦人之友』が実際の暮らしの悩みを受け止め、改善に向けて読者とともに具体的な実践を図るという姿勢をとったのに対し、『主婦之友』は、こうあって欲しいという理想の「主婦」像を追求し、提示し続けたといえる。

こうした家計記事のスタイルは、創刊から十年以上を経ても変わっていない。昭和五（一九三〇）年四月号の「中等教員の家計の内幕」は、三編の中等教員一家の家計を紹介した記事である。記事末尾の記者によるコメントは、「せめて日本の家庭が此の程度まで進んだならば」、「家庭として、精神的にも物質的にも、申分のないもの」と述べ、中等教員の家計の水準が経済的に余裕を持って暮らすことのできる代表と位置づけている。

一編目の「月収百卅八円の四人家内の生活」（山谷なつ子・関西）は、「近畿地方の田舎町の、某県立中学校」に勤める夫と、五歳と三歳の男の子の四人家族の家計を紹介した記事である。夫は、七年間小学校教員を勤めた後、六年前に中等教員の検定試験に合格したという。自分が大学教育を受けられなかったので、子供だけは二人とも大学まで進ませたいという希望で学資を作るため、月収一三八円のうち約三割にあたる四十八円を貯金している。貯金は、四十円分が毎月十円ずつ四口二年の月掛貯金で、昨春には二度目の満期を迎え、受け取った一、〇一一円をさらに有利な貯金にしているという。残る八円は、長男五円、次男三円ずつに分けた十年据置の郵便貯金で、毎年一円ずつ増やし中学校入学の月まで継続する計画という。十年の継続で、それぞれ千円を超える計算である。

予算は、翌年には官吏減俸令が打ち出される緊縮財政のもと、出費を抑える工夫や質素な生活態度とともに紹介されている（**表4**「月収一三八円の四人家内の生活」の予算）。食費のうち副食物にかかる費用は、「一日四十五銭の割、これで栄養は充分摂れます」という計算により、月一三円五〇銭が計上されている。予算の四五銭より低く抑え

費目	金額	内訳（記載のあるもの）	金額（円）
貯金	48.00		
住居費	15.40	家賃	13.00
		電燈料	2.00
		町内費	0.40
食事費	33.40	米代	8.50
		副食物費	13.50
		燃料費	記載なし
		間食費	記載なし
「月給引去高」	16.15	慶弔費・同窓会費・交際費等	2.67
		散髪代・化粧品代等小遣	4.48
		研究費	5.00
		主人生命保険料	4.00
雑費	6.10	交際費	2.00
		通信費	0.60
		風呂代	1.00
		雑誌代	1.50
		新聞代	1.00
積立費	18.50	医薬費	3.00
		税金	1.50
		家具費	1.00
		衣服費	8.00
		予備費	5.00
合計	137.55		

表4 「月収一三八円の四人家内の生活」の予算

られた場合は、剰余分を繰り越し、七、八〇銭ほどになったら「子供たちの喜びそうな、滋養分の高いもの」を買ったり、食後にリンゴを出すなどするという。反対に超過した場合は、夫婦が野菜だけで済ますこともあるという。予備費は、不時の支出用で、年に二回の帰省、大阪・京都の動物園等への費用、海岸への小旅行を一日する際の費用であるという。この他、月給の六、七割分となる年末賞与は、国許の父母への贈り物にあてた残額を貯金しているという。賞与の貯金は、別口貯金として五年間で三〇〇円ほどになっており、慶弔費等に充てているという。

こうした工夫は、見習うべき事例として紹介された。なかでも貯金の推奨は、『主婦之友』の創刊号より一貫して説かれ続けた。創刊号の「共稼で月収三十三円」（神戸・ゆき子）における予算は、収入三三円のうち三割に相当する一〇円を貯金するものであった。「月収百卅八円の四人家内の生活」においても約三割を貯金している。貯金に成功したという経験談は、何度も募集のテーマとされ、「一千円」「一万円」などの目標を達成したという体験記がしばしば掲載された[10]。貯金は、「主婦」としてなすべき家計管理の筆頭として繰り返し強調され、定着したといえる。

『主婦之友』に掲載された家計記事は、大正六年の創刊から昭和一八（一九四三）年までの二十六年間に約四八〇余りを数える[11]（巻末表5『主婦之友』「家計記事一覧」参照）。『主婦之友』は、昭和初年代には雑誌の厚みが最大五七八ページとなったものの、二十年には五〇ページ台まで減少し、この間、昭和十九年五月号以降昭和二〇年八月号まで、家計に関する記事が途絶えている。

大正十四年十一月号から翌年六月号にかけては、七〇円前後、一〇〇円、一五〇円、二〇〇円の収入額別の家計が募集されたほか、農家や商家も含む職業別、病人を抱える家計（昭和八年八月号）や借金返済（昭和十年十二月）などの個別の事情によるもの、副業や内職で収入増に成功したもの、貯金に成功した事例など多岐にわたっている。特に、昭和四年から五年にかけては、職業別の家計を募集し、小学校教員、医師、警察官、船員、裁判官、鉄道従業員、小売商店の例が掲載され、さらに「新世帯の家計」（昭和四年七月号）、「女の収入で生活する家計の実験」（昭和五年十一月号）などの個別具体的な事例も募集されるなど、家計記事の掲載が最も盛んな時期となった。

募集の内容は、医師や小売商店、農家などを除き、いわゆるサラリーマンが対象であった。このほか、「新世帯」の家計として募集された場合も教員と銀行員の二例で、やはり一定の収入を得る勤め人の家計である。ただし、「女の収入」の場合は、姉妹の給料によるもの、女給、生花師匠、下宿経営と内職という四例で、賞与や職務付加等の各種手当てのある会社員や公務員とは異なっている。家計記事は、一九二〇年代後半から一九三〇年代にかけて、夫の給料によって生活するという暮らし方が社会に行き渡り、標準的な生活のあり方として認識されていたことが表れている。

昭和四年から五年にかけて募集された職業別の家計記事における収入は、最も低いものが月収五五円の水夫、次いで月収六四円の小学校訓導、六五円の警視庁巡査と続き、医師の月収四八〇円が最も高額であった。このことから、『主婦之友』の読者がさまざまな階層に広く分布していたことがうかがえる。多様な収入や職業における家計の紹介は、あらゆる階層のあらゆる女性が、生活水準や教育程度の別、さらには地域差を超えて均一に「主婦」として認識され得るようになったことを表している。『主婦之友』の家計記事は、見習うべき模範的な生活態度を、具体的な生活の場に即してしめすことのできる素材であり、そのため、家計記事が募集され掲載され続けたといえる。何より、読者からの要望に応えるものとして掲載されたと考えられる。

家計記事は、サラリーマンの世帯が社会の中で一定の層を形成し、給料に基づく家計管理が課題となった時代に、一定の収入を遣り繰りする技術として家政運営に必要とされ、家計管理を具体的にどのようになすべきかという声に応えるものとして登場した。しかし、それ以上に、他の家計の例を知ることで自己の立ち位置を知りたいという欲求に応えるものとして、求められたのではないだろうか。家計記事は、新たに勃興したサラリーマン世帯が、他の暮らしを知ることで自分の状況を確認し、社会の中でどのような位置にあるのかを知る手がかりでもあった。家計記事の掲載には、村の中でお互いの暮らし向きがおおよそ把握できるというあり方とは異なり、社会の中で自己の立ち位置を知ることも出来ず、一戸一戸が個々に浮遊しているかのような、サラリーマン世帯の出現が背景にあった。それだけに、自らの位置を他との比較で把握し、不安や不満を解消しつつ現状に確信を得たいという読者の欲求に応えるものとして掲載されたと考えられる。

いろいろな暮らしぶりが紹介された家計記事は、当時の日常の暮らしの一端を映し出すものとみることができ、読者の生活水準を推察する材料の一つともなりうる。しかし、一つ一つの事例はあまりに個別的であり、必ずしも読者層の全体を俯瞰できるものとはいえない。また、家計記事にしめされた数値は、多くの場合が予算の値であり支出の実態を反映したものではない。読者は、記事を参照することで世間の暮らしの相場を知るとともに自己の生活水準を把握し、遣り繰り算段を現実の生活に具体化することで「主婦」たることを自覚し、地に足のついた生活を営むことが出来たのではないだろうか。家計記事は、個別的な事情をふまえつつ自己の暮らしと他者とを比較し、最終的に自分の暮らしはまだマシであると納得するための軸を提供してくれるものとして読まれたと考えられる。こうした需要は、『主婦之友』を一躍人気雑誌の地位に押し上げる要因となったとみられる。

それだけに、日常生活の中での不満や不安を、どのように解決するかということに『主婦之友』の読者の関心が集まったと思われる。このことは、他と比べて自分はまだ幸せだと思えるような、不安を和らげ不満を解消し、心の隙間を埋めるものが求められたことをしめしている。

『主婦之友』は、創刊号に「写真鑑定　婦人の運命判断」という記事を掲載し、顔写真をもとに未来の吉凶禍福を判断するという一種の占いのような内容を取り上げている。この記事は、当時観相学家として知られた船井梅南によるもので、関東大震災直前の大正十二年九月号まで「読者の運命判断」、「男女の運命判断」などとタイトルを変えながら続き、その後も眉の形から運命を占うなどの、いわゆる骨相学を元にしたものが断続的に掲載されている。また、読者欄においても直接鑑定を依頼する手紙を掲載し、「三百里を隔てた遠方から、わざ〳〵出京して」来る読者もあると「愛読者と記者」の欄で紹介している。昭和二年には主婦之友社より船井梅南著『顔形でわかる運命の自己判断法』という書籍が刊行されるなど、人気の企画の一つであったようである。

「運命判断」の人気の高さは、『主婦之友』が初めての別冊付録として大正七年一月号に「開運独り占い」を付したことにもうかがえる。「独り占い」というタイトルからは、自分の行く末が目には見えない何かに動かされているのではないかと意識することによって、日常の暮らしに生じる心配ごとや厄介な悩み、不条理な問題をやりすごし、日々を無事に生きたいという願いを読み取ることができるのではないだろうか。「運命判断」は、何か目に見えないものの力に左右される非合理的な世界を、目に見える把握可能なものに転換して納得したいという欲求に応え、安心を与えてくれるものであったといえる。

『主婦之友』創刊号に掲載された「家庭漫画　どちらが仕合でせう？」（図7）は、『主婦之友』が読者に心の隙間を埋めるものとして求められたことを読み取ることが出来る。「家庭漫画　どちらが仕合でせう？」は、お金持ちと

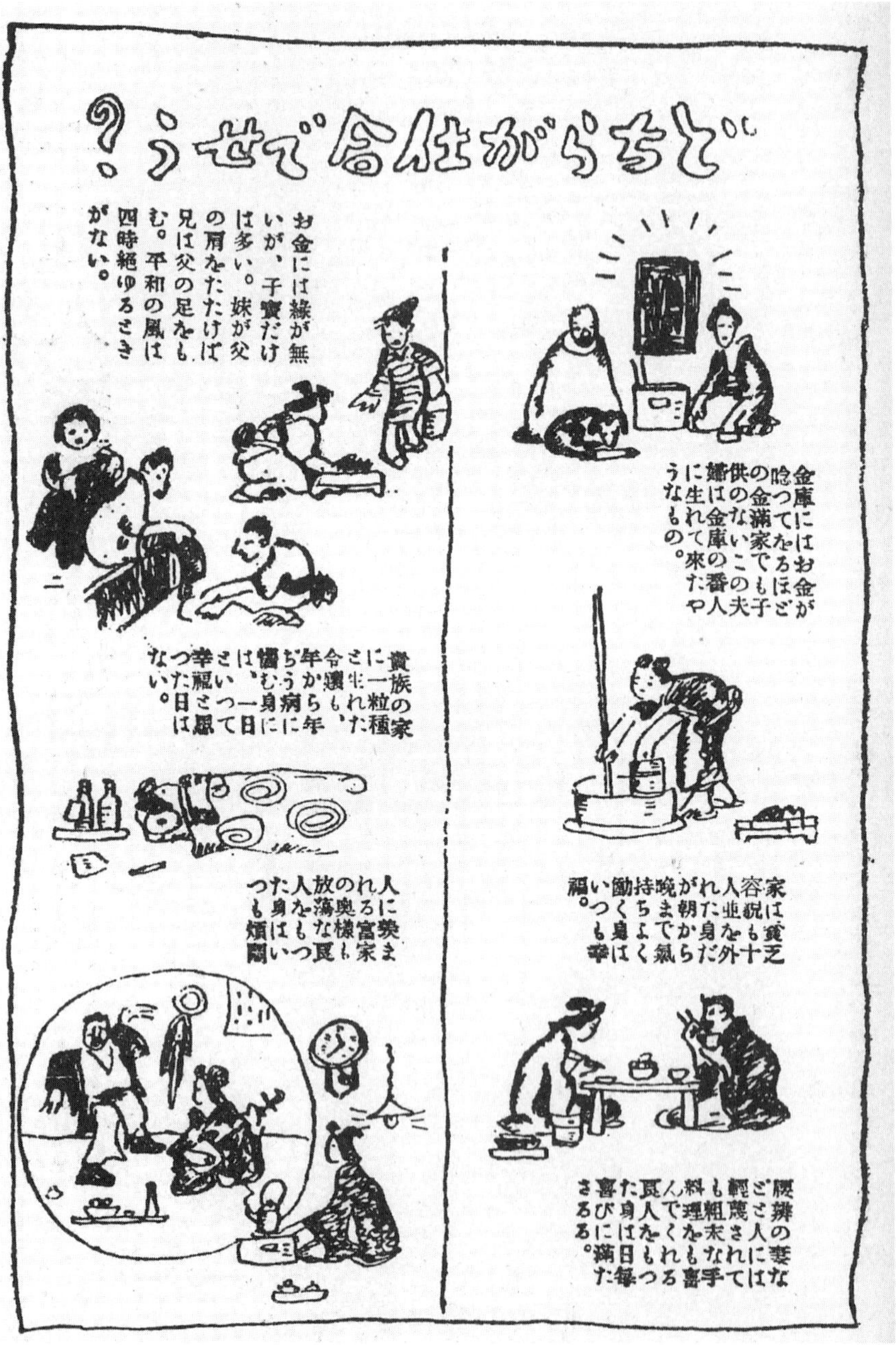

図７　「どちらが仕合うでせう？」（『主婦の友』大正６年３月号）

貧乏の場合とで三通りの場面を描き分け、幸せとは何かを問いかけたものである。一つ目は、「金庫にはお金が唸ってをるほどの金満家でも子供のないこの夫婦は金庫の番人に生れて来たやうなもの」との説明が付され、金持ちで子供がない夫婦と、貧乏だが子宝に恵まれた夫婦との対比である。まばゆい光を放つ金庫を背にしたお金持ち夫婦の姿は、火鉢の横に猫背気味で座る妻と犬が寄り添う夫とがそれぞれ正面を向いて座っているという構図で、寂しげな様子で描かれている。

これに対し貧乏の一家は、「お金には縁が無いが、子宝だけは多い。妹が父の肩をたたけば兄は父の足をもむ。平和の風は四時絶ゆるときがない」との説明とともに、親にまとわりつく子供たちの姿とともに賑やかな様子が描かれている。二つ目は、「貴族の家に一粒種と生れた令嬢も、年から年ぢう病に悩む身は、一日といつて幸福と思つた日はない」という布団に伏せる病身の女性と、「家は貧乏容貌も十人並を外れた身だが朝から晩まで気持ちよく働く身はいつも幸福」という、たすき掛けで井戸から水汲みをして働く女性が描かれている。三番目は、「人に羨まれる富家の奥様も放蕩な良人をもつた身はいつも煩悶」という説明付きで、深夜十二時近くを指す時計の下で不在の夫がどこかで芸者遊びをする様子をぼんやり想像しているという妻の姿と、ちゃぶ台の食膳を囲む若い夫婦の姿を描いた漫画である。夫婦の食卓を描いた漫画は、次のような解説が付されている。

腰弁の妻などと人には軽蔑されても粗末な手料理をも喜んでくれる良人をもつた身は日毎喜びに満たさるる

ここでは、人から軽蔑される「腰弁の妻」にすぎないとの悲哀とともに、優しい夫がいるということだけで喜びを感じることができると語られている。漫画「どちらが仕合でせう?」は、金銭の多寡や人から羨まれることが幸せの尺度なのではないと説き、丈夫な身体と思いやりのある夫がいれば十分と言い聞かせることで、何とか生きていくことができるという、ごく普通の日常を生きる人々の思いを映し出すものであった。

『主婦之友』は、石川が関わりを持った『婦女界』や『婦人之友』と同じような内容を掲載していた。『婦女界』の創刊号には、「閑院宮妃殿下の御平生」という記事が掲載され、同妃の台覧を得たことが紹介されている。皇族を取り上げることは、『主婦之友』においても大正七年六月号に皇后宮大夫であった大森鐘一の談話「主婦の模範と仰ぐ皇后陛下の御日常」を掲載したほか、皇族の女性の様子を巻頭のグラビアで紹介したことにも共通している。「世界各国主婦気質」の第二回目に登場した河井道子は、『婦人之友』の明治四十四年六月号に「私の見て来ました西洋の家庭」と題する記事を寄せ、前年に基督教女子青年会の世界大会に出席し欧米各国を歴訪した際の西洋経験を語るなど、同じテーマの話を述べている。このほか、家計に関する記事、「衛生問答」「家庭の実験」の募集も、『婦女界』においてすでに試られたものであった。『主婦之友』の創刊号が『婦女界』と同じ三月号であり、表紙に雛人形があしらわれたことも、『婦女界』を意識したものかもしれない。

しかし、似たような内容を取り上げていたにもかかわらず、『主婦之友』は創刊から四年で「東洋一」を称する売り上げを記録するまでに成長する。一万部からスタートした『主婦之友』は、創刊から約二年後の大正八年の暮れには『婦女界』、『婦人世界』とほとんど並ぶ発行部数となり、創刊四年目には「東洋一」の二十二万部に達した(12)。大正十二年には神田駿河台の病院建物を敷地ごと買い取り、改装して新社屋とするまでに発展した。この社屋は、同年九月の関東大震災により移転からわずか三カ月で焼失したものの、その後近江兄弟社のウィリアム・ヴォーリズに設計を依頼し、大正十四年に地上四階地下一階の鉄筋コンクリートの新社屋を完成させている。また、大正十三年には、資本金百万円で株式会社に移行している(13)。昭和期に発行部数一〇〇万部を超えた『主婦之友』は、大正から昭和にかけて多くの読者を擁する人気雑誌として定着した。

『主婦之友』は、自らの場を確認し他を知り比較することで幸せを実感できる軸を与えてくれるものとして支持を得た。このことは、石川が『婦人之友』から去ることとなった要因の一つともいえる。『婦人之友』の場合、幸せかどうかをしめしてくれる導きの糸は、編者である羽仁もと子に寄り添うという判断により読者自身が内なるものとして持っていたのであり、『主婦之友』の読者が雑誌に求めたというあり方とは異なっていた。

雑誌の差異は、全国に「友の会」を組織した『婦人之友』と、組織化の試みを打ち出しつつ実現しえなかったことにも表れている。『婦人之友』の「友の会」は、昭和五（一九三〇）年一一月の設立以来現在も活動が続く組織である。羽仁もと子は、『婦人之友』の前身の『家庭之友』において「家庭読書会の案」という記事を発表し、「友の会」の祖型ともいうべき構想をしめした。また、『婦女界』は、創刊号で「善行旌表会」を発会し、大正三年には社内に「大日本婦人修養会」を設立し入会金一円で会員を募り、読者の組織化を図った(14)。

『主婦之友』は、創刊から五年半を経た大正十一年九月号に「「主婦の会」の創設を提唱」という記事を掲載した。記事は、副題に「少数の有志婦人で全国到る所に創設して頂きたい」と掲げ、少人数の茶飲み話ができるような場を作り、隣近所での井戸端会議のような趣で憂さ晴らしをしながら、お互いの経験談をもとに生活の技術を磨くことを提案した。その呼びかけは、暮らしの「実務」を重視するという目線で次のように語られた。

お惣菜の拵へ方、掃除の仕方、着物の洗ひ方などにしても、昨日より今日は進歩がなくてはならぬのが本当です。子供の着物を不便な和服から軽便な洋服にかへたこと、そこにも母としての成長があつた筈です。経済の取り方、人との交際にあらゆる日常生活に、成長の余地はありあまるほどあります。近来多くの人が家庭の実務を一言に卑近なものと見下す傾向がありますが、家庭の実務こそは、最も生活に即したものといはねばなりません。私共が食物なしに生きて行かれぬ以上、人間が赤坊からだんぐ大人になつてゆく以上、炊事も育児も、人生の最も大きな仕事であります

『主婦之友』は、目の前の「家庭の実務」をこなしていくことにこそ「人生の最も大きな仕事」としての意義があると説いた。「主婦の会」は、読者同士を組織し、雑誌の読み方を提示することで「人生の最も大きな仕事」に裨益しようとする試みであった。この記事に呼応するかのように、地方の読者が組織した「読者会」を母胎に新しい婦人

会が生まれたことが報告されている。[15]しかし、この後雑誌が組織化を主導するような動きにはいたらず、「主婦の会」創設計画はいつしか雲散霧消し結局実現することはなかった。このことは、現在まで続く全国規模の「友の会」組織を築いた『婦人之友』や、雑誌を基盤とする「修養会」を創設した『婦女界』などとは大きく異なっている。大量の読者を集めた『主婦之友』が組織化しえなかったことは、近代日本の「主婦」という存在が抱えた問題の一端を映し出すものではないだろうか。目の前の家事の実務をこなすことに焦点を当てた「主婦の会」は、即物的な技術の伝授という目的においては一時的に効力を発揮しえたと考えられる。しかし、どのように生きるかという問いに呼応するものではなく、目前の目的にのみ対応するものといえ、求心力や持続力を持ちえなかった。こうした『主婦之友』の特質を踏まえながら、「主婦」という女性像が如何なるものとして提示されたのかを次節以下で明らかにしたい。

第二節　日常生活との乖離

「主婦」とは如何なる女性像なのかということは、大正六年に『主婦之友』が創刊される以前から問われている。『婦人之友』明治四十四年六月号の「若き主婦の一日」は、昆虫学者で後に理学博士となった三宅恒方夫人・やす子を取り上げ、写真で一日の過ごし方を紹介するというグラビア記事である。三宅やす子は加藤弘之の姪にあたり、三十一歳で未亡人となり、夫亡き後文筆によって生活を支え、『主婦之友』の執筆者としても名を連ねた人物で、作家の三宅艶子は娘である。夫の恒方は、三宅雪嶺の甥にあたり、大正十年に腸チフスのため四十一歳で亡くなっている。やす子は、夫の恒方が夏目漱石の門下であった縁から夫のすすめで漱石に師事し、漱石の没後は小宮豊隆に師事した。

誌面は、見開き右ページに午前の様子四枚、左に午後の様子五枚が時系列で配置され、それぞれ短い説明が付されている。午前中は、「一、女中を相手にお掃除を済ませ」、「二、三十分ほど読書をする」、「三、肴屋が参りました、何か思ひつきなものはないかと、台所に出て見る」、「四、今日は珍しい五月晴。こんな日にこそ張物をと、襷がけ甲斐々しく庭に出る」という四つの場面を描き、午後には「五、静かな昼すぎを、花をいけてゐる」、「六、お隣りの奥さん、ぼっちゃんをつれて見える」、「七、モー四時、ソロ〳〵晩のしたくにかゝる」、「八、夜は裁縫を少しゝて」、「九、家計簿と日記をつける」という五つの場面が取り上げられた一日である。

記事は、後年三男一女に恵まれる夫婦の、新婚一年目の未だ子供がいない時で、夫に関する説明もなく、妻や母としての立場も描かれていない。翌月号には、同じ巻頭グラビアに「若き母親の一日」が掲載されており、「主婦」と「母」としての存在が別個のものとしてとらえられている。二、三十分の読書や花を活ける時間は、新婚の間ならではの時間のゆとりを反映している。「若き主婦の一日」は、掃除や食事の支度、洗濯、裁縫、買い物をこなし、女中を監督し、隣近所との付き合いや家計簿を記録し日記をつける家政運営を「主婦」の務めとして説いた。

『主婦之友』の創刊号には、安部磯雄夫人・安部こまをによる「十五人家内の主婦としての私の日常」が掲載された。八十七歳の叔母と八十一歳の母、夫婦と子供八人、親類から預かっている子供二人、女中一人の総勢十五人という一家である。記事のほか、巻頭の写真ページには「安部磯雄氏の御家庭」と題する家族写真が掲載され、叔母、母、安部磯雄・こまを夫妻と六人の子供たちの総勢十名が揃って写っている。記事は、冒頭に記者の言葉として「安部さんの奥さんといへば、『大家内の主婦として能く家を治めておいでになる方だ』といつて、誰でも感心して賞めないものはございません」という紹介文を掲載し、大人数の家内を切り盛りする姿を「主婦」の模範と称賛した。

その日常は、「大家内」故に洗濯物がたくさん出るため一日おきに洗濯することや、少しでも良い品を安価で買い入れるため、二、三日に一度の割合で二十町も三十町も遠方の店まで買い物に出かけること、夕食に全員が揃うことが難しく時間差が生じるため面倒が尽きないことなどが語られている。そして、女中は一人だけで、「人手を借るよりも、私の働ける間は私の体で働きたいと覚悟」との考え方で「余りに忙しいので、病気をする暇もない」との奮闘の日々が語られている。こうした日常の様子は、なすべき仕事が際限なく続き、決して無駄な時間を過ごす余地もないことを主張するものである。

『婦人之友』や『主婦之友』が説いた「主婦」としての過ごし方は、夫が不在の間何をして過ごすのかに主な関心が集まっていたことを表している。『主婦之友』は、女性だけでなく男性も読む雑誌として、独身男性からの投書や、夫が妻のために買い求めるという声が読者欄に掲載された。(16) このことは、妻たる女性に対し、「主婦」としてこのように過ごして欲しいという期待を代弁し、それに応える内容を持つものであったことによる。

こうした要望は、『主婦之友』創刊号の「良人から若き妻への註文二十ヶ条」という記事にも表れている。記事は、中学時代からの旧友四人が集まった折、「気焔を上げて妻への註文を持ち出した」という趣向で、妻に対する要望が語られている。条文は、「笑談の一つぐらゐは言つて貰ひたい」「いつも晴れやかな顔を見せてほしい」「愚痴や不平を夫の前で言はぬやうに」「帰宅の時は直ぐ出迎ひに出るやうに」などの要望から、「家の内をだらしなくせぬやうに」「出来ることなら毎日変つた料理を」「家計が不如意でもクヨ〳〵せぬ事」「小説以外にも眼を通してほしい」など、家政運営に手腕を発揮することを求めるものまで、妻にはこうあって欲しいという願望であった。

翌月号には「妻から良人への註文二十ヶ条」として「四人の若奥様」による要望が掲載され、均等に男女双方の言い分を取り上げている。妻からの「註文」は、「外出先を知らしてください」「帰宅の時刻をいつてください」「外出の時刻は前以てから」「外では食事をせぬやうに」など、夫の外出や帰宅時間、食事の要不要など、夫の家の外での付き合いをめぐるものが目立つ。

これらの記事は、雑誌が「主婦」としてあるべき暮らしぶりを説くなかで、夫にはこのようにあって欲しいという願望と、妻には夫が不在の時間をこのように過ごして欲しいという要望とともに、妻として夫の家の外での過ごし方について把握したいとの訴えを代弁したものといえる。「主婦」という女性像が求められた背景には、夫婦がお互いの存在が見えない時間を過ごすことが前提となる暮らし方で、互いに相手がどのように過ごしているかに確信が持てず、隣近所のような小さな生活空間の中で把握することもできないという新たな社会のあり方があった。「主婦」は、夫が不在の時間も不断に「主婦」としての仕事に精力を傾けることが前提とされた。「主婦」という女性像は、夫婦が相互の不安を解消し安心を得るために求められ造型された、新たな社会的存在であった。それだけに、その過ごし方が具体的に解説されるなど、いわば型が提示されることとなった。

『主婦之友』は、「主婦」としてあるべき姿を「重宝記」の形でまとめてしめした。雑誌に「重宝記」を掲載することは、石川が『主婦之友』の刊行以前にすでに具体化している。『婦女界』大正四年新年号の付録「家政百箇条」は、『婦女界』を手伝っていた石川が考案した企画といわれる。「家政百箇条」は、料理、掃除、洗濯をはじめ食事や訪問の作法、美容法、療法、郵便に関する心得など、十五項目計百カ条の「仕方」や「心得」を七八頁にわたって紹介したものである。用紙を自分で裁断し、文庫本サイズの冊子にできる体裁であった。文字だけの構成ながら、石川による婦人雑誌の付録に「重宝記」を取り入れるという構想が反映された最初の試みであった。

石川は、『主婦之友』の創刊号にも「重宝記」の要素を取り入れている。『主婦之友』創刊号には、「主婦重宝記」と題する一頁のコラム記事があり、大正六年中連載され、「切疵には塩か砂糖を」「足袋の底を洗ふには」などのいわゆる豆知識が紹介された。ほかに、「知らねばならぬ主婦の心得」というページがあり、「牡蠣の剥身買ひは不経済」「上手なお米の研ぎ方」など、経済的な買い物に関する豆知識が紹介されている。また、「お女中の心得」という「家政に熱心なる某夫人」が書き記したという設定の記事もあり、九月号までの五回の連載で毎号二十項目の「心得」が挙げられた。第一回は「お掃除の仕方」で、以下「お取次の仕方」「用を命ぜられた時の心得」「炊事に就ての心得」「洗濯物に就ての注意」がテーマとなった。『主婦之友』は、「主婦重宝記」としていわゆる民間療法や洗濯などの分野を、「知らねばならぬ主婦の心得」として台所の経済に関する知識を、さらに「お女中の心得」として雇い主である「主婦」が知っておくべき女中の仕事を解説した。「重宝記」としての情報は、やがて別冊付録へと集約された。

『主婦之友』の別冊付録は、創刊から初めての新年を迎えた大正七年新年号の『開運独占い』が最初であった。これ以降、新年号に付録を付けることが定番となり、大正八年新年号の『奥様重宝記』、大正九年の『家庭重宝記』、十年『家庭重宝記』、十二年『家庭百科婦人重宝辞典』（図8）、十三年『家庭重宝辞典』、十五年『家庭重宝年鑑』と続き、「重宝記」が新年号付録の恒例となった。[17]『主婦之友』の昭和二十年までの別冊付録は、**巻末の表6**「『主婦之友』懸賞募集問題・特集名・別冊付録一覧」の通りである。付録の「重宝記」は、知っていると役に立つ知識を誌面から冊子の形に切り出し、手許に置いて参照しやすくまとめたものであった。『主婦之友』は、「主婦」として心得ておくべ知識を集積した「重宝記」を付録とすることで、より便利な形で読者に提供することとなった。

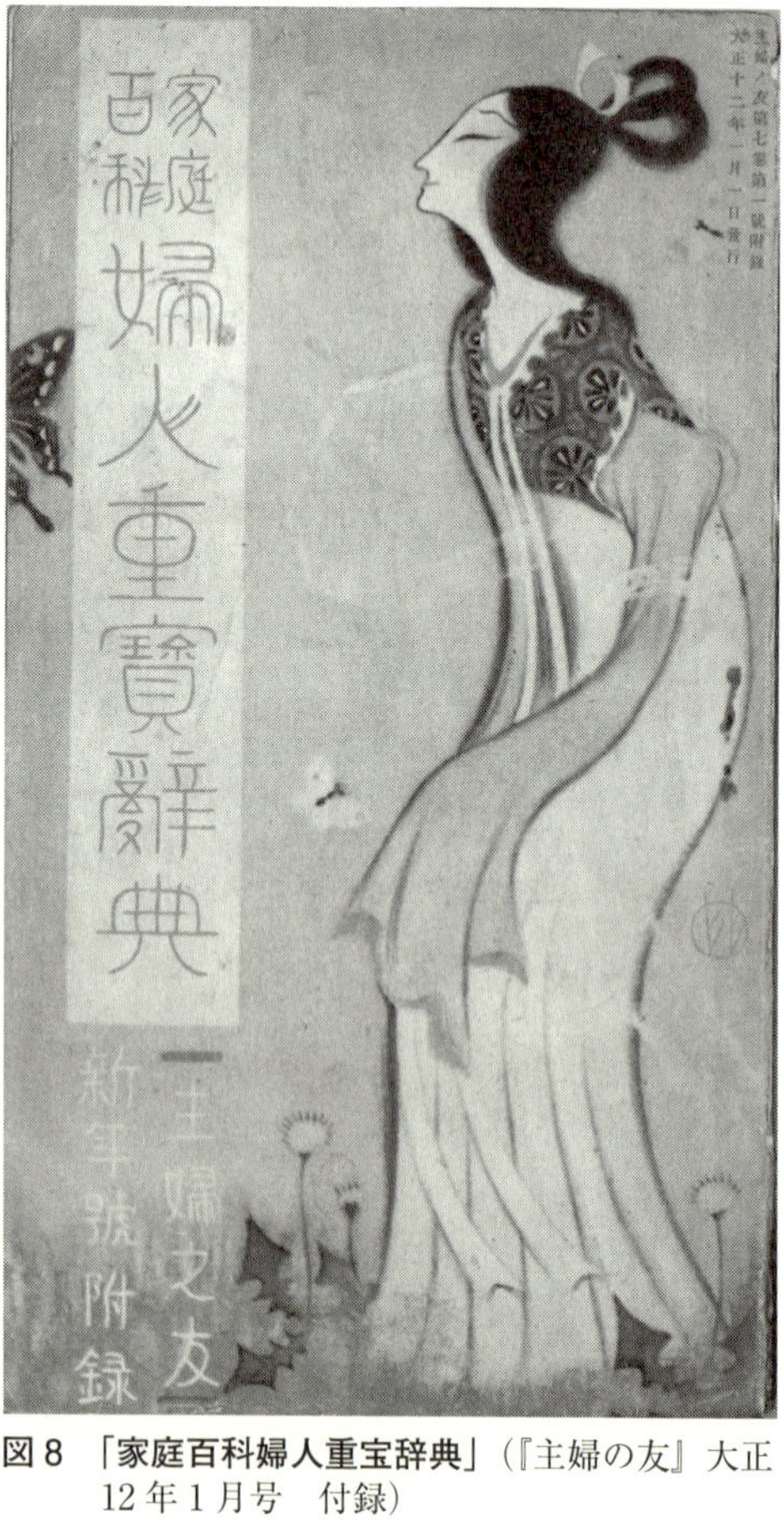

図8　「家庭百科婦人重宝辞典」（『主婦の友』大正12年1月号　付録）

別冊付録の「重宝記」の内容は、暮らしに役立つ実践的なものであり、新しい情報を取り入れ最新のものへと更新された。一例として、大正十（一九二一）年新年号付録『家庭重宝記』に掲載された「ミシン用の針」および「ビールの注ぎ方」という項目は、それまで発行されていた「重宝記」にはみられなかったものである。この頃『主婦之友』は、月間発行部数を二十二万部に伸ばし「東洋一」と称していた[18]。シンガーミシンの販売台数は、一九二〇年代に年間五万台から八万台の範囲に達しており[19]、ミシンの普及とともにミシンへの関心が高まり、その購買層が『主婦之友』の読者層とも重なっていたことが推察される。「ミシン用の針」に関する情報は、こうした背景をふまえてしめされたといえる。

「ビールの注ぎ方」という項目は、酒の飲み方が変化したことを反映している。外の世界で済んでいた交際が家の中に持ち込まれ、家で妻がお酌をする場面が増えたのである。また、夫に好かれる妻という新たな課題が登場し、そのためのしぐさが指南されたといえる。『主婦之友』は、こうした事柄を「主婦」として知っておかなければならないたしなみとして取り込み、「重宝記」の中で紹介したのである。

大正十三年新年号付録の『家庭重宝辞典』では、大正十年にはなかった「家庭で心得おくべき法律知識（十二）」、「誰にも必要な非常時の心得（十六）」、「各種女学校の入学案内（十九）」、「婦人職業紹介所と内職授産所（二十）」などの項目が取り上げられている[20]。法律の知識や災害への対応、学校案内や職業案内など、より幅広い知識と社会生活への対応が求められていたことが表れていた。

大正十五年新年号付録『家庭重宝年鑑』は、二三九頁に全三十九章を収め、雑誌本体並みの装丁で「一部金五十銭（送料二銭）」とされ、贈答用のまとめ買いも想定し「年末年始御贈答用として三十部以上取りまとめて御注文の場合は、特に一部金三十銭でお頒けいたします」との注意書きが付されている。『主婦之友』の「重宝記」は、本誌に匹敵する分量で、雑誌の付録以上の体裁を誇るまでになった。

『家庭重宝年鑑』は、冒頭に「大日本帝国皇室」を掲げ、各種統計や法律に関する情報のみならず、裁縫、料理などの家事や育児の方法、医療、美容や礼儀作法についての項目も配置し、必要とされる知識を最大漏らさず網羅した、女性向け「重宝記」の完成形態ともいえる構成であった。[21] それまでの「重宝記」にみられなかった項目は、「写真によく写る心得（九）」、スポーツ、「ラヂオ」などがある。巻末には「諸届様式」「税」の項目も収められ、便利な暮らしの虎の巻のような役割も兼ねていた。さらに、産院、結核療養所、病院、授産場、各種女学校、職業紹介所と託児所などの諸施設の情報を全国規模でしめし、最新かつ膨大な情報を提供した。『主婦之友』は、付録の「重宝記」に雑誌本体にも劣らぬ力を注ぎ、書籍の形で発行される「重宝記」にはみられなかった実践的な内容を取り入れ、女性が心得るべきとされた知識の形を整えたのである。

雑誌の付録とされた「重宝記」は、豊富な挿絵や写真、図などにより、多様な情報を視覚的にわかりやすくしめす媒体であった。「重宝記」を付録とすることは、『主婦之友』以外の雑誌においても試みられ、人気を集めた企画であったことがうかがえる。『婦人倶楽部』の昭和三（一九二八）年新年号付録『昭和婦人新文庫』は、B六判約三百ページの外箱付きハードカバー洋装という体裁の「重宝記」で、雑誌の付録というよりほとんど一般の書籍のような装丁であった。『昭和婦人新文庫』は、娘時代から結婚、出産を経て母となった後にいたるまでの出来事を時系列に沿って解説するもので、「結婚準備花嫁学問」「新時代の夫婦学」「処女と妻が持つ悩みの解決」「妊娠の生理と安産法」「最新美容秘訣集」「主婦の常識百科顧問」の六編が収められた。

同じく『婦人倶楽部』の昭和七年新年号付録『新時代婦人心得　知らねば恥大画帖』は、B五判の折り本という体裁で、表面・裏面それぞれ三十二ページにわたって一目見てすぐに分かるという写真やイラスト、漫画のページを設けてさまざまな作法を解説したものである。取り上げられた作法は、和室、洋室それぞれの場合の「訪問接客作法」、訪問着の着付けを解説した「訪問姿の出来るまで」、和洋それぞれの食膳での作法を説いた「和食饗応の作法」および「洋食の頂き方の作法」、新婚者に向けた「新妻の嗜み」、着物姿での「美しい身のこなし方」の七編である。

田川水泡の漫画「贈答縮尻」が見開き二ページで掲載され、写真のモデルに栗島すみ子や子役の高峰秀子など映画女優が起用されるなど、新年号らしく華やかな内容となっている。また、悪い例もしめされ、滑稽な漫画で「これは失礼集」「みっともないから止めませう」「こんなことをすると笑はれます」「洋食の不作法」「当世親馬鹿集」「嫌はれる女」などが描かれている。『新時代婦人心得　知らねば恥大画帖』は、身のこなしや礼儀作法に特化した「重宝記」の一種であり、こうした心得を「知らねば恥」とまで断言し、『婦人倶楽部』という雑誌が「常識」としての認識を広めようとしたものといえる。

『新時代婦人心得　知らねば恥大画帖』がしめした「失礼」とされた動作は、「（6）相手の話をうはの空で聞いてゐるのは失礼」「（19）お話をしながらチョイ〳〵と時計を見るのは失礼」などで、「みっともない」とされたのは、「（8）人前でお化粧　折角の御令嬢もお里を疑はれます」「（12）汚れた白足袋　汚れたハンカチーフ　盛装しても差引ゼロ」（図9）などで、新しい時代の社交を意識した、他者の目を意識すべきとの警句であった。こうした内容は、礼儀作法以前の社会性を問うものであり、見ず知らずの世間に身を置くことが人生の階梯に必ず訪れることをふまえ、人並みの範疇から外れず、共通理解の範囲内に収まることを世渡りのコツとして提示したものであった。これらは、新しいたしなみとして、旧

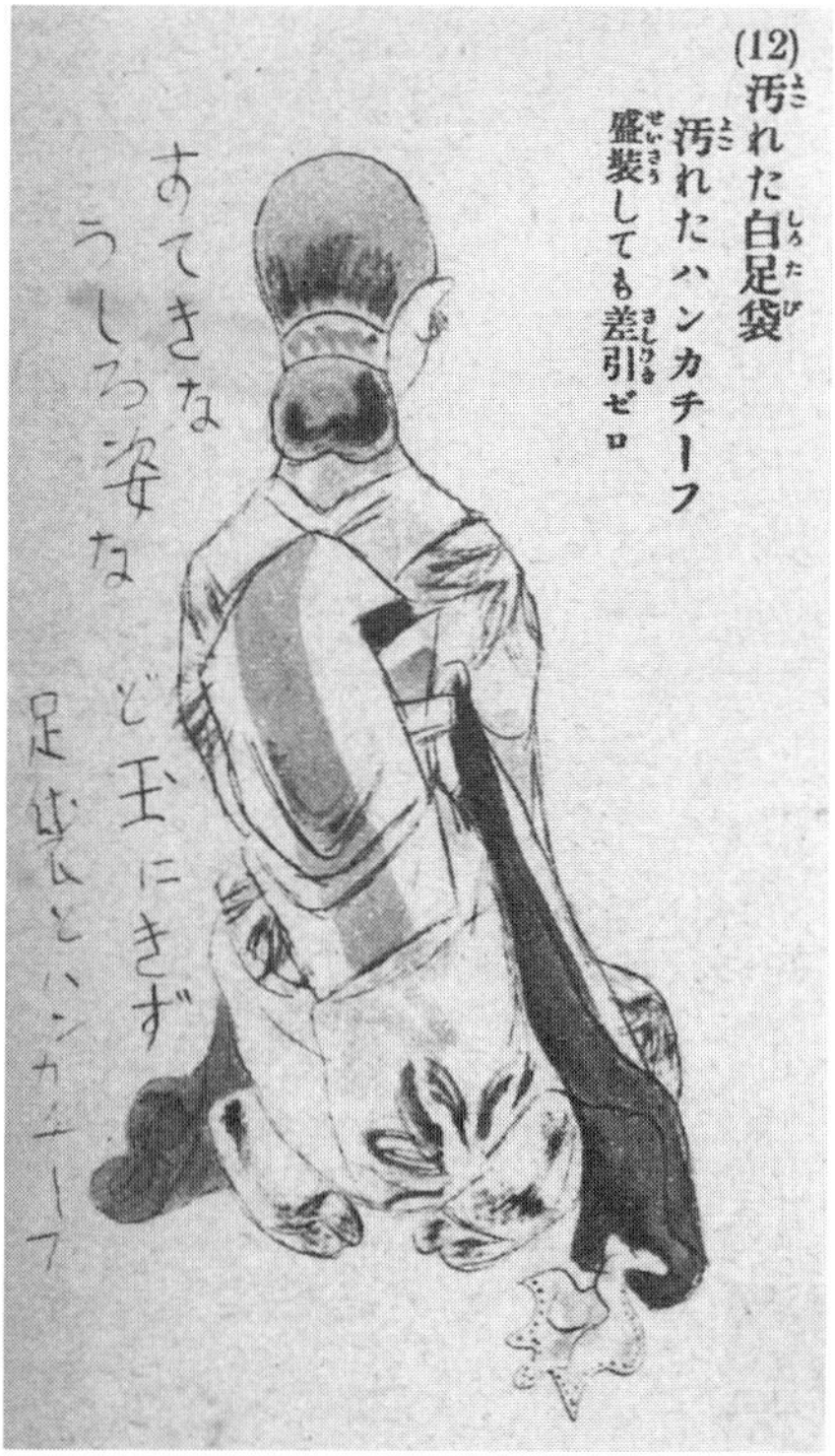

図9「新時代婦人心得　知らねば恥大画帖」挿絵（『婦人倶楽部』昭和7年1月号　付録）

時代をひきずる女ではなく新時代を生きる新しい女にふさわしいものとしてしめされた。昭和の「心得」は、維新革命から七十五年を経て、武士の躾が失われ、新しいたしなみが求められる世代交代を背景にしめされたのである。

『婦女界』は、昭和七（一九三二）年十月号から全八分冊の『家庭百科重宝辞典』を付録とした。五十音順に家庭に関連する単語を並べた事典・辞書類には、明治三十八年の郁文社発行『家庭辞書』、翌三十九年の富山房発行『日本家庭百科事彙』などがある。『日本家庭百科事彙』は、芳賀矢一が編纂し、昭和二年に『日本家庭百科大事彙』として改訂増補されている。三省堂が昭和十二年に発行した『婦人家庭百科辞典』は、『新修百科辞典』、『学習百科辞典』とともに辞書三部作の一つとされ、家庭関連の事項を五十音順に配列した「家庭」という言葉をタイトルに持つ唯一の辞書となった。『婦人家庭百科辞典』は、諸言に「家庭生活上最も必要な衣食住に関する事項を始めとし、育児・衛生・療病・美容・趣味・儀礼・娯楽其他一切、一般家庭生活・婦人生活に関連するところのあらゆる部門に互りまして、婦人の常識として知らねばならぬ必要な事項を蒐集し、これを五十音順に排列して、一々に適切明快な解説を施した」と述べ、明治三十年代以降約三十年の間に蓄積された家庭に関する「知らねばならぬ知識」を背幅一〇センチ近くの厚みを持つ辞書の形にまとめたものであった。『婦女界』の付録『家庭百科重宝辞典』は、家庭に関する事項がある程度固定化し広く了解されるようになり、五十音順に項目を列記できるほどに集積されたことで登場したといえる。

『主婦之友』における付録の「重宝記」は、昭和期にも継続して登場した。昭和十（一九三五）年新年号では、第一付録としてB六判四六四頁の『奥様百科宝典』と題する「重宝記」が付録であった。表紙の表題が金文字加工された豪華な装丁で、巻末の協力者名簿には百名の名前を掲げている。『奥様百科宝典』の内容は、二十二項目にわたり、「火事とその他災害時の心得」という関東大震災後の「重宝記」に必ずみられた項目や、借家や電気、ガス、水道などの新たなインフラに関する項目、「四　交際についての心得」「十九　仏事祭祀の心得」など、両親の世代に直接尋ねることができない人々に、社会的な作法についての情報を雑誌が代わりに提供する役割を担っていたことを表している。[22]

『奥様百科宝典』は、便利な知識の紹介のみならず、巻頭に四八ページにわたる口絵ページを付し、田中絹代や千葉早智子ら若手映画女優が「奥様」に扮して家事をこなす場面を視覚的にしめした。口絵は、「一年の家事」「一ヶ月の家事」「一週間の家事」「一日の家事」の表題ごとに、季節の行事や月々の仕事、日常の掃除や買い物などを再現した写真に解説を付したものである。このうち、「一日の家事」は、朝から順を追って暮らしの一場面を写したもので、火鉢でほうじ茶を炒る様子の「香しいお茶」と題する写真に始まり、割烹着に手拭いを姉さんかぶりにした姿で掃き掃除をする「朝の掃除」、鏡台を磨き上げ身支度を整える「身づくろひ」が続く。午後の「お買出し」の場面は、長羽織にショールをかけ、風呂敷包みを提げて公設市場へ買い物に出掛ける様子であり、夕方には七輪のような焜炉に中華鍋を載せ、炒め物をする「夕食の支度」が描かれる。この場面の解説には、「豆腐のお汁に、支那風の白菜と鶏肉の炒め煮に、青柳の二倍酢」という中華料理と和食の献立てが記され、さらに「おや、もう五時近い。会社からお退けの時刻。きつとこれを喜んで、褒めてくださるだらうと思ふと、嬉しくて、つい笑ひがこみ上げて来る」という一文が続く。

写真や解説文からは、夫が会社員であること、小学一年生の娘がいること、女中を一人雇っていること、毎年八月には家族で帰省することから親世代とは同居していないことなどが読み取れる。お盆の帰省ということは、すでにこの頃には季節の風物詩となっていた慣習で、都会暮らしが田舎とつながったものであることを表している。田中絹代らが扮したのは、今でいういわゆる「専業主婦」であり、家に関わる全ての事象を掌握し、夫の不在の間も夫を思い描きながら過ごす妻の姿であった。『主婦之友』は、特に料理や裁縫などの家事の実技を紹介し、『奥様百科宝典』などの付録の「重宝記」において、便利な暮らしのヒントともいうべき豆知識を加えてこのように過ごしたらよいという身の置き方、しぐさにいたるまで「主婦」としての典型をしめそうとしたといえる。

付録の冊子は、毎月更新される雑誌本体よりも、多少長い期間手許に置いて参照されたかもしれない。『主婦之友』においては、『婦人倶楽部』をはじめとする他誌との競争を付録を舞台に繰り広げ[23]、特に新年号では雑誌としての特質をより先鋭化したものが登場したといえる。新年号付録の「重宝記」においてしめされる「主婦」像は、雑誌の主張が最も凝縮したものであった。雑誌付録としての「重宝記」は、雑誌が主張する「主婦」としての標準的な型を、列島のすみずみから海の外の植民地にまで伝えることとなった。数十万という読者に届いた付録の「重宝記」は、書籍としての「重宝記」よりも、「主婦」とは如何なる女性像かを理解することに大きな役割を担ったといえる。

しかし、理想が語られるほどに、現実との間には大きな隔たりがあるというのが常である。田中絹代が扮する妻の暮らしは、「主婦」としての理想を実現する環境が容易には得られないからこそ、あこがれの対象として魅力を放った。読者の多くは、過酷な境遇にある人に自己を重ね、そうした現実の広がりを感じながら自分はまだマシ、と納得しつつ理想と現実の間を行き来したと考えられる。それだけに『主婦之友』は、理想像と対極にある女性の苦労話というべき記事をたびたび掲載した。

『主婦之友』創刊号の「表彰されたる節婦なみ女を訪ふ」は、神奈川県知事より篤行が表彰された佐野なみという女性を探訪した記事である。日露戦争で夫が戦死し二十六歳で二児を抱える未亡人となった後、駄菓子の小売や行商にいそしみ、再婚の勧めにも耳を貸さずに貞節を全うし姑に仕えた「節婦」として、菓子類や寿司を商う店先に立つ写真つきで掲載された。記事は、「なみ女は菓子屋の主婦さん」との見出しに「おかみさん」とルビを振り、夫に先立たれ商店主として一家を切り盛りする女性を「主婦」と称している。

創刊号の「三人の子供を博士とした未亡人の苦心」は、秀才として著名だった寺尾三兄弟の母、寺尾愛子に関するもので、三十五歳で未亡人となった後、東京帝国大学教授の理学博士で初代国立天文台長を務めた寺尾壽、同じく東京帝国大学教授の法学博士・寺尾亨、澄川家の養子となり広島市内で開業医となった医学博士・澄川徳の三兄弟を含む六人の子を育て上げた苦心談である。ちなみに、映画『東京物語』などで知られる女優の東山千恵子は、朝鮮高等法院長などを歴任した渡邊暢に嫁した寺尾家の末娘・達子の娘であり、子供のなかった叔父である寺尾亨夫妻のもとで養女として育てられた(24)。

さらに、創刊号に掲載された「苦から苦の生涯を辿った京子さん」は、豊前中津町出身の池田京子という女性の話で、夫に死別した親戚の女性を助けるため同居させたものの、夫との不義に十三年にわたって苦しめられ、さらに十八歳の娘を病で失うという不幸の中、キリスト教の信仰によって忍ぶことができたと語られた。この女性は、石川と同じ大分の出身でキリスト教の信仰を有するという経歴から、本郷教会や何らかの縁で知己であった可能性が考えられる。

『主婦之友』は、創刊当初から読者の体験記を募集し、苦難を乗り越え今の幸せを掴んだという実話として掲載した（**巻末表6**「『主婦之友』懸賞募集問題・特集名・別冊付録一覧」参照）。募集のテーマは、二号後に特集として掲載され、「逆境に処して運命を開いた実例」（大正七年一月号）、「逆境の中より築き上げたる一家繁盛の歴史」（大正八年一月号）、「運命開拓苦心の物語」（大正九年一月号）などの記事が掲載された。投稿には懸賞金が贈られた。大正六年当時の賞金は、「家計の実験」が二円以上とされ、「主婦重宝記」が二〇銭以上一円以下、「奥様美談」が五〇銭以上三円以下、「新作子守唄」が三円、「笑ひばなし」が二〇銭以上であった。『主婦之友』の定価は一五銭である。創刊号において目玉とされた「主婦座右の銘」の募集は、一等五〇円以下総額一〇〇円の賞金が設定されている。現金を得ることは、現金の重みを考慮すればわずかなりとも貴重な収入源としての意味があった。

これらの記事は、こうした労苦を耐えることが出来るかと問いかけ、読者が誌面に登場する女性たちの不幸な体験をわが身に照らし、自分のささやかな幸せを実感することが出来るという、読者にとっては日常の不満をやわらげる材料となったと考えられる。苦労を耐え忍び、乗り越えたお陰で今の幸福があるという論調は、同時に、苦難を乗り越えた後に穏やかな日々を過ごしているという結末に、多くの人が安堵し心の安らぎを覚えるものであったのではないだろうか。

忍従辛苦を余儀なくされた人々に対する目は、「善行録」に注がれるものにも通じるといえる。雑誌が「善行録」を掲載することは、『婦女界』が明治四十三（一九一〇）年三月号の創刊号において「善行旌表会」の設立を宣言し、「孝女、貞婦、節婦、内助の功ある婦人等の事跡」を募集したことにも先例がみられる。[25]「善行録」の登場人物は、際限のない貧しさや病苦の渦中に置かれ、圧倒的に貧しく苦しい立場にある場合がほとんどであった。その貧苦は、『主婦之友』を読む人たちとは大きく異なるものであったとはいえ、決して別世界の出来事ではなく、確実に同時代の出来事として存在した。それだけに、雑誌が善行を募り、賞金を贈ることが企画されたといえる。

善行を表彰するという行為は、古くは聖武天皇の時代にさかのぼり、江戸時代には藩単位でも行われ、寛政期には幕府が各藩に善行者の記録を提出するよう命じ、享和元年（一八〇一）『官刻孝義録』として一冊にまとめられた。[26]『官刻孝義録』は、慶長から寛政までの約二百年間にわたり計八、五六三件の善行を収めたもので、うち女性の事例が一、九二八件と全体のほぼ二割を占めていた。女性においては「節婦」「孝女」として称賛された行動は、娘、妻、あるいは奉公人などの立場で、困窮や病苦などにより危機に陥った家の維持、再興のため、自己を犠牲にして働くというものであった。

明治期には、明治十（一八七七）年に宮内省から『明治孝節録』が刊行され、「孝子」「節婦」「義僕」などの類型ごとに江戸期の各藩の表彰例や府県の褒賞記録、新聞をもとにした各府県の表彰記録を出典とする事例が収められた。[27]『明治孝節録』は、「孝女」と「貞婦」の事例が一三八話中五三話と、全体の約四割を占めている。

「善行録」や「孝子伝」などの書物は、繰り返し世に問われている。『明治孝節録』は、大正期以降異なる出版社から数度にわたり発行され、大正三（一九一四）年に中興館書店、十二年に東洋国書刊行会、昭和十一（一九三六）年には日本精神振興会版が刊行されたほか、昭和十三年には日本弘道会より『明治善行録・昭和善行録』として「昭和善行録」との合巻で発行された。「昭和善行録」は、昭和三年と翌四年に開催された日本弘道会による善行者への表彰事業で選ばれた二二七名の事績が収録されている。

この書は、「昭和の一大善行録」と銘打たれ、「孝子」「孝女」「節婦」「儀僕」「儀婢」「模範公吏」「社会事業家」「敬神崇祖家」「愛国者」の徳目ごとに、各都道府県知事の推薦による事例が集められ、昭和三年に第一回、翌年に第二回表彰が行われた。第一回での表彰は六四人で、このうち最も多かった徳目は「節婦」の一八人で、次いで「模範公吏」八人、「孝女」六人、「社会事業功労者」五人という構成であった。第二回表彰では、一六四人中「節婦」が四七人と最多を占め、次いで「公共事業功労者」三一人、「孝子」と「孝女」がそれぞれ一五人と続いた。「節婦」と「孝女」とで全体の四割近くを占める構成は、『明治孝節録』における「孝女」と「貞節」の場合とほぼ同じで、善行とされる徳目のうちこの二つが特に重視されていたことが表れている。

「善行録」の事例は、崩壊の危機に瀕した「イエ」の建て直しをはかるというもので、「イエ」の再興が緊急の課題となった時期に編纂が行われている。『官刻孝義録』が編まれたのは、江戸時代半ば以降の農業技術の発達による生産力の向上と商品作物の売買が百姓の生活水準を上昇させ、大規模家族に従属していた家人・下作などの立場の人々が、一家を構えて独立するという新たな社会秩序が形成された時期にあたる。このことは、先祖代々子孫々までの永続を願う「イエ」の成立がこの時期をもって始まり、「イエ」の運営を親世代から子世代へと無事に引き継ぐという新たな価値に対応することが求められたことによるとみなすことができる。

『明治孝節録』は、維新後の内乱を経た新たな秩序の下で、社会のたがを引き締める必要が生じた時期に刊行された。その再刊の時期もまた、日露戦争後の疲弊した農村を立て直すための地方改良運動の一環とみなすことができ、社会の秩序維持を図る必要が生じた時期に重なっていた。内務省地方局編・発行『民政史稿　善行美績篇』（一九一四年）をはじめ、道府県や郡、教育会などさまざまな場で編纂された「善行録」も、地方改良運動に呼応した試みに共通するものである。

「善行録」は、『婦人世界』大正三（一九一四）年十月号の「孝女節婦表彰号」と題する特集号としても取り上げられた。「孝女節婦」の募集は、同年八月号誌上で告知され、推薦された四、二六五名の中から選ばれた一〇三名の事績が掲載された。審査担当には、跡見花蹊、三輪田真佐子、棚橋絢子、山脇房子、下田歌子、嘉悦孝子、鳩山春子という『婦人世界』の顧問を務める七名の著名な女子教育家たちが名を連ねている。このうち『婦人世界』の「顔」といえる寄稿者の一人であった下田歌子は、巻頭の「孝女節婦の報告を読みて」という記事において特集号の意義を説いた。特別賞の三名には金百円と賞状が、優等賞一〇〇名には記念品と賞状が贈られ、推薦者にも謝礼が贈呈された。

特別賞は、徳島県板野郡長推薦の高原ハルノ「二十年間病母を抱いて看護した孝女」、神奈川県足柄下郡役所推薦の岡部クニ「狂気の良人に真心を尽した節婦」、兵庫県多可郡長推薦の森安こはる「不具の養父に孝行を尽す少女」の三編で、それぞれ記者による訪問記が付され、巻頭に受賞者とその住まいを写した写真が掲載された。特別賞とされた三名は、いずれも郡が単位となって見出された人々であり、民間の事業に官が呼応し郡が主導的立場となって現状の改革を進めようとしたことが表れている。

特別賞の一人である高原ハルノは、兄と母との三人暮らしで、十二の歳から三十歳になる今日まで、足腰の立たなくなった母の看病を引き受け、その間父も病に倒れるという苦境に遭うものの、「一度も薄倖の身を嘆かず」母を慰め病身の兄を励まし、家計を支えているという。母の看病は、四肢が冷えてしまうため自分の脚の上に母の脚を乗せて温め、さらに脚がふるえて身体が反り返ってしまうのを抑えるため挽臼を乗せて重石にし、右手で母の首を抱えて添い寝するというもので、そのため右半身が発達しなくなったという。ハルノ一家の家屋は間口三間奥行三間の藁葺き平屋で、写真からは下半分の障子が破れ物干しも傾く茅屋といった様がうかがえる。母の病気以来学校へ通うこともなく、昼夜を分かたず看病を続けたハルノは、「幾ら自分が年をとるからといつて、お母さんを捨ててゆくことはできませんから、もう私は覚悟を極めました。母の命数の竭きるまでは、何年でも、何十年でも、かうしてゐるつもりです」と語っている。記事は、少女時代から学校にも行かず結婚することもなく、貧苦の中自らの身体を犠牲にして孝養を尽くしているハルノの姿を報告した。

ハルノの事績は、昭和十二年刊行の『日本孝子伝』にも取り上げられている。(28)『日本孝子伝』は、北海道から鹿児島、さらに樺太、朝鮮、台湾、関東州という植民地の地域にわたって「孝子」「節婦」「義僕」の事例を明治・大正・昭和にわたり計三八八件を収録した「善行録」である。(29)

『日本孝子伝』における高原ハルノは、『婦人世界』から「日本一の孝女」として表彰された後、大正六年六月には緑綬褒賞が下賜された。表彰後、褒賞金をもとに地方改良組合や孝女後援会によって設立された基金で生活を維持し、雑誌に掲載されたことで全国から絶え間なく送られた金品も支えになった。善行表彰は、褒賞金により絶望的な貧苦を救済し、郷土の誉れとして注目される栄誉を得るという意味も担っていた。しかし、大正六年五月に六歳の時から看病してきた母を失い、一時は世間の注目を浴びたものの、後援会の資金が尽きて再びもとの生活に戻ってしまったという。

『日本孝子伝』は、ハルノの現状を紹介し「後援会も今は金が尽きて、孝女を扶養する資源が無くなつたから、彼女は再びドン底生活に入つたとの事だ。気の毒とも何とも批評の下しやうのない境遇である」と感想を記している。ハルノのように表彰の対象とされた存在は、めったにない珍しいものであったからこそ注目された氷山の一角にすぎない。ハルノのような境遇は、そうせざるを得ない孤立無援の状態に追い込まれたことによるものであり、親類縁者をはじめ村落共同体にも極貧者を支える余裕がなく、現実に何らの対応もなかったために生じたものである。授章から二十年を経てさらにどん底の暮らしを余儀なくされるという現実は、明治以降の日本の歩みにおける負の側面にほかならない。高原ハルノの事例は、褒賞が一時的な救済に止まり、「孝女」「孝子」などの呼び名で惨状が覆い隠され、たった一人が一家の維持運営を担わなければならない苛酷さゆえに、いっそう悲惨を極めた。そして、こうした事例の背後には、表に出ることのない膨大な類似の例が控えていたと考えられる。

理想としての「主婦」像は、誰もが理解可能な象徴を求めて、「善行録」とは対極にあるといえる皇室へと向かった。皇室の存在は、明治初期に洋装や牛乳を飲む習慣をいち早く取り入れ「文明」の象徴とされたように、新しい暮らし方をしめす模範であった。皇室に見習うべき模範としての像を見出す発想は、『主婦之友』創刊二年目の大正七年六月号において、皇后宮大夫の職にあった男爵大森鐘一の談話「主婦の模範と仰ぐ皇后陛下の御日常」が掲載され、皇后を「主婦の模範」と形容したことにも表れている。記事は、貞明皇后の日常を「そのまゝ一般家庭の主婦の模範と仰ぐべき御聖徳と存じ上げます」と述べ、「かゝる聖明の君を国母陛下と戴く国民、とりわけ家庭の主婦は有り難いことであります」と述べ、新聞に目を通し下情に思いをいたすという日常の暮らしぶりを紹介している。

毎日の新聞紙を召させられて御眼を通させたまふ上に、たとへば昨年の十月の都下の大風水害の折など、一々写真を具して御覧に入れ奉るから、九重の雲深くわたらせ給ふとも、さながらに現場を臠はせたまうふと等しく、些細なる事情にまで通じさせ給ふことは畏れ多きほどであります。（略）変つた出来事は始終御話申し上げるやうにいたしてゐますから、なまじひの上流の夫人などよりは、よく下情に通じてゐらせられますことは、誠に有り難きことと存じ上げてをります

皇后の一日は、「畏れ多いほど御忙しくわたらせ給ふ」ものであり、午前六時前に起床し「御日拝の御場所で朝の御勤め」をこなした後、天皇の御座所へ伺候し「主上の御身の廻りの御事をはじめ何くれとなく御用を遊ばされま

す」という。御座所から下がった後も、「各宮殿下の御参内、内外臣僚の拝謁など一日中御繁忙」で、このような中読書を怠らない姿を「申すも畏き次第」と讃えている。さらに毎週月曜日に参内する皇子たちの教育にも意を配り、「皇子方の御徳育に御熱心」との見出しで逸話を伝えている。大森は、「主上への陛下の御勤めのほどは、誠に拝すだに畏く、世の婦人の此の上なき模範と申し上ぐるよりほかには、申上ぐべき言葉を知りませぬ」と述べ、「かばかり婦徳に富ませ給ふ国母陛下を戴き奉る吾等臣民の幸福は何にたとへませう」と結んでいる。

ここには、裁縫や料理、洗濯などの実技的な家事の話は一切登場しない。「主婦」としての皇后の日常は、三宅やす子や安部こまをらの日常とは異なり、皇后として下情への心配りを絶やさず、夫のそばに仕え子供たちの養育に励むことなど、果たすべき責務をこなす姿を通して「そのまゝ一般家庭の主婦の模範と仰ぐべき」と意味づけられている。『主婦之友』は、「重宝記」などにおいて膨大な家事にまつわる知識が必要な「主婦」と、皇后が模範であるとする「主婦」とを同列に配置することで、「主婦」にあらゆる女性をあてはめることが出来る汎用性を付加した。記事は、皇后の日常など知る術もない読者にある程度暮らしぶりがイメージ可能な情報を提供し、「主婦」とは如何なる人なのかということを目に見える形にしめしたといえる。皇后の姿は、雑誌の口絵や付録のポスターなどにおいて御真影のような定型の像とは異なる日常性が紹介され、読者が身近に感じることのできる存在へと造型されることとなった。

『主婦之友』昭和五（一九三〇）年四月号は、洋画家で東京美術学校校長を務めた和田英作による油絵「皇室の御繁栄」を印刷したポスターを付録とした。金彩色を施した豪華な肖像画は、「不敬にわたらぬやう、特に鄭重にお取扱ひを願ひます」との注意書きとともに、B三判大に皇室一家総勢一〇名が描かれている[30]。画面は、大礼服姿の昭和天皇夫妻を額縁の中に描いた肖像を上側中央に配し、その左側の楕円の中に貞明皇太后を、その真下に秩父宮夫妻、その右隣りに高松宮夫妻、さらに後の三笠宮である当時十四歳の澄宮崇仁親王を楕円の中に描き、画面右側には二つの楕円を配置し、照宮成子内親王と誕生から間もない孝宮和子内親王が描かれた。孝宮内親王を描いた楕円は、皇后の額の右下隅と重なり、母なる皇后の庇護の下にある様子を強調するかのような構図となっている。

「皇室の御繁栄」が付録とされた『主婦之友』昭和五年四月号は、「皇族御写真画報」と題するグラビアが巻頭を飾り、天皇一家のみならず各宮家のスナップが収められた。さらに、イギリス、イタリア、スウェーデンなど諸外国の王室の写真が掲載され、世界の王室と並置して紹介することで、海外に引けをとらない世界に冠たる日本の皇室という像を描こうとしたとみられる。この号の石川武美による巻頭言「皇室を家庭の御模範として」は、「皇室を御手本として、私たちの家庭が営まれてこそ、国も家も揺ぎなき繁栄を、望むことができるのである」と説き、皇室一家を手本とすべき理想として称賛した。

同じく昭和五年四月号に掲載された「女性の鑑と仰ぎ奉る皇后陛下の御日常」は、皇后の日常の様子を紹介し、全ての女性の「鑑」であると位置づけた記事である。その一端は、「御寸暇もあらせられざる玉体を憩はせ給ふことこそ、皇后陛下には最も御心を配らせ給ふこと」として、起床就寝の時間が常に夫である天皇よりも三十分ずつ早くて遅く、事情の許す限り自分で授乳し毎日欠かさず育児日誌をつけるという養育ぶりなどが紹介されている。記事は、付録ポスターに描かれた皇后の姿と重ねて読まれることで、皇室の存在をより身近に感じることができる手がかりとなったと考えられる。

皇室関係の画像は、昭和十一年一月号の口絵「天皇陛下御尊影」「皇后陛下御尊影」「皇太子殿下・三内親王殿下御尊影」以降、ほぼ毎号写真や絵画として取り上げられている。昭和十一年一月号は、口絵とともに「皇太子様の御日常と御養育の御模様」が記事として掲載され、満二歳を迎える皇太子の動物や音楽が好きであることなどの好みや、食事の様子やおもちゃで遊ぶ日常の様子が紹介されたほか、皇室の一家団欒の様子が次のように語られている。

お揃ひにては昼食のお食卓に、またはお茶の卓につかせられて、御談笑遊ばされる、その和けき御団欒、または御内苑の御散歩等々、御いとけなき皇太子様の、そのお可愛き御身振り、姉宮様方の、弟宮様をおいつくしみ、おいたはり遊ばされます御様子、御慈愛深き、御眼をそゝがせ給ふ、天皇、皇后両陛下、かく御想像申上げますならば、申すも憚りあることながら、私等草莽の家庭の水入らずの一家団欒の楽しさより推して、如何に楽しき御集ひにあらせられますことかと、深き感動に打たる、ことであります

皇室の情報は、一家団欒の様子を「私等草莽の家庭の水入らずの一家団欒の楽しさより推して」と想像し、読者が自分たちの場合と同じなのだと思い描くことで、より一層身近に感じられたのではないだろうか。養育の様子が伝えられる子供たちの姿は、幼少期から成長する姿を見守る気持ちで、知り合いの子供に対するような読者の目線が注がれたと思われる。記事に描かれた団欒の様子は、理想的な目指すべきものなのだというメッセージが込められたといえる。皇室の姿は、誰もが理解可能な理想像を投影するものとして拡散した。ここに「主婦」という女性像は、模範としての皇后という像を得て、あらゆる個別的事情を溶解した理想像へと向かった。

『主婦之友』は、表紙に一貫して女性の表情を描き、「主婦」としての女性像をわかりやすくしめしたが、同社八十年史にはその八十年分が掲載されている。婦人雑誌において人物を描いた表紙は、ほかにも『婦人世界』や『婦女界』にも共通しており、大正九年に創刊された講談社の『婦人くらぶ』（後に『婦人倶楽部』と変更）も、創刊から数年は風景画であったものの、後年は『主婦之友』と同様に女性の表情をアップにした絵を表紙とした。[31]これらは、静物画を表紙とした『婦人之友』や、目次内容の文字のみを配置した『婦人公論』などとは大きく異なる。『主婦之友』の表紙は、創刊号以来「美人画」と称される女性の上半身または顔のアップが描かれ、他の婦人雑誌のように全身像や、時折趣向を変えて風景画とするようなことはなく、常に表情がわかる大きさであった点も特徴的である。例外として、大正十二年九月の関東大震災後に「東京大震大火画報」として発行された十月号は、すでに編集を終えていた内容が差し替えられ、岡田三郎助が描いた炎に包まれた浅草十二階が表紙となった。

表紙絵の表情は、多くが口元を結び、口角をわずかに上げてかすかに微笑むというものであった。創刊号では島田髷の着物姿の女性と三月という季節にふさわしく紙雛が添えられた。華やかな柄の着物や帽子を被った姿、ショートカット、パーマなど最先端の風俗も登場し、まるまると太った赤ん坊が乳をふくむ姿とともに母子像も描かれた。作家は、岡田三郎助や和田三造など、人気の画家も起用されている。

創刊から九年後の大正十五年新年号は、歯を見せてにっこり笑う表情が初めて登場した。歯を見せる笑顔は、昭和五年新年号から同十八年三月号までの約十三年間にわたる時期に集中して登場している。この間の表紙絵は、昭和十六年までが岡吉枝、松田富僑、吉澤廉三郎、奥澤二朗の四人が担当し、昭和十七年以降は木下孝則に交代した。歯を見せた笑顔は、この時期の全一四七号中一一〇号分に登場し、ほぼ四分の三を占めていた。しかし、昭和十八年四月号以降は、表情から笑顔が消え、口元をきりっと結んで労働にいそしむ女性の上半身像へと転換している。表紙は、工場での労働や農作業などで働く女性の姿が描かれ、たくましく力強い女性像が登場し、女性ならではの働きを強調するものとなった。敗戦後最初に編集された昭和二十年九月・十月合併号の表紙は、「秋草」と題する静物画で、以後昭和二十一年から二十二年三月号までの十七号分にわたっていわゆる「美人画」ではなく静物画や子供の姿が表紙を飾った。

『主婦之友』の表紙絵は、「主婦」とはこういうものだ、こうあって欲しいという雑誌の主張を最もわかりやすく表すものであった。ほほ笑みや歯を見せた笑顔は、その時々の時代の要請に応じた「主婦」の姿であった。第二次世界大戦下における笑顔の消えた表情は、創刊号の「世界各国主婦気質」でしめした女性への期待を、凛々しく労働する姿に転換して同じように絵でしめしたものといえる。戦時下に賞賛された女性の姿は、たくましい労働であったが、敗戦直後の表紙に女性の表情が登場しなかったのは、この時期に「主婦」として期待される女性像がいかなるものかを提示しえなかったからといえる。時代とともに、「主婦」という言葉に込められる意味は変化していた。その時代を生きる生身の人間にどのような課題を背負わせたのかを、次節で説き進めたい。

第三節　「結婚生活」という落差

『主婦之友』は、妻となった女性を全て「主婦」とみなすという意味づけを定着させた。この意味づけは、皇后や皇太子妃など皇族にも援用され、女性の存在を単なる妻、母としてではなく、より存在感のある重みを持つものへと昇華させたのである。それだけに、現実の夫婦関係における不満や悩みを解決し、夫婦関係を円滑に維持することが雑誌のテーマとなった。

読者の投稿を募集する「懸賞募集問題」の最初の募集テーマは、大正七年二月号掲載の「私の理想の良人」であった（**巻末表6**「『主婦之友』懸賞募集問題・特集名・別冊付録一覧」参照）。懸賞に応じた投稿は、「結婚号」とされた特集号の四月号で七つの記事として紹介された。「結婚号」は、巻頭に新渡戸稲造「一番間違ひのない配偶者の選び方」が登場したほか、新郎新婦の心得や理想的な結婚年齢、月収七、八〇円程度の場合の結婚費用について下田歌子や棚橋絢子、安部磯雄、内ケ崎作三郎、後閑菊野、井深花子、石黒忠悳ら五十六名の著名人に尋ねた記事が掲載されている。

妻の側から見れば理解ある夫とは限らず、夫の立場からも妻に不満のあることを十分踏まえ、夫婦関係をどのように処理していくかが雑誌に求められた興味関心の中心であったといえる。

結婚生活において夫と妻との関係をどう位置づけるかという問題は、夫婦の性生活をどのように位置づけるかという問題と不可分であった。男女の性に関する知識は、すでに明治十一（一八七八）年刊行の三宅虎太『通俗男女自衛論』、同十七年の岡田常三郎『新撰造化機論』などにおいて、西洋の解剖学に基づく知識が精細な挿絵入りで紹介され、男女の生み分けに関する迷信や俗信のような内容を含みながらも、排卵や受胎についての正確な情報を伝えていた[32]。また、明治二十二年の赤松市太郎『新撰造化機論』は、「色事」と総称された男女の「交接」について、単に「快楽の具」とすべきものではなく、「倫理上最も重大なる事柄」と位置づけて「勉強すべき方法手術の理」を心構えなどの心理的な面から説いている。結婚生活において性生活が大事であり、女性の側も性に関する知識を持つべきとの主張は、明治期の解剖学や性科学書ともいうべき書物の知識をベースに、大正期以降盛んに説かれるようになっていた。

『処世経済　家庭百科全書』のほか「是丈は心得おくべし」二十五編を刊行した加藤美侖は、大正十（一九二一）年に同シリーズの一編として『性愛秘訣　男女衛生』という書物を発行した。加藤は、結婚において性生活が重要だとの認識を次のようにしめした。

> 結婚生活には、不断の健康を保つために、適度の飲食、身体の清潔、体育、安眠といふやうな日常平生の用心が必要なばかりでなく、それには健康な性的関係を結んでゆくといふ特別な問題が加はつてくるのである。どんなに数多くの家庭の破綻がこの性機能の乱用、悪弊に依つて醸されるものであるかは、輪婚《ママ》を取扱ふ弁護士や裁判官や医者位よく知つてゐるものはないのである

『性愛秘訣　男女衛生』は、結婚生活の破綻が、多くは性関係の不和によってもたらされると説き、「健康な性的関係」が飲食や睡眠と同列に日常生活において必要な要素だと述べた。こうした考え方は、夫婦の性生活に関する話題を含む「秘訣」として『主婦之友』の誌面にも登場した。

『主婦之友』は、大正十四年九月号から「良人操縦の秘訣百ヶ条」を掲載した。この「〇〇の秘訣」と題する「秘訣」シリーズは、昭和九年にかけてさまざまなテーマで繰り返し登場し、その都度単行本として出版され、昭和一〇年には『婦人世渡りの秘訣千ヵ条』にまとめられ好評を博した。「秘訣」や「心得」などの言葉で示された処世術に

関する情報は、人の心を見抜く方法や他人との付き合い方などを箇条書きで記した谷孫六『世渡り秘訣百ヶ条』が昭和十年の発売以来一年間に一六〇版を重ねるなど、類似の企画が大正末から昭和初期にかけて流行していた。「良人操縦の秘訣百ヶ条」は、『主婦之友』大正十五年六月号まで十回にわたって連載された記事で、『婦人世渡りの秘訣千ヶ条』に収められた「秘訣」の最初を飾るものであった。千カ条のテーマは、ほかに「良人選択の秘訣」「夫婦和合の秘訣」「愛児の躾方秘訣」「恋愛成功の秘訣」「金満家になる秘訣」「夫婦喧嘩の予防秘訣」「女中の使い方秘訣」「家運繁盛の秘訣」の各秘訣が百カ条ずつ挙げられ、「花嫁の守るべき新家庭十誡」や「良人の秘密を早く発見する秘訣」など、十カ条から二十カ条の「心得」もしめされた。

夫を「操縦」するという妻側の積極的な態度を戯画化した内容は、「第一条　良人の己惚心を蹂躙する勿れ」「第二条　成長した坊ちゃんとして扱え」に始まり、夫の気分を常に機嫌良く保ち、不平不満をできるだけ少なくしようとする対処法が並ぶ。内容は、具体的な行動にも及び、「第五条　良人よりも子供を愛し過ぎるなかれ」「第七条　食膳を良人操縦の武器と心得よ」「第十六条　良人の友を悪く言う勿れ」「第二十四条　腹が立っても返事はせよ」「第三十二条　良人以上の収入を得る勿れ」「第三十六条　不味い料理で我慢さす勿れ」「第四十五条　子供の前で良人を悪く言う勿れ」「第五十九条　身づくろいを軽んずる勿れ」「第七十一条　妻は夫より先に牀む勿れ」など、日常生活におけるごく些細な事柄が取り上げられた。

性に関する情報は、事典的な知識の紹介のみならず、性欲、快楽など心理的な側面からとらえられ、男性のみならず女性の側の性欲にも目が配られ、両方の性に関わる問題として語られるようになっていた。性欲、ことに女性側の性欲が語られるようになった大正期は、婦人雑誌の誌面にも性病に効くと称される薬や避妊具、堕胎薬などの広告の形で性に関する情報が溢れていた。(33) このことは、『主婦之友』をはじめとする売り上げの多い雑誌ほど性病に関する広告が増加し、性関係の記事の氾濫ぶりに厳しい意見が寄せられたことにも表れている。(34)

昭和二年五月号から七月号まで連載された「夫婦和合の秘訣百ヵ条」は、解説とともに心に留めおくべき「秘訣」を次のようにしめした。

第六十二条　夜間に優しさを持越すが秘訣

日光のある間は極く優しくても、夜になると暴君か猛獣のようになる良人が少なくない。呪うべき暴君よ！昼の間の優しさを、夜半へ持越してこそ、妻に和合の悦びを喚び起さしめる秘訣である。「僕は妻を虐げていない。」と言っている良人も考えてください―あなたは本当に昼も夜も、その言葉どおりの良人ですか？果してそうですか？

第七十二条　妻の告白と良人の悔改が秘訣

良き経験は智慧の母という真理は、夫婦の性的生活に重大な意味がある。これと反対に、悪い経験は倦怠を生む。だから、夫婦愛に幻滅の哀しみが来たら、性的生活に智慧のない、悪い経験を重ねていないかを、互に打明けて、相談するのが何よりである。このとき、先ず十中の九まで良人の方に罪がある。妻の告白と良人の悔改も、和合の秘訣である。

第七十七条　健全な享楽を求めるのが秘訣

健全でない享楽に耽り合うことが、愛の証明であるなどと思ったら、以ての外の誤解である。不健全な方法で、何うして真実な幸福が握れよう。真面目な、高尚な心の夫婦同志ならば、享楽にも慎み深いのが真実です。とりわけて、新郎新婦の悦ばしい方々よ！健全は永続の基、健全は満足の基、性的健全は和合の秘訣である。

『主婦之友』の「夫婦和合の秘訣」は、夫婦の「性的健全」が肝要であると力説し、夫と妻の双方が夫婦愛にもとづく性生活を全うすることの大切さを説き、相互の努力の積み重ねを求めている。こうした説き方は、『婦女界』の付録『結婚心得帖』で夫婦の性の話題を「夫婦和合の心得五十七ヶ条」の中で説いた中にもみられる。第一条は、

「性の指導は夫の役割」と題し、妻側の心得だけでなく「夫の心得」も説いた[35]。

性の秘密に対する新妻の不安と驚き―それは男性の想像もつかぬほど深いものです。それを読みとり、相手の体質をよく理解して、おもむろに指導を与へるのが夫の務め―この第一歩を誤つてはどうして和合を望み得ませう

ここでは、夫側の目線から性の「和合」が大切であると説かれている。こうした説き方は、妻が夫側の心得をふまえることを期待したもので、女性側の積極的な働きかけが不可欠との調子で展開している。夫婦の性の問題は、夫側の心得をも妻が了解し、全てを承知していることが求められるものとして説かれた。夫婦を中心とした「家庭」は、夫婦の健全な性的関係をも含めて築かれるべきことが、当たり前に説かれるようになったのである。

『主婦之友』昭和九年九月号の付録『夫婦和合読本』は、夫婦円満の秘訣を説いたもので、高田義一郎や諸岡存、吉岡弥生、竹内茂代ら医師をはじめ、安部磯雄、守屋東、高島米峰、青柳有美ら、『主婦之友』の寄稿者でもある著名人を執筆者に迎え、前篇「結婚生活に入る前の心得」・後篇「結婚生活に入つてからの心得」の二部構成で、結婚生活におけるさまざまな「心得」を説いた。このほか、「夫婦生活の漫画漫文」と題する夫婦生活にまつわる短編漫画八編、観相学にもとづき顔の特徴から夫婦の相性を分析する囲み記事や、人気女優の結婚運占い、「夫婦愛の修繕法の秘訣十ヶ条」が数ページにまたがるコラムとして収められた。目次ページ上部に添えられたイラストは、着物姿の妻に背広姿にネクタイを締めた夫という若い夫婦と男の子の家族三人が郊外の河畔にピクニックに出かけ、お弁当を広げてくつろぐ様子を描いたもので、サラリーマン一家の休日を連想させ、『夫婦和合読本』が主にこうした若い夫婦を対象としていたことをしめしている。後篇「結婚生活に入つてからの心得」は、結婚後に予想される二十四の問題が取り上げられた。

「人情学者」と紹介された青柳有美は、最初の一編「新夫婦が早く和合する法」のほか、「別居しがちな夫婦の和

合法」「恋愛結婚の夫婦の和合法」「良人に愛人の出来たときの妻の心得」「多情な良人を持つ妻の心得」の計五編を担当し、結婚生活において気をつけるべきことや、夫の心が妻から離れる場合の微妙な気持ちなどを解説し、妻が心がけるべき対策を感情の機微を説くことでしめした。その説き方は、夫婦が「一日も早く、夫婦らしい気持に打融け合ふ」ためには「食物を利用するのが一番賢明」など、日常のほんの些細な事柄に寄り添ったものである。「新夫婦が早く和合する法」での具体的でわかりやすく茶化したような語り口は、次のようなものであった。

愛といふものは、まことに神聖なものですが、それを言葉に現したり、行為に現したりすれば、少くとも第三者の眼には、まことに馬鹿げたことにしか見えません。それで、御主人も内々は、気恥しい思ひで愛を囁いてゐるのに、肝腎の相手が、気乗りしてくれなければ、テレるのも当然です。御主人をテレさせてはなりません。こちらは御主人以上に馬鹿になつた気で、玩具になる気で、素直に受け容れるやうにしなくてはなりません。（略）何も女郎や芸者の真似をなさいといふのではないのですから、その点は誤解のないやうに願ひます

ここに見える「馬鹿になつた気で」などの言葉は、男女相互の情愛の結びつきが大切と語られてきた一夫一婦の物語が、実際には絵空事に過ぎないという感覚から説かれたものであり、感情の機微を大まじめに論理立てて説こうとしても何らの意味もないと「人情学者」ならではの目線で語られたものであった。『夫婦和合読本』は、夫婦が常に円満に過ごすことが難しく、さまざまな煩わしい問題をともなうものであり、場合によっては破局に至る現実を認めるものであったからこそ求められたといえる。

『主婦之友』は、結婚生活における夫婦の性の話題について特化した内容を『結婚秘典』という文庫本よりも小さい掌サイズの小本に仕立て、昭和十三（一九三八）年新年号の付録とした。『結婚秘典』は、医学のみならず民芸運動、建築などにも造詣が深い精神科医の式場隆三郎を著者に迎え、挿絵を当時雑誌の少女画などで人気を博していた中原淳一が担当し、美しい女性のイラストを添えた洒落た一編であった。

著者の式場は、「寝室の美学」（第九章）や「愛情の技巧」（第十章）において、性的に魅力的な妻であることをすすめ、倦怠期を吹き飛ばせと激ましている。具体的には、「女は、朝、昼、晩と三回は、大きな鏡の前に立」ち、「その表情、容姿がどうなつてゐるかを反省する」ため鏡に向かうことや、「愛の建設は、寝室から始まる」と述べ、「休息と安眠と愛情のために、どの部屋よりも美しく快く、設備よく寝室を造るべきだ」と寝室の改善をすすめるというものである。妻の姿は、自らの性を積極的に演出することが求められ、いわば「閨房哲学」をふまえるべきことが常識の一つとして唱えられたことをしめすものであった。『結婚秘典』が説く主題は、末尾の「不滅の夫婦愛」と題する一節に次のようにまとめられている。

結婚は誰でもする。しかし、本当の夫婦生活を知らずに終る人が多い。恋愛は華かで讃美されるが、夫婦愛は地味である。だが、結婚に実る恋愛こそ、最上の愛なのである。恋愛は何時までもつゞくものでない。夫婦愛は無限に発展し、深まつてゆく。人間の幸福は、夫婦生活で初めて味へるのである。苦しみも悩みも悦びも、皆な溶けて一つになつて生きる力を湧かせるのは夫婦愛である

『結婚秘典』は、誰もが結婚し「結婚の幸福」を当たり前のものとみなす暗黙の約束のような前提に対し、実際には破局や破綻が数知れないという現実が広がっていたことを映し出した。性に関する情報が「秘典」という名前で掌サイズに仕立てられたことは、堂々と表面に出すには憚られる恥ずかしさがともなうものの、女性の側も備えるべき知識としてしめされるようになったことの証であった。

婦人雑誌において夫婦の問題が盛んに説かれたことは、何より、肉体に関わる事項も例外なく従来の経験則が通用しなくなり、新たな作法としてすぐに利用可能な知識が求められたことによる。こうした夫婦間の性に関する記述は、夫婦生活において理想として説かれるものと、現実との間に大きな隔たりが生じていたことをうかがわせる。結婚と夫婦の性とは必ずしも一致せず、夫婦愛が説かれる理想像ばかりが先行し、肉体は置いてきぼりをくって混乱す

る姿が背景にあった。

大っぴらに説かれることがなかった性に関する情報が表面に引き出されたことは、女性も性をコントロールする主体なのだという発想が世界的に広まりつつあったことによる。大正十一（一九二二）年三月のマーガレット・サンガーの来日は、産児制限に関する講演が一切禁止されたものの、過剰な制約が却ってその重要性を宣伝することとなった。多産の抑制が貧困などの社会問題を解決する切り札として注目された産児制限運動は、サンガーの著書を大正十一年に『産児制限論』（実業之日本社）として翻訳した安部磯雄や、「産児制限普及会」を組織した山本宣治などの活動により拡大した。産児制限普及会は、昭和二（一九二七）年十一月に結成され、会長を安部磯雄が務め、小川隆四郎や高田義一郎、馬島僴ら『主婦之友』への寄稿でも知られる医師らが評議員となり、その創立総会が主婦之友社の社屋で開催されている。(36)

『主婦之友』は、すでに大正八（一九一九）年十一月号の加納久朗「世界改造と新らしき日本婦人の覚悟」において、当時日銀ニューヨーク支店に勤務していた加納により、ニューヨークやオランダで子供の死亡率増加や生活難への対策として産児制限が叫ばれているとの最新情報を伝え、サンガーの来日にも強い関心を寄せていた。(37)マーガレット・サンガーが来日した大正十一年の『主婦之友』は、女子学習院を卒業後石本男爵と結婚、大正八年に夫を追って渡米し、サンガーと出会いその活動に賛同して帰国後夫とともに招待した石本静枝（後に加藤シズエ）による「産児制限の合理的必要」（一月一日号）、講演旅行出発前のサンガーと小橋三四子とのアメリカでの会見記「サンガー婦人と会見の記」（四月号）、サンガーによる日本印象記（五月号）など、その動向を大きく取り上げている。また、大正十四（一九二五）年一月号の「産児調節を実行した婦人の経験」や昭和二（一九二七）年の連載記事「産児調節に成功した経験」「懸賞募集問題」として「男女の児を思ひのまゝに産んだ実験」（昭和三年三月号）、「産児調節の苦心の経験」（同四月号）などの読者の体験談を取り上げた。『主婦之友』は、産児「調節」を主張し、サンガーの来日に合わせるかのように、生理不順に対する薬「通経剤」や堕胎薬「月やく」などに関する広告の数が増加している[38]。後に「荻野式」として知られる妊娠周期の計算法「妊娠する日と妊娠せぬ日の判別法」は、昭和二年十二月号に掲載された。

産児制限運動は、女性が自らの肉体をコントロールすることを説くものであり、女性が主体となることで性の規範を踏み越えるという問題をはらむことから、その可否をめぐって論争を惹き起こした。『主婦之友』は、「男子のために虐げられた婦人の告白」との題で読者の体験談を募り、この募集に対して大正九年二月号で「男女貞操号」との特集を組むなど、性に関する記事を特集のテーマとして取り上げた。しかし、女性が性関係の記事に触れることは、「婦人慰安号」と題する『主婦之友』大正九年七月号や、「恋愛と貞操号」との特集が組まれた大正十二年二月号が発禁処分となるなど、社会的な反発も強かった。

産児制限に関する情報は、大正末から昭和にかけて書籍の「重宝記」においても当たり前のように取り上げられるようになっていた。性の情報は、女性向け「重宝記」においても知っておくべき項目としての地位を固め、バースコントロールの概念が流布していた。大正十三（一九二四）年の毎日新聞社編『婦人宝鑑』は、「婦人の衛生と幼児哺育」において「受胎し易き時期」の項目が掲げられ、受胎日を予測する妊娠調節の考え方を盛り込んだ[39]。この項目は、前年の『婦人宝鑑』大正十二年版にはなく、マーガレット・サンガーの来日や、その後の産児制限運動の高まりを受けて新たに登場したものと考えらえる。昭和三年発行の右田清子『昭和家庭宝鑑』は、「婦人文化思潮」との一編を設けて「産児制限の問題」を解説している[40]。

昭和九（一九三四）年発行の前波仲子《なかちこ》『新女性宝鑑』は、タイトルに「婦人」ではなく「女性」という言葉が使われた「重宝記」である[41]。「女性」との言葉を用いた新しさは、敗戦後の昭和二十二（一九四七）年に改訂増補版が発行され、同じ文章がそのままほぼ同じ内容で刊行され、昭和九年当時からすでに戦後に通じる女性像が登場していたことをしめしている(42)。

「清らな処女時代」は、「処女の矜り」「誘惑に心して」「正しい恋愛」「処女の身嗜み」「性に目覚める頃」「結婚問題」の六項目から成り、それぞれ全く同じ構成である。昭和九年版のうち、主に家計簿や貯金について解説した第十三編「新版家政学」は、戦後の異常なインフレという経済状況が昭和九年当時とかけ離れているため二十二年版では除外されたとみられる。また、「滋養・味覚に富む料理」（第八編）が「滋養と味覚に富む食事」（第十一編）へとタイトルが変更されたことは、「食事」という食べる行為そのものに重点が置かれたことによるとみられる。昭和九年版になく昭和二十二年版に新たに加えられた項目のうち、第一編「これからの女性」および第二編「女性と新しい法律」は、婚姻の自由や離婚の男女平等、財産分与や遺産相続、妻子の遺留分など、財産における女性の権利などを法律の裏づけとともに解説し、女性の社会的地位が大きく変わりつつあるなか、こうした情報が求められたことを反映するものであった。礼儀作法や贈答における心得を掲げた第三編「新時代の社交」は、「公衆作法の心得」「国旗の掲げ方」の二項目が追加されている。

昭和二十二年版は、昭和九年の八二八ページ全十七編という構成から十三編五一〇ページに縮小されたものの、十四年前の情報が違和感なく登場した。この二つの版は、敗戦という社会の変動によっても、その前後で変わることなく理想の女性像が追求されたことをしめしている。

『新女性宝鑑』は、第五編「今日の妊娠と安産」の一節「孕む日と孕まぬ日」において荻野式妊娠調節法を紹介した。第四編「新時代の夫婦学」では、「夫との愛情」との節を設け、「絶えず愛情は培つて行くべきもの」「愛情持続の秘訣」「愛されざる妻が愛を得る法」「夫を愛し得ぬ妻は何うすればよいか」「夫の不品行をかもし易い時期」の五つの項目にわたって夫婦関係における性の問題を取り上げている。第四編は、同時に「多産に悩む主婦」の一節を掲げ、「産児制限の必要」「理想的な避妊の方法」の二項目を立てて「産児制限」に関する情報を掲載し、女性が備えるべき知識の一つとしてはっきりと「避妊」を取り上げていた。

雑誌に寄せられた身の上相談にも、性をめぐる相談が登場している。『主婦之友』昭和八（一九三三）年一月号の「結婚したくとも結婚されぬ婦人の身の上相談会」は、著名人を回答者に迎え、五つの相談に回答した記事である。冒頭の「貞操上に秘密を持つてゐる未婚婦人の悩み」の相談者は、貧しい家に生まれ八歳で母に死別し、小学校卒業後懸命に勉強して看護婦と産婆の試験に合格し、二十歳の時に派出看護婦として訪れた商家で店員の青年が従兄弟であったことが分かり、以来「清い交り」を重ねたもののわずか半年後に腸チフスで他界した。しかし、相談者は葬儀の翌晩青年の兄のために「終生取返しのつかぬ悲しい目に遭」ってしまい、父や姉に妊娠を明かせないまま月足らずで出産した赤ん坊を生後一日で亡くす。その後は「汚れた身にすれば、なんでお嫁に行けませう」との思いから、縁談を断り続けてきたものの、父に「どうかお嫁に行つてくれよ」と涙ながらに懇願され、ただ「苦しい悩ましい日を送り迎へて」いるという。相談は、恋心を抱いた相手に先立たれ、自分を「汚れた身」で親に不孝を重ねていると蔑まなければならない因果を負うという、女の身ならではの苦悩が凝縮していた。

回答者の基督教婦人矯風会理事・久布白落実は、「誘惑に負けたのでもなく、自ら故意に貞操を汚されたのでもない」以上、「決して堕落、不倫と同じに取扱ふべきではありませぬ」と述べ、「あなたが悪いのでは決してない」と断言し、「さうした過去の出来事に捉はれないで、生れ更つた気持で、仕事に精進なさることです」と励ましている。久布白は、たいていの夫がこうした妻の秘密を知ってよい気持ちがするものではないと諭し、かといって打ち明けないことが一生涯自分自身を苦しめるというのも喜ばしいことではないと述べる。そして、自分という殻から抜け出て他人のために奉仕する生活に入ったなら自ずと光明が射すと説き、「気持ちを転換して」「過去に捉はれずに、新生活にお入りなさい」と結んでいる。回答は、何ら過失がない女性が生涯にわたる精神的肉体的負担を強いられるのはおかしいと断じ、相談者にとって最も現実的なものであった。(43)

相談は、結婚と夫婦の性とが一致するという考え方が前提にあることをうかがわせる。[44] 結婚前の女性に貞操上の問題があることなど論外であり、男性も妻にとっては唯一の夫でなければならず、この前提においては、結婚前の純潔が価値あるものとして尊ばれる。しかし、こうした前提は、夫婦愛に関する秘訣が求められるほどに、それまでの日本人になかった考え方であった。

性についての情報が堂々と婦人雑誌の誌面を飾るようになったことは、性に関するモラルに旧来とは異なる変化が生じていたことによっていた。明治初期、政府は諸肌脱ぎで往来を歩くことや立小便、男女の混浴、念仏踊りにいたるまで野蛮な風習として禁止し、性に関わるものとみなして取り締まった。[45] しかし、農村の慣行は、道祖神やサイの神祭にみられるシンボルをはじめ、子孫繁栄や五穀豊穣を意味するものとしてあけっぴろげに性の表現がなされるのが常であった。労働歌や作業歌は、露骨な性の表現で笑いを誘い、替え歌にもなっている。こうした猥歌は、日々の労働を軽くするための妙薬で、隠し立てすることなく村の祭りなどで子供も交えて全員が笑い興じたという。[46]

農漁村の若衆宿、娘宿は、若者の自治によって村内婚を取り持つ重要な役割を果たしたものの、明治期に「文明」の名の下に野蛮な風習として禁圧された。ムラの自律的な作法をもとに存在したこうした組織が、いわゆる似合いの男女を娶せる役目を果たしていた。夫婦がともに農作業や漁業に従事し、家を支える労働力として数え上げられる農山漁村にあっては、夫婦の相性が労働生産力の成否に直結するのであり、そのため互いの満足に無関心でいられるとは考えにくい。性の話題が堂々と夫婦の問題の一つとして語られるようになったことは、夫婦それぞれが共同体の中で互いに一人前の労働力として認め合うという不文律がくずれ、わざわざ「心得」として説き起こす必要が生じたことによる。

菊池寛が大正九（一九二〇）年六月から十二月にかけて新聞に連載した小説『真珠夫人』は、女王のような威厳と神々しさで取り巻きの男たちの上に君臨する美貌の人妻・瑠璃子を主人公に、若い男を翻弄する魅惑的な女性像を登場させた。

お金のために婚約者と引き裂かれ、無理矢理強欲な実業家に嫁がされた瑠璃子は、世の男性への復讐の鬼と化して男たちを手玉にとって苦しめる。小説のラストで死に瀕した瑠璃子は、平素の毒々しい高慢な振る舞いとは正反対に、結ばれ得なかった恋人への貞節を守り通し、真珠のように純粋で清らかな気持ちを抱えていた、ということが明らかとなる。瑠璃子の存在は、「貞操」が守るべきものであり二夫に見えずといった側面で重視されるのではなく、女性が生きていく上で一つの武器になりうることを証明するものであった。

同じく菊池寛の『受難華』は、体は許しても心は許さないという江戸の花魁のような気っ風で夫に向かう若妻を登場させ、遊女の心中立てと同じ形で夫に接吻を許さないことで操を立てる姿を描いた。菊池寛の小説は、観念的に夫婦愛や性の一致が説かれる潮流に対し、肉体と精神は別だと宣言しているかのようである。

結婚と夫婦の性とが一致するという考え方は、夫婦の生活の場においても肉体を管理しようとする発想において強力なものであった。日本の軍隊において性病予防を最大の課題とし兵士の肉体管理が徹底されたように、夫婦が一対であり婚前の事情を考慮しなくてよければ肉体の管理は容易であり、健全な夫婦関係に基づく次世代の国民を得ることができる。婦人雑誌が反発を招きながらも性関連の記事を欠かさず掲載し、それが認められたのは、夫婦の肉体の管理に有用とされたからにほかならない。性に関する情報は、女性の側も正しい知識を持つことで健全な次世代を確保しうるとの理由から、身につけるべき新たな教養としてしめされたのである。

日常生活のさまざまな知識を集めた女子向け「重宝記」は、第二次世界大戦後も編纂されている。昭和二十八（一九五三）年発行の東堀一郎『家庭百科　女性宝典』（日本女子教育会刊）は、B六判七三八ページ、朱色のクロス張りに表題が金文字でデザインされたハードカバーの洋装本で、五年後の昭和三十三年には九刷を数えている。見返し部分は、「日常食品栄養成分分析表」と題する食品とその栄養の構成を円グラフでしめした図で、米、肉類、魚介類、野菜、果物などの主要食品のほか、キャラメルやビスケット、チョコレートなどの菓子も加えた九十六品目が並び、食料事情が回復しつつあった世相を反映した内容である。扉は、代表的な着物と帯の柄十八種類を市松模様に配置した図案で、裏面に「着物や帯はこの柄の名前を云うだけでその感じが分ります」との説明とともに柄の名称が列記され、和服が日常の衣服ではなくなり、その模様の意味や名前についての知識が失われつつあったことをしめしている。

著者の東堀一郎は、「はしがき」に『家庭百科　女性宝典』発行の意図を次のように述べた。

よく心得ているつもりでも、さて社会へ出てまた家庭の人となって見ると、そこにはあまりにも自己の不明のものの多いのに誰もが気付くことでしょう。全く仏教にも云う如く、人生とは不可説の語に要約されるとも云え、そういう場合にすぐ手を取って親切に教えてくれる指導書がほしい、という念願から本書は企画されました。

『家庭百科　女性宝典』は、不明なことをすぐに教えてくれる親切な指導書がほしい、との声に応えるものとして登場した。このことは、明治二十年代以降大量に登場した「重宝記」類が、明治の社会に必要な知識を網羅したのと同様に、戦後の新しい社会に必要な「常識」が次第に整えられ、これを身につけようとする人々の求めに応じたことによる。本編は、「綜合的な一大女性百科全書をなすもの」との位置づけで、七編一一九の項目が収められた。

著者が最も力を入れたという第一篇「女性の教養」は、「家庭経済の上手な切りまわし方」と「すぐに役立つ栄養の知識」の二章からなり、「哲学に始まり経済、政治、宗教、国際問題、法律、女性史等まず新制大学程度の教養」を網羅したとされ、広汎な知識を上段組みの「女性教養の基礎」とあわせて活用することが期待された。ページの上段約三分の一のスペースに置かれた「女性教養の基礎」は、知識の索引ともいうべき内容で、「哲学」「思想」「宗教」「故事成語」「政治」「法律」「防犯」「信仰と迷信」「国際常識」の八項目と、小野小町から和宮まで歴史上の著名な女性の伝記を集めた「女性百話」の各章を収めた。第一篇は、単に一家内の予算の立て方や家計管理の仕方を説くだけではなく、「国民経済とは」「為替とは」など、国際的な条件で変動する経済の仕組みを説き起こすことから出発し、ビタミンやホルモン、消化吸収の仕組みを理解し、一日に必要な栄養素とカロリーをふまえて献立を作るべきことを説いている。

第一篇「女性の教養」冒頭のコラム欄は、「美しさは個性の中に」「夫婦の感情は相対的」「糟糠の妻は堂より下らず」の三つの見出しで、『荘子』や『後漢書』など中国古典の有名な故事を引き合いに女性のあるべき姿を説き、本編への導入として平易な例え話を紹介している。その一つ、絶世の美女と謳われた西施の故事を引いた「美しさは個性の中に」は、大流行のアメリカンスタイルを西施の憂いの表情になぞらえ、美の基準を見失わせている模倣追随の風潮に対し疑問を投げかけている。「夫婦の感情は相対的」は、夫婦の間柄がちょっとした会話一つで円満になるとの例を挙げたもので、夫が着る物を「あたしが笑われる」と真っ向から否定し、高飛車に干渉するような態度を「男女同権」の履き違いとし、「あなたこちらがとてもよくお似合いよ、鏡みてごらんなさい」という言い方が相対的な言い方で、円満のコツとすすめたものである。三つ目の「糟糠の妻は堂より下らず」は、故事成語の意味を紹介し、「貞婦は二夫にまみえず」「再婚を急ぐことも道徳」との二つの考え方に対して、戦後の寡婦が如何なる道をとるべきかを問いかけたものである。コラムは、さまざまな事象において急激に価値基準が転換する現状をふまえ、皮相な変化に惑わされることなく新たな時代の「常識」を見据え、女性が備えるべき処世術をしめすのだという著者の意気込みを凝縮したものであった。

第三篇「美容と礼法」は、従来の「重宝記」とは異なる美の基準を提示している。著者は、真に魅力ある美しさが「健康美に裏付けられた顔形という外面と、精神的な教養という内面」とが兼ね備わったものと主張し、外面を形作るための美顔術や化粧法を写真やイラストを多用して解説した。「礼法」は、「エチケット」と言い替えられ、明治の「重宝記」にみられた歯磨きや襖の開け閉めについての解説に代わって言葉遣いや話題づくりのノウハウなど、会話のテクニックともいうべき内容が登場した。美しさの基準は、全て目に見えて表れるもの、表面的なものに還元されている。第七十七話「日常のエチケット集」で紹介された「西洋で行われている色々な挨拶のしかた」という挿絵は、欄外に「街頭、室内の挨拶のしかた及び接吻の正しい礼法の型」と注記され、十五パターンの挨拶を一画面の中にイラストでしめしている。描かれたのは、列車から見送りの人にハンカチを振る女性、握手を交わすモーニングと背広姿の人物、往来で片手を上げながら通り過ぎる二人の紳士、軽く帽子を掲げて挨拶し合う背広姿の男性、通り過ぎる女性に対し立ち止まり帽子をとって挨拶する男性、大人に深々とおじぎする子供など、「正しい」とされる西洋の挨拶の方法で、老紳士が老婦人の頬にキスする様子、ドレス姿の女性の片手をとってキスする男性、抱擁し見つめ合う若い男女、さらには男女のキスの場面まで収めており、「接吻」が「礼法」の一つとして説かれるまでになっていた。

第四篇「結婚生理学」は、「生理学心理学から見た女の一生」「妊娠から安産・育児への常識」の二つの章から成り、細胞・染色体のレベルからみた男女の特徴の解説、思春期の心理や生理、新婚時代から中年以後までの各時期における夫婦生活、妊娠・出産の知識、乳児の育て方、妊娠調節と男女の生み分け法など、結婚にまつわるあらゆる事象の総合案内ともいうべきものであった。「結婚生理学」は、挿絵も多く掲載され、女性の腹部の断面図や分娩の順序、赤ちゃんのお湯のつかわせ方などが収められた。冒頭のコラム欄は、「新しい結婚」というテーマで、「チュウインガム結婚」すなわち一時の享楽を求める恋愛結婚より、見合い結婚から恋愛感情が発生するという場合の方が幸福の可能性があると述べ、時代遅れと引け目を感じる必要などないと説いた。「幸福なる夫婦生活へ」と題した第八十三話と第八十四話は、「新婚時代」と「中年時代」それぞれの時期における性生活の問題を扱い、「同時満足の重大な意義とその技巧」「倦怠期はこうして克服する」「結婚生活を墓場にしないためには」など、具体的な項目を掲げながら「性生活の技巧」により夫婦の危機を乗り越えるための手引きとなっている。各章の末尾には、「態位の研究」という囲み記事まで設けられている。

『家庭百科　女性宝典』は、キスの作法や「性生活の技巧」など、あからさまに説かれることのなかった性にまつわる情報を女性向けに文章の形でしめしたという点で、従来の「重宝記」にない内容を備えていた。こうしたしめし方は、やがてセックスの情報だけが遊離し、女性の存在を出産などの生殖機能だけを切り離して捉えようとする前提にもなった。女性の存在が性という側面からのみ語られることは、肉体の解放が即ち性の解放であり女性の解放につながるのだという錯覚を生み、却ってトータルな人間性を備えた女性像の追求を阻むものとなったのではないだろうか。

『家庭百科　女性宝典』の構成は、裁縫、手芸などの手仕事や茶道、華道など稽古事に関する項目がなく、女性が必ず身につけるべきとされた実技やたしなみを除外し、「教養」との名目で断片的な知識を列挙したものといえる。このことは、「重宝記」が戦後の新しい社会を行くべき綜合的な生き方の指針といった内容を説くものとしてではなく、目先の事象に対応するための電話帳か辞書のような情報の索引へとその役割を変質させたことにも表れている。

夫婦の性に関する「秘訣」がしめされたことは、夫婦の情愛を追求し円満な「家庭」を築くということが、「主婦」たる女性に課せられた必須の命題と考えられたことによる。「家庭」の中心としての夫婦という人間関係は、こうした「秘訣」を必要とするほどに、近代社会の産物として生み出されたものであった。夫婦の性生活をどうとらえるかという問題を語ることは、人間の情愛や情緒という側面にかかってしまった近代のバイアスを解きほぐし、歴史的存在としての人間像を改めて提示しようとする試みだったのである。

第四節　「主婦」たる相剋

渋沢栄一の長女穂積歌子（一八六三―一九三二）の日記は、法学者穂積陳重の妻としての日常を、膨大な交友関係や政府中枢に位置する人物の情報とともに書き記し、明治の上流階級に属する人々の日常生活を伝えている。歌子は、夫陳重の学問に理解を寄せ、政治に大きな関心を抱くとともに、父渋沢栄一が設立した東京養育院などの福祉事業に協力し、婦人問題にも深い関心を持った教養人であった。明治三十三年四月二日の日記にみえる「福島四郎と云ふ若き人来り」との記述は、翌月に『婦女新聞』の創刊を控えた福島四郎の来訪を書き留めたもので、歌子が晩年まで後援を続ける出発点であった(47)。歌子と『婦女新聞』との関わりは、息子の穂積重遠が「母は婦女新聞創刊の抑もの始めからの精神的後援者であつて、親戚知己の若い婦人の顔さへ見れば、『婦女新聞を読みなさい』と勧めたものですが、自身も熱心な愛読者でありました」と回想しているように、その内容に深い理解をしめしつつ、周囲にも勧めて常に応援を惜しまなかった(48)。

歌子は、八歳の時静岡から上京し、上野御徒町の奥原晴湖塾に通い「絵と習字」を習った。その後、明治五年春に同年二月に開校したばかりの竹橋女学校に入学した。竹橋女学校は、最初の官立女子教育機関であり、アメリカから迎えた女性教師により「算術・世界地理・歴史、みな英語で教えた」という「かなり急進」的な教育が行われた。歌子と同じ頃竹橋女学校に学んだ鳩山春子（一八六一―一九三八）は、信州松本から父に連れられて上京し、明治七年春に入学した。春子は、当初「第一困ったのは英語」で「ちっとも知る筈なく」、「これには非常に弱りました」と回想している。春子は、父から一冊十四円のヘボンの和英辞書を買い与えられるような娘であり、期待に応えて二年後には最上級のクラスに編入される実力を身につけた。竹橋女学校は、「当時の元老議官とか、その他高位高官又は紳などの令嬢が多い」「月謝も高ければ、生徒の取扱いも良い」学校であり、貴顕紳士の子女をして当時最高の学識と教養を備えた女性を養成しようとした意気に溢れていたといえる。

歌子は、深川への転居を機に明治九年秋に退学した。竹橋女学校は、明治十年三月に廃校となり女子師範学校に吸収され、鳩山春子をはじめ一部生徒が英語科へ移ったものの、「西洋人の教師はなく歴史、博物等の問答をしたり、文法の実習をしたりするような事もなく（略）余りに張合いのないことは言葉に云いあらわせぬ程[49]」という評判で、師範学校の教育とは反対に如何に知的刺激に満ちた場だったかが想像される。歌子自身、孫の穂積重行が「学校教育はこれだけであって、当時の娘としては異色ながらかなりのもの」と解説したように、他の学校で教育を受けることはなかった。このことは、春子が師範学校に物足りなさを感じたように、竹橋女学校以上の教育を施す場がないという判断によったのかもしれない。

歌子は、明治十五年に二十歳で法学者穂積陳重と結婚した。友人であった春子は、明治十四年十一月に法学者鳩山和夫と結婚した。鳩山和夫は、陳重の大学南校以来の友人で、歌子の長男重遠と春子の二男秀夫とは、幼稚園以来の友人という関係であった。鳩山夫妻の長男は、昭和三十年に首相となった鳩山一郎である。

歌子の日常は、来客や使用人への対応をはじめ、園遊会や夜会への出席、バザーや慈善活動への参加、同族会への出席など、多忙な日々であった。日記には、ベッドの使用や「クロケー」「玉突」などの舶来の遊び、「玉子牛乳」を飲む習慣など、西洋の文物が暮らしに取り入れられていたことが記されている[50]。大久保利通の孫で歴史家の大久保利謙（一九〇〇―一九九五）は、祖父利通の影響もあって洋風の生活だった子供の頃の思い出を次のように語っている[51]。

父を中心とした大久保家の生活様式は非常にバタくさいものでした。たとえば、朝食は当時からすでにパンでした。こどものときからパンだったわけです。剃刀とか鞄とか、父はみんな外国から持ちかえったものを使っていました。父の体に外国の匂いがしみついているような気がしました。洋服の着こなしや食事の作法など、外国の匂いを感じさせるんです

こうした暮らしは、「アメリカナイズというような風潮」とはまったく違い、「腹は侍気分で、そしてハイカラ」という、西欧への信頼感にもとづくものであったという。西洋の文物は、歌子の暮らしにおいても信頼があるからこそ取り入れるという相対的な応対がなされていた。ちなみに歌子は健康のために牛乳を飲んでいたという。

歌子らが明治二十二年に牛込払方町の邸に移転した頃の家内は、「親子九人に執事一人、書生四、五人、女中七、八人、下男一人、車夫一人と、大体二十五人を前後する」という大所帯であった。明治三十五年分の日記の巻末に付された「進物到来品覚」は、進物の種類や値段を贈り主、贈り先とともに詳細に記録したもので、こうした贈答の管理もまた歌子の仕事であった。

歌子は、毎年十一月三日の天長節を家内で祝ったことを書き留めている。明治三十二年の天長節は、「六時半起き、居間に御真影をかざり、子供一同と共に拝礼し君が代を謡ふ」と記され、朝から居間に御真影を飾り、礼拝し、君が代を歌い、この後子供たちが学校へと向かうというものである。天長節は、ヨーロッパ君主国に倣い明治国家が創設した天皇の生誕日を祝う祝日で、夫陳重が貴族院議員に勅選され、新興華族の一員となった渋沢家の長女たる歌子が家内で礼拝を行うという行動が、皇室の藩屏たる華族が国家を支えるというあり方を実践するものであった。歌子は、こうした行事を取り仕切り、大人数の所帯を切り盛りし、親戚や夫の仕事仲間との交際、住込みの書生たち、親類縁者の処遇などさまざまな事柄に対処した。

歌子は、昭和三（一九二八）年の第一回普通選挙の際、出入りの植木屋に選挙権があって自分にないとは何事だと憤慨したという。『中央公論』や『改造』を読み、選挙となると投票所へ行って見ないと気がすまず、かといって一人では気がひけるらしく子供の自分をおともに誘うような祖母であったと述べている。

こうした歌子の感覚は、日記にみえる夫陳重の呼び方が、「旦那様お出まし」から「主人出勤」へ、すなわち「旦那様」から「主人」へと、大正六年一月以降明確に変化したことにも表れているという。編者の穂積重行は、大正五年一月の『婦人公論』創刊や翌年二月の『主婦之友』創刊、そして明治四十四年に「新しい女」宣言とともに誕生した『青鞜』が大正五年二月に終刊したことなどの状況を重ね、「すでに孫が何人もある五十代後半の老妻が、ある夜ひそかに「今日からは」と思い定めて筆をとる姿を想像すれば」とイメージし、「なにやら（これば大げさでなく）「すごみ」のようなものが感じられてならない」と歌子の心情を読み解いている。このことは、時代の変化が心情の変化となって表れたものと思われる。

一方で、穂積歌子夫妻は孫から「あきれるほかはないのが夫婦の芝居きちがいぶり」と指摘されるほどの大の芝居好きであった。こうした歌子の側面は、教養ある女性の一人として感じてしまう現実の不条理に対し、心の空虚を埋め精神のバランスをはかる場を必要としたことを思わせ、世間の潮流に対する冷めた眼を感じさせる。

文部省は、成人教育講座の一環として昭和五（一九三〇）年から「母の講座」を開催した。[52]第一回目は、東京・奈良の女子高等師範学校、金沢・岡山の医科大学の計四カ所を会場に、「家庭教育振興の一助」たることを目指して開催された。開催の趣旨は、講座の『実施概要』冒頭に次のように説かれている。

国運の隆替風教の振否は固より学校教育並社会教育に負ふところ大なりと雖、之れが根柢をなすものは実に家庭教育たり。蓋し家庭は心身育成人格涵養の苗圃にして其の風尚は直ちに子女の性行を支配す。此時に方り家庭教育の本義を発揚し更に文化の進運に適応せる家庭を樹立するは、啻に教化を醇厚にする所以なるのみならず又実に社会教育の要訣たり。而して家庭教育は固より父母共に其の責に任ずべきものなりと雖、之が教育の衝に方る母の教育の尚一層緊切なるものあるを念ひ、旁々各地にて其の他の事情に応ぜる婦人講座・家庭講座乃至は母の講座を開設して成果を収めつゝ、ある時、今年度特に母を主体とする『母の講座』を（略）委嘱開設して母の品性の向上を図り、時代の進運に伴ふ的確なる識見を養ひ以て健良なる母を養成せむことを期したり「母の講座」は、子女の「心身育成人格涵養」を担う母の存在に注目し、時代にふさわしい見識ある母を養成することを目的に開催された。文部省は、「婦人講座」「家庭講座」などの名称で開催していた講座を「母」の育成に特化し、女性に関わるあらゆる論点を「母」の名の下に集約した。

開催方法は、東京女子高等師範学校が実施した講座の場合、十一月から十二月にかけての毎週火・木曜、午後一時から四時の間に、計八回から十回行うというものであった。午後一時から四時までという開催時間は、「一家の実務を執掌し或は主宰する任務を持つ母の会合である関係上時間に就ては特に母の集りに適当なる様留意」したとの配慮により、この時間帯が既婚女性の自由に活動できる時間とみなされたことによる。

受講者六三七人の年齢は、三十代が最も多く全体の四〇パーセント以上を占め、次いで二十代が約三五パーセント、四十代が約一四パーセントと続き、二十代、三十代が全体の四分の三を占めていた。女学校卒業に相当する「中等学校卒業」が四八二名で最も多く、中退および専門学校卒業者も含めると九割近くに達した。職業は、「職業ヲ有セザル婦人」が全体の半数以上を占める三四九名にのぼり、女学生生活の経験者で「無職」という立場の人が多くを占めていた。

講座は、女性をめぐる多様な意見の噴出に対し、女性を「母」というレベルで一元化してとらえようとするものであった。『主婦之友』は、こうした動きに呼応するように昭和十七年十一月に第一回「軍国の母顕彰式」を挙行した。(53) 募集規定による推薦の要件は、「大東亜戦争以後、護国の英霊並に出征勇士を多数出された母、忍苦よく殊勲勇士を育て上げた母、篤行多き母等、軍国の亀鑑たる方」とされ、賞状、記念品の他副賞として国債百円が贈られた。

昭和十九年一月号に掲載された「昭和婦道の光　軍国の母を訪ねて」は、昭和十八年の第二回顕彰において推薦された「四児悉くを陸海将兵に育て上げ三児殉国のほまれに輝く筒井松刀自」という高知県仁淀川上流の山峡に住む五十四歳の女性を訪ねた記事である。

筒井松は、昭和九年、夫を長男が入営する直前に肺炎で喪い、四人の息子のうち長男、次男が同十二年の支那事変で相次いで戦死し、四男も昭和十七年にソロモン海域で戦死するという悲運に見舞われ、さらに三男の妻が出産直後に亡くなり、生後間もない孫をミルクで育てているという境遇にあった。記事は、夫を亡くし三人もの息子に先立たれるという不幸の極みにありながら、「お上から頂戴した尊いお金は、それで飲み食ひなんど金輪際したらいけんと思うちよるのでございます」と、弔慰金を全て国庫に献納したという姿を伝えた。母としての思いは、昭和十二年に戦死した長男、次男が靖国神社へ合祀された時の感覚として集約され、次のように語られている。

しんそこから、わが子でかいたと思うたのは、二人の合祀祭りに、靖国神社へ参らせて頂いた時からでございます。勿体なくも、畏れ多くも、天皇陛下さまがあの社頭に御親拝あそばさるゝ、御姿を伏しをがんだ時、うちらみたいな百姓の、賤しい山家の子供らが、たとへ七十、八十まで生きたにせよ、病気なんどで死んでみい、山の狸も泣くもんか。―それぢやのに、お国のために死んでくれたばつかりに、陛下さままでが御詣りあそばしてくださるのぢや、嬉しいことよ、有り難いことよと、電気にうたれたやうに悟らさせて頂いたのでございました。それからといふもんは、辛いといふ気分は根つから失せて、子供は永久に生きてゐるのぢやと、晴れぐしてしまうたのでございます。

子供を喪ってなお「でかした」と思う母親の姿は、現在から見ればむごく切ないものと映る。その一方で、この時の筒井松の心情は、ある種の高揚感とともに本気でこのように感じたのだろうと思われる。たとえ平穏に生きたとしても誰にも顧みられることのなかった人生が、「お国のために死んでくれた」という一点で意味あるものへと転換したのだという確信を「電気にうたれたやうに」得たとの言葉は、これこそが幸せなのだと、それ以外の可能性はないのだと、一切の疑義を差し挟む余地がない精神の高まりへと飛躍した跡を感じさせる。平素なら決して顧みられることのない「うちらみたいな百姓の、賤しい山家」の人間の死は、靖国の社に祀られることで、「永久に生きてゐる」ものと意味づけられる。こうした辛さを全て引き受けてくれるものとして靖国の社と「天皇陛下さま」があった。

子の命を国のために捧げる母とのモチーフは、すでに国定国語教科書の中に登場していた。日清戦争における若い水兵と、ある大尉とのエピソードを綴った「水兵の母」は、明治三十六年発行の第一期国定国語教科書『高等小学読本』に初めて登場し、当初「感心な母」という題で第五、六の二課にわたって取り上げられた。軍艦高千穂に搭乗する小笠原長生をモデルとする大尉は、女手による手紙を読んで泣く若い水兵を見咎め「めめしい」と叱りつける。水兵は、手紙が故郷の母からのもので、息子に対し未だ戦功をあげていないことを「ふがひない」となじる文面がくやしくて涙していたという。大尉は、故郷の母親が戦場に出たなら「命をすてて、天皇陛下に、つくす」べきと説く文面を読むと感激して涙を落とし、今はくやしいだろうがいずれ手柄をたてる機会が来るだろうから、その時には存分に働こうと言って励ました、という筋である。

大正七（一九一八）年発行の第三期国定国語教科書に掲載された「一太郎やあい」は、日露戦争に従軍する息子を見送るため、山間の村から五里の道のりを歩きはるばる港まで出向いた母親が、船に向かって「家のことは心配するな」と呼びかけ、周囲の感涙を誘ったという逸話である。この逸話は、後に舞台となった桂浜に母親が手を伸ばして駆け出さんとするシーンを写した銅像が建てられるほど有名となり、新聞社によりモデルとなった母子が捜し出され、傷病兵となって帰還した後、母子心中まで考えるほどの極貧の生活に苦しんでいることが明らかとなり、全国から義捐金や慰問が相つぐという後日談があった。ただし、母が息子に呼びかけたのは、「家のことは心配するな」ではなく、ただ「待っているぞよ」との言葉である。(54)「一太郎やあい」は、武運を祈りながらひたすら無事に帰れと叫んだ母親の言葉を抹消し、後顧の憂いなく出征せよと呼びかける気丈な母を描いた物語として再構成された。教科書の母親像は、やがて国のために息子を戦場に送り出し、その命を捧げる姿を理想として描いた。

教科書に登場した母親たちは、出征をテーマとする場合子供が二十歳に達していることから、「水兵の母」では、遠く離れた息子に老いた身を案じいたわりながら回想される対象であり、「一太郎やあい」では、わが子の出征に際し老身にむち打って駆けつけるなど、たいてい弱さや「老い」が強調されていた。教科書の母親像は、老いた母が我が子の武運が拙ければ村の中で生きていけないと嘆く口説きとしての哀調を帯びている。戦時において理想とされた母親像の究極の形は、「出征兵士」に見ることができる。

第二期国定国語教科書に採用された「出征兵士」は、出征する兵士を見送る父母弟妹、兵士本人の目線も登場し、第二連での母の声は次のように語られている。

　さらば行くか、やよ待て我が子。
　老いたる母の願は一つ。
　軍に行かば、からだをいとへ。
　弾丸に死すとも、病に死すな

「出征兵士」が描いた理想の母親像は、企業戦士と称された商社マンの過労死が話題となった一九八〇年代にいたっても、仕事第一と我が子を「戦場」へ送り出す母親像に本質的に変わることなく受け継がれたといえる。[55] 日本の母は、国定教科書のような弱く老いた母親の姿ではなく、生身の人間としての存在感を全て超越した「慈母」「聖母」なるものとして描かれた。[56] こうした「母」像を日本という大地に根づかせるための試みが、戦前の社会教育である「母の講座」であった。

『主婦之友』の表紙絵は、「軍国の母」の姿が現実のものとなるにつれ、昭和十八年半ば以降は歯を見せて笑う開放的な笑顔が消え、ほんのかすかな微笑みさえなくなり、焦点の定まらないような瞳で遠くを見つめ、口元をきりりと引き締めているという表情が定番となる。服装は、姉さんかぶりに割烹着、絣のもんぺ姿、あるいは看護婦の制服などの労働着となり、腕まくりで鍬や網を抱え、槌をふるう勇ましい労働者の姿へと変化した。笑わなくなった表紙絵が強調したのは、生真面目な「銃後の母」としての役割であった。雑誌の内容は、告白などの性関係の投書が消え、節約どころではない切迫感とともに「更生」の文字が躍り、夫の留守を預かる妻の任務を説いた。こうした妻、母の姿は、皇后によって演出された自己を滅して他者に奉仕するという女性像の賛美を背景に、現実の問題を全て引き受け、黙々と日々の暮らしを生きる「節婦」「孝女」たちの姿と重ねることができる。

母たちは、我が子を国のために捧げるとの呪縛に捕らわれたまま敗戦を迎え、後年企業戦士の論理において高度成長後の社会においても同じことが繰り返された。ここには、そうした枠組みの背景に目を向けることなく、目に見える把握可能な論理のみで急展開する世の中の動きに振り落とされまいとその場をしのぎ、その論理からはみ出すものに排他的であることにより共同意識を保とうとする近代日本の歩みそのものが表れているのではないだろうか。

松江藩松平家最後の城代家老村上氏の四女として、明治六（一八七三）年に生まれた小林信子の日記は、大倉組に勤める小林安之助の後妻となって三人目の子を出産する前後、明治三十一（一八九八）年六月から翌年七月にかけてのほぼ一年分のみ残されたものである。(57) 世が世なら深窓の姫君として嫁いだであろう信子は、妻に先立たれた七歳年長で子連れの安之助に嫁ぎ、明治三十二年に男の子を出産してから七年後に、肺結核のため三十三歳の若さで亡くなっている。信子は、日記の編者である小林重喜を含め三人の子をもうけたが、明治二十八（一八九五）年に長男を、三十年には長女を相次いで喪っている。日記の編者である次男の重喜は、日記帳が一冊だけ残されたのは、七歳の幼子を遺して先立つ信子の、この子だけは無事に成長してほしいという願いが込められたものに違いないと、母の心情を思いやっている。当時借家住まいの小林家は、夫婦と先妻との間に生まれた長男、奉公人三人、車夫一人の総勢七人暮らしであった。明治三十一年十一月に新居に引っ越した後、信子にとっては第三子となる重喜が誕生した。

日記は、もと城代家老の娘ともと幕臣でエリート会社員の夫婦という、社会的に上層の階層に属する生活ぶりに限定されるものの、増大しつつあった俸給生活を営む人々の日常を伝える貴重な記録の一つである。一家の暮らしぶりは、新しい世の中の秩序に適応するとともに、旧時代の武家の生活感覚を受け継ぐものであった。

夫の小林安之助は、慶応二（一八六六）年に勝海舟直属の御船手組という幕臣の家に生まれ、明治二十（一八八七）年、一橋大学の前身である東京高等商業学校を卒業し大倉組へ入った。[58] 明治三十一年当時、安之助の月給は五〇円で、十一月には六〇円に昇給した。この金額は、当時の小学校教師の初任給二〇円、同じく巡査の八円などに比して相当の高給である。収入は、九月に臨時賞与として一、〇〇〇円、十一月に「秋の配当」として五〇〇円が支給されるなど、年収を上回る多額の賞与が加わっていた。安之助は、これらのボーナスを元手に、赤坂離宮の向かい側にあたる赤坂表町に一五〇坪の二階建て家屋付き土地を六五〇円で買い求めた。このほか、深川・佐賀町にも土地と家屋を持ち、月二十一円余で親戚に貸し出し収入を得ていた。日記に記された支出の動きは、安之助の妹に三〇〇円を「譲渡」したり、信子の妹の嫁ぎ先へ六〇〇円を貸し出すなど、親戚筋から何かと頼りにされていたことをしめしている。

信子自身は、生花が奥伝免許という腕前であったほか、盆石も稽古し、日記の美しく流麗な筆跡からも書のたしなみを備えた女性であり、家老の娘にふさわしい武士的作法を一通り備えていたことは確かである。[59] 家格の高さは、孫の重喜が城代家老夫人であった信子の母の様子を「一段高い居間に鎮座し」、「伯母が、三つ指ついて次の間からご用を承っているのをなんべんも見た」と回想しているように、厳格な格式の中に息づいていた。

日記は、日付と曜日に加えて干支と旧暦が記載され、こうした旧暦の感覚が暮らしの根幹にあったことを表している。姑、夫に対しては、敬語を用いている。上層の武家に生まれ育った信子は、武士の娘として厳しくしつけられ、武家の女性に求められる教養を一通り身につけ、「女学院」という女学校で学校教育を受けていた。毎朝六時に起床する信子の日々の仕事は、奉公人に指示を出し、親戚との交際や贈答の遣り取り、さらに金銭の扱いや税金の納入、役所での手続きなど、さまざまな事項におよんでいた。

明治三十一年十一月二十八日の日記は、土地を購入した直後、土地家屋の登記とともに「新調の車」（人力車）を手に入れたことを記している。

十一月二十八日、未の日、月曜日、旧十月十五日、晴
午前六時起き、八時食事、旦那様、洗湯に被為入る。新調の車出来参りしにより、区役所にて検車を受け、税金一円七十銭、代書料八銭払う。土地家屋の登記も無滞相すみ、登記料四十五円払う。旦那様ご出勤、母上、信子、辰造洗湯に参る。普観院様七回忌に逮夜に付き、妙延寺住職山本貫通氏を招き読経を頼み、母上お手製の精進料理にて夕飯出す、お経料一円なり、お供に二十銭遣す

「普観院様」とは、辰之助の前妻たけのことで、この日が七回忌前日にあたり、以後数日にわたって法要をめぐる記述が続く。読経の僧侶へ「母上お手製の精進料理にて夕飯出す」とは、一家の女主人として姑が料理一切を取り仕切り、客人をもてなす務めを果たしていた風習を描いている。

その日一日に何があったかを淡々と記載する筆致は、どんな行事を執り行ったか、贈答のやりとり、人の出入り、金銭の出納など、備忘録といった趣の一家の家政運営に関する記録であった。信子は、後から見返して参照すべき情報を必要最低限記録しようとしていたと思われる。いわば、毎年毎年繰り返される家の行事への対応や、贈答の往来などによる人間関係を維持することは、「主婦」として最も必要とされる仕事であった。

信子がこれらの仕事をこなし得たのは、旧城代家老の娘として育ち、時代を超えて通用する普遍的な教養とたしなみをそなえていたからこそといえる。信子の結婚は、安之助が幕臣の子であったことや隣近所のよしみという事情が大きく影響していたとみられるものの、子供もいる再婚という難しい境遇にあったといえる。信子自身が語ることはなかったが、結婚に際しては、同じ「武士の娘」である杉本鉞子が語った「女は一度嫁しますと、夫にはもちろ

ん、家族全体の幸福に責任を持つように教育されておりました」との言葉に通じる覚悟を持っていたのではないだろうか。このことは、文字面だけをなぞって理解できるものではなく、次の間からご用を承る家老夫人が威厳を放つのと同じように、何世代にもわたる人間存在の厚みのようなものに支えられていた。

家政学は、女子教育が国家によって本気で考慮され始めた日清戦争以降に注目され、西欧の最先端の知識を学び取ることを目指して導入された。東京女子大学長を務めた安井てつ（一八七〇―一九四五）は、明治二十九（一八九六）年末、東京女子師範学校教授時代に家政学および教育学の研究を目的とした留学を命ぜられ、約二年をロンドンに過ごした(60)。てつの留学は、家政学・教育学研究との課題にもかかわらず、イギリスでも未だ学問分野として確立していなかった家政学の研究には力点を置かず、もっぱら教育学研究に力を注ぐものであった。五年後、宿題として残された家政学研究のためイギリスへ向かったのが、後輩の宮川スミ（大江スミ）である。

大江スミは、日本における家政学がイギリス流家政学を主流とするにいたる道筋を作った人物で、実地に役立つ技術の習得を重視し、ロンドンの工芸学校家政科、ベッドフォードカレッジの衛生科に学んだ。その発想は、家のなかに生じるありとあらゆる事象を妻が己の手一つで全て処理するというもので、廊下磨きや便所掃除に至るまで一切を切り盛りする手作業の実践といえるものであった。

スミは、帰国後女高師の家事科を担当し家事科指導の中心人物として活躍した後、大正十四年に東京家政学院を設立、一人一人の実習を可能とする設備を備えた調理実習室を作り、技術の修練を可能とする場を築いた。スミにとって家政学の研究は、家事の実際を身につけることで初めて意味をなすものであり、際限のない雑事を処理することで成り立つものであった。スミが重視した実地の訓練は、理論のみを心得ているだけでは何ら役に立たないとして、自ら実践した方法が次のように解説されている(61)。

私が小包の事について、生徒に教へたいと思ひ、先づ自分が十分実地の練習を積まなければなりませぬ故、或時、三越の荷造係りに頼むで、実地を参観させてもらひました、（略）又明る日行きて、こんどは、職人の内に坐り、自分で幾十となしに、小包を造りて見ヤツト、小包を、生徒に教ふる事が出来るやうになりましたから、翌日又行きて、今度は、行李の縛方を習ひました事がありました

包装や荷造りをデパートで習い覚えるという姿勢は、専門的な技能を伝承する職人の世界に学ぶことで、実験実習の学に十分な技術的裏づけを施そうとしたものであった。実体験による技術習得は、精養軒で割烹を、能新舎でクリーニングやアイロンがけを学ぶなど、包装の仕方以外にもさまざまな領域に及び、学としての家政学の根本を支えるものとなっていた[62]。このことは、些細な荷造りでさえ、長年の経験がものを言う職人はだしの技術で対応するという高いレベルが設定され、家政学が介在することによって家事に現実離れした技術が要求されることとなった。

女子教育の一環として登場した家政学は、家を斉える学との一点で諸学の総合との意味合いを強め、家事の知識・技能のみならずあらゆる領域にまたがる知識が求められた。大江スミの家政学は、理論とともに些末な雑事ともとれる手仕事を身につけることを要求する実験実習の学との性格を持ち、実技をこなすことではじめて完全なものと考えられ、いわば「重宝記」が提示する情報を全て身につけ、かつ実践できるような人物像を目標とした。家政学の習得は、将来の立派な妻、母たるべき時に備えた女子に必須の資格と考えられ女子教育の要とされた。

しかし、スミの家政学は、東京家政学院における教育が外交官夫人として海外赴任に同行した際運転免許が必要とし、自動車教習が課されるというカリキュラムが象徴するように、地域や生活水準などの個別的な差異を一切不問にし、現実の暮らしとはかけ離れた技能を前提にするものであった[63]。こうした発想は、家政学を国家の課題として理解し、『三ぼう主義』を主張して「帝国」の課題に応えうる女の育成に精力を傾けたスミの面目が表れたものといえる。スミにおける家政学は、イギリス留学を契機に国政に対する家政との意味づけがなされ、家政を担う人をして国政に参与するのと同じ課題意識を求めたのである。

さらに、スミが実践した体に覚えさせるという方法は、実直な職人の世界に通じる「威張らぬ真面目な実に重宝な人」を育むのに有用とされ、家事の実地訓練が人格の養成に役立つ女子教育に有効なものであると評価された。こうした技術の重視は、女学校を卒業しても飯炊き一つ出来ないという女子教育批判を首肯し、徹底した実習が人格の養成にも役立つとの解釈を旗印に、女子教育における家事科偏重を推進することとなった。家政学は、如何に多様な知識を網羅し総合の学としての体系を目指そうとも、個別の暮らしが持つ差異を排除することで、平準化された暮らし方を基準とした実用の学に止まることとなったのである。

日本女子大学教授井上秀（一八七五―一九六三）は、女子大卒のような高い学歴や、職業を持つ女性にとって役立つ家政学のあり方を追究し、井上家政学と称される独自の体系を築いた。井上秀は、日本女子大学家政学科の最初の卒業生であり、成瀬仁蔵の薫陶を受けた生え抜きの教え子で、アメリカ留学を通して最少の時間で最大の効率を発揮する家政運営を研究し、アメリカ家政学の考え方を導入した。井上秀による家政学は、大江スミによって築かれた実験実習の学としての家政学のうち、際限のない雑事を自らこなすべきという部分を極力除外し、効率の良い家政運営の理論を家政管理の学として再構成したものであった。このことは、膨大な手間と時間を要する手作業を旨とする家政学が、多様な現実の生活に十分な実効性を持ち得ないという事情を背景に、効率よく家事をこなすことで余剰の時間を生み出し、女性の社会的活動を可能にしたいとの考え方によっていた。効率的な家政運営は、井上秀が昭和三（一九二八）年に発表した『家庭管理法』の「家事運用費」との一節において、「時の経済」との項目を立てて家事それぞれにかかる時間を掲げ、これを「如何にして減少するかを工夫する」必要を説いたなかにみられる。[64]こうした工夫は、箪笥の代わりにクローゼットを用いて洗濯物を一々畳む手間を省くと同時に、夫が自分で自分の衣服を整理出来るようにすることなどとして具体的に説かれた。

家事に労働力を提供してきた女中は、サービス業や工場などへの雇用の機会が増え、大正期にはその払底が問題となるほど急速に姿を消した[65]。家事の電化が進みつつあったアメリカに対し、あらゆる家事を人力で行う日本の場合女中の需要はなくならなかったものの、国勢調査によって明らかとなった家族の人数が一世帯あたり四、五人を標準とし、夫婦とその子供二ないし三人という単婚小家族を反映したものであったことから、家内で唯一の成人女性たる妻が家事一切を負担することとなった。井上秀は、家事が家政学を通して高い専門性を持たされ、本来些末な事柄が何か特別の意味があるように読み替えられ硬直化していることに疑問を投げかけ、誰もが担当できるよう簡素化することを主張した。

そして、時間と労力がかかる家事をできるだけ家の外側でまかなう仕組みを作り、家事の負担の軽減を図ろうとしたのである。井上が重視したのは、家事をこなす技術よりも、一家運営の指針を立てる能力であり、そのための家計管理に必要な知識を説くことに力を注いだ。井上が学んだアメリカ家政学は、洗濯にはクリーニング屋を活用し、パンはパン屋で買い求め、衣服は既製品を購入するなど、誰もが安価に利用できる消費社会が成立しているとの前提に立つものであり、これらの活動が全て現金を伴う消費活動であるだけに、家計管理の学としての側面が強調されることとなった[66]。

しかし、アメリカ家政学は、家事労働における効率の良さを追求するあまり、得体の知れない加工品やファストフードが氾濫し、いわゆる「おふくろの味」を喪失させてしまうような失敗を犯している[67]。あらゆるモノとサービスが現金で購えるという消費の仕組みが一般に整っていなかった日本では、脆弱な家計規模にあって自家内でまかなう家事により生活が維持されていた。アメリカ家政学の考え方は、こうした日本の事情になじまず、イギリス流の全て自分の手でこなす家事の方が必要とされる土壌があったのである。アメリカ家政学が必要となったのは、消費社会が成立した高度経済成長期以降のことであった。消費を前提とする暮らしは、アメリカとは異なる基盤に立つ日本においてそのまま援用出来るものではなく、資本主義経済の中で消費を担当する役割が、一族近隣の尊敬を集める「家刀自」のようなものとはなり得ないことを明らかにするものであった。

『理想の女学生』において正岡芸陽が語った「家政学に能く通暁して居ても、夫に不貞では仕方があるまい」「万事人物が善くなければ、如何なる才能も何等の価値なきものとなるではないか」との発言は[68]、女学校の教育が知識としての家政学を備えた未来の妻、母の養成に止まり、妻として母として、如何なる存在意義を持った人間として育てるかという問いが欠落していることを暴したものであった。家政学の教授をカリキュラムの目玉に据えた女学校教育は、正岡芸陽が善き人物の育成という点で全く不十分であると批判したように、日本における家政学の困難を助長するものであった。

大江スミに先立ちイギリス留学を果たした安井てつは、現地の人々に直接話を聞き、その生活をつぶさに観察することを通して、家政学の実際を把握しようと努めた。てつが得たイギリス女性に対する実感は、家計規模の大小によらず「英国の主婦は家事整理一切の指揮者」というもので、「女学校で家政学を習うた事のない人々」がかえって家を整える術を心得ているとの事実であり、このことが「彼国が世界の最強国として重きを置かれて居る原因」と結論づけている[69]。てつは、自ら把握したイギリスの現状をふまえ、日本の家政学がはらむ問題点を指摘し、次のような批判を展開した。

虚栄心に充ち外観を飾り他人に誇らん事を目的として生活する者は着実の精神がありません。着実の精神がある者は自分が此世に生活する意味を了解して居りますから妄りに金銭を浪費しません。又我のみ栄華を楽しむのでなくて近隣の者の利益を図ります。（略）我国の婦人は家を治むる事を天職とすと家でも学校でも教へられ、又家政学を習うて十分家を整へる様に教へられて居るにも係はらず、甚だ不真面目な生活をするのは如何なる故で御座いませう。それは、吾々の此世に生れて居る意味を知らず家を治むるの真意義を了解せぬからであらうと思ひます。私は舅姑別居論や新夫婦の理想的家庭論等に口を説くよりも、実際的に最も着実な英国風の家風を作り、近くは自家将来の幸福繁栄のために、遠くは我国の富強を図る為めに、吾々婦人は真面目なる生活状態に入らねばならぬと思ひます

日本の家政学は、「婦人は家を治むる事を天職とす」との前提に立ち、実験実習にもとづく技術の習得を第一とし、総合的な知識を注入することに費やされた。[70] こうしたあり方は、大江スミが提示した実験実習の学としての家政学が、スミの意図を超えて地域差や生活水準の差を顧みない標準的な型を提示することに力を注ぎ、「天職」の名の下に全ての女性に家事労働が強制されていく事態を招くこととなった。このことは、戦後の昭和二十二年発行の第六期国定国語教科書「おかあさま」に見られる母の姿が、生身の人間としての感情が削ぎ落とされ、夫や子供に対してひたすら自己を尽くす献身が織り込まれたことと重なり、女性に期待されたことによる。[71]

安井てつは、こうした家政学のあり方を批判し、次世代という未来を見据え、個別の多様な環境に対応した暮らし方を実践する知恵を育むことの意義を説いた。てつの思いは、大正七（一九一八）年の東京女子大学創立にあたり、家政学部が設置されなかったことにも表れている。[72] そして、今一度女性が担うべき労働の意味を問い返し、女性として如何なる人生を生きるべきか、生きる意味を問うことを女子教育の根幹に据えるべき課題と訴えた。その思いは、明治四十二年に発表された「真に教育ある婦人」（『新女界』第一巻第九号）の中に次のように説かれている。

私は能く心の訓練された婦人が、家事を整理する事の巧であるのを実地経験致しました。例へば数学や理科に長じた女性とは、裁縫や習字のみを能くする生徒よりも、一見妻としては不適当の様に思はれますが、実は正反対で頭脳の明瞭な女子程種々工夫をして、複雑な家事を整へ、経済にも亦巧であります。又機械的の事にのみ練習を積んだ婦人は、往々複雑な人事を判断し、敏捷に之れを処置する事の出来ぬのも、屡実験する所であります。殊に子供の教育に対しては、どうしても、十分に教育ある婦人を必要と致しますので、未来多き可愛い子供の運命が、母親の力に依つて、其大部分を定めらるる事を考へますと、女子には裁縫料理の外に必何等

かの要素がなければなりません。妻のみの時代は短く母としての時代は非情に長くあります。然るに其一二年間の妻としてのみの時代を考へ、唯食べたり遊んだりする気楽な事のみを予想して、配偶を求めるのは余り浅薄な考ではありませんか

問われるべきは、「未来多き可愛い子供の運命が、母親の力に依つて、其大部分を定めらるる」という、豊かな人間性を備えた「母」としてのあり方であった。こうした人格的存在感を持った女性を育成すべきとの発言は、てつと同様、将来の日本という未来への展望にもとづいて女子への教育を説いた中村正直にも共通してみられる。安井てつが説く「真に教育ある婦人」とは、家政学によりかえって見失われてしまった女性の存在感を、改めて社会の中に位置づけ直す必要を訴えたものにほかならない。

女性の多様なあり様は、女子学院を拠点に安井てつと同じような光を放った三谷民子（一八七三―一九四五）の足跡にも見ることができる。民子の教育は、関東大震災の灰燼の中で生徒たちが衣料品を縫いかえて在学生をはじめ関係者や付近の罹災者に配ったり、公設市場の手伝いをなすなどのボランティア活動として表れている。[73]このことは、「ピアノの上にのせていた指も今日は糠味噌の中に喜むで入れ」るという、実をとった教育が結実したことによるもので、てつが語る「能く心の訓練された婦人が、家事を整理する事の巧である」ことを証左するものといえる。

家事は、異なる生業や生活環境、地域に根ざしたさまざまな差異を抱え、家事を担当する者による独自の工夫や、代々受け継がれ積み重ねられた経験によって支えられる。天保期に上総国の名主の妻であった鳥飼やすが約二十五年にわたり記録した『萬覚帳』は、対外的な交渉や田畑の管理、毎年正月の饗応の献立など、家の維持、継承に関わる事柄を後世への覚えとして書き留めたものであり、村役人という公的な立場の夫と並ぶ能力が求められ、それに応える権限を持った妻のあり方を伝えている。[74]こうした「家刀自」の座にある女性たちが担ってきた務めを果たす能力こそ、「主婦」たる女性が担うべきものといえる。

日本の家政学は、そうした平凡ゆえに目立たぬ働きに注目することなく、個別的な事情を切り捨て家事の標準を提示することを目指し、総合をはかろうとする華々しい「論」の形成に汲々としてきた。家事の意味は、どんなに世の中が便利で快適になろうとも消滅することなく持続している。平凡な日常は、脈々と途絶えることのない時間の積み重ねであり、こうした現実の中で女性の働きが地に足のついた着実なものとして認められることこそ、主体を持った女性の存在感が得られることにつながるといえる。中村正直や安井てつが説いた女性像は、近代の枠組みの中でバラバラに刻まれてしまった女性のあり方を統合することが必要な時代に、大きなヒントを投げかけてくれているのである。

註

（1）「主婦」という名前を持つ雑誌は、『主婦之友』以外に『主婦タイムス』（啓文社）があり、第四巻第八号の大正十四年十月号および第四巻第九号の同年十二月号について現物を確認できる。この他、『主婦倶楽部』（主婦倶楽部社）の大正十二（一九二三）年八月号の存在が確認できる（浜崎廣『女性誌の源流』出版ニュース社　二〇〇四年、一二四頁）。なお、主婦之友社は、昭和二年七月に「主婦倶楽部」「東京主婦之友」「新主婦之友」「主婦之友」「良婦之友」「夫婦之友」の各誌名の商標登録を申請している（同、二四〇～二四二頁）。

（2）安達信雄「『主婦之友』と印刷」主婦の友社の五十年編さん委員会編『主婦の友社の五十年』主婦の友社　一九六七年、一二三頁。

（3）大正六（一九一七）年当時に発行されていたおもな婦人雑誌の発行所および刊行時期は、次の通りである。

『女学世界』（博文館）明治三十四（一九〇一）年～大正十四（一九二五）年
『婦人界』（金港堂）明治三十五年～大正八年
『婦人画報』（東京社）明治三十八年～続刊
『婦人世界』（実業之日本社）明治三十九年～昭和八（一九三三）年

（4）以下、石川武美の足跡については、『主婦の友社の五十年』および吉田好一『ひとすじの道　主婦の友社創業者・石川武美の生涯』（主婦の友社　二〇〇一年）参照。
（5）石川武美と本郷教会との関わりについては、拙稿「『主婦之友』をめぐる人々―石川武美と本郷教会との関わりを中心に―」（『年報日本史叢』一九九七　筑波大学歴史・人類学系　一九九七年十二月二十日、九三～一〇九頁）参照。
（6）日本組合本郷基督教会編『本郷教会創立五十年』日本組合本郷基督教会　一九三六年、二二九頁。
（7）前掲（1）浜崎廣『女性誌の源流』、八六～八七頁。
（8）同前、九八～九九頁。
（9）松隈俊子『新渡戸稲造』みすず書房　二〇〇〇年（初出　一九六九年）二二三頁。
（10）貯金に関する記事は、一九一七年七月号「成功した貯金の実験」、同十一月号「貯金の出来る家計法」、一九一八年七月号「絞出貯金の苦心談」などの特集のほか、一九一九年十一月号「三年間に一万円の貯金をした夫婦奮闘の生活」（福井県・たつ子）、一九二四年五月号「少ない収入から貯金に成功してゐる我が家の生活法」（長野・矢口菊枝）などが掲載された。
（11）『主婦之友』の家計記事には、世帯の収支を記載したものと、内職・副業の体験記というべきものがあり、巻末の表5〈『主婦之友』の「家計記事」一覧〉には世帯収支の状況がわかるものを採録した。家計記事は、記事タイトルの通り、あるテーマや懸賞募集の内容に沿って投稿され掲載されたものであり、個別の読者の生活実態を反映するものではあっても、平均値を出すことで読者全体の傾向を類推することは難しいと考える。
（12）前掲（1）浜崎廣『女性誌の源流』、一一三～一一四頁。
（13）『主婦之友』の株式会社化については、税金対策と社員のモラル対策との見方がなされている（「マス文化の提供者」南博・社会心理研究所編『大正文化』勁草書房　一九六五年、三三七～三三八頁）。

(14) 大日本婦人修養会は、「婦女界愛読者修養会」と名称を変更して継続し、『婦女界』の姉妹誌『婦人と修養』の発行へと展開した(「大日本婦人修養会々報」『婦女界』一九二一年五月号、一五三～一五六頁)。

(15) 金子茂「『主婦之友』米沢読者会から新しき婦人会が生れ出るまで」(『主婦之友』一九二五年一月号、一八～一九頁)は、三年前の「誌上倶楽部」に掲載された「主婦之友読者会」(米沢市・塩谷嘉蔵、同サキ)(『主婦之友』一九二二年六月号、二一九頁)をきっかけに、大正十三年十一月に創立した会を取材した記事である。金子茂(山高しげり)は、元国民新聞社の女性記者で、大正十三年に石川が同社の副社長に就任し五か月で退任した際、主婦之友社に招いた(前掲(2)『主婦の友社の五十年』一〇九頁)。

(16)『主婦之友』の投書欄は、「愛読者の良人より」(福岡にて　芳野生)(一九一九年一月号)、「農村の青年読者より」(千葉県宮崎一郎)(同七月号)、『主婦之友』を読む男子(岡山県　草加林造)(同九月号)などの男性からの投書のほか、上京中の夫に頼んで送ってもらう妻の投書(茨城　とく子、一九一七年五月号)などが掲載されている。

(17) 大正十一(一九二二)年新年号付録は、島成園による日本画「初春」、大正十四年新年号付録は「女子スポーツ双六」で、大正十五年までは、この二つ以外「重宝記」が付録とされた。

(18) 前掲(1)浜崎廣『女性誌の源流』、一一三～一一四頁。

(19) アンドルー・ゴードン『ミシンと日本の近代』みすず書房　二〇一三年七月、七五頁。

(20)『家庭重宝辞典』(『主婦之友』一九二四年一月号付録)の目次は、次の通り。
(一)母親の心得おくべき育児と教育の注意、(二)婦人服と子供服の一般知識、(三)婦人の心得おくべき裁縫の知識、(四)主婦の知らねばならぬ衣類整理法、(五)主婦に必要な洗濯と染色の知識、(六)主婦の心得おくべき家具の手入法、(七)主婦の知つておくべき台所での心得、(八)手軽に出来る料理と漬物の心得、(九)婦人の知らねばならぬ美容の心得、(十)誰にも必要な作法の心得、(十一)一般に必要な家庭の趣味、(十二)家庭で心得おくべき法律知識、(十三)素人にも出来る家庭療法、(十四)家庭に必要な一般衛生の知識、(十五)誰にも必要な日常の心得、(十六)誰にも必要な非常時の心得、(十七)主婦の心得おくべき廃物利用法、(十八)素人に出来る副業と小商売案内、(十九)各種女学校の入学案内、(二十)素人職業紹介所と内職授産所

(21)『家庭重宝年鑑』（『主婦之友』一九二六年一月号付録）の目次は、次の通り。
（一）大日本帝国皇室、（二）非常時に際する心得、（三）家庭的の娯楽十二ヶ月、（四）女子運動競技の仕方、（五）女子運動競技界の一年間、（六）ラヂオ設備一切の心得、（七）婦人美容の心得、（八）男女和洋服装一切の心得、（九）写真によく写る心得、（十）趣味の素人園芸十二ヶ月、（十一）赤坊の育て方十二ヶ月、（十二）信用のある全国産院案内、（十三）手軽で有効な家庭療法、（十四）不思議に効く薬用植物、（十五）家庭に必要な救急法の心得、（十六）全国著名温泉案内、（十七）全国結核療養所案内、（十八）家庭に必要な物価表、（十九）家庭に必要な薬物と治療器具、（二十）大正十五年の運勢吉凶判断、（二十一）主婦の心得おくべき法律、（二十二）全国の病院一覧表、（二十三）諸届様式・メートル法換算法、（二十四）各種納税一覧表、（二十五）郵便電報為替貯金一覧表、（二十六）家事整理の心得十二ヶ月、（二十七）家庭向の染色法十六種、（二十八）簡単な家庭洗濯の心得、（二十九）家庭総菜全料理の心得、（三十）一般に必要な和洋作法の心得、（三十一）婦人に関係ある社会事業団体　付、全国の授産場案内、（三十二）全国各種女学校の入学案内、（三十三）全国職業紹介所と託児所案内、（三十四）都会と農村の内職副業案内、（三十五）現代婦人名鑑、（三十六）主婦之友事業部の二年間、（三十七）家庭に関する統計、（三十八）編物を上手にする心得と秘訣、（三十九）和洋裁縫の最も大切な心得

(22)『奥様百科宝典』（『主婦之友』一九三五年一月号付録）の目次は、次の通り。
一　毎日必要な食品一切の心得、二　洗濯一切の心得、三　装身具についての心得、四　交際についての心得、五　借家をするときの心得、六　消毒一切の心得、七　和洋楽器類の手入と扱ひ方、八　衣類の手入としまひ方、九　お掃除一切の心得、十　家庭に必要な装飾の心得、十一　瓦斯と電気と水道の使用心得、十二　臭気を防ぐ心得一切、十三　家具や家屋の手軽な修繕法、十四　家庭で重宝する薬物と用ひ方、十五　什器・宝物類の取扱ひ方、十六　火事とその他災害時の心得、十七　お台所一切の心得、十八　住宅向き照明の一切の心得、十九　仏事祭祀の心得、二十　家庭の便利な設備、二十一　暖房一切についての心得、二十二　寝室と寝具類についての心得

(23)　前掲(2)『主婦の友社の五十年』、二〇五頁。付録競争のピークとなった昭和九年（一九三四）年一月号は、十五種類の付録が付けられ、発行部数約一二〇万部、付録も含む用紙の総量は一、八〇〇トンと見積もられた（「初春縁起　主婦之友印刷物語」『印刷雑誌』一九三四年一月号、一一頁）。

(24) 東山千栄子『新劇女優』(伝記叢書 325)大空社 一九九九年(初出 一九五八年)四〇～四三、一一七頁。
(25) この企画は、『婦女界』自体の不振から消滅したとみられるものの、「善行録」を記事とすることを意図したものと考えられる。「善行旌表」への応募は、『婦女界』第四号において「実に五十余件の多数に上り」と報告され、多くが「郡役所若しくは村役場等より直接寄稿にかかるもの多き」とあり、公的機関への配慮から審査期間を一か月延長することが告知されている(『婦女界』一九一〇年六月号、六六頁)。
(26) 『官刻孝義録』については、菅野則子『江戸時代の孝行者 「孝義録」の世界』(歴史文化ライブラリー七三、吉川弘文館 一九九九年)参照。
(27) 『明治孝節録』については、西谷成憲「『明治孝節録』に関する研究」(『多摩美術大学研究紀要』第一一号 一九九七年三月 多摩美術大学、九三～一一四頁)参照。
(28) 佐藤謙助編『明治大正昭和 日本孝子伝』常総新聞社 一九三七年。同書は、昭和九年刊行の日本孝子伝編纂所編の版が出版元を変えて発行されたものである。なお、『日本孝子伝』では「高原はるの」と表記。
(29) 内訳は、「明治之部」三〇件のうち「孝子」十七、「節婦」十三、「大正之部」二二二件のうち「孝子」八一、「節婦」一一九、「義僕」二二、「昭和之部」一三六件のうち「孝子」五四、「節婦」七六、「義僕」六である。全体では、「節婦」が半分以上の二〇八件を占め、「孝子」には女性も含まれているため、女性の占める割合が高い。
(30) 大正十六(一九二七)年一月号の付録「照宮様を抱かせ給ふ東宮妃殿下」(和田三造画)は、皇族の肖像画が付録とされた最初であった。
(31) 「終刊特別企画② 祖母・母・娘三代の主婦に支えられて 婦人倶楽部の六十八年をふりかえる」『婦人倶楽部』一九八八年四月号(最終号)、六〇頁。
(32) 三宅虎太『通俗男女自衛論』(小木新造・熊倉功夫・上野千鶴子校注『風俗・性』(日本近代思想大系23)岩波書店 一九九〇年(初出 一八七八年)、四三七～四四二頁、岡田常三郎『新撰造化機論』、同前(初出 一八八四年)、四三七～四六一頁。
(33) 三鬼浩子「女性雑誌における売薬広告」『メディア史研究』第一三号 メディア史研究会 二〇〇二年十一月、一一〇～一一二〇頁。

(34)　婦人雑誌における性関係記事の氾濫に対し、基督教婦人矯風会は昭和三（一九二八）年四月に「現代婦人雑誌改善ノ件」を決議し、翌五月には「婦人雑誌改善問題協議会」が結成され、内務大臣および警保局長宛に陳情書が提出されている。これにより『婦人世界』昭和四年十月号が発売禁止処分となり、十八万部が押収される事態となった（同前、一一一～一一二頁）。

(35)　「夫の心得」『結婚心得帖』（『婦女界』一九三〇年九月号付録）南博編『人間世間』（近代庶民生活誌　第一巻）三一書房　一九八五年、二五五頁。

(36)　前掲(33)三鬼浩子「女性雑誌における売薬広告」、一二〇頁。

(37)　加納久朗「世界改造と新らしき日本婦人の覚悟」『主婦之友』一九一九年十一月号、一二～一五頁。なお、この記事により「産制の記事を日本で最初にとり上げた雑誌は「主婦之友」であった」とされる（前掲(2)『主婦の友社の五十年』、七九頁）。加納久朗については、第二章第二節註(36)参照。

(38)　堕胎薬の一種である「月やく」広告の増加とその消滅については、前掲(33)三鬼浩子「女性雑誌における売薬広告」参照。

(39)　「婦人の衛生と幼児哺育」毎日新聞社編・発行『婦人宝鑑』（大正十三年版）一九二四年、五三八頁。

(40)　右田清子『昭和家庭宝鑑』玉文社　一九二八年、六一七～六二二頁。「第六編　婦人文化思潮」は、「第六章　産児制限の問題」のほか、「第一章　男女同権の問題」「第二章　自由恋愛の問題」「第三章　母性の問題」「第四章　婦人参政の問題」「第五章　婦人の職業問題」を取り上げた。

(41)　前波仲子は、福井県出身の男性で、東京商科大学（一橋大学の前身）を卒業し、銀座松屋百貨店に勤めた後、『婦人世界』に招かれ約二年間編集長を務め、低迷していた誌面の刷新に力を尽くすも昭和八年五月号で明治三十九年の創刊以来二十七年に及ぶ歴史に幕を引いた。その後、東京市社会局嘱託として「小売経営相談所」の運営に関わりながら『新女性宝鑑』の編纂に取り組んだとみられ、評論家新居格、読売新聞婦人部長小野賢太郎、国民新聞学芸部長畑耕一、医学博士高田義一郎らの序文が添えられた（『新女性宝鑑』（昭和九年版）「序文」、「自序」（近代日本女性生活事典　第六巻　大空社　一九九二年（初出一九三四年）、一～八頁、『改訂増補　新女性宝鑑』（昭和二十二年版）「自序（改訂新盤に際し）」（近代日本女性生活事典　第七巻　大空社　一九九二年（初出　一九四七年）一～三頁）参照。

(42)『新女性宝鑑』昭和九年版および昭和二十二年版の目次は、次の通り（昭和九年版のうち、昭和二十二年版で省かれた項目には●を、昭和二十二年版のうち、新規の項目には○を付した）。

昭和九年版

第一編　新時代の社交、第二編　清らな処女時代、第三編　結婚準備花嫁学問、第四編　新時代の夫婦学、第五編　今日の妊娠と安産、第六編　新しい育児、第七編　家庭生活の合理化、第八編　滋養・味覚に富む料理、●第九編　新時代の衣服裁縫編物、第十編　手軽にできる衣服整理の秘訣、●第十一編　住みよい住居・便利な台所、第十二編　近代色美容、●第十三編　新版家政学、●第十四編　小児病一切の手当・予防知識、●第十五編　現代職業婦人万華鏡、●第十六編　近代女性の趣味と娯楽

昭和二十二年版

○第一編　これからの女性、○第二編　女性と新しい法律、第三編　新時代の社交、第四編　清らな処女時代、第五編　結婚準備の花嫁学問、第六編　新時代の夫婦学、第七編　今日の妊娠と安産、第八編　新しい育児、○第九編　近代色美容、第十編　家庭生活の合理化、第十一編　滋養と味覚に富む食事、○第十二編　燃料の科学化経済化、第十三編　和洋裁の新感覚、第十四編　貴重な衣服整理の技術

(43)他の相談は、家族を養う必要から嫁に行けない、「精神病」のため結婚出来ない、顔に痣がある、丙午年生まれで婚期を逸した、の四編である（「結婚したくとも結婚されぬ婦人の身の上相談会」『主婦之友』一九三三年一月号、二五二〜二六九頁）。

(44)結婚と性の一致については、デビッド・ノッター『純潔の近代』（慶応義塾大学出版会　二〇〇七年）参照。

(45)明治の軽犯罪取締法である「違式詿違条例」は、春画等の販売（違式罪目第九条）をはじめ、裸体や片肌脱ぎ、脛を顕わにすること（違式罪目第二十二条）、男の女装と女の男装（違式罪目第六十二条）、婦人の断髪（詿違罪目第三十九条）、市中往来での立小便（詿違罪目第四十八条）など、性に関わる事柄を「罪」に挙げている（「東京違式詿違条例」明治五年十一月八日東京府達第七三六号、前掲(32)掲小木新造・熊倉功夫・上野千鶴子校注『風俗・性』、三〜二六頁）。

(46)北海道民謡「ソーラン節」には、次のような替え歌がある。

ヤーレン　ソーラン　ソーラン　ソーラン　ソーラン　ソーラン　ハイハイト

今宵一夜は緞子の枕　あすは出船の　波まくら　チョイ
ヤサエーエンヤーアンサーノ　ドッコイショ　ハア　ドッコイショ　ドッコイショ
色気ついてから　何食ってみても　おそのような味がない（お囃子略）
へたな剣術　のろまの夜這い　いつもしないでたたかれる（お囃子略）
（石川弘義・野口武徳『性』（ふぉるく叢書２）弘文堂　一九七四年、七頁）。

(47)　穂積重行編『穂積歌子日記』みすず書房　一九八九年、五四二頁。

(48)　穂積重遠「序」故福島四郎『婦人界三十五年』不二出版　一九八四年（初出　一九三五年）、二頁。

(49)　鳩山春子『自叙伝』（佐伯彰一・鹿野政直監修『日本人の自伝７』平凡社　一九八一年（初出　一九二九年）、三五五頁。

(50)　「クロケー」は、ある程度のスペースが必要な「ゲート・ボール」の原型に近い遊戯で、歌子の日記にも時々現れ、三十年代には庭で親類仲間と遊ぶ写真も残されている（前掲(47)『穂積歌子日記』、五頁）。

(51)　大久保利謙『日本近代史学事始め』岩波新書　一九九六年、七頁。

(52)　「母の講座」については、山村淑子「戦時期における母性の国家統合―文部省「母の講座」を中心として―」（『総合女性史研究』第二十一号　二〇〇四年三月、二五～五〇頁）参照。

(53)　「『軍国の母』」表彰式挙行」『主婦之友』一九四三年一月号、一四二頁。この頃、『主婦之友』では「日本の母の歌」が募集されるなど（「日本の母の歌募集」『主婦之友』一九四二年六月号、六六頁）、「母」としての女性像に注目が集まっていた。

(54)　中内敏夫『軍国美談と教科書』岩波新書　一九八八年、七三頁。

(55)　大濱徹也『講談日本通史』同成社　二〇〇五年、三一四頁。

(56)　戦争と結びついた日本の「母」は、我が子が屍となった後にようやくもとの子供として取り戻すことが出来た（石子順造『子守唄はなぜ哀しいか』柏書房　二〇〇六年（初出　一九七六年）参照）。こうした「母」のあり方は、戦後も根強く生き続け、やがて「聖母」へと昇華する。戦後教育の出発点となった第六期国定教科書「おかあさま」は、無限の母性愛を備えた至高の存在として描かれ、「わたしが知っているいいこと、正しいことは、おかあさま、あなたの目から教えられました」と、絶対的に善なる存在として普遍化されている（『国語』第五学年　中、一九四七年（第六期国定国語教科書）海後宗臣編『日本教

科書大系　国語（六）』近代編第九巻　講談社　一九六四年、二六九〜二七〇頁）。こうした母の姿には、社会との緊張関係が全くみられない。

(57) 小林重喜『明治の東京生活』角川選書　一九九一年

(58) 大倉組は、明治六年に大倉喜八郎が設立した大倉組商会を前身とし、明治二十六年に藤田伝三郎の内外用達会社を吸収し合名会社大倉組として発足した総合商社で、戊辰戦争を起点に、西南戦争や日清戦争の軍需品調達により巨利を得て成長した大企業であった。しかし、大倉組が戦時の御用商人として急成長したことは、「石コロ缶詰」という粗悪品との風評が高まるなど、社会的に決して評判がよくないというイメージの原因となった（林英雄「女性の書いた明治の日記」、同前、二一二〜二一三頁）。なお、小林重喜の名前は、大倉喜八郎の命名によるという（同前、一八八頁）。

(59) 夫の安之助は、謡を趣味とし観世流の稽古に通っていたほか、寄席、能に頻繁に出かけ、ビリヤードにも熱中したという多趣味の人であった（同前、二〇九頁）。

(60) 安井てつについては、青山なを『安井てつ伝』（岩垂宣子　一九七六年（初出　一九四九年）参照。

(61) 大江スミ『三ぼう主義』宝文館　一九一一年、一〇六頁。

(62) 大江スミがイギリスで学んだ学問の潮流は、コレラの蔓延や都市の貧困など、ヴィクトリア朝社会に生じた課題への対策として説かれた衛生学や家政学であり、そうした背景を斟酌することなく日本社会へそのまま持ち込もうとしたものが大江家政学の根幹をなしているといえる（ヴィクトリア朝イギリス社会に生じた課題については、第一章第二節参照）。その一端は、スミによる九〇〇頁を超える大冊の家事教科書『応用家事精義』（家政学生活学研究基礎文献集　第三巻　大空社　一九八八年（初出　一九一六年））が、その大部分を衛生や災害の観点から見た「住居」の解説にあて、固有の土地や生業により異なるはずの個別の事象を観念的にまとめようとしたことにも表れている。

(63) 大濱徹也「「花嫁学校」の創立」『週刊朝日百科　日本の歴史』近代Ⅱ　朝日新聞社　一九八九年、一一〜五一頁。

(64) 井上秀子『家庭管理法』（復刻　家政学叢書　11）第一書房　一九八二年（初出　一九二八年）、三六四〜三六七頁。

(65) 「女中」については、奥田暁子「女中の歴史」（奥田暁子編『女と男の時空　近代女性史再考』（Ⅴ　鬩ぎ合う女と男　近代）藤原書店、一九九五年、三七六〜四一〇頁）参照。

(66) 井上秀子の家政学については、氏家寿子「井上家政学」(井上秀先生記念出版会編『井上秀先生』桜楓出版・編集部　一九七三年、二二五〜三九〇頁)参照。

(67) その一端は、「「科学的料理法」では、カロリーの高さ、清潔さ、消化のよさ、見た目の美しさに重きがおかれ、味そのものはまったく無視された。母から子へと伝えられてきたアップル・パイの味は切り捨てられ、氷でとじこめたサラダが芸術的だと賞賛された」というものであった(ローラ・シャピロ『家政学の間違い』(種田幸子訳)晶文社　一九九一年)。

(68) 正岡芸陽『理想の女学生』岡島書店　一九〇三年、一四四頁。

(69) 安井てつ「家庭に於ける英国婦人」(『なでしこ』第八巻第十三号　一九〇八年十月)安井てつ『久堅町にて』(叢書女性論11)大空社　一九九五(初出　一九一五)、二八四〜二八九頁。

(70) このことは、明治三十年代の家事科教員の採用試験問題において、「問　家政学ニ於テ研究スベキ条目ヲ示セ」、「問　生活ノ程度トハ如何及今日社会生活ノ現状ヲ示セ」など、現実の暮らしの実態から遊離した家政学教育が目指されていたことにも表れている(青木嵩山堂編・発行『中等教育家政学問答』一九〇二年、二、六頁)。

(71) 前掲(56)参照。日本の「母」の姿は、生身の母であることが許されず、善なるもの、聖なるものという普遍的な存在として求められ、その呪縛にとらわれ続けたといえる。

(72) 創立時の東京女子大学の本科の学科編成は、国語漢文科、英文科、人文科、実務科(第一部)、実務科(第二部)という構成であった(東京女子大学五十年史編纂委員会編『東京女子大学五十年史』東京女子大学　一九六七年、四二頁)。創立時の学監を務め、新渡戸稲造の後を受けて大正十二年に第二代学長に就任し、一九四〇年までの十七年間その職にあった。

(73) 「三谷民子」編纂委員会編『三谷民子』女子学院同窓会　一九九一年、六八頁。

(74) 横山鈴子「近世後期「主婦権」に関する歴史的考察―上総国望陀郡奈良輪村鳥飼やす『萬覚帳』の分析を事例に―」『綜合女性史研究』第二十号　総合女性史研究会　二〇〇三年三月、二〇〜四四頁。

おわりに

「主婦」とは、時代社会の理想を埋め込むことが可能な言葉であった。明治期に登場して以来、今現在も使われる言葉として日本の社会に定着したことが、何よりこのことを証拠立てている。「主婦」は、多様な女性像を共通の理解が可能なものへと意味づけられる言説として定着したのと同時に、新たな時代にふさわしい生き方を提示するものと多くの無名の女性たちが読み取ったからこそ、自分こそ「主婦」と自称することができたのである。

この意味で、どのような階層の、如何なる生活基盤を有する人が該当するのかという実態を反映するものとして理解しようとすると、その時点で「主婦」像を固定化せざるを得ず、「主婦」というものが抱えてきた、語られる理想であり続けていることの意味が見えなくなるのである。「主婦」とは、新たな時代を生き抜く人々が理想を込めた女性像として創造され、時の課題に応じて求められたものであった。このことは、日本の近代が、近代的な価値とは別個なる普遍的な価値規範を求める相貌を持ちつつ、歩んだ時代であったことを示しているのではないだろうか。それだけに「主婦」なる概念が、あらゆる階層を越えて語られたということ自体が、重要なのである。日本の近代には、ある理想を、階層を越えて語ることのできる瞬間があったといえるのではないだろうか。

最後に、本書を閉じるにあたり、今後の課題を示し結びとしたい。

「主婦」の意味づけは、『主婦之友』の創刊当初未婚者や商家の女主人、未亡人も含まれていた。そして、大正七年六月号の「主婦の模範と仰ぐ皇后陛下の御日常」や、大正八年六月号の「伏見若宮妃殿下の御主婦振」などに見られたように、皇后、皇族をも「主婦」と比定し、「主婦」という女性像が無限にさまざまな実態を取り込むことが可能なものとして意味づけられた。「主婦」の理想が皇室の女性にまで敷衍されたことは、皇室の存在が社会を遍く照らす光源として多様な差異を平準化し、均質な「国民」を作り上げるものとして作用した。このことは、個別的で多様なはずの、地に足を付けて生きる生活者としての側面が均質化され、全国一律同質なものに薄められていくことでもあった。「主婦」の意味づけは、このことと歩調を合わせるように、次第に既婚で有夫の妻へと集約されていく。

「主婦」という言葉は、戦後社会の中で日常の言葉として定着した。雑誌『主婦の友』が昭和四十四（一九六九）年に「戦後の絶頂期」を迎えたことは、敗戦後から四半世紀の間に、いま一度存在感を増し、さらなる意味づけの変化が起こったことを表している。そして、平成二十年の休刊は、戦後社会における「主婦」像の展開において、もはや理想像を盛り込むものとはならなくなったことによる。このことは、家事を賃労働並みの「労働」とみなす「専業主婦」という名称が流布したことに見られるように、労働力としての側面だけが細かく分節して抽出され、その人固有の存在を背景にふまえたものとしては把握されなくなったことにより、目指すべき理想とはみなされなくなったからだといえる。

この間、「主婦」に新たな意味づけをなすものとして登場したのが主婦連合会である。昭和二十三年十月に設立された主婦連合会は、奥むめおを初代会長に消費者団体として成長し、「主婦」を冠する名前の雑誌がなくなった後の現在も活動を継続している。昭和二十六年九月以降トレードマークのしゃもじが登場し、「しゃもじとエプロン」が会の象徴となった。このことを改めて「主婦」像の展開としてあとづけることが、残された課題の一つである。

また、日本の近代が歩んだ別の側面を明らかにするため、『婦人之友』が有した世界を時代に位置づける作業が、もう一つの課題であると考える。『婦人之友』は、羽仁もと子というカリスマに惹かれ、羽仁の説く観念的かつキリスト教の精神をまとったメッセージに共鳴した読者に支えられた雑誌であり、『主婦之友』とは異なり全国的規模の持続的な組織化を可能にした。読者の主体は、一つには地方に根を張る女子高等教育を受けた亜インテリともいうべき中産階級であり、実態が多様すぎてまとめようがなかった『主婦之友』に対し、ある種の共同性を保持し得た層といえる。こうした層を基盤とする日本の近代が、如何なる歩みをたどったのかを改めて問い質す作業が残されている。

残されたもう一つの課題は、「主婦」から「母」へのスライドという問題である。先に見たように、皇后までも取り込んだ「主婦」像は、昭和期になると皇后への形容が「女性の鑑と仰ぎ奉る皇后陛下の御日常」（『主婦之友』昭和五年四月号）という「女性の鑑」へと変化し、「主婦」とはされなくなった。このことは、「主婦」の名の下にあらゆる女性を均質化することが不可能なことを表したものとみられる。そこへ「母」がクローズアップされていく。『主婦之友』においては、昭和五（一九三〇）年九月号の「名流三十氏が推薦された　母としての模範は誰か？」や、「母の歌」募集（昭和十七年六月号）、「軍国の母表彰」（同）が、昭和十八年以降の口絵ページにおける軍服姿の青年と黒紋付きの母、軍服姿の夫と赤ん坊を背負った母などのモチーフで「母」のイメージが頻出する。このことは、「主婦」ではなしえなかった、女性の多様性を溶解し、あらゆる個別性を無化し、「母」なる母性で均質化を図ろうとする動きが急激に展開したことをしめしている。「母」なるものは、誰にもわかりやすく何ら疑念を差し挟む余地のない普遍的な存在であるがゆえに見出されたものであった。

こうして現れた「母」の姿は、戦時下という局面のもと、じっくり時間をかけてモノを考えている場合ではないという、駆け足の号令のようなものの下に物事が進み、「軍国の母」としてわが子の命を差し出すこと以外に他の選択肢があり得ないという思考停止を伴って描かれている。そして、「母」なるものが求められるあり方は、戦後にいたっても繰り返し立ち現われている。敗戦後の昭和二十二年に登場した第六期国定国語教科書の「おかあさま」には、社会との緊張関係がないままわが子と向き合う「母」の姿が、「善なるもの」と手放しで礼賛されている。こうした「母」なるものの姿は、自分という個を絶対視する自己本位の思考や、歯止めの効かない利己主義を生む温床として、戦後社会のいたるところに顔をのぞかせているように思われる。

これに対して「主婦」には本来、女性が尊厳ある存在として確固たる場を築くための可能性が秘められていた。それは、前世代から受け継がれる家事のノウハウなり、おふくろの味なり、近隣の尊敬を集める世間知なり、目先の知識だけでは太刀打ちできない人としての存在感の厚みに支えられたものである。

「主婦」に本来込められたはずのこうした世界観の一端は、『武士の娘』を世に問い、西欧社会に感銘を与えた杉本鉞子が示した次の逸話にも見出すことが出来る。ちなみに同書は、はじめ“A Daughter of the Samurai”として大正十四（一九二五）年に英文で出版され、邦訳が出版されたのは十八年後の昭和十八（一九四三）年のことである。

私の知っている庭職人に、時間払いでなく、一仕事ごとに賃金を貰う人がありました。この人が半日がかりでした仕事を、それも庭石をほんの二三寸動かすだけのことでまたやり直しをいたしました。でも、気に入ったところへ石を据えると、汗をふきふき、その傍らに腰を下し、お金にもならない時間を空費することなど、気にもとめず、庭石を眺めながら、煙草をふかしているのですが、その顔には、喜びと満足の色があふれているのでした。

この年老いた職人のことを思い出しますと、自分の芸術を誇り得る喜びを捨てて、何の価値があろうかと思ったことでありました。私は庭師から職人、教師、政治家のことへと思い及びました。それは皆同じことなのです。誇りをきずつけるということ、努力の結果として到達し得た最高、最善なるものをも支え得なくなるということは、個人にとっても国家にとっても、その精神の発達を死に導くものでございます

ここには、武士的世界に止まらない、時間を超えた普遍的価値への目線がある。この挿話は、旧幕時代や前世代の名残として価値がないと見過ごされてきたものに目を向け、失われたものを取り戻すためには、立ち止まって己の

あり方を振り返ることも必要だということを語り伝えるとともに、時代や地域が異なろうとも、良いものを良いと見極める感性というものは、共通して存在するという確信とともに描かれたのではないだろうか。

国語辞典において、家族が気持ちよく元気に過ごすことが出来るよう生活環境全般を整える人という意味づけが託された「主婦」は、物質的な側面ではなくむしろ精神のあり方が強調されている。営々と続く日常は、食事一つとっても、外食のおいしい食事ではなくおふくろの味で家族の団欒という風景が伴うことで生きる元気が湧くという、単なる食事ではない意味があるものとして存在してきた。日常生活には多様性が伴うのであり、「おふくろの味」ということに異を唱えるのであれば、おやじの味も、そうではない場合も当然あり得ると想像すればよい。生活環境を整えるということにおいて、精神の次元に意味を見出す感覚があるからこそ、「主婦」に代わるものとしての「主夫」という用語が生み出されたといえる。

近代日本における「主婦」像の成立と展開をたどることとは、「主婦」たる女性像に込められた時代の理想像の変遷をひもとき、複雑な螺旋状に展開している日本の近代のあり様を問い質すことである。それは、近代的な価値意識に身体を沿わせながら、新たな常識を吸収し世の中を乗り切ろうとする精神と、時代を越えて存在する普遍性、いうなれば変わらざるもの、ある精神の有り様に対する信頼を寄せながら生きる生き方とが、濃淡を帯びながら絡み合い、時に応じて新しい時代精神が色濃く見えたり、古き時代に逆戻りしたかのような色合いを見せたりするものといえるかもしれない。

今現在「主婦」という言葉は、ありふれた日常の言葉として定着している。そして、「専業主婦」という呼称が成り立つように、もはや会社員や学生、パート、無職などの場合と同様の、主に経済的な枠組みで人を区分けするための記号の一つと化している。しかし、多くの人が「主婦」というものに期待を寄せ、そこに理想が託されたという時代もまた、近代日本の一つの側面であった。「主婦」という言葉に、ある理想を引き受ける力が失われたことは、失うことによって今日の社会が容づくられたということでもある。果たして求められた理想に応えうる姿なのか、一度立ち止まり、大地に足をつけて確かめるときにあるのではないだろうか。

「主婦」は、近代の歩みの中で、母、労働力、性愛などの各種要素にバラバラに切り刻まれてきた人間存在を、もう一度トータルなものとして取り戻すことが可能となる場でもあった。その意味では、時代を越えて普遍的に存在する価値を備えた人間像を象徴するという側面もある。近代日本の女性は、「主婦」という理想像を求めることを通して、普遍的価値の下に生きるあり方に加え、幸せを見出す新たな価値観を求めたのではないだろうか。その模索は、まさに、近代日本の歩みそのものと言えよう。

「専業主婦」という言葉の出現はいずれ「主婦」が消滅することを意味するのだろうか。それとも「主婦」はその概念を変化させつつなお存在し続けるのか。追究するべき新たな課題として取り組みたいと思う。

表一覧（表1・2・5・6）

表1 「家庭」をタイトルに含む雑誌の創刊・終刊年（明治22年〜昭和37年）

No.	創刊年月	西暦	雑誌名	発行所	終刊年月	備考
1	明治25年9月	1891	家庭雑誌	家庭雑誌社	明治31年8月	119号まで発行
2	28年12月	1895	日本乃家庭	日本の家庭社	明治32年2月	以後『家庭教育』と改題
3	32年3月	1899	家庭教育	家庭教育社	明治32年10月	7号　以後『日本廼家庭』と改題
4	33年1月	1900	日本廼家庭	家庭教育社	明治33年2月	2号
5	34年1月	1901	家庭	家庭発行所→家庭社→文明堂	明治38年11月	
6	34年1月	1901	家庭	大日本仏教婦人会	明治34年12月	
7	36年4月	1903	家庭雑誌	由分社→家庭雑誌社→平民書房→家庭雑誌社	明治42年7月	
8	36年4月	1903	家庭之友	内外出版協会→新公論社→家庭之友社→四方堂		大正6年1月発行確認
9	37年2月	1904	大家庭	大日本高等女学会	明治40年12月	
10	37年6月	1904	家庭週報	櫻楓会	明治42年6月	明治45年6月に再刊　昭和19年11月廃刊
11	37年7月	1904	家庭の志るべ	富山房		明治38年12月まで発行、以後『流行』と改題
12	37年10月	1904	家庭雑誌・婦人	婦人社→仏教婦人会連合本部		
13	37年12月	1904	家庭娯楽・衛生新報	衛生新報社		
14	38年1月	1905	新家庭	新家庭社		明治38年3月発行確認
15	38年2月	1905	家庭の栞	新潟県女子教育会		明治41年11月で廃刊
16	38年3月	1905	日本の家庭	同文館		明治40年6月まで発行確認
17	38年6月	1905	明治の家庭	明治の家庭社		大正5年11月で廃刊
18	39年4月	1906	家庭女学講義	家庭女学会		明治40年12月まで発行、以後『婦人之友』と改題
19	39年9月	1906	家庭新報	家庭社		
20	明治40年1月	1907	家庭文芸	金港堂書籍株式会社		『文芸界』の改題　明治40年6月で廃刊
21	40年3月	1907	家庭衛生	家庭衛生新報社		明治41年6月発行確認
22	41年2月	1908	家庭雑誌	家庭雑誌社		

23	41年5月	1908	家庭雑誌	家庭雑誌社		明治42年5月で廃刊
24	42年4月	1909	家庭	精美堂	明治44年3月	
25	42年9月	1909	新家庭	東京毎日新聞社		大正3年2月で廃刊
26	42年11月	1909	新家庭	新家庭雑誌社	不明	
27	43年1月	1910	斯民家庭	報徳会	大正3年1月	
28	43年8月	1910	家庭時報	家庭時報社		
29	43年10月	1910	新報知・家庭乃花	新報知社		
30	44年5月	1911	家庭のをしへ	日本家庭会		
31	45年1月	1911	家庭之華	家庭之華社		
32	45年3月	1911	北陸家庭	北陸家庭雑誌社		
33	45年7月	1911	家庭パック	楽天社		大正2年4月で廃刊
34	大正2年4月	1913	THE HOME 家	家社	大正2年10月	
35	2年6月	1913	家庭之園芸	家庭之園芸社		
36	2年10月	1913	家庭と教育	養賢堂		
37	2年11月	1913	家庭タイムス	家庭タイムス社		
38	4年6月	1915	家庭雑誌	博文館		大正15年2月で廃刊
39	4年9月	1915	家庭世界	大日本家庭教育会		『国華写真』と『写真時報』が合同し改題
40	5年3月	1916	新家庭	玄文社	大正12年9月	
41	5年4月	1916	家庭文学	家庭文学社		
42	5年6月	1916	家庭と趣味	家庭倶楽部		『家庭と玩具』の改題　大正6年10月発行確認
43	5年9月	1916	家庭	家庭社	不明	
44	6年6月	1917	家庭及学校	隆文館	大正7年7月	「自学奨励会事務所」発行
45	7年4月	1918	家庭と仏教	新密教社	大正14年12月	『家庭の教』に改題
46	7年8月	1918	家庭顧問	化粧調査会→家庭顧問社		大正9年2月まで発行、以後『新婦人』と改題
47	7年10月	1918	婦人家庭雑誌	婦人家庭雑誌社		大正9年8月以後『婦人家庭』と改題
48	9年1月	1910	家庭之友	金の鳥社		
49	9年9月	1910	婦人家庭	ダイヤモンド社		大正10年3月まで発行、以後『新女性』
50	10年2月	1911	新家庭	神戸購買組合→神戸消費組合	昭和13年2月	
51	11年1月	1911	家庭の智識	家庭の智識社		
52	11年1月	1911	家庭界	万象社		
53	11年3月	1911	家庭文化	世帯の会	大正14年5月	『世帯』からの改題

54	12年1月	1913	家庭倶楽部	家庭倶楽部		
55	14年1月	1915	家庭婦人	日本青年社		大正15年2月まで確認
56	14年4月	1915	家庭之友	小樽購買組合	大正14年9月	
57	14年	1915	家庭春秋	家庭春秋社	昭和5年7月	
58	15年2月	1916	社会と家庭	輔導協会	昭和2年1月	
59	昭和5年1月	1930	家庭	青蘭社	昭和7年9月	『青蘭』と改題
60	5年10月	1930	学校と家庭	学校と家庭社		
61	5年	1930	家庭医学知識	医事衛生普及会	昭和14年6月	
62	6年5月	1931	家庭朝日	朝日新聞発行所		
63	6年6月	1931	家庭	大日本連合婦人会	昭和16年8月	
64	6年7月	1931	家庭教育	家庭教育社		
65	7年1月	1931	日本之家庭	日本之家庭社		
66	7年4月	1931	家庭と教育	ほざな社		
67	8年10月	1933	家庭の友	帝国互助会		
68	9年2月	1934	児童と家庭	児童と家庭社		
69	9年10月	1934	家庭と医学	家庭と医学社		
70	9年10月	1934	家庭科学	家庭科学研究所→家庭科学研究所・大日本連合婦人会	昭和15年	
71	9年10月	1934	家庭の窓	家庭購買組合	昭和16年	
72	10年4月	1935	家庭科学月報	家庭科学研究所		昭和16年8月廃刊
73	11年6月	1936	学校と家庭	大阪評論社		
74	11年10月	1936	家庭サロン	家庭サロン社		
75	11年11月	1936	家庭と趣味・新生活	新生活社		
76	11年12月	1936	家庭の友（ハングル）	朝鮮金融組合連合会（京城）	昭和16年	
77	12年5月	1937	家庭道振興会々報	家庭道振興会	昭和16年	
78	13年5月	1938	家庭精神	日本家庭精神会	昭和14年10月	
79	13年10月	1938	家庭衛生	家庭衛生婦人会連絡会	昭和16年6月	
80	14年9月	1939	家庭之道	家庭道振興会	昭和16年7月	
81	15年8月	1940	家庭と防空	京城府庁		
82	17年8月	1940	新家庭	緑旗連盟（京城）		
83	24年2月	1949	家庭	雄鶏社		
84	37年9月	1961	新家庭	灘神戸生活協同組合	昭和44年10月	

表2 「重宝記」の内容一覧

番号	1	2	3	4	5	6	7	8	9	10	11
編著者	悔遅二橋長編	はる蔭編	松井惟利編	室田義文編	青木輔清編	宮本興晃	細島晴三編	池田保次郎編	青木輔清編	下田五山編	綾部乙松編
書名	『大東宝鑑』	『開化調宝記』	『開化年中重宝記』	『大東宝鑑』増補第二、三表	『日用諸規則重宝記 附 書入書状用便』	『重宝掌中妙薬集』	『日要重宝記』	『日用農家重宝記』	『懐中日用・紙入書状用便・紙入節用』	『日用便覧 改正懐中』	『新選懐中重宝記』
発行者	(北畠茂兵衛発兌)	文渓堂	松井惟利	(発行者不詳)	青木輔清	長島藤吉	(発行者不詳)	池田保次郎	青木輔清	松本善助(大阪)	山静堂
発行年	明5・5(1872)	明6(孟夏)(1873)	明8・1(1875)	明8・3(1875)	明10・6(1877)	明10・11(1877)	明10・9(1877)	明11・1(1878)	明11・8(1878)	明11・12(1878)	明12・4(1879)
天皇肖像							○				
皇后・皇族肖像											
口絵					○				○		
日本地図					○		○				
太陽暦		○	○						○		○
国家祝祭日			○		○				○	○	○
五親等服忌令			○								
旧暦農事暦		○						○			
皇室	○		○								○
国体											
政治											
面積人口国勢	○			○					○		
内務	○			○			○				
神社											
宗教哲学倫理											
修養											
外交	○										
軍事	○										
教育	○										
経済財政	○										
商工業											
農業水産											
拓殖移民											
動植物博物											
歴史											
地理											
諸願届出様式		○							○	○	○
諸規則法律					○				○	○	○
郵便制度					○		○		○	○	
手紙の書き方					○						
習字											
鉄道運賃					○		○			○	
遊芸趣味娯楽											
家事全般											
家事経済											
貯蓄利殖											
家政											
妊娠育児											
衛生看護											
易占手相姓名判断											
字引辞書新語											
豆知識						○					
礼式作法交際											
演説会話座談											
○○心得											
裁縫料理											
生花茶道											
企業広告											
備考											

	12	13	14	15	16	17	18	19	20	21	22	23	24	25	26
	三木彦七編	岡田伴治（東紅楼主人）	飯尾次郎編	稲葉永孝	邨越俊雄	堀田善輔	大林静編	都筑法悦	渡辺修次郎編	野村銀次郎	和田篤太郎	大館熙編	佐藤為三郎編	秋庭浜太郎ほか	中里篤信編
	『皇国万民必携 袖珍銅鐫』	『民家日用重宝記 初集』	『女子宝鑑』	『開化重宝記 違式詿違条例 大日本全図』	『婦人の心得』	『軽便要覧 掌中重宝』	『懐中重宝記』	『明治節用大全』	『日本国事宝鑑』	『明治重宝かがみ』	『和漢洋年代宝鑑 官民必携』	『懐中重宝記 改正新版』	『開化実益 現今児童重宝記』	『内地雑居交通宝鑑 一名・英語独案内』	『万民宝典』
	三木書楼	博真堂	二書房	矢島徳太郎	木村文三郎	堀田善輔	青井三十郎等	金松堂	松井忠兵衛	野村銀次郎	春陽堂	辻本秀五朗	此村彦助	塩谷芳兵衛	中里篤信
	明12・5 (1879)	明12・7 (1879)	明12・9 (1879)	明13・3 (1880)	明13・11 (1880)	明14・2 (1881)	明14・3 (1881)	明14・12 (1881)	明15・5 (1882)	明17・3 (1884)	明18・5 (1885)	明18・6 (1885)	明19・10 (1886)	明19・10 (1886)	明20・3 (1887)
													○		
					○										
				○			○				○				
		○					○			○	○	○	○		
		○					○			○		○	○		
		○									○	○			
		○								○	○				
		○									○		○		
									○						
											○	○			
						○									
									○						
									○						
									○						
	○			○		○	○				○	○			○
				○		○			○			○			○
		○					○				○	○			
			○				○						○		
				○			○				○	○			
												○			
			○		○										
															○
								○				○	○	○	
		○										○			
												○	○		
					○										
			○												

番号	27	28	29	30	31	32	33	34	35	36	37	38
編著者	薄井儀一郎	寺田清助（京都）	恒石千恵次	下斗米松次郎	伊藤二朗編	北畠茂兵衛	島邨信司	森知幾編（新潟）	小泉茂作編	坪谷善四郎	大沢善一郎編	岡本可亭
書名	『日用重宝記』	『年中重宝記』	『人間必携　万法秘術　男女生涯之宝典』	『済民宝鑑　衛生一助』	『大日本国民必携』	『条例摘要　明治重宝』	『婦人の心得　礼式の部』	『至極重宝　一名東京案内』	『土産之重宝　神仏礼拝　巻之壱』	『閨秀錦嚢　日本女礼式　一名　婦人一代重宝鑑』	『国民之宝典　男女必携』	『家庭教育　貴女之宝』
発行者	兎屋	後藤重助	恒石千恵次（大阪）	下斗米松次郎（八戸）	尚書堂	千鐘房	島邨信司	内田書店	世賜堂（愛知）	博文館	明治舎	盛文館
発行年	明20・12 (1887)	明21・11 (1888)	明21・12 (1888)	明22・3 (1889)	明22・10 (1889)	明22・12 (1889)	明23・2 (1890)	明23・5 (1890)	明23・10 (1890)	明24・7 (1891)	明24・8 (1891)	明24・11 (1891)
天皇肖像				○								
皇后・皇族肖像										○		
口絵					○			○		○		
日本地図												
太陽暦	○	○			○			○				
国家祝祭日	○				○			○				
五親等服忌令									○			
旧暦農事暦		○						○	○			
皇室					○							
国体												
政治												
面積人口国勢												
内務												
神社					○							
宗教哲学倫理												
修養												
外交												
軍事												
教育										○		
経済財政												
商工業												
農業水産												
拓殖移民												
動植物博物												
歴史												
地理												
諸願届出様式					○							
諸規則法律					○	○		○	○			
郵便制度					○	○		○	○			
手紙の書き方					○							
習字										○		
鉄道運賃					○			○	○			
遊芸趣味娯楽										○		
家事全般												
家事経済										○		
貯蓄利殖										○		
家政												
妊娠育児										○		
衛生看護				○								
易占手相姓名判断					○							
字引辞書新語												
豆知識	○		○		○						○	
礼式作法交際							○			○		○
演説会話座談												
○○心得										○		
裁縫料理	○				○		○			○		○
生花茶道										○		
企業広告												
備考												

39	40	41	42	43	44	45	46	47	48	49	50	51	52	53
岡本可亭	三好守雄	鳥羽信時	松本徳太郎編	昇山房編	松井精一郎編	三輪堅三	山口米吉編	梅津竹次郎編	千葉胤矩	百井嘉吉	博文館編輯局編	森下佐野右衛門	沢畑次郎編	前沢新二編
『女宝』	『万民宝鑑　開巻有益日用必携』	『実に重宝』	『明治宝鑑』	『嫁娶宝鑑　婦人人相』	『民間日用宝鑑』	『万民必携　日用重宝記』	『懐中博覧　国民必携』	『明治二十七年重宝便覧』	『年中重宝記　明治二十七年　新撰』	『民間宝典実用集』	『明治節用大全　伝家宝典』	『民間必携　日用重宝』	『重宝便覧』	『万民必携　明治二十八年之部』
金櫻堂	藍外堂	榊原友吉	松本徳太郎	山田藤助	村上貫司（新潟）	渡辺甚兵衛（大阪）	益世館	梅津竹次郎	大坂広告社（大阪）	（出版者不詳）	博文館	森下佐野右衛門（大阪）	沢畑次郎	前沢新二
明25・1（1892）	明25・3（1892）	明25・12（1892）	明25・9（1892）	明26・1（1893）	明26・6（1893）	明26・6（1893）	明26・11（1893）	明26・12（1893）	明27・1（1894）	[明27・2]（1894）	明27・4（1894）	明27・8（1894）	明27・11（1894）	明27・11（1894）
○							○				○			
			○				○				○			
	○						○	○	○		○		○	
	○						○	○	○		○		○	
	○								○					
						○	○						○	○
	○		○			○	○	○	○		○			
			○		○	○								
	○	○					○	○	○		○			
			○								○			
	○		○			○	○	○	○		○			
			○											
			○											
			○											
			○											
			○								○			
											○			
					○					○			○	
		○	○		○	○	○	○					○	
		○	○			○	○	○	○	○	○			
○	○										○			
		○				○	○	○	○				○	
											○			
											○			
○											○			
○														
											○			
	○			○										
	○			○		○			○			○		
○									○		○	○		
												○		
									○					
○	○								○		○	○		
○														
						○		○	○				○	

番号	54	55	56	57	58	59	60	61	62	63	64	65
編著者	山口米吉編	松永説斎編	(編著者不詳)	川久保政次郎	小泉一郎	青木市右衛門	国分操子	金澤鉄三	遠山談哉	宮内音次郎編	大木省吾	重田盛太郎
書名	『国民必携　年中宝鑑』	『重宝』	『明治二八年重宝』	『年中重宝』	『国民必携　日常宝鑑』	『重宝誌』第二号	『日用宝鑑 貴女の栞』(上・下巻)	『国民之宝典』	『貴女宝鑑』	『国民重宝　公民必携』	『衛生顧問　家庭宝典』	『国民必携　日用全書』
発行者	益世館	柘植福馬	文華堂	川久保政次郎(札幌)	小泉書房(茨城)	重宝社	大倉書店	金澤出版事務所(水戸)	東雲堂	福進堂(常陽)	萩原新陽館	三六書院
発行年	明27・12 (1894)	明28・1 (1895)	明28・1 (1895)	明28・1 (1895)	明28・3 (1895)	明28・12 (1895)	明28・12 (1895)	明29・12 (1896)	明32・9 (1899)	明33・10 (1900)	明36・10 (1903)	明36・11 (1903)
天皇肖像												
皇后・皇族肖像												
口絵		○					○		○			
日本地図							○					
太陽暦	○	○	○	○		○						
国家祝祭日	○	○	○	○		○						
五親等服忌令												
旧暦農事暦		○	○	○								
皇室	○	○	○				○					
国体							○					
政治							○			○		
面積人口国勢	○	○										
内務	○											
神社		○										
宗教哲学倫理												
修養												
外交			○									
軍事												
教育												
経済財政												
商工業												
農業水産												
拓殖移民												
動植物博物												
歴史												
地理												
諸願届出様式					○			○				
諸規則法律	○		○	○	○			○		○		
郵便制度	○	○	○	○		○				○		
手紙の書き方							○		○			
習字												
鉄道運賃		○	○									
遊芸趣味娯楽												
家事全般												
家事経済												
貯蓄利殖												
家政							○					
妊娠育児							○					
衛生看護							○				○	
易占手相姓名判断												
字引辞書新語												
豆知識												
礼式作法交際							○		○			
演説会話座談												
○○心得												
裁縫料理							○		○			
生花茶道									○			
企業広告		○	○	○								
備考												

66	67	68	69	70	71	72	73	74	75	76	77	78	79
大日本女学会	大阪朝日新聞付録	大日本普通学講習会出版部女子学芸講習会編	中村千代松編	日本家政学会	大日本女性研究会（北畠梅野編）	星野すみれ，下田歌子閲	小林鶯里編	近藤正一	大西啓太郎（四十一翁）編	女学世界定期増刊	大日本淑女学会	望月藤作	大日本家政学会（内田安蔵）編
『婦人宝典』（全五巻）	『年中重宝記』	『女子学芸全書』（上・下巻）	『日本家庭節用』	『家庭宝典』（上・下巻）	『女性宝鑑』	『現代女学生宝鑑』	『日用百科宝典』	『家政宝典』	『女子宝鑑 一名婦人重宝玉手函』	『女重宝記』	『家庭要鑑』（上・下巻）	『人生之宝典 戦後必携』	『家政要鑑』（上・下巻）
吉川弘文館、郁文社	大阪朝日新聞	大日本普通学講習会出版部女子学芸講習会	博文館	前川文栄閣，明昇堂	有信堂	益世堂書店	小川尚栄堂	東洋社	松影堂	実業之日本社	東京国民書院	敬文館	大日本家政学会
明36（1903）	明37・1（1904）	明36・12（1906）	明39・1（1906）	明39・1（1906）	明39・3（1906）	明39・7（1906）	明39・8（1906）	明39・10（1906）	明39・12（1906）	明39・1（1906）	明40・1（1907）	明40・4（1907）	明40・6（1907）
					○								
			○							○	○		
							○						
	○						○						
							○						
	○						○						
							○						
	○												
	○						○						
○	○					○	○					○	
○	○						○						
	○						○						
	○						○						
							○						
							○						
							○						
													○
○		○					○						
											○		
				○		○							
○													
○													
○													○
○		○	○		○		○		○	○	○	○	○
					○		○				○	○	○
○	○	○	○		○		○		○	○	○	○	○
							○			○			
			○										
○			○				○						
○		○		○	○	○	○	○	○	○	○		○
						○			○			○	
○				○	○					○	○		○
○		○		○			○						

番号	80	81	82	83	84	85	86	87	88	89	90	91
編著者	中村万吉（夢生山人）	魚住嘉三郎編	小林鶯里編	大日本家政学会編	柄沢照覚	小原要逸（無絃）ほか	有川貞次郎（秋萍）編	竹内松治	矢田常三郎	両角斌・佐藤應次郎他編	帝国実業協会編	内田安蔵編
書名	『家庭読本　家庭円滑家事方法　処世の心得』	『国民の心得　家庭読本』	『現代実用百科大鑑』	『実用百科大全』（上・中・下巻）	『家庭組織宝鑑　吾家憲法』	『実用家庭百科全書』	『百事便覧　家庭宝鑑』	『日本婦女宝鑑』	『実用百科全書　国民必携』	『国民実用宝典』	『帝国実用宝典』	『家庭の栞　婦人文庫』
発行者	中村万吉（静岡）	魚住書店	日本図書協会	大日本家政学会	神誠館		家庭研究会	印行社	博信館	隆文館	大日本実業協会	大日本家政学会
発行年	明40・9（1907）	明41・3（1908）	明41・4（1908）	明41・7（1908）	明41・8（1908）	明42・1（1909）	明42・2（1909）	明42・4（1909）	明42・8（1909）	明42・10（1909）	明42・10（1909）	明42・10（1909）
天皇肖像						○			○	○	○	
皇后・皇族肖像						○					○	
口絵	○			○	○	○			○		○	
日本地図				○		○				○		
太陽暦		○								○		
国家祝祭日		○		○					○			
五親等服忌令									○			
旧暦農事暦												
皇室		○	○	○			○		○	○	○	
国体			○	○					○	○	○	
政治		○		○				○	○		○	
面積人口国勢											○	
内務		○							○	○	○	
神社				○				○			○	
宗教哲学倫理									○		○	
修養						○		○				
外交		○		○							○	
軍事		○	○	○			○		○	○	○	
教育	○	○	○	○		○			○	○	○	
経済財政		○	○	○					○		○	
商工業			○				○		○	○	○	
農業水産			○				○		○	○	○	
拓殖移民												
動植物博物				○					○			
歴史				○					○		○	
地理				○					○		○	
諸願届出様式				○		○			○			
諸規則法律		○		○		○	○		○	○	○	
郵便制度		○		○		○	○		○		○	
手紙の書き方						○			○			
習字						○						
鉄道運賃		○		○		○						
遊芸趣味娯楽				○		○	○	○	○	○		
家事全般												
家事経済				○		○		○			○	
貯蓄利殖		○		○		○					○	
家政				○		○			○		○	○
妊娠育児				○		○		○			○	○
衛生看護	○		○	○		○	○	○	○		○	
易占手相姓名判断				○		○			○		○	
字引辞書新語												
豆知識					○		○				○	
礼式作法交際	○			○	○	○	○	○	○	○	○	
演説会話座談												
○○心得	○				○			○				○
裁縫料理				○		○	○		○		○	
生花茶道				○		○			○			
企業広告												
備考			『日用百科宝典』（1906）・8）と同一							天皇肖像は束帯		

92	93	94	95	96	97	98	99	100	101	102	103	104	105	106
亀井まき子	家政学研究会編（和田学玄編）	武谷等	女子裁縫高等学院	勝永徳太郎	報知社出版部	家政学研究会編（和田学玄編）	国分操子	内田安蔵（大日本家政学会）編	啓文社編輯部編	佐藤渓峰	富岡福寿郎編	金田健吉（翠岳）	野村久太郎編	中外書院編輯所編
『総菜料理年中重宝記』	『日用百科全書　経済重宝』	『女学生宝鑑』	『家庭節用』	『国民百科全書』	『奥様重宝記　家庭問答』	『日用百科全書　経済重宝』	『家庭日用　婦女宝鑑』（上・中・下巻）	『新編帝国文庫』	『国民宝鑑　処世指針』	『日用宝典　万家実益』	『百科新宝典　国民必携』	『市民宝典』	『婦女重宝記　絵入日用　化粧ノ巻』	『日本国民大鑑』
文泉堂	土屋書房、博愛館	大野書店	女子裁縫高等学院出版部	尚文館	報知社出版部	土屋書房	大倉書店	大日本家政学会編	啓文社	弘運館	柴合名会社（水戸）	浅野卯吉（大阪）	野村久太郎	中外書院
明43・5（1910）	明43・5（1910）	明43・6（1910）	明43・8（1910）	明43・12（1910）	明43・7（1910）	明42・4（1911）	明44・3（1911）	明44・5（1911）	明44・6（1911）	明44・8（1911）	明44・12（1911）	明45・6（1912）	大元11・5（1912）	大元・12（1912）
	○					○		○	○					○
						○		○	○					○
			○			○	○	○						○
								○						○
							○							○
									○					
	○					○	○	○	○					○
	○					○	○							
	○			○		○	○	○	○					○
	○					○	○					○		○
														○
	○	○				○								○
				○			○		○					
														○
	○					○		○			○			○
	○					○	○	○						○
	○					○					○			○
	○					○			○		○			
									○		○			○
														○
	○					○		○						○
	○					○		○			○			○
	○					○		○			○			○
	○			○		○	○		○		○	○		
	○			○		○		○	○		○	○		○
	○					○			○					○
	○					○	○							
	○					○								○
	○					○	○							○
							○		○					
									○					
	○			○		○	○		○					○
	○		○			○	○		○					
	○		○			○	○	○	○		○			○
	○					○	○		○		○			○
							○		○					○
○	○				○	○	○			○	○		○	
	○	○	○	○		○	○		○		○			○
													○	
○	○		○			○	○	○	○		○			○
				○			○				○			

番号	107	108	109	110	111	112	113	114	115	116	117	118
編著者	尚文館編集局編	齋藤襄吉編	岩崎徂堂（勝三郎）	婦女家政研究会編	白木荘文	河野正義編	山本常吉編	伊藤尚編	宇野雨軒（高倉嘉夫）	小林良一	大島侶臣・神理研究会編	大日本家庭協会編
書名	『大正百科全書』	『国民乃宝典』	『実用法律百科全書　国民宝典』（前・後編）	『現代婦女百科全書』	『百家実用重宝文庫』	『婦人宝鑑　最新家庭全書』	『便宜重宝　家庭之実益　経験保証』	『家庭重宝人一代の行事』	『家庭宝鑑』	『趣味と常識　現代婦人宝典』	『家庭宝典　開運秘訣』	『現代日用宝鑑』
発行者	尚文館	神之道雑誌社	大日本実用法律学校	関書店	家政協会	東京国民書院	済生館（松山）	文華堂	忠誠堂	大日本雄弁会	黒潮社	大日本家庭協会
発行年	大元・9（1912）	大2・1（1913）	大2・9（1913）	大2・10（1913）	大2・12（1913）	大3・8（1914）	大3（1914）	大3・9（1914）	大4・2（1915）	大4・6（1915）	大4・10（1915）	大4（1915）
天皇肖像									○			
皇后・皇族肖像									○			
口絵						○			○			
日本地図												
太陽暦												
国家祝祭日												
五親等服忌令												
旧暦農事暦												
皇室												○
国体												
政治												
面積人口国勢												○
内務												
神社												
宗教哲学倫理												
修養	○											
外交												
軍事												
教育	○				○				○	○		
経済財政	○											
商工業												○
農業水産					○							○
拓殖移民												
動植物博物												
歴史												
地理												
諸願届出様式			○		○							
諸規則法律	○	○	○									○
郵便制度												○
手紙の書き方						○						○
習字	○											
鉄道運賃												
遊芸趣味娯楽												
家事全般					○							
家事経済												
貯蓄利殖	○											
家政	○				○	○			○	○		
妊娠育児					○	○		○	○			
衛生看護						○			○			○
易占手相姓名判断											○	○
字引辞書新語												
豆知識							○					
礼式作法交際	○					○			○			
演説会話座談												
○○心得			○			○		○		○		
裁縫料理	○			○	○				○			○
生花茶道	○								○			○
企業広告												○
備考	『帝国国百科全書』（1926）と同一											

119	120	121	122	123	124	125	126	127	128	129
婦人世界編集局編	家庭研究会編	実用学会編輯所編	梶康郎・加藤美侖	松本商会編輯所編	大沢米蔵編	忠誠堂編輯部編	加藤美侖	藤原南泉	新山虎治編	神宮館出版部編
『家庭重宝記』	『日本家庭百科全書』	『国民実用新教鑑』上・下	『家庭経済全書』	『大日本国民宝鑑』	『帝国百科全書 家庭編・社会編』	『日常の心得 家庭宝鑑』	『日常生活家庭重宝是丈は心得おくべし』	『座右重宝』	『懐中百科全書 便利重宝』	『百科実用重宝文庫』
実業之日本社	矢島一三	実用学会編輯所	大日本家庭教育会	松本商会出版部	平林社出版部	忠誠堂	誠文堂	朝香屋書店	誠進堂	神宮館出版部
大5・2 (1916)	大5・4 (1916)	大5・6 (1916)	大6・2 (1917)	大6・3 (1917)	大6・11 (1917)	大8・5 (1919)	大8・2 (1919)	大8・10 (1919)	大9・4 (1920)	大9・5 (1920)
		○								
		○								
		○				○				
		○								
		○		○						
		○		○						
		○		○						
		○		○						
		○		○						
		○		○						
		○		○						
		○		○						
		○		○						
		○		○						○
		○		○						
		○		○						
		○		○						
		○		○						
		○								○
		○	○	○						
		○								
		○								
		○		○						
		○		○						
○										
		○		○		○				○
○		○				○				○
○		○	○	○						
		○		○						
	○	○		○	○			○	○	
		○	○				○		○	○
○		○		○		○				○
○										
○		○	○	○		○				○
				○		○				
		中外書院編・発行『日本国民大鑑』(1912)、松本商会編輯所編『大日本国民宝鑑』(1917)と同一		実用学会編輯所編『国民実用新教鑑』(1916)、中外書院編・発行『日本国民大鑑』(1912)と同一						白木荘文『百科実用重宝文庫』(1914)と同一

番号	130	131	132	133	134	135	136	137	138	139	140
編著者	蘆川忠雄	加藤美侖	内田茂文・佐藤順造編	帝国百科全書刊行会編、代表 加藤美侖	足立床岳	長澤源左衛門編・帝国堂書店編輯部編	川瀬英龍	大阪毎日新聞社編	実用学会編輯所編	大阪毎日新聞社編	原常吉編
書名	『社交宝典　斯くあれ』	『家庭百科全書　生活改善処世経済』	『婦人年鑑』（大正九年版）	『現代帝国百科全書』	『国民百科全書　大正新版』	『婦人宝典』	『男女必携　常識宝典』	『婦人宝鑑』（大正十二年版）	『日用国民宝典』	『婦人宝鑑』（大正十三年版）	『家庭重宝』
発行者	至誠堂	大日本家庭教育会	日本婦女通信社	国民通俗教育会	日進堂（大阪）	帝国堂書店	栄進堂	大阪毎日新聞社	実用学会編輯所	大阪毎日新聞社	信用協会組合
発行年	大9・10 (1920)	大9・11 (1920)	大9 (1920)	大11・4 (1922)	大11・8 (1922)	大12・1 (1923)	大12・3 (1923)	大12・3 (1923)	大12・6 (1923)	大13・3 (1924)	大13・12 (1924)
天皇肖像											
皇后・皇族肖像											
口絵											
日本地図											
太陽暦											
国家祝祭日											○
五親等服忌令											
旧暦農事暦											
皇室			○					○	○	○	○
国体									○		
政治					○				○		○
面積人口国勢											
内務			○	○					○		
神社											○
宗教哲学倫理									○		
修養											
外交											
軍事									○		
教育								○	○	○	
経済財政									○		
商工業				○					○		
農業水産				○							
拓殖移民											
動植物博物				○					○		
歴史				○					○		
地理				○					○		
諸願届出様式									○		
諸規則法律					○		○	○	○		
郵便制度								○	○	○	
手紙の書き方	○	○		○					○		
習字									○		
鉄道運賃										○	
遊芸趣味娯楽				○				○	○	○	
家事全般											
家事経済											
貯蓄利殖										○	
家政									○		
妊娠育児								○	○		
衛生看護		○		○		○			○		
易占手相姓名判断									○		
字引辞書新語				○			○				
豆知識						○		○	○	○	
礼式作法交際	○	○		○	○	○		○	○	○	
演説会話座談	○	○									
○○心得					○						
裁縫料理		○		○		○			○	○	
生花茶道								○			
企業広告											
備考											

141	142	143	144	145	146	147	148	149	150	151	152	153	154	155
遠藤紫朗編	加藤美侖	笠間肇編	右田清子	大阪博文堂編輯部編	山口新策	小堀龍三・中尾倍紀知編	右田清子	忠誠堂編	大日本家庭女学会編	下里公民(国民百科刊行会)編	現代常識教育会編	国民教育研究会編	淡海堂編輯部編	婦女界7月号付録
『実用家庭女学講義』	『新常識百科全書 世界文明思潮学芸』	『結婚新百科宝典』	『家庭文化宝典』	『帝国国民百科全書』	『文化生活 新家庭文庫』(前・後編)	『昭和国民百科宝典』	『昭和家庭宝鑑 日常百科』(前・後編)	『日常生活家庭百科精典』	『現代婦人宝典 大日本家庭女学会卒業記念』	『国民百科全集 現代家庭』	『日日常識宝典』	『現代常識国民百科大辞典』	『家庭の百科宝典 日常の趣味と常識』	『夏の生活重宝記』
日本通信実科高等女学校	現代社	博文社	玉文社	大阪博文堂	東京家事研究会	実用図書刊行会	玉文社	忠誠堂	大日本家庭女学会	耕文社	雄文社	国民書院(大阪)	淡海堂	婦女界社
大14・1 (1925)	大14・8 (1925)	大15・10 (1926)	大15・12 (1926)	大15 (1926)	大15 (1926)	昭3・7 (1928)	昭3・11 (1928)	昭3・11 (1928)	昭4・4 (1929)	昭4・4 (1929)	昭4・6 (1929)	昭4・12 (1929)	昭5・8 (1930)	昭7・7 (1932)
	○							○						
													○	
	○			○									○	
													○	
	○													
												○		
													○	
				○	○								○	
				○							○			
				○									○	
				○									○	
						○				○			○	
													○	
													○	
						○						○		
				○		○	○			○	○		○	
			○			○	○			○	○	○	○	
				○										
					○	○			○				○	
											○			○
			○								○			
				○		○						○		
				○	○	○		○						
			○		○		○	○						
			○		○	○	○			○				○
						○				○	○			
												○		
	○	○				○				○	○			○
				○	○	○	○	○	○		○	○		
										○			○	
		○							○	○		○		
○			○		○	○	○	○		○	○			○
				○	○		○	○					○	
				『大正百科全書』(1912)と同一										

番号	156	157	158	159	160	161	162	163	164	165	166	167
編著者	婦女界社	篠原豊ほか	藤村隆	亀田壹弘・共同館編輯部編	前波仲子	毎日新聞社編	村上秀子編	実用学会編輯所編	大日本出版協会編	平凡社編	前波仲子	高橋北堂編
書名	『家庭百科重宝辞典』	『日用百科全書　現代常識』	『昭和婦人宝典』	『家庭宝典』	『新女性宝鑑』	『家庭毎日』(昭和十一年　毎日年鑑別冊)	『婦人年鑑』(昭和十一年版)	『帝国百科全書』	『大日本百科全書』	『家庭百科全書』	『女性宝鑑』	『すぐに役立つ国民知識宝典』
発行者	婦女界社	学術社版社営業部	国民教育会出版部	共同館	創造社	毎日新聞社	東京連合婦人会	大日本実用学会	大日本出版協会	平凡社	愛之事業社	大洋出版部
発行年	昭8(1933)	昭8・12(1933)	昭9・1(1934)	昭9・1(1934)	昭9・3(1934)	昭10・9(1935)	昭10(1935)	昭10・9(1935)	昭10・7(1935)	昭11(1936)	昭11・11(1936)	昭13・6(1938)
天皇肖像												
皇后・皇族肖像												
口絵						○				○		
日本地図												
太陽暦												
国家祝祭日												
五親等服忌令												
旧暦農事暦												
皇室		○						○	○			
国体								○				
政治								○	○			
面積人口国勢												
内務								○	○			
神社									○			
宗教哲学倫理								○	○			
修養			○						○			
外交									○			
軍事								○	○			
教育			○					○				
経済財政								○	○			
商工業								○	○			
農業水産									○			
拓殖移民									○			
動植物博物								○	○			
歴史								○	○			
地理								○	○			
諸願届出様式								○				
諸規則法律		○				○		○	○	○		○
郵便制度								○				
手紙の書き方								○				
習字								○	○			
鉄道運賃												
遊芸趣味娯楽								○	○			
家事全般												
家事経済			○			○						
貯蓄利殖												
家政								○	○			
妊娠育児			○			○		○				
衛生看護			○			○		○				
易占手相姓名判断				○				○	○			
字引辞書新語	○											
豆知識				○				○				
礼式作法交際		○				○		○	○			
演説会話座談												
○○心得			○		○							
裁縫料理						○		○	○	○		
生花茶道						○			○			
企業広告												
備考												

168	169	170	171	172	173	174	175	176	177	178
帝国教育学会編	本間晴編・百科全書刊行会編	勝目テル編	前田若尾	勝目テル編	北水静・山口徹	前波仲子	日東社編集部編	日本婦人社編	女性百科宝典編纂部編	東堀一郎
『帝国百科全書』	『大日本百科全書 活きた顧問 家庭の図書館』	『新時代の家庭宝典』	『皇国女鑑』	『新時代の家庭宝典』	『最新家庭百科全書』	『新女性宝鑑 改訂増補』	『国民宝典 社会知識』	『婦人年鑑』	『現代女性百科宝典』	『女性宝典 家庭百科』
帝国教育学会	百科全書刊行会	東光社	明治書院	フタバ書院成光館	天泉社	京北書房	日東社	日本婦人社	光文書院	日本女子教育会
昭13・10 (1938)	昭14・4 (1939)	昭15・10 (1940)	昭16・12 (1941)	昭17 (1942)	昭17・12 (1942)	昭22・12 (1947)	昭23・8 (1948)	昭23・12 (1948)	昭26・6 (1951)	昭28・3 (1953)
		○								
○	○				○					
○							○	○		
							○			
○					○					
			○							
			○							
	○									
					○			○		
○	○				○			○		
○	○						○			
							○			
							○			
○										
○							○			
○	○					○	○	○	○	○
					○		○			
							○		○	
									○	
○									○	
		○					○	○		○
○										
								○		
○		○				○	○		○	○
○			○			○			○	○
								○	○	○

表5 『主婦の友』「家計記事」一覧（大正6年3月号～昭和18年7月号）

通し番号	発行月	タイトル	作者	居住地	月収額等（円）	備考	記事特集名	家計記事募集内容
1	大正6・3	共稼で月収33円の新家庭	ゆき子	神戸	33			
2		65円で六人家内の生活法	とき子	東京	65			
3		月収85円の医学士の家計	春枝	大阪	85			
4	大正6・4	月収26円の小学教師の家計	松枝	兵庫	26			
5		月収27円の陸軍々人の家計	栄子	東京	27			
6		月給35円の地方官吏の生活	若菜子	仙台	35			
7		月給55円の中等教員の家計	きみ子	大阪	55			
8		自作農家の苦しい世帯向	ひで子	熊本	なし			
9	大正6・5	五年間に千円を貯金した農業技手の家計	よね子	神戸	[70]			
10		年収360円の田舎商家の家計	とみ子	福岡	[年収360]			
11		月収34円の小官吏の家計	白萩子	埼玉	34			
12		母子二人で月収17円電話交換手	さく子	金沢	17			
13		転地療養中の退職教員の家計	はな子	房州	[支出32]	主人転地療養		
14	大正6・6	日給47銭の職工の家計	とえ子	東京	[33・50]	夫23円		
15		月収27円の小学教師	恵以子	徳島	27			
16		月収33円の銀行員	みつ子	福岡	33			
17		月給55円の中等教員	わか子	滋賀	55			
18		月収92円の朝鮮官吏	たま子	平壌	92			
19	大正6・7	共稼で月収37円の小学教師	しづ子	下総	37		中流家計のいろいろ	
20		月収58円で四人暮しの銀行員	きよ子	東京	58			
21		生活費200円の自作農家の家計	しげ子	下総	[203]			
22		月収16円で夫婦暮ぐらしの役人	照子	東京	16			
23		年収590円の田舎農商の家計	つぎ子	茨城	[年590]			
24		月収24円で共稼の郵便局員	松枝子	新潟	24			
25		月収130円の会社員の生活	登美子	大阪	130			
26		収入不定の受負師の安全生活	美枝子	東京	[支出75]			

27	大正6・7	月給22円の回漕店員の家計	久子	横浜	22		成功した貯金の実験
28		月収92円の海軍大尉の家計	寿子	佐世保	99		
29		四年間に500円を貯金した職人の家庭	たか子	岡山	［日給60銭］	工場職人	
30		薄給生活者の絞り出し貯金法	弥生子	栃木	［17］	小学教師	
31		三年計画で千円貯金を実行する我家	秋子	神奈川	［48］	某会社技術員30円、「私」小学教員18円	
32		五年間に一万円を貯蓄する迄の苦心	さと子	東京	なし	カナダバンクーバーに渡航、洋服業	
33		僅かな俸給の中から天引貯金を実行	いつ子	北海道	［20］	「薄給官吏」	
34		我が家で成功した四つの貯金方法	喜美子	静岡	なし		
35		斯うすれば面白く貯金が出来ます	かね子	埼玉	［12］	官庁雇	
36		愉快に貯金の出来るやうになつた経験	ひさ子	佐世保	なし		
37	大正6・8	月収50円の陸軍中尉の家計	ひさ子	東京	50		中流新家庭の暮し向
38		月収70円の新夫婦の生活振り	みどり	広島県	70		
39		月収45円の会社員の家計	つや子	東京	45		
40		年俸100円の地方神職の家計	とも子	愛媛	［年俸100］		
41	大正6・9	一ヶ月18円で東京市内に親子三人暮	きのゑ	東京	18		物価騰貴難に処する安価生活の実例
42		僅かな収入から１４００円貯めた小官吏	美子	宮崎	［35］		
43		生活費38円で四人暮らしの都会生活	たか子	東京	［38］	タイピスト25円、他の兄から13円	
44		月収50円で七人家内の教員の家計	八重子	静岡	50		
45		日給40銭で夫婦暮し者の活計	とよ子	山梨	［13・60］	夫会社11・20円、「私」内職2・40円	
46	大正6・10	共稼ぎで家計の基礎を作つた十年間	しつ子	福島	［78］	主人中等教員60円、主婦小学校18円	成功した家計整理の実験
47		主人の病気が動機となつて家政を改良	松枝	東京	［120］	某造船所	
48		夫に死別れし農婦の実行した家計整理法	一老女	岡山	［15］	娘学校勤め	
49		僅かな収入から切詰メタ生活を行ふ家計	つね女	大分	［17・75］	官衙の倉番	
50		100円の生活費を30円に減じた家計改良	みさを	千葉	［50］	陸軍相当官	

51	大正6・11	月収67円で七人家内の会社医	さち子	広島	67		貯金の出来る家計法	
52		月収24円から年額50円の貯金	たけ子	東京	24			
53		菓子の製造兼卸業者の家計	つね子	山口	［支出23］			
54	大正6・12	資本いらずに五年間に800円を儲く	ぎん子	［東京］	なし	主人は銀座の或る商店に勤め、結婚の翌年から産婆を開業、看護婦会を兼ね（その後やめる）貸間も続ける	妻の働で収入を殖した経験	
55		内職から得た金の尊さと心の喜び	むめ子	なし	［1・20］	官吏、月俸32円、手袋をかがる内職		
56		三人の子供を片手に編物内職する	はつえ		［4円以上］	主人は会社に務めて俸給30円		
57	大正7・2	月収30円にて親子四人ぐらし	もく子	兵庫	30	兵庫県立士出農園に勤務	夫婦共稼の家計	
58		月収45円で夫婦二人ぐらし	よし子	静岡	45	農家の二男		
59		月収73円で家族四人ぐらし	千代子	東京	73	俸給（職業不明）		
60	大正7・3	（家計実験）五千円蓄財した小月給取の利殖法	豊田きみ子	栃木	［予算50］	農家		
61	大正7・4	（家計実験）物価騰貴に処する安価生活の経験	芙蓉子	岐阜	［55］	中学校の英語教員		
62	大正7・5	安価で買つて無駄なく遣ふ	さだ子	東京	［60］		物価騰貴に際して—我が家の安価生活法	
63		切り詰めた安価生活の実験	二重子	石川	［45］			
64		月収50円で家族六人の生活	しづ子	東京	50			
65		斯うして生活費を減少した	すみ子	東京	［50］			
66		遣繰に骨の折れる中尉の家計	やよひ	［東京ヵ］	［32～37、8］			
67	大正7・7	月給の半額を蓄める新貯金法	さち子	金沢	［30～40］	会社員	（懸賞当選）絞出貯金の苦心談	
68		酒豪家の夫を持つ私の貯金法	とし子	東京	［予算35］	予算は俸給の3分の1		
69	大正7・12	物価騰貴に刺激されて貯金の出来た家計	美津子	名古屋	［40］		物価騰貴に処して改良した中流月給取の家政実験	
70		良人の病気と物価騰貴のために女事務員となつた私	葉留子	石川	［16］			

71		食物の安価代用品と燃料経済の火無焜炉の使用	露子	愛知	なし	「主人は軍人」		
72	大正8・3	地方生活の陸軍中尉の家計	さだ子	東北	［87・40］		我が家の家計	
73	大正8・4	失敗の窮地から再び繁栄に向つた我家の家計	まき子	信濃	不定		我が家の家計	
74	大正8・5	月収50円から月収一千円となつた我が家	千代子	東京	［45］		我が家の家計	
75	大正8・7	僅か20円の資本から初めて文房具店を開いた経験	鈴蘭	札幌	なし	月に純益40円	内職に成功した経験	
76		生活難のために幼児三人を持ちながら足袋まきの内職	常子	東京	［「薄給」35］	工賃月13、4円		
77		資本いらずに上品で手軽な靴下刺繍縫の内職経験	露子	東京	なし	月に6円以上		
78		子供の世話をしながらでも月に10円の利益ある養鶏	糸枝	甲府	なし	毎月10円		
79		農家の副業にふさはしい一日純益1円の縄綯ひの経験	芳野	岡山	なし	純益1日1円		
80		結婚後三年間に四千円の貯金をした造船職工の家計	佐多江	神戸	［200］	「月々200円は頂けます」	我が家の家計	
81		良人のために苦しんだ私が今は子供の為に幸福な境遇となる	一老婦	泉州	なし	給料日給2円		
82	大正8・9	琴の師匠をして月収34円	萩の露	大阪	なし		家事の傍ら従事する中流主婦の内職実験	
83		茶の湯生花の師匠としての経験	菜の花	兵庫	なし			
84		月給40円で十万円致富の目的を立てた我が家の利殖法	二三子	三重	［40］	良人は田舎の小官吏で月収僅か20円		
85	大正8・10	一ヶ年千円の貯金をする中等教員の家計	ふみ子	四国	［86・50］			
86	大正8・11	十余年間の奮闘によつて築き上げたる今日の繁栄	梅子	山口県	なし		夫婦共稼ぎで奮闘する経験	
87		極貧の境遇から運命を開きつつある小作農家の共稼	松子	千葉県	なし			

88	大正8・11	三年間に一万円の貯金をした夫婦奮闘の生活	たつ子	福井県	なし		夫婦共稼ぎで奮闘する経験	
89		女学校を卒業して女工となつて働く若き妻の経験	あい子	東京市	なし			
90		薄給の小学教師が夫婦共稼ぎで二千円貯蓄した経験	小枝子	熊本県	〔20〕			
91	大正10・12	郡長から雑貨商になつた経験 郡長や女学校教諭を勤めた夫婦が小売商となるまで	孤客子	福井	〔純益4、50〕		俸給生活者が自立職業に移つた経験	
92		小学校教員から文房具商となつた経験 生活難に対するための内職が遂に本業となるまで	さち子	東京府下	〔50〕	教員		
93		貧苦の中から女歯科医となつた経験 炭坑夫の娘が独学自習で目的を達するまでの苦心	しげ子	静岡	〔300くらい〕			
94		夫に死別して女行商人となつた経験 25円の資本で二年間奮闘したお蔭で今の小さな成功	外誉子	北海道	〔月平均200〕			
95		記者生活から養鶏家となつた経験 病気で退職した夫の療養かたがた百羽養鶏を始めて	春子	千葉	なし			
96	大正11・2／1	年俸2千円の中等教員の家計	みつぎ	大分	175		俸給生活者の家計実況	
97		月収66円の灯台守の家計	静江	愛媛	66			
98	大正11・3	月収66円の巡査部長の家計	ゆかり	長野	66		俸給生活者の家計	
99	大正11・11	薄給の中から極度の節約を実行して幸福の生活に入る迄の苦心	青池鶴子	東京	〔31・25～49〕		節約生活によつて築いた家庭の礎	
100		住宅を新築する至る迄の私共の家庭で実行した節約生活振り	落合喜久子	東京	〔70〕			
101	大正12・3	月収200円の汽船乗組女給仕 外国航路の汽船に乗組んで八年後の成績	梅田松枝	横浜	200		各種職業婦人の収入と職を得る迄の経験	
102		苦学して産婆看護婦試験に合格 婦人の職業として最も得易い産婆と看護婦	飯田重子	東京	なし			
103		月収60円の婦人タイピスト 就職三年間の苦しくそして楽しい生活	北谷道子	大阪	60			

104		女写真師としての十五年間 一ヶ月の純益が平均350円ぐらゐ	富田久子	東北	[350]		生活苦と闘ひつつある悲惨なる農家の家計実況	中流商家の家計実況を募る
105	大正12・5	中農生活者の家計実況 税金と教育費に収入の大半が消えて行く	風見安吉	静岡	[年1131]			
106		蔬菜栽培農の家計実況 極度の窮迫と極度の労働に疲れながら	天野喬蔵	東京	[年2336]			
107		地方一農家の家計実況 何物をも酬ひられぬ悲惨な農民生活	須賀藤子	愛知	[年1232・50]			
108	大正13・5	少ない収入から貯金に成功してゐる我が家の生活法 貯金の大地の秘訣は心がけよりも襷がけである	矢口菊枝	長野	[75]	小官吏		
109	大正13・6	夫婦共稼で年に千円の貯金 少ない収入から貯金に成功してゐる我家の生活法の実際	萩原松子	京都	[135]	小学校教員85円、[私]小学校教員50円		
110	大正13・7	十年間に一万円貯蓄の実行 少ない収入から貯金に成功してゐる我家の生活法の実際	松居文子	大阪	[96]	小会社員		
111	大正13・8	ミシン縫い 内職を始めて今では月収100円余	皆川妙子	東京	[100円余]		子供を抱へながら成功した婦人の内職副業の実験 最も確実で収入の得易いもの五種を発表	
112		養鶏 都会でも田舎でも出来る好副業	日暮瀧子	兵庫	なし	良人造船所技師、明治38年死去		
113		洗張り 少しの熟練で居ながら出来る	南田深雪	広島	なし	主人病臥		
114		ネクタイ縫 年中仕事があって収益も確実	白絲君子	北海道	70			
115		養兎 無限の販路を有し利益も莫大	山野葉子	滋賀	なし			
116	大正14・11	月収70円の夫婦共稼の行商人の家計	柴山のぞみ	東京	70		不景気に直面して70円前後の家計切廻しの実験	
117		月収65円の海軍々人の家計	中島さゆり	呉	65			
118		月収80円の小学教師の家計	多田いと文	東京	80			
119		月収77円の鉄道役員の家計	太田はる子	朝鮮	77			
120		月収81円の職人の家計	青樹きさ子	京都	81			

121	大正15・1	115円の会社員の家計	龍田野菊	東京	115		月収百円の中流家庭の家計実験	
122		月収110円の巡査の家計	磯川澄江	東京	110			
123	大正15・3	三人稼ぎで170円の家計	西川園江	北海道	170		月収150円前後の家計実験	
124		150円の会社員の家計	原田ふく子	兵庫	150			
125		月収160円の洗濯店の家計	花島小夜子	東京	160			
126	大正15・6	月収200円の総督府官吏の家計	松浦京子	台湾	200		月収200円前後の家計実験	
127		月収193円の教員の家計	山田高子	岡山	193			
128		230円の写真機商の家計	田島はる子	東京	230			
129	大正15・8	月収95円の婦人事務員の家計	伊藤春枝	満洲	95			
130	大正15・12	月収75円の会社員の家計 切詰めた中から更に6円節約する工夫	なし	なし	75		貯金を生み出す家計の執方秘訣 浅田みか子	
131		月収150円の薬剤師の家計 上手な家計でも整理の余地が必ずある	なし	なし	150	某病院に勤める薬剤師		
132		月収228円の船員の家計 収入の多い家計ほど無駄の多いものである	なし	なし	228	某汽船会社機関長		
133	昭和3・8	犬を飼つて今日の大商店を築く迄	鈴木東吉郎	東京	なし	最初の年(大正14年)の収入960、支出151	内職と副業に成功した実験	
134		小島に代つて流行りだしたチャボ	小島一郎	東京	なし			
135		上品で有利な絞り染の内職	杉野信子	東京	〔40～50〕			
136		再び有利になつた鶉飼ひの副業	村上政次郎	東京	〔100余〕			
137		仕立物の内職で救はれた丙午の娘	松村みはる	岡山	〔60〕			
138		四人の子を抱へて美容院の内職	星野晴子	名古屋	〔100前後〕			
139		無経験で始めた子供洋服裁縫	黒田りい子	東京	なし	売上200円		
140		素人下宿を内職とする官吏の家庭	山本とみ子	京都	なし	俸給80円		
141		袋張の内職で学資金を作つた実験	服部みね子	京城	なし			

142		病夫を看護しながら絽刺の内職	宮本波津子	大阪	［26］			
143		無資本で出来る毛糸編の内職	深水ひで子	東京	なし			
144		資本なしで儲かる七面鳥の飼育	加藤はる子	愛知	なし	年226円の利益		
145	昭和3・12	中学教員の家庭が壱萬円の資産を作つた苦心	太田壽榮	東京	なし	明治43年新婚当時月給45円	壱萬円を貯へた小月給取の家庭	小学校教員の家計の経験を募集
146		小官吏の家庭が壱萬円を貯へた苦心	津村喜美子	三重	115	結婚当時月給85円		
147		月収216円の海軍少佐の家計	山下花子	東京	216		家計から見た軍人の家庭	
148		月収132円の陸軍大尉の家計	青木久枝	東京	132			
149		月収31円の海軍下士の家計	中澤とみ子	神奈川	31			
150	昭和4・2	月収64円で小学訓導の家計	永井春枝	福岡	64		小学校教員の家計の内幕	
151		月収77円で六人家内の教員	福田綾子	兵庫	77			
152		月収100円の東京の小学教員	川路紀代子	東京	［103］			
153		二万円の財産を作つた朝鮮の教員	照屋すなを	朝鮮	［242］			
154	昭和4・4	月収200円の歯科医師の家計	山口民子	愛知	200		医師の家計の内幕しらべ	
155		月収260円の夜間開業医の家計	福島千代子	東京	260			
156		月収480円の開業医の家計	久山徳子	神戸	480			
157		年収6800円の医学博士の家計	小森静子	京都	［333・33］			
158	昭和4・7	月収112円の教員の新世帯	藤田よしみ	朝鮮	112		新世帯の家計	
159		月収61円の銀行員の新世帯	宮地貴美子	大阪	61			
160	昭和4・9	月収79円の警部の家計	早川こしげ	京都	79		警察官の家計の実験	
161		月収65円の警視庁巡査の家計	武田みね子	東京	65			
162		月収98円の朝鮮巡査の家計	水島静子	朝鮮	98			

163	昭和4・11	月収180円の一等機関士の家計	中村たま子	兵庫	180		夫と妻が別れて暮す船員の家計の打明話	
164		月収55円の水夫の家計	秋岡はな子	函館	55			
165	昭和5・1	月収225円の検事の家計 六人家内で女中無しの緊縮生活の告白	大谷まさ子	[或る都会地]	225		裁判官の家計の内幕	中等教員の家計を募集
166		月収100円の裁判所書記の家計 住宅も新築した四人暮しの家計	坪内はな子	なし	100			
167	昭和5・4	月収138円の四人家内の生活	山谷なつ子	関西	138		中等教員の家計の内幕	鉄道従業員の家計を募集
168		月収150円で四人家内の生活	山田静子	東北	150			
169		月収230円で九人家内の生活	梅本花子	近畿	230			
170		一風変つた素人下宿の経験 開業一年で利益の割戻しまで出来た新工夫の経営法	池田ひめ子	東京	なし		家事の傍ら出来る内職に成功の経験	
171		子供五人を片手に絹ハタキ作り 毎晩僅か二時間づゝ働いても月に12円の収入がある	寺水美子	京都	[12]			
172		裁縫教授の傍ら仕立物の内職 内職の収入を全部貯金する警察官吏の家庭	尾上繁子	大阪	[平均35、6円]	主人は警察官吏		
173	昭和5・6	月収50円で五人家内の駅員の家計	上田せい子	山陽線	50		鉄道従業員の家計の実験	商家の家計を募集
174		月収77円で六人家内の駅員の家計	遠藤はな子	常磐線	77			
175		月収78円で五人家内の助役の家計	宇多きみ子	東京	78			
176		800円の資金で毛糸店を開いた経験	塚原糸子	富山	なし	純益100円を下ることはない	素人の婦人が小資本で成功した小売商開業の経験	
177		200円の資金で喫茶店を開業の経験	浪速松子	大阪	なし	主人は某信託会社勤め、月俸70円、純益55円		
178		360円の資金で呉服行商の経験	谷口由喜子	愛知	なし	7年前某銀行勤めの良人の月給45円、純利益45円		
179		150円の資金で切花屋を開業の経験	吉田光子	兵庫	なし	[純益150円]		

180		650円の資金で売薬化粧品商を開業の経験	村田静代	三重	なし	主人は某製薬会社勤務、回転10年後売上550～560円		
181		2円の資金で玄米パン製造販売の経験	北野はま子	大阪	なし	某警察署高等主任辞職、利益6、70円、毎日1200個作る		
182		700円の資金で文房具店開業の経験	尾形清子	岡山	なし	主人会社員		
183	昭和5・9	純益352円の履物店の家計	佐藤きう子	東京	［352・50］		不景気時代の小売商店の家計の実験	女の収入で生活する家庭の暮し向き募集
184		生活費200円の呉服商の家計	中村いく子	静岡	なし	純益300円、生活費を200円とする		
185	昭和5・11	姉と妹の給料で暮す五人家内	森山みどり	福岡	［66］	姉大会社の事務員36円、私タイピスト30円	女の収入で生活する家計の実験	夫婦共稼ぎの家計
186		120円で一家を養ふ女給	瀧川春江	大阪	［120］			
187		月収195円の生花師匠の未亡人	東都女子	神奈川	［195］			
188		素人下宿と内職で母子三人の生活	男鹿美佐子	秋田	［113］			
189	昭和5・12	物価下落で出来た教師の家庭の貯金減俸問題に刺激されて始めた特別貯金の成功	静浦浪子	山口	［120］	地方の小都会の中学教師	少い収入の中から貯金を作つた家計の執り方	
190		母性愛から貯金を作つた会社員の家庭　桃色の生活から子供のために備へる今の生活へ	森俊子	東京	［80～85］	丸の内の会社員		
191		不況のドン底で貯金を作る農村の家庭　収入はグングン減つても貯金だけはドンドン出来た	柳生久良子	茨木	［年1111］			
192		百年計画で五万円貯金の小官吏の家庭　財産に添へて両親の苦心の結晶を子孫に残したい	小林静子	岐阜	なし			
193	昭和6・1	夫婦で月収63円の紡績職工の家計	大原亀子	関西	63		夫婦共稼ぎの家計の実験	
194		夫婦で月収85円の百貨店員の家計	多津口千代	関西	85			
195		月収77円の工廠の職工夫婦の家計	保井芳子	関東	77			
196		月収179円の夫婦教員の家計	渡瀬かず子	中国	179			

197	昭和6・3	月収52円で子供三人を通学させる炊事婦	森あや子	兵庫	52		学資を稼ぎ出す家計の苦心
198		収入の激減に苦みつつ子供二人を通学させる農家	園畑耕	山口	[198]		
199	昭和6・5	月収98円で十五人家内の商店員の家計	小川はる子	長野	98		少収入で大家内の家計苦心談
200		月収55円で八人家内の派出看護婦の家計	茂田鈴子	神奈川	55		
201	昭和6・7	月収95円の四人暮しの商店員の家計	寺山かづよ	東京	95		減俸時代に処する上手な暮し方100円前後の模範的の家計
202		月収100円で五人家内の地方官吏の家計	深谷しの子	広島	100		
203		月収115円で六人家内の農家の家計	黒木澪子	大分	115		
204	昭和6・9	捨てた積りの一銭づつの日掛貯金　月収60円の中からでも2、3円づゝは浮いて来ます	猪野美恵子	高知	[60]		不景気時代に貯金を殖した経験
205		減俸されて貯金が出来た生活法　月収79円から14円50銭の貯金	清川秋子	神奈川	[79]		
206	昭和6・10	日収（平均）30円の小売商人の家計	木戸よき子	神奈川	30		減収で苦しい中から貯金に成功した家計
207		200円から100円の減収となつた会社員の家計	梅園千香子	東京	100		
208	昭和6・12	月収160円の陸軍少佐の家計	小畑寿子	山梨	160		減俸実施後の陸軍軍人の家計内幕調べ
209		月収137円の陸軍大尉の家計	吉田知恵	神奈川	137		
210		月収85円の陸軍中尉の家計	伊藤喜久子	青森	85		
211		月収67円の陸軍曹長の家計	元井和子	大分	67		
212	昭和7・1	十一年間に一万円の金を作つた巡査の家庭 良人の月給55円から70余円までの間の経験	上村妙子	大阪	[55~70]		少い収入から一万円の金を作つた方法
213		十四年間に一万円の金を作つた小学教師の家庭 夫婦合せて34円の収入当時から心掛けた蓄財法	吉井郁子	香川	[34(良人21私13)~84(良人50私34~)]		

214	昭和7・2	俸給194円の海軍少佐の家計	大川洋子	東京	[204]	弟食費10円	旦那様のお留守がちな海軍軍人の家計内幕	
215		俸給114円の海軍特務少尉の家計	松原あい子	広島	114			
216		俸給38円の海軍一等兵曹の家計	島田花子	神奈川	38・3			
217	昭和7・4	月俸45円の地方の小学校教員の家計	山中清子	新潟	45		小学校教員の家計の実験	
218		俸給75円の苦学する小学教員の家計	勝田年子	東京	95	主人俸給75円		
219		俸給103円15銭の満洲の教師の家計	矢田英子	満洲	103・15			
220		俸給110円の地方の小学校長の家計	野津照子	鹿児島	110			
221	昭和7・6	俸給50円の新学士の家計 結婚して漸く四ヶ月の二人ぎりの新家庭	青木はる子	東京	50		月収50円以下の家計の実験	
222		月収49円の看護婦の家計 若き女の細腕で生きて行く五人家内の生活	伊藤豊子	京都	49			
223		月俸46円の市役所吏員の家計 妻の内職収入一日約1円づゝは別途貯金となる	上松清子	京都	46			
224		月俸45円の守衛の家計 失業の挙句に漸く得た職業で復活した家庭	大森美子	東京	45			
225		月給28円の地方新聞記者の家計 収入は少くとも不安なしに暮らす五人家内	筑紫富士子	福岡	28			
226		月収28円の電報配達夫の家計 亡き両親に代つて幼き妹を育つる若き兄	山田伸	福岡	28			
227	昭和7・8	30円で一人暮らしの女工の家計	河野久子	大分	30		男代りで働く職業婦人の家計	
228		30円で独身生活の女店員の家計	清江まさ子	大阪	30			
229		48円で母子二人の女教員の家計	前田孝子	兵庫	48			
230		56円で五人家内の看護婦の家計	西尾しのぶ	兵庫	56			
231		70円で三人家内の女給の家計	矢口三千世	東京	70			
232		90円で五人家内の女教諭の家計	朴葉影	朝鮮	90			

233	昭和7・10	年収280円で六人家内の農家	西澤とみ子	長野	年収280［予算24］		自力で更生した農家の家計の実験	
234		年収480円で九人家内の農家	田中美智子	北海道	年収480［48］			
235		年収500円で十人家内の農家	森永ちか子	茨木	年収500［月支出平均41・43］			
236		年収1200円で九人家内の農家	藤とみ子	福岡	年収1200			
237	昭和7・12	日給80銭の炭坑々夫の家計 五人家内の生活で貯金は毎月5円づゝ出来ます	澤田悦子	福岡	［27］		日給生活者の家計の実験	
238		日給1円56銭の工場員の家計 夫婦暮しで貯金と保険に5円50銭の余裕が出来る	鈴木君江	東京	［40・56］			
239		日給2円25銭の工場員の家計 親子五人家内で貯金は毎月12円づゝ出来ます	松葉静江	愛知	［56・25］			
240		日給2円50銭の会社雇員の家計 親子三人暮しで毎月20円づゝの貯金が出来る	富士見静子	静岡	［65］			
241		日給2円51銭の陸軍工場員の家計 親子四人暮しで毎月の貯金が18円30銭づゝ	田中貞子	東京	［62・75］			
242		日給2円60銭の派出看護婦の家計	吉本モト子	大阪	［39・2］			
243	昭和8・2	弟の学資を稼ぐ婦人タイピストの家計 56円の収入から25円の学資を支出	木村久江	福岡	56		返金や送金をする家計の経験	（懸賞募集）僧侶や牧師の家計
244		国許送金のために夫婦共稼の医学士の家計 夫婦130円の収入から毎月25円づゝ送金	新城しも子	福岡	［130］			
245		弟の学資のために夫婦協力する教師の家計 54円の収入のうちから20円づゝ送金する生活	西山玲子	三重	［54・20］			

246	昭和8・3	僅か500円で開業した手芸品店の経験家事の傍らに働いて来た私の十年間の苦心と成長	笹村てる子	マス屋［新開地の場末］	なし	主人画家、よそへ勤め	奥様から商売人へ‼手芸品店に成功した経験	
247		2300円で内職に始めた手芸品店開業三年半で遂に今日の繁昌を見るまで	古屋とみ子	二葉毛糸店	なし	三井物産		
248		千円の資本で始めた手芸品店の経営軍人の未亡人が好きな毛糸編物を商売に応用した話	小出瀧子	二葉屋	なし			
249	昭和8・4	年収400円で六人家内のお寺の家計それでも毎月の貯金が11円づゝ出来る生活法	深田琴枝	兵庫	［35］		お寺さんの家計の実験	（懸賞募集）月収百円までの会社員の家計募集
250		年収800円で五人家内のお寺の家計少ない収入から年に400円の貯金をする生活法	山内春子	岐阜	［年804・27］			
251		月収176円で十人家内のお寺の家計檀家からの収入のほかに副業からの収入年1400円	山下一枝	広島	176［年3660］			
252	昭和8・6	月収25円で五人家内の会社員の家計それでも毎月の貯金が4円50銭づゝ出来る生活法	村山常子	長野	25		少収入の会社員の家計	病人のある家庭の家計の実験を募る
253		月収66円で五人家内の会社員の家計苦しい中から毎月35円を貯金する生活法	吉野恵美子	豊橋	66			
254		俸給85円で四人家内の会社員の家計同じ収入でありながら貯金を二倍にした方法	宮島静子	京都	85			
255		月給90円で子供三人の学資を出す生活学費50円を支出した内職収入25円を貯蓄する家計	秋野初子	長崎	90			
256		月収95円で四人家内の会社員の家計都会生活でありながら33円の貯金が出来る	大原まさ子	東京	95			
257		月給95円の会社員お家計40円の仕送りと12円の貯金をする夫婦生活	佐藤妙子	東京	95			
258	昭和8・8	肺尖加答児の妹を養生させる月収52円の小学教員の家計20円の妹養生費と6円50銭を貯金する生活	太田須美子	長崎	52			

259	昭和8・8	父亡き家に病人のある姉妹で月収72円の家計　姉は交換手に、妹は百貨店に働いて病妹を養ふ生活	山戸幸子	京都	72		病人のある家庭の経済の実験	（懸賞募集）不定収入の家計の実験
260		肺病の良人と共に一家五人が転地生活をする会社員の家計　生活費50円の中から支出する療養費36円20銭	田邉幹枝	和歌山	〔151・20〕			
261	昭和8・10	月額36円の最低収入で暮す三人家内の仕立物屋の家計　良人が家出した後も2人の子供を抱へて困らぬ家計	田中春枝	満洲	36		定つた収入のない家庭の家計の実験	（懸賞募集）お酒を飲む家の経済の実験
262		42円50銭で四人家内の寡婦の子供洋服店の家計　どうしても必要な生活費だけを標準とした家計予算	森長子	京都	42・50			
263		最高月収80円最低28円の収入不定の産婆の改良家計　一年中の収入の平均額を出して、月々その増額をはかる	島浦厚子	山口	〔月予算51〕			
264		収入不定の円タク運転手の生活費70円の六人家内の家計　不定収入の不安な生活も予算生活の実行で安定	東さくら子	東京	70			
265	昭和8・12	月収153円でお酒の好きな巡査の家計　それでも毎月15円の貯金をしてゐる生活法	内山濱子	神戸	53		お酒を飲む家庭の経済	（懸賞募集）副業収入のある家庭の経済
266		月収85円でお酒飲みの会社員の家計　酒代が11円で貯金が12円50銭の生活法	中野町子	東京	85			
267		一年間に140円のお酒を飲む小農の家計　酒代を野菜の栽培で償つてゐる遣繰生活	鹽見兼子	長崎	〔年598（月支出44・92）〕			
268		月俸170円で酒好きの会社員の家計　大酒家の良人をだんだん節酒させて得た生活の安定	田中孝子	京都	170			
269	昭和9・2	煙草の小売店を営む海軍工廠員の家計　良人の収入と恩給が97円で副業の収入が25円の生活	井原千代乃	朝鮮	〔122・50〕	月給70円、恩給27・50円、副業25円	副業収入のある家庭の経済	（懸賞募集）海軍々人の家庭の経済
270		副業に鶏を飼ふ下級官吏の家庭経済　良人の収入55円と副業収入62円の家計	酒谷清子	京都	〔117〕			
271		駄菓子屋を営む下級役人の家計　良人の収入が40円で副業の収入が30円の生活	木下英子	大阪	〔70〕			

272	昭和9・4	月収268円の海軍中佐の家計 五人家内で毎月68円づゝの貯金をする苦心	平井富子	神奈川	268		海軍々人の家庭の経済	（懸賞募集）50円前後の会社員の家計
273		月収158円の海軍大尉の家計 陸上勤務の五人家内で毎月の貯金が34円づゝ	大野なか子	東京	158			
274		月収101円の海軍准士官の家計 六人家内で毎月33円づゝ貯金する生活法	園田京子	舞鶴	101			
275		月収47円の海軍下士官の家計 一等機関兵曹で妻の収入6円を加へた生活	岡田しな子	舞鶴	47			
276	昭和9・6	月給55円で四人家内の会社員の家計 貯金と保険料で9円80銭の貯へをする苦心	伊高かよ子	大阪	55		50円前後の会社員の家計	（懸賞募集）警察官吏の家計
277		月収50円で四人家内の会社員の家計 園芸の副業で増収を図り月額十円を貯金する苦心	杉本美智子	高岡	[51]	給料46円、副業5円		
278		月収49円で四人家内の銀行員の家計 保険と貯金で月に十円60銭を産み出す苦心	海野みち子	静岡	49			
279		月収60弗の上海の会社員の家計 物価の高い上海で15円の貯金をする苦心	森千代子	上海	60			
280	昭和9・8	月収58円で五人家内の巡査の家計 薄給の中から毎月15円づゝ貯金する苦心	石塚美登利	北海道	58		少い収入で命がけで働く警察官吏の家計	（懸賞募集）新婚生活者の家計を募集
281		月収87円で五人家内の警部補の家計 貯金と保険料とで毎月21円を残さねばならぬ主婦の苦心	東園くに子	東京	87			
282		月収94円で国境警備の巡査の家計	黒光芳子	朝鮮	94			
283	昭和9・11	月給55円の東京の官吏の生活	高木耐子	東京	55		新婚の月給生活者の家計	（懸賞募集）女教員の家計の実験
284		月給72円の帝大助手の生活	川村高子	北海道	72			
285		月給120円の満洲の会社員の生活	福田喜美子	満洲	120			
286	昭和9・12	天引貯金を実行して十五年間に四千円貯めた女店員	倉持イッ	上野・松坂屋女店員	なし			

287	昭和9・12	月掛貯金を実行して十年間に三千円貯めた派出婦	瀧川いと	婦人共同会派出婦	なし	大正15年当時34、5円	少い収入から沢山の貯金をした経験	
288		日給18銭の見習工時代から十七年間に2600円貯めた紡績女工	新井みよ	日清紡績亀戸工場女工	〔日給1円56銭〕			
289	昭和10・2	病夫と子供二人を養ふ月俸50円の女教員の家計	秋山照子	静岡	50		女教員の家計の実験	（懸賞募集）日給生活者の家計を募集
290		老父と子供二人を抱へた月収93円の女教員の家計	宇佐美勝代	朝鮮	93			
291		凶作地農村に奉職する月収103円の共稼ぎ教員の家計	加藤貞子	福島	103			
292	昭和10・5	日給2円70銭で四人家内の職工の家計	渡邊静枝	北海道	〔75・60〕		日給生活者の家計の実験	（懸賞募集）女主人の家計を募集
293		日給1円35銭の染色工の家計	出島清子	和歌山	〔37〕			
294		月収150円の共稼ぎ職工の家計	呉竹宮子	広島	150			
295	昭和10・8	老母と子供五人を抱へて働く月収63円の産婆の家計	稲田うの	京都	63		女主人の家計の実験	（懸賞募集）借金の返済に苦心する家計
296		親子三人協力して稼ぎ出す月収45円の農婦の家計	和気てるよ	岡山	45			
297		子供三人を抱へて働く月収45円の女教員の家計	岡部芳子	群馬	45			
298	昭和10・12	月収48円の六人家内が毎月10円を返済する苦心の家計	鳥海清子	秋田	48		借金の返済に苦心する家計の実験	（懸賞募集）子供の学資に苦労する家庭の経済
299		月収94円の小学校教員が毎月25円を返金する家計の苦心	藤村絹代	東京	94			
300	昭和11・1	貧しい電気工夫が土地二町歩を買ふまで	永井ふさ	鹿児島	〔34～42〕		賞与金を上手に利用した経験	
301		賞与金を活用して一家が安定を得るまで	清水敏子	兵庫	〔30～38〕			
302		安月給取りが一千円を貯めるまで	寺本道子	大阪	〔60〕			

303	昭和11・3	四人の子供の学資に一家協力して働く月収130円の商家の家計	千葉房子	静岡	130		子供の学資に苦労する家庭の経済	
304		退職になつた良人に代つて子供二人の学資を稼ぐ主婦の苦心	松田徳子	仙台	[135]			（懸賞募集）建築資金を作る家庭の経済
305		月収25円の輸出向き刺繍内職	内田ヒナ子	平塚	[25]		勤人の奥様向きの新しい内職の経験	
306		月収50円の絵日傘の内職	奥野うめの	東京	[50]			
307		月収25円の絞染の内職	井上久	東京	[25]			
308	昭和11・5	どん底の我が家を救つた月収100円の日本人形の内職	並木一枝	なし	[100]		内職で救はれた家庭の経験	
309		失職した一家を支へる月収30円のテネリフレースの内職	吉村うめ	なし	[30]			
310		母と娘とで稼ぎ出す月収50円の羽子板押絵内職	弘光つま	[東京]	[50]			
311	昭和11・7	月収50円の日本刺繍の内職	笹沼さだ子	東京	[50]		内職に成功した婦人の経験	
312		月収40円のへちま蒲団の内職	三穂翠子	東京	[40]			
313		月収100円の新手芸のはた織内職	高山平多郎	足利	[100]			
314	昭和11・9	娘一人で月収60円の内職	横倉好子	[東京]	[60]		内職で一家を支へる婦人の経験	
315		子供五人を育て上げた金網内職	宮井つよ	[東京]	十四年前一日1・50～2円			
316	昭和11・12	女子大出の若奥さんが古本屋に転向して月収80円 小説家の旦那様も今は古本屋の御主人に	自由ヶ丘 平和書房 十菱敏子	[自由ヶ丘]	80		インテリ婦人が商売に成功した経験	
317		文学好きの奥さんが楽器店を開いて成功した経験 女手だけで開業して一ヶ月の純益180円	アオバ楽器店 山本初枝	なし	[純益150～180]			
318		娘二人の教育費に文房具店を開いて成功した苦心 軍人の未亡人が母娘で一ヶ月の純益200円	章文堂 鈴木ヌイ	なし	[純益200]			

319	昭和12・4	金と物と時間を生かして使ふ工夫 九人の大家内を賄ふ主婦の苦心	本田美津子	なし	なし		物価騰貴と月給生活者の家庭経済の上手な執り方 今こそお台所を預る奥様方の腕の揮ひ時‼これだけの心構へさへあれば家庭の経済は大盤石	
320		女中なしの生活が経済の根本 お台所の経済は一銭から‼	吉崎松子	なし	なし			
321	昭和12・6	有望な人形の髪結ひ新内職	林田静子	東京	なし		高尚で収入の多い勤人の奥様向き新内職	
322		月収30円のグラスヤーンの新内職	稲田安希子	なし	[30]			
323		月収50円以上のフランス人形の教授	堀佐登子	なし	[50]			
324	昭和13・1	養鶏で月収60円―一家五人を養ふ職工の妻の家計	花村よし子	広島	[90]	月給半額30支給	出征軍人の妻の家計の実験 内職で一家を支へる軍国の妻の手記	
325		新婚三日で出征した良人の後を産婆と仕立物で護る妻の経験	高山益子	大阪	[支出43・42]			
326	昭和13・6	月収88円で九人暮しの堅実な集金員の家計	吉田敏子	なし	88	月収70下宿18	多勢の家族を抱へて物価騰貴と闘ふ非常時奥様の家計の苦心	
327		月収91円で八人暮しの明朗な会社員の家計	山辺ふみ子	なし	91	夫死亡、三人の子の月収合計		
328	昭和13・7	月収80円の家計から18円50銭を貯蓄する苦心。ご主人は某製薬会社に御勤務。御夫婦に五つと三つのお子様のご家庭です。	見田多喜子	33歳	80		余裕のない家計を工夫してたくさんの貯金を生み出す秘訣発表会	
329		月収78円の家計から22円50銭貯へる生活法。御主人は某官庁に御勤務。御夫婦に五つの坊ちやんの御家庭。	川田鈴子	30歳	78			
330		70円95銭の月収から16円70銭貯金する家計の苦心。御主人は鉄道省に御勤務。御夫婦に六つと五つのお子様の四人暮しです。	藤田美子	28歳	70・95			
331	昭和13・12	(一等賞)月収69円で家族六人一家総動員の小学教員の家計	村田四十枝	山形県大山町	69		生活費三割切下げに成功した家計の実験(主婦之友懸賞募集 銃後の模範家計競争当選発表) 審査員 木内四郎、大妻コタカ、山下信義	誰でもすぐ実行できる日本一の家計切詰め法！この通りにやれば今までの通り不自由なく生活出来て貯金は貯る一方！読まねば損！
332		(二等賞)月収80円で家族六人信念で赤字を克服した農家の家計	石塚武	茨城県志士庫村	80			
333		(二等賞)月収60円で家族五人修養費二割で心豊な牧師の家計	松蔭銀子	福岡県行橋町	60			
334		(二等賞)月収105円で家族四人非常時緊縮断行の外交商人の家計	三上弥生	東京市	105			

335	昭和14・3	二番で一年の純益800円―都会でも手軽に飼へる狸の養殖	草野まき	水戸市	なし	年収800円	事変で盛んになった有利な副業
336		年収1200円の純益ある緬羊飼養とホームスパンの副業	八巻サト	福島県伊達郡小國村	なし	年収1200円	
337		妻の内職で子供の学費を稼ぎ出す月収80円の薄給官吏の家計	北川孝	なし	80		多勢の子供の学費を生み出す家計の実験
338		兄や姉が弟妹の学費を稼ぎ出す月給160円の会社員の家計	関屋夏子	なし	160		
339	昭和14・4	毎月50円は確実に儲かる医療用モルモットの増殖法	鈴木政五郎	東京市	[50]		農林省推奨・月収50円以上の有利な副業
340		女手で月収60円！農家に最も有利な軍需叺の製造	鈴木くり	千葉県	[60]		
341	昭和14・5	月収70円のホテルの接客係となり三人の子供を育てる未亡人の家計	仁和とし子	なし	70		遺児を抱へて生活戦線に立つ未亡人の家計の苦心
342		母の一念で20余年の苦闘―三人の遺児を成人させた苦心	服部須賀	なし	[63]	某大学の学友会へ就職、初任給36円	
343	昭和14・6	日給1円25銭の貧乏暮しから十六年間に一万円貯めた職工夫婦の体験	今野のい	[亀有]	なし	日立製作所	少ない収入から一万円を貯めた苦心
344	昭和14・7	小学校の先生が十年間に一万円を貯めた貯金と利殖の秘訣　初任給55円時代から十年間に一万円！二十年間に十万円を貯める私の利殖法	山口正夫	[東京カ]	[55～90]		少ない収入から一万円を貯めた苦心
345	昭和14・9	帯〆ハンドバッグの行商で月収200余円	梅村澪子	[東京]	[200]		女手で50円以上増収に成功した実験
346		輸出玩具の内職で月収50円余	楠澤文子	なし	[50余]		
347		資本いらずの保険勧誘で月収70円	増田翠	なし	70～100		
348		素人下宿に五人をおいて月収80余円	水野幸子	[東京]	[80]		

349	昭和14・9	子供の多い月給生活者の模範的な家庭経営の実験	横山はつ子	［震災後繁華な下町に引越］	［140］	呉服問屋勤務	戦時の模範的な家庭経営の実験
350		遺児を抱へ幼稚園を経営する未亡人の家庭経営の実験	菊池和子	なし	なし	夫は明大講師菊池武継、昭和10年死亡	
351		軍需工場で共稼ぎをする夫婦の模範的な家庭経営の実験	川原澄江	［川口市］	［140］	夫鋳物工場120円・妻理研軽合金工場20円	
352		繁盛してゐる小売商店の模範的な家庭経営の実験	枝久保恒子	［小石川林町］	なし		
353		一家総動員で働く篤農家の家庭経営の実験	圓岡イチ	［埼玉県大寄村］	［年収3800余 純益2300余］		
354	昭和14・10	国旗や出征旗のミシン掛で月収150円	宮原志津江	なし	［150］		事変で有利になった新しい内職（月収45円から150円まで）
355		軍需品の内職下請で月収50円	田中永子	なし	［50］		
356		輸出向の造花内職で月収45円	森　あき	横浜	［45］		
357		洗濯屋の修繕請負で月収50円	高山まさ	なし	［50］		
358	昭和14・11	毎月23円の貯金を生み出す月俸80円の公吏の家計	上島きぬ	（東京市に勤め）	80		収入の三割貯金に成功した家計の実験
359		確実に四割を貯金する月給105円の会社員の家計	藤崎まさよ	（丸の内の某商事会社に勤務）	105		
360		毎月貯金45円60銭也―月給152円の会社員の家計	武田初江	（某工業会社に勤務）	152		
361		二百羽飼へば八十日で200円の純益―鶏より簡単な家鴨の飼育	中里ふじ	江戸川	なし		月収50円以上の副業の実験
362		工賃だけでも月収70円になる時局向き玉繭真綿の製造	日高いわ	埼玉	［70］		

363	昭和14・12	(一等賞)親子七人協力して我慢貯金30円―月収130円の会社員の家計	須田禮子	秋田県六郷町	130		統制下の模範的な家庭経営法 主婦之友懸賞当選 銃後の模範家計当選発表	
364		(二等賞)夫婦共稼ぎの新家庭―月収56円の海軍兵曹の家計	隈元小夜子	佐世保市折橋町	56	主人32円、主婦24円		
365		(二等賞)健康第一無駄排除―月収90円の印刷職工の家計	関田サダ	東京市目黒区	90			
366		(特賞)多角経営と農産物増収で収入の六割貯金に成功の農村家計	石塚武	茨城県志士庫村	[年2100]			
367	昭和15・1	洋装店を開いて月130円の増収に成功	菊池立	会社員菊池武彦氏夫人・ヒカリ洋装店主	[215]	主人85円、主婦130円	月給生活者の妻が増収に成功した家計の実験	
368		生花教授をして月収の四割貯金に成功	木村更蓉	官吏木村繁氏夫人・安達式盛花投入教授	[142]	主人105円、主婦37円		
369	昭和15・2	節約断行と廃品回生で三割以上の生活費膨張を征服	田上美子	会社員田上道雄氏夫人	[月給123 支出100]	某私鉄会社に勤め	三割減収時代の家庭経営の実験	
370		被服費・医療費を省いて三割以上の貯蓄に成功	福岡慶子	官吏福岡良三氏夫人	[83]	某省に勤め、月給75円、物価手当8円		
371	昭和15・3	生活建設十年計画に成功した少額月給生活者夫婦の体験	福田濱子	農業教員福田松雄氏夫人	年400以上	当時月俸50円、ほかに34円	生活計画に成功した夫婦の体験 夫婦協力、周到な計画の下に、家庭経済の改革を断行して、戦時下に輝かしい成果を得るまでの十年の苦闘と五年の苦心	
372		家計の立直しを断行して生活建設五年計画に成功	牧野操	会社員牧野二郎氏夫人	[140]	主人80円、主婦60円		
373		100円以下の月給生活者の家庭経営の苦心 月給85円・夫婦に子供二人の官吏の家計	水谷隆子	なし	[俸給手当85]	某官庁に勤務		
374		洋服裁縫で40円―五児の学資を生み出した苦心	近藤春子	なし	[100余]	月給は手当とも100円余	副収入で多勢の子供の学資を作った経験(会社員)	
375		ミシン内職と素人下宿で子供三人の学資を稼ぎ出した経験	五十鈴しの	[上落合]	なし	主人が失職		

376	昭和15・4	月収40円、洗張クリーニング内職	小金井セイ	なし	[40]		月収40円以上の事変下の婦人の内職	
377		月収80円、ミシン刺繍で衣類の再生	松浦芳子	なし	[80]			
378		月収100円、染物講習の新内職	川村傳	[横浜]	[100]			
379		月収50円、洋服改造の国策向内職	後藤トシ子	なし	[50]			
380	昭和15・5	誰にも簡単に飼へる乳用山羊で月収50円	井上とく	なし	[50]		月収50円以上の事変下の家庭副業の実験	
381		楽しみながらできる草花栽培で50円	高山リキ	なし	[50]			
382		生活建設十ヶ年計画に成功した薄給の月給生活者の妻の体験	町田ゆき	某会社員町田次郎氏夫人	なし	昭和三年結婚当時月給72円		
383	昭和15・7	学生街で大人気の学用品預り店	中野君恵	東京	[80]		東京と大阪の一ヶ月純益80円以上の婦人の新商売	
384		女ばかりで大繁盛の理髪店	高島静子	東京	なし			
385		洋品雑貨仕上げ専門店で大繁盛	永野初猪	大阪	なし			
386		阪神間で大好評の出張専門の美容師	長山はる江	大阪	なし	一日平均6、7円		
387	昭和15・8	月収200円―古衣装更生にもなる模様描き	吉田昌代	なし	200		インテリ婦人向の新内職	
388		月収100円―家庭で重宝される出張洋裁教授	加藤百世	なし	100			
389		月収30円―小学生の予習復習の勉強塾	田邉とき代	[東京]	30			
390	昭和15・9	女手で一段歩600円以上　薬不足時代に有望なサフラン	足立貴美子	兵庫[葛野村]	なし		都会向・農村向国策新副業の実験	
391		たつた五坪の庭で年収600円　都会にも農村にも向く椎茸栽培	尾崎たけ	東京[杉並の松ノ木町会]	なし			
392		月収75円の副業　毛糸代用の真綿編物	小久保てい	埼玉[中條村]	75			

393	昭和15・10	薄給生活者が貯金を生み出す戦時家計の実験	佐藤のぶ子	なし	[120]	昭和8年結婚当時月給60円	増収に成功した家庭の実験	
394		自転車預り業で月収50円	佐野マツエ	横浜	50			
395		女手で月収90円の保険代理店	宮部美智子	東京	90			
396		臨時傭ひの筆耕で一日2円40銭	松川たか	東京	なし			
397		傷兵の妻が造花内職で一日1円	中村ナツ	横浜	なし			
398		月収40円の小学生珠算塾	豊島喜代子	東京	40			
399		国策に副ふ白兎の副業	大塚つや	東京	なし	11頭で20円		
400		印刷業から襤褸油布再生業へ	佐藤一	[東京]	なし	銀座で美術印刷業	統制下の転業・転職に成功した実験	
401		牛肉屋からコーヒー店へ	鈴木徳吉	[杉並中野]	なし			
402		靴製造職から『でぶ焼』に	田中賢三	[杉並]	なし	今川焼の店		
403		酒屋から生命保険の外交員に	大谷瓣蔵	なし	なし			
404	昭和15・11	株主は御婦人ばかり　機械販売から洋装店へ	植田幸次郎	大阪	なし		統制下の転業・転職に成功した実験大阪の巻	
405		戦傷帰還兵夫婦が家具職から煙草雑貨店へ	永瀬彦一	大阪	なし			
406		輸入禁止で毛皮貿易商から軍需品鉄工所に	駒井市松	大阪	なし			
407		国策に副つて転換　株屋から代用品工業へ	中村甚蔵	大阪	なし			
408	昭和15・12	(一等賞)積極的な生活建設をめざす月収110円の会社員の家計	渡邊まさを	東京市	110		新体制下の模範家計	
409		(二等賞)生活建直しの意気に燃える月収70円の官吏の家計	浦口静子	京都市	70			

410	昭和16・1	外地台湾で堅実な生活を営む小学校教員の新体制家計	神保光子	台湾	110・20	先月号入選の二等一席と三等を紹介	（懸賞当選）新体制下の模範家計の実験　国民貯蓄奨励局次長　栗原修、価格形成中央委員　高良富子、元法相　宮城長五郎氏夫人　宮城タマヨ　三審査員先生推薦
411		模様師から軍需工に転職　減収を機会に家計の新体制	佐々木寿子	東京市	[122・51]	良人の給料62・53円、主婦の仕立物、貸家ほか	
412	昭和16・3	タクシー業から婦人物専門店に転業した苦心	喜多村繁	（オリオン堂）	[支出150]	一月に300円の収入	転業に成功した商家の家計の実験
413		インテリ向の謄写筆耕	福本松江	なし	[一日1・70円]	時給25～35銭	内職で増収に成功した家庭の実話
414		女手で出来る書道教授塾	横山せき子	なし	[100以上]		
415		趣味を生かす運動用手袋編	高橋智恵子	なし	[一日80銭]	一組40銭	
416		誰にも出来る会社雑役婦	東海林澄江	[東京市]	[一日1・30～2円]		
417	昭和16・5	（東京）軍服の襟章作りで月収37、8円	佐古さつき	東京	[37～38]		（東京・大阪・京都）材料に心配いらずの内職の実験
418		（東京）軍服の釦付内職で月収30円	藤本しづ子	東京	[30]		
419		（東京）徴兵・嫁入保険の勧誘で月収100円	小田すゞ子	東京	[100]		
420		（大阪）更生足袋内職で月収80円	柴山ミツ	大阪	[80]		
421		（京都）再生中衣と更生洋服内職で30円	田中雪子	京都	[30]		
422	昭和16・6	盤景教授で月収60円	加来江晨	なし	[60]	（主人）印刷屋	主婦の働きで増収に成功した家庭の実験
423		古本屋経営で月収80円	川田富久	なし	[80]	東京市○○局	
424		銃後勤労傭員で増収	高野すゞ	なし	[17]	鉄道局	
425		和服裁縫で月収60円	大久保すみ	なし	60		

426	昭和16・7	名代のすし屋を廃業して夫婦共稼ぎの産業戦士	佐々木純（※夫）	大阪市	［85］	N製作所の倉庫部55円、妻製薬工場30円	（読者の体験）商人から月給取になった転業家庭の家計の実験	大陸実生活の家計懸賞募集
427		洋装店から会社員に転身　妻も内職して増収に励む	波多妙子	大阪市	［110・10］	洋服実践株式会社80円、翻訳10円、主婦内職20・10円		
428		食料品店を廃業して大陸の俸給生活者に転身	安部たか子	大連市	なし		（読者の体験）大陸への転業に成功した家庭の実験	（読者の体験）大陸への転業に成功した家庭の実験
429		大阪の酒商から満鉄社員に転業の体験	近藤道子	大連市	なし			
430		月給生活者の主婦の家庭経済の秘訣	千田延子	なし	［96］	某会社	配給制時代の主婦の家庭経済の秘訣	
431		商家の主婦の家庭経済の秘訣	金本さく子	なし	［支出188］			
432		大家内の主婦の家庭経済の秘訣	田口富美子	なし	［年俸2400］	勤人		
433		農村の主婦の家庭経済の秘訣	平野とり	なし	［年収4678・16］	うち麦・野菜雑収入100円		
434	昭和16・8	喫茶店から吏員に転身　貸家貸間で減収を切抜けた体験	富田龍介	東京	165	俸給85円、家賃60円、保険20円	（読者の体験）減収を切抜けた現業家庭の家計の実験　商人から勤人に転身	
435		配給所員となつた精米小売商　予算生活で赤字を克服	赤沼代禰子	東京	140	月給80円、手当10円、配当50円		
436		紙筒作りで月収40円	大野たまき	なし	40	某印刷会社に勤め	月給の三割増収に成功した家庭の実験	
437		婦人子供服裁縫で月収5、60円	氏家静子	［東京］	50~60	上野の博品館に店		
438		野生の薬草採取で月収17、8円	澤井フク	なし	17~18			
439		巧芸画で月収30円	清田文子	なし	30	×省に勤め		
440		ヘヤー・ネット作りで月収20円	後藤ハルエ	なし	20	消防署		
441	昭和16・10	堅実な予算生活を実行する満洲国官吏の妻の模範家計	篠崎みどり	新京市	［250］	他に賞与約800円	（読者の体験）大陸生活の家計の実験	
442		新楽土建設に励む大陸拓士の妻の家計報告	中田英子	北満	［今年家計予想1462］			

443	昭和16・10	（米）客土によって段当り二俵の増産	茨木つる子	高知県	なし		（読者の経験）増産に成功した農家の実験	
444		（米）自給肥料で一割七分の増産	まみ江	山口県	なし			
445		（甘藷）段当り二百五十貫から一千貫実収に成功した栽培法	石塚武	茨城県	なし			
446		（川崎）作業服洗濯で月収50円	高橋浪子	川崎	50		（読者の経験）増収に成功した家庭の実験	
447		（横浜）洋傘の修繕で月収20円	和田操	横浜	20			
448		（兵庫）更生服の手縫洋裁で月収20円	藤井登代子	兵庫	20			
449		（福島）簡易な養兎で収入50余円	佐藤サトル	福島	50			
450		（名古屋）下駄磨きで月収40円	森はるの	名古屋	40			
451		（長野）母と子が軍手かゞりで月収25円	宮下富子	長野	25			
452		（和歌山）和服裁縫と教授で月収40円	山代みな	和歌山	40			
453	昭和16・11	経済計画によって貯金を生み出す官吏の家計	後藤菊子	なし	[106]	某省勤務	臨戦下の家庭経済の実験	
454		良人は産業戦線に減収を切抜けた小売商の家計の実験	飯田きみ	なし	[191]	酒屋、工場勤（主人給料80円）		
455		折本で月収30円	岩井友子	[東京]	30		内職で増収に成功した実験	
456		月収40円のコートまとめ	小野ゆき	なし	40			
457		洗濯物の解きと端縫ひで月収35円	遠藤ちゑ	なし	35			
458		軍需品のベルト縫ひで月収20余円	須山きみ	なし	20			
459		サックコート編みで月収10円	松下節子	なし	10			
460		（一等賞）模範的な協力生活の実行中等教員の家計報告	土田あや	鹿児島市	[125]		（懸賞当選）生活戦下の模範家計の実験	
461		（二等賞）一家総動員で生産に努力郵便局員の家計の実験	由利明子	秋田県	[94・80]	主人給料63、60円		

462	昭和16・12	防空用暗幕縫ひで日収2円	菅沼三子	東京	なし	日収2円	内職と副業で増収に成功した主婦の実験	
463		叺作りで年収600円	吉野雪子	千葉県	なし	年収600円		
464		白衣裁縫で月収15円	本阿つな	なし	[15]	一枚16銭5厘		
465		印刷物の折込みで日収2円	堀内美子	なし	[30]	日収2円		
466		卓上カレンダー組立で月収30円	仲瀬とめ	東京	[80]	娘と二人		
467	昭和17・1	家庭経済の確立を目指す国民学校教員の家計の実験	澤優子	長野県	[105]		（読者の体験）経済計画を実行して家庭の経営難を切抜ける主婦の苦心	
468		一家協力して減収を乗切る出征家族の家計報告	肥田久美	岐阜県	[85]			
469		鎧兜用帽子の縫付で月収20円	高田たみ子	[中野区宮里町、中野宮里内職授産場]	[20]		月給生活者の妻の内職増収の実験	
470		和服の更生裁縫で月収45円	小林シゲ子	[四谷区谷町、四谷授産場]	[45]			
471		古毛布の縫直しと繕ひで月収55円	清水秋子	なし	[55]	収入は弟子の月謝を含む		
472		洗濯と仕立物で月収20円	赤城みね	なし	[20]			
473		通ひのミシン掛で月収40円	田積はる	[中野区小瀧町、東京府中野授産場]	[40]			
474	昭和17・6	（一等賞）模範的な予算生活の実行、国民学校訓導の家計報告	中村忻子	東京市	[132]		決戦下の模範家計の実験（大蔵省国民貯金奨励局推薦）氏家武（選）	
475		（二等賞）家庭増収に協力する会社員の家計実験	石岡綾子	鹿児島市	[153]			
476	昭和17・12	（一等賞）隣組の共同内職で増収に成功—貯蓄に励む家計の実験	相田レイ	東京市荏原区平塚町○○隣組	[149]		（主婦之友懸賞当選）貯蓄報国　増収増産家計の実験（大蔵省・国民貯蓄局推薦）氏家武（選）	
477		（二等賞）生活の建直しに邁進する転業家庭の家計実験	高橋千代	立川市	[138]			

478	昭和18・2	満洲の生活建設に邁進する増収家計の実験	今井静子	大連市	〔211〕	（満洲版）	（主婦之友懸賞当選）大蔵省国民貯蓄局推薦 貯蓄を生み出す増収家計の実験 大蔵省国民貯蓄局長 氏家武、宮城タマヨ選
479	昭和18・6	（一等賞）隣組の協力で貯蓄に励む家計の実験	吉岡慶子	香川県	145・5	農事試験場主任	
480	昭和18・7	最低生活を実行して貯蓄に邁進する家計の実験	佐藤桂子	南満	〔149・75〕	（満洲版）	

表6　『主婦の友』懸賞募集問題・特集名・別冊付録一覧（大正6年3月号〜昭和20年12月号）

発行月	懸賞募集問題	特集名	別冊付録
大正6・3	なし	なし	
大正6・4	なし	なし	
大正6・5	なし	なし	
大正6・6	なし	なし	
大正6・7	（懸賞募集）新世帯の時代の暮し向	家事経済号	
大正6・8	なし	なし	
大正6・9	なし	経済生活号	
大正6・10	なし	家計整理号	
大正6・11	なし	なし	
大正6・12	なし	家庭経済号	
大正7・1	なし	家運繁栄号	開運独占い
大正7・2	嫁入支度の経験 私の理想の良人 結婚当時の思出	子宝繁昌号	
大正7・3	我が家の安価生活法 安価な滋養飲食物の研究	婦人職業号	
大正7・4	如何にして貯金すべきか 安産の経験と難産の経験	結婚号	
大正7・5	初めて世帯を持つた時の思出 主婦としての一日の活動	安価生活号	
大正7・6	夏子供が急病に犯された経験 夏の奮闘的生活の経験 食欲を進める我が家の夏料理	母親号	
大正7・7	良人に死別した妻の思出 私の出遭つた不思議の話 食餌療法で病気を治した実験	家事経済号	
大正7・8	婚約から結婚までの思出 不幸な結婚に泣く婦人の告白	なし	
大正7・9	難病を全治した経験	内職及副業号	

大正7・10	築き上げたる我家の今昔 食餌療法で病気を治した実験	嫁入準備号	
大正7・11	物価騰貴に処した経験	難病全治号	
大正7・12	初めてのお産の思ひ出 火災に罹つた経験 美術写真を募る	家政整理号	
大正8・1	成績不良であつた子供を良くした経験 乳の無い赤坊を育て上げた経験 美術写真を募る	一家繁昌号	奥様重宝記
大正8・2	結婚に対する若き婦人の煩悶 幸福なる家庭の妻となるまで	若き母親号	
大正8・3	職業に従事する主婦の経験 如何にして職業を求めたか	家庭教育号	
大正8・4	婦人病を根治した経験 身体の弱い子供を丈夫にした経験	結婚成功号	
大正8・5	内職又は副業に（成功した・失敗した）経験 女中なしで働く主婦の（同前）経験	なし	
大正8・6	如何にして良人の放蕩が改まつたか 痔病を全治した経験	婦人健康号	
大正8・7	禁酒をさせた経験 胃腸病を全治した経験	家計成功号	
大正8・8	再婚して成功（又は失敗）した婦人の告白 逆境に勝つた妻の思ひ出 新婚旅行の日の思ひ出	煩悶解決号	（綴じ込み）フランス式晩餐料理
大正8・9	夫婦共稼ぎで奮闘する経験 如何にして肺病を根治したか	生活難解決号	
大正8・10	家庭生活改良の実験 ヒステリー症根治の実験 美味しいお豆腐料理法	新夫婦号	
大正8・11	困難に処して運命を開拓した我家 若き婦人の結婚に対する理想	夫婦奮闘号	

大正8・12	男子のために虐げられた婦人の告白 リウマチスを根治した実験	生活改良成功号	
大正9・1	継子の教育に成功した母の経験 離縁となつた婦人の告白	一家繁昌号	家庭重宝記
大正9・2	良人の選択に成功した経験 良人の選択に失敗した経験 お産に失敗した経験	男女貞操号	
大正9・3	婿養子をして成功した経験 婿養子をして失敗した経験 腎臓病を全治した経験	なし	
大正9・4	婦人病を全治した実験 有効となる健康法の実験	結婚準備号	
大正9・5	煩悶を解決した実験 愛児を亡くした親の思出	なし	
大正9・6	若き未亡人の身の始末 夏季に於ける変つた生活	健康増進号	
大正9・7	男子の誘惑に遭つた経験 赤坊の夜泣を治した経験	婦人慰安号	
大正9・8	娘を縁づけた母の苦心 結婚の媒介をした経験 若き男子の望む理想の妻	なし	
大正9・9	逆境にある人の感謝の生活	婦人煩悶号	
大正9・10	肺病を全治した治療実験 結婚後年月を経て子宝を得た経験	新郎新婦号	
大正9・11	家業に成功した夫婦奮闘の記 結婚問題に悩む若き男子の告白 結婚問題に悩む若き婦人の告白	感謝の生活号	
大正9・12	私は何故に独身生活をするか 良人の不品行を直した妻の苦心	なし	
大正10・1	結婚に敗れた若き婦人の告白―結婚に敗れた男子の告白をも募ります― 弱い子供を丈夫にするまでの母の苦心	なし	

大正10・2	結婚の理想を実現するため苦んだ経験 後妻として結婚した実験	なし	大正十年　家庭重宝記
大正10・3	住み心地よい住宅を建てた経験 再婚した男子の告白	なし	
大正10・4	職業に従事する婦人の叫び　＝使用主に対して、家庭に対して、異性に対して、一般社会に対して＝ 収入の減少した為めの家計の遣繰	結婚生活号	
大正10・5	愛児を亡うた母親の思出	なし	
大正10・6	夏季に於て男子の誘惑と戦つた経験 我家で自慢の夏料理	なし	
大正10・7	我が発奮の動機 借家人として苦んだ経験	夏期特別号	
大正10・8	（一）親に対する娘の悩み （二）子に対する親の悩み 良人に愛人の出来た場合の態度	恋愛貞操号	
大正10・9	無実の罪に苦しめられた経験 私の実行してゐる有効な健康法	死線を越えた女	
大正10・10	俸給生活から自立職業に移つた経験 女中を廃して自ら働く主婦の経験	なし	
大正10・11	初恋に成功（或ひは破れた）した男女の思出 一家の為に働く自活婦人の告白	無実の罪に苦む婦人	
大正10・12	離婚をした婦人の行く道 子供の学資を如何にするか 愛し得ぬ良人を持つ妻の悩み 月給生活者の家計実況	経済生活実験号	
大正11・1／1	自由結婚をした男女の経験 初めてお産をした婦人の経験	恋愛物語号	初春（島成園女史筆）
大正11・1／15	信仰生活に入る迄の実験 成績不良児を導いた経験	結婚及離婚号	
大正11・2／1	妻に悩まされた良人の告白 子供の寝小便を治した経験	なし	

15	大正11・2／	（一）舅への若き夫婦の要求 （二）若き夫婦への舅の要求	なし	
	大正11・3	女学校卒業生の進むべき道 （一）私は斯ういふ道を進みたい（女学生の為めに） （二）娘を斯ういふ道に進ませたい（母親方の為めに）	信仰生活号	
	大正11・4	男子のために身を過つた婦人の告白 安い買物をした経験	なし	
	大正11・5	恋愛より結婚までの思出 慢性諸病を治した実験	なし	平民服の英国皇太子
	大正11・6	悩みから救はれた婦人の経験 自分の短所を補ふ化粧の方法 古い家を心地よく改めた経験	なし	
	大正11・7	愛する者に死別した悲しき思出 急性伝染病を全治した経験 実際にあつた不思議な話	恋愛と結婚号	
	大正11・8	（一）若き婦人の理想の結婚 （二）若き男子の理想の結婚 気乗りせぬ結婚氏をした婦人の告白	婦人慰安号	
	大正11・9	夫を失うた妻が生活苦と戦つゝある実験 節約生活の生んだ賜	愛する者に死別した悲しき思出	
	大正11・10	人の愛に感激させられたる深刻なる実験 副業または内職に成功した実験	男女結婚の理想号	
	大正11・11	最後の勝利を得た愛の物語 夫婦共稼ぎで成功した実験 男に対する要求・女に対する要求	節約生活の成功号	
	大正11・12	失職者が再び就職するまでの実験 中学校・女学校入学試験の悲惨なる実例 芸娼妓の虐げられた生活の訴へ	愛の生活号	
	大正12・1	異性の愛に悩む人々 如何にして職業を得たか	希望の生活号	家庭百科婦人重宝辞典
	大正12・2	私は如何にして夫を択んだかまたは＝私は如何にして妻を択んだか 恋人を捨てゝ結婚せねばならなかつた婦人の悶え	恋愛と貞操号	

大正12・3	人さまざまの懺悔物語 地方農家の家計実況 海外に於いて運命を開拓した実験	新家庭教育号	
大正12・4	独立の仕事に従事する婦人の実験 生き別れをした親又は子の嘆き	私は如何にして結婚したか	
大正12・5	経済上から見た我家の十年史 中流商家の家計実況 地方農家の副業の実験 海外に於いて運命を開拓した実験	なし	
大正12・6	身の処置に迷ふ未亡人の境遇 医者にかゝらずに病気を治した経験 恐ろしかつた不思議な事実物語	なし	
大正12・7	女学校卒業から結婚までの娘時代を如何に送るべきか 苦学して成功した婦人の実験	夏期特別号	
大正12・8	結婚を悔ゆる男女の悩み 異性の友に就ての経験	夏のローマンス号	
大正12・9	素人が商売を始めた経験 恋愛三角関係の犠牲者	特別読物号	
大正12・10	罹災愛読者の御投稿を願ふ (一) 惨害の渦中を如何にして生きのびたか (二) 震災火災に際して感じた人情美の実験 (三) 罹災後再起のために奮闘する人の経験	東京大震災大火画報	
大正12・11	我家の簡易生活法実験 家業成功の為に働いた婦人の経験	震災後日物語号	
大正13・1	愛児の教育に成功した母の経験 夫婦生活の危機を通れた告白	新運命の開拓号	家庭重宝辞典 絵付録
大正13・2	恋愛に就いての苦しい経験 初めて『妻』と呼ばれた日の思出または初めて『良人』と呼ばれた日の男子の感動は？	なし	
大正13・3	知らぬ土地で運命を開拓した実験 少い収入から貯金に成功してゐる生活法	春季特別号	

大正13・4	結婚を欲しない男女の告白 効験の確かな新しい療法実験	なし	
大正13・5	愛児を亡うた父母の追憶 結婚後永年を経て愛児を得たる経験	なし	
大正13・6	離婚の苦しみを味うた男女の経験 内職または副業に成功するまでの苦心	治病健康号	
大正13・7	震災一年後の変つた運命物語 愛しながら結婚し得ざる人々の苦悩	夏期特別号	
大正13・8	恋愛結婚に成功したか失敗したか 結婚披露改良の実験	なし	
大正13・9	若き婦人は何を要求するか (一) 若き妻が何を良人に要求するか (二) 職業婦人は何を雇主に要求するか (三) 若き娘は何を両親に要求するか (四) 女学生は何を教師に要求するか (五) 女中は何を主婦に要求するか	なし	
大正13・10	信仰に生きる婦人の苦難の生涯 重宝な家庭の実際的知識	なし	
大正13・11	発奮の動機と成功への経路 田舎生活の婦人日記	なし	
大正13・12	後妻となつて成功または失敗した経験 軽い初産と思い初産の経験	なし	
大正14・1	愛児の学費に苦んだ家庭の経験 試験に落第した子供を如何に励したか	運命を開拓した婦人	女子スポーツ双六
大正14・2	夫婦選択の成功と失敗の経験 職業婦人の屈辱と喜びの経験	なし	
大正14・3	素人が商売を始めて成功した実験 夫婦共稼は幸福か不幸か	なし	
大正14・4	医者の見放した病気を全治の実験 簡単で有効な健康法の実験	なし	
大正14・5	幽霊を見た人の実話 誘惑に遭つた婦人の実験	なし	
大正14・6	不良性に傾く子を如何に教育したか?	病床慰安号	

大正14・7	晩婚男女は不幸であつたか幸福であつたか	楽しき夏の生活号	
大正14・8	義理の子供のために悩む母の告白 義理の父母のために悩む娘の告白	夏季健康号	
大正14・9	男子のために失敗した婦人の懺悔 七十円前後の家計切り廻し法	夫婦生活号	
大正14・10	私の感激した信仰の人 赤坊を泣かせずに育てた経験	婦人の煩悶の解決号	
大正14・11	破れた愛を再び復活した婦人の告白 愛人と結婚し得ぬ処女の訴へ	なし	
大正14・12	壱千円を貯金するまでの苦心 未亡人の最も悩む問題は？	家庭教育の重大問題号	
大正15・1	苦学成功の婦人の実験 女学校の寄宿舎の改善問題	運命開拓美談号	家庭重宝年鑑
大正15・2	妻を外に働かす夫の偽りなき感想 結婚に失敗した青年の告白	現代の娘と母親号	
大正15・3	資本いらずに出来る副業の経験 婦人の手で営む商売の経験	婦人職業成功号	
大正15・4	思い婦人病を全治した実験 良人の愛に感激した妻の告白	結婚準備号	
大正15・5	愛児を失うた母の悲しみと慰安	お産と育児号	
大正15・6	男子の誘惑に勝つた婦人の経験	夫婦愛の復活号	
大正15・7	夫婦生活の危機を遁れた妻 感心な嫁と感心な姑	新家庭時代の心得号	
大正15・8	女中の為めに苦んだ経験 早婚は幸福だつたか不幸だつたか	男子貞操号	
大正15・9	身に沁みて嬉しかつた看護の経験 病人の喜んだ食物の調理法	再婚問題号	
大正15・10	盗難に遭つた経験 簡単に治したぜんそくの療法	結婚前後の重大問題号	
大正15・11	（一）結婚前の良人の恋人問題 （二）吾が母への感謝の思ひ出	家庭看病の秘訣号	

大正15・12	(一)愛児の入学試験と母の苦心 (二)産児調節の成功と失敗 (三)神経痛を全治した実験	家計成功の秘訣公開号	
大正16・1	(一)結婚生活最初の一ヶ月 (二)厄年に幸運を得た経験 (三)子供の肺炎を看病した経験	家庭幸運号	東宮殿下と照宮様尊影　和田三造謹写 大正十六年用カレンダー
昭和2・2	(一)妻を家に残して外に働く良人 (二)良人の留守を守る妻 (三)男の中に混つて働く婦人の苦悩	現代の父と母号	
昭和2・3	再婚して幸福を得た婦人の経験 素人が商売に成功した経験	夫婦生活の秘密号	
昭和2・4	愛し得なかつた夫を愛する迄 恋愛結婚は成功したか 母乳無しで赤坊を育てた経験	結婚と離婚問題号	
昭和2・5	良人に愛人が出来た場合に如何なる方法を講じたか 恐ろしい家に住んだ経験	夫婦和合の秘訣号	
昭和2・6	消化不良で愛児を亡くした経験 良人の放蕩を止めさせた妻の経験	妊娠とお産号	
昭和2・7	娘の秘密を初めて知つた母の経験 娘時代の秘密に悩む妻の経験	夫婦愛の増進号	
昭和2・8	自殺を決心した婦人の想出 民間療法で命拾いをした経験	良人操縦と妻君操縦	
昭和2・9	独身生活に伴ふ婦人の悩み 子供があつて再婚した未亡人の経験	処女生活の秘密号	
昭和2・10	失恋の悩みを蒙つた恐しい経験 死を予知した不思議な経験	花嫁時代号	
昭和2・11	厄年に開運した婦人の経験 冷え性を治した婦人の経験	毛糸編物博覧会号	
昭和2・12	住宅新築の資金についての苦心談 色を白くすることに成功した経験	夫婦相愛号	
昭和3・1	婦人病を自宅で全治した実験 男女の児を思ふまゝに儲けた実験	幸運案内号	百発百中開運占ひ全集

昭和3・2	良人の秘密に就ての経験 嫌ひな夫婦が和合した	中流模範住宅新築号	
昭和3・3	再婚者の偽らざる告白 神経衰弱全治の経験	なし	
昭和3・4	産児調節の苦心の経験 無痛でお産をした経験 出ない乳を出した経験	良人の秘密号	
昭和3・5	嫉妬のために苦しんだ婦人の経験 肥えた実験と痩せた実験 家に就ての不思議な実話	美容研究号	
昭和3・6	自殺を企て、生き返つた実話 内職や副業に従ふ婦人の経験	赤ちゃん号	
昭和3・7	流行送れの着物の若返実験 精力若返法の成功実験 不妊の人が赤坊を産んだ経験	家庭教育の実験号	
昭和3・8	夫婦喧嘩の失敗談 内縁の妻として悩んだ経験 結婚して丈夫に（又は弱く）なつた経験	内職副業実験号	
昭和3・9	御大典記念事業の成績 肋膜炎を全治した経験 恋愛結婚に失敗した経験	不老若返法の実験法	
昭和3・10	壱万円の資産を作るまでの苦心 男子の暴行を免れた経験 痔疾を全治した民間療法	縁むすび号	
昭和3・11	（一）初恋を成功させた苦心の経験 （二）色艶を美しくした苦心の経験 （三）厄年の経験と厄落しの経験	毛糸編物新型号	
昭和3・12	（一）子供の入学試験を成功させた経験 （二）心臓病を全治した経験 （三）良人を盗られた妻の経験	お台所研究号	

昭和4・1	(一)美しい子供を如何にして産んだか？賢い子供を如何にして産んだか？ (二)乳の無い子を如何にして育てたか？ (三)赤坊を死なした母の失敗記	幸運物語号	幸運の占ひ法全集 岡本画伯案漫画双六
昭和4・2	一人娘の結婚問題の経験 如何にして自分の家を所有したか？	生花大家誌上競技号	
昭和4・3	結婚して意外に感じた花嫁の経験 子供のある家庭に後妻となつた経験	若いお母様号	
昭和4・4	実際に経験した家相の話 便利な家を経済的に建てた経験 糖尿病を家庭で治した経験	幸福なる結婚生活号	
昭和4・5	妊娠の時期と月経の関係に就て ニンニクで病気を治した経験 毛の無い人が毛を生やした経験	新家庭の奥様号	
昭和4・6	弱い赤ちゃんを健康にした経験 婦人のコシケの家庭療法 背の低い人が高くなつた方法	住宅展覧会号	
昭和4・7	良人から妻への感謝の思ひ出 恋人を横取りされた婦人の経験 半搗米や玄米食の効能の経験	夏の子供洋服号	
昭和4・8	不具の赤坊を産んだ母の経験 病気中に分娩した母の経験 近視眼や遠視眼を治した経験	赤ちゃん健康号	
昭和4・9	一旦死んで蘇生つた人の経験 騙されて結婚した男女の告白	良人から妻への感謝号	
昭和4・10	冬向きの家庭名物料理 頭痛を自分で治した経験 風邪を引かなくなつた経験	安産と育児号	
昭和4・11	私達が夫婦になつた機会 泥坊に入られぬ工夫くらべ セキどめの民間療法実験	流行の毛糸編物号	

昭和4・12	月経不順を治した家庭療法 不妊症が治つて妊娠した経験 赤坊の夜泣きを治した方法	栄養料理号	
昭和5・1	縁遠い人が良縁を得た経験 再婚の人が良縁を得た経験 経済的に結婚した家庭の経験	結婚問題号	美容と作法の写真画報
昭和5・2	蓄膿症を全治した経験 子供の脱腸を治した経験 家事の傍ら出来る内職の経験	結婚衛生号	
昭和5・3	危機を切抜けた夫婦生活の告白 人にも言へぬ破婚の経験 眼病を治した療法の経験	嫁入準備号	
昭和5・4	不慮の禍で子供を死なした経験 小商売を始めて成功した実験 ワキガを治した簡易療法の経験	皇族御写真画報	皇室の御繁栄　和田英作謹画
昭和5・5	不眠症を自分で治した経験 中風を治した経験 死霊に祟られた人の実話	子供の教育号	
昭和5・6	経済的で愉快な避暑の経験 皮膚病を家庭で治した経験 肺病の熱を除つた有効な療法	子供夏洋服の作方号	
昭和5・7	誘惑と戦つた人妻の経験 女のために失敗した良人の告白 耳だれを治した家庭療法	夏料理の美味しい拵へ方	
昭和5・8	初産に失敗した婦人の経験 避妊の為めに害を蒙つた経験 歯の病気の家庭療法	夏の生花と手芸号	日本八景名所図絵　吉田初三郎氏画
昭和5・9	頭痛を治した民間療法 失業の家庭が職を得るまでの苦心 娘時代の恋愛に悩んだ妻の経験	赤ちゃんとお母さま号	
昭和5・10	冬の経済的で美味しいお惣菜 扁桃腺を治した民間療法 貯金を作つた我が家の家計	夫婦生活の円満号	妊娠と育児の月々の心得

昭和5・11	長生夫婦の養生法実験 不妊者が子供を生んだ経験 古新聞の重宝な利用法	毛糸編物の独習号	
昭和5・12	不注意のため難産をした婦人の経験 肋膜炎を根治した経験 友愛結婚をした婦人の経験	冬向家庭料理の独習号	
昭和6・1	我子を優等生にした経験 貧血症を治した人の経験 一番に有効だつた美容法	幸福と繁栄号	手軽に治せる　家庭療法全集 百発百中開運占ひ法の秘訣
昭和6・2	恋愛結婚と媒酌結婚とどつちが良かつたか結婚後は 結婚詐欺で酷い目に遭つた経験 慢性の肩の凝りを治した経験	お産と育児の相談号	文部省認定の育児書　出産から入学までの育児法
昭和6・3	良人の愛を取り戻した妻の経験 糖尿病を治した療法実験	家庭円満の方法号	一目でわかる婚礼画報
昭和6・4	愛児の一命を拾つた母の経験 生活苦と戦つた未亡人の経験 難病の痔疾を根治した経験	美人になる方法号	草花の作り方百種（野菜の作り方二百種）
昭和6・5	子供を急死させた夏の経験 人工栄養児を危機から救つた経験 難産から安産への経験	愛児の育て方号	新案の折畳式　生花の独習法 実物大の型紙付き　ワイシャツの仕立方
昭和6・6	良人の秘密に苦んだ経験 夏の伝染病から助かつた経験 不景気の中で貯金する方法	子供洋服の独習号	夏の最新型婦人子供洋服画報 婦人子供洋服の実物大型紙十四種
昭和6・7	慢性の胃病を根治した経験 子供を不具にした母の経験 再婚して幸福を得た婦人の経験	若き母の経験号	新案特許の妊娠暦と出産暦 実物大の型紙付き　ワイシャツの仕立方便利な夏物の型紙十種
昭和6・8	精神病を全治した経験 義理の子供に悩んだ母の告白 別居する妻から良人への訴へ	夫婦和合の秘術号	実物大型紙付　夏の子供服其他十二種の仕立方 一目でわかる　日本全国旅行大地図
昭和6・9	大酒を止させた妻の苦心 心臓病を根治した民間療法 家にまつはる不思議な因縁	生活を楽にする方法号	手軽なお惣菜向き　和洋料理の作方画報 九条武子夫人の大画像

昭和6・10	熱さましの民間療法 安価で有効な滋養物の経験 産後や病後のやつれを回復した経験	婚礼とお産と育児号	出産から誕生まで育児百科法典 子供エプロン実物大型紙八種
昭和6・11	一万円の金を作つた経験 子供の寝小便を治した経験 男子の誘惑を上手に避けた経験	毛糸編物の編方号	新型毛糸編物の編方百種 基礎編の編方四十一種
昭和6・12	出ない母乳を出した経験 耳鳴りやつんぼが治つた経験 婦人病を自分で治した経験	家計整理の実験号	新式家計簿 日常食品栄養表 実物大型紙付　人形と子供服の作り方
昭和7・1	子供の学資を稼いだ母の経験 脊椎カリエスを全治した経験 娘の恋愛を解決した母の経験	家運繁昌の方法号	毎日のお惣菜 礼式作法辞典 手紙の書き方 幸運ひとり占ひ 国宝慈母観音大画像
昭和7・2	戦死軍人の未亡人が子供を育て上げるまでの苦心の実話 心臓病を治した民間療法	夫婦問題の告白号	妊娠から出産までの安産の心得 八代美人画家苦心色紙傑作集
昭和7・3	不良の我子を善導した母の経験 お腫物を治した民間療法 蓄膿症を根治した経験	花嫁花婿の相談号	お菓子の作り方百種 男女児通学服の実物大型紙 メートル法換算器 雛節句の掛物用「立雛」
昭和7・4	死に就ての不思議な経験 黒焼の効能と黒焼の作方 月収五十円以下の家計の実験 空箱の上手な廃物利用法を募集	婚礼儀式写真画報	子供から大人までの和服一切の仕立方 婚礼儀式大画報
昭和7・5	赤毛や白髪を黒くした経験 再発した肺病を全治した経験 夏の病気で赤ん坊を死した経験	お化粧の実演画報	家庭で出来る洗濯一切の仕方・家庭で出来る染色一切の仕方
昭和7・6	女中から出世した婦人の実験 妊娠調節実験者の経験 職業婦人の家計の実験 御飯とパンの廃物利用法	子供洋服の作り方号	夏の子供洋服一切の作り方 夏の子供洋服型紙九種 巻尺代用　各種ものさし比較表

昭和7・7	良人と情人との手を切らせた妻の経験 離婚した婦人の真実の告白 結婚前の恋愛に悩まされた実話	民間療法の経験号	主婦之友新案の便利なカード式　洋食の作り方三百種 便利な夏物の型紙つき仕立方
昭和7・8	耳の病気を全治した療法 煙草好きが禁煙した経験 農家の家計の実験を募る 帽子の廃物利用法を募る	赤ちゃんの育て方号	八大画伯揮毫の夏姿美人がの傑作色紙集 お台所重宝辞典
昭和7・9	死を突破した夫婦愛の告白 癌を根治した療法の経験 近親結婚は良かつたか悪かつたか?	夫婦生活の打明け話号	大東京完成記念・東京新名所絵はがき　七十二枚贈呈の大付録
昭和7・10	信仰の力で奇蹟を得た経験 風邪引きを早く治す方法 日給生活者の家計の実験 半襟とネクタイの廃物利用	健康増進の方法号	冬物の和服裁縫 皇室御写真集
昭和7・11	福運が転がり込んだ経験 便秘を治した簡単な方法 飼犬が役に立つた経験	なし	新型毛糸編物百廿種 毛糸編の手ほどき
昭和7・12	男女の児を思ふ通りに産んだ方法 ドモリを矯正した経験 セキを止める素人療法	なし	小児病百五十種の手当法 赤ちゃん用の毛糸編物集 防寒用の毛糸編物集
昭和8・1	痔病を民間療法で治した経験 食料品の経済で美味しい作方 子供の盗癖を治した母の経験	結婚生活の成功号	一年中の朝昼晩お惣菜料理法 新案物の仕立方百種 花鳥・山水・美人画短冊廿人集
昭和8・2	肺病に特効あつた薬の経験 晩婚で幸福を得た男女の経験 良人の性病に苦んだ経験	新手芸品の作方号	家元大家三十二先生発表・生花の上手な生け方 お灸で病気を治す秘法
昭和8・3	再婚で幸福を得た男女の経験 我家で評判の漬物のつけ方 素人に出来る膏薬の療法	子供教育の方法号	和服洋服衣類一切の繰廻しと繕ひ方 お子様画報　雛人形と雛壇の切紙細工
昭和8・4	親の不品行を諫めた子の経験 無痛分娩法でお産をした経験 月収百円以下の会社員の家計	なし	和洋裁縫全集 家庭マッサージ独習法

昭和8・5	子供を惨死させた母の思ひ出 一生忘れぬ恐ろしかつた話 私の発見した廃物の利用法	生活改善の実験号	夏の新型子供洋服の作り方 夏の新型子供洋服型紙十二種 新案のメートル巻尺比較表 武者人形と鎧櫃一揃の折紙細工（子供付録）
昭和8・6	良人に心から感謝した思出 男子の誘惑を上手に遁れた経験 罪の良人を改心させた経験	なし	婦人衛生宝典 国宝吉祥天女の像 着せかへ人形とお子様トランク（お子様付録）
昭和8・7	日焼けを早く治した方法 蛙を用ひて病気を治した実験 不義の子を育てた母の告白	なし	赤ちやん全集 夏の新型簡単服の実物大型紙七種 お伽紙芝居　宮尾しげを（お子様付録）
昭和8・8	道ならぬ恋を解決した経験 悪い髪の毛を美しくした経験 我が家の有効な鼠の退治法	なし	実用手芸品の作方百種 薬草で治る民間療法 組立子供のお家（お子様付録）
昭和8・9	不具低能児を産んだ母の経験 再発の肺病を全治した経験 一生忘れぬほど口惜しかつた経験	なし	お客料理の作方 組立子供洋服の店と着せかへ（お子様付録）
昭和8・10	痩せた人が肥つた方法 建築資金を作つた苦心談 お酒を飲む家庭の経済	なし	カード式大付録　毛糸編物の編方 組立お子様動物園（お子様付録）
昭和8・11	（奥付なし）	なし	和服向きの毛糸編物集 字を上手に書く法 切抜き着せかへ人形（お子様付録）
昭和8・12	失業から就職までの経験 野菜や果物で病気を治した経験 副業収入のある家庭の経済	なし	冬の婦人子供洋服の作方 漬物のつけ方二百種 組立クリスマス遊び（お子様付録）
昭和9・1	命がけで幸福を得た経験 重い神経痛を治した経験 油虫を退治した方法	なし	国宝的書画十二点 家庭作法宝典 面白い童話の絵本（お子様付録） 新式の姓名判断
昭和9・2	産めなかつた子供を産んだ経験 良人の秘密を初めて知つた時の経験 陸軍軍人の家計の実験	なし	皇太子殿下御降誕記念　神武天皇御尊像 文集と書き方　婦人の手紙 童話絵本やんばうさん（お子様付録） お惣菜栄養番付表

昭和9・3	理想的な妊娠調節法の経験 家庭薬としての硫黄の効能 隠れてゐる感心な婦人の実話	なし	婦人美容宝典 童話絵本やんばうさん（お子様付録）
昭和9・4	無実の罪に泣いた婦人の経験 生姜で病気を治した経験 寝イビキを治した経験	なし	家庭園芸宝典 流行の花卉と蔬菜の栽培早見表 生れてからお誕生までの育児法 童話絵本やんばうさん（お子様付録）
昭和9・5	愛する者の死に依つて発奮した経験 働きながら勉強した婦人の経験 ヒステリーを治した婦人の経験	なし	栄養料理の作り方 皇太子殿下初御節句奉祝床掛付録 童話絵本やんばうさん（お子様付録）
昭和9・6	見出れて良縁を得た婦人の経験 良人の留守を守る妻の苦心 警察官吏の家計の実験	なし	夏の婦人子供洋服の作方 夏の婦人子供洋服実物大型紙つき作り方十種 洋裁専用の便利な巻尺（メートルと鯨尺対照、インチと曲尺対照） 食物の中毒と食べ合わせ 童話と漫画と遊戯の特別編輯（お子様付録）
昭和9・7	再婚して幸福となつた未亡人の経験 再婚して不幸となつた未亡人の経験 肺病を働きながらなおした経験	なし	夏の和服裁縫 東郷元帥一代の記念写真帖 東郷元帥揮毫の掛物付録二幅 童話・漫画・遊戯の特別編輯（お子様付録）
昭和9・8	月経異常を治した素人療法 不具の子供を育てた母の経験 新婚生活者の家計の実験	なし	和洋菓子の作方 西洋名画色紙集 童話・漫画・遊戯の特別編輯（お子様付録）
昭和9・9	信仰で病気を治した実話 良人が世に出るまでの妻の苦心	なし	夫婦和合読本 童話・漫画・遊戯の特別編輯（お子様付録）
昭和9・10	命がけで貞操を守つた経験 煙草をやめた人の経験	なし	毛糸編物の編方集 基礎編の手ほどき 童話・漫画・遊戯の特別編輯（お子様付録）
昭和9・11	温い人情に泣かされた経験 請判をして失敗した経験 女教員の家計の実験	なし	防寒物百種の作方 面白い童話と漫画集（お子様ふろく）

昭和9・12	失火で我が家を焼いた経験 不具の婦人が幸福な結婚をした経験	なし	家庭治療宝典 額面用の西洋名画 面白い童話と漫画集（お子様ふろく）
昭和10・1	子供の学資を作つた母の苦心 妊娠に就ての不思議な経験	なし	奥様百科宝典 ペン字の手紙集 美人画の三幅対（鏑木清方画・伊東深水画・山川秀峰画） コドモノトモ（子供絵本雑誌）（お子様ふろく）
昭和10・2	愛する者と生別れをして暮す婦人の経験 女中を廃して得た家庭の利益 日給生活者の家計の実験	なし	和服でも洋服でも縫物と繕物の秘訣集 国宝の彫刻の色紙三枚 コドモノトモ（子供絵本雑誌）（お子様ふろく）
昭和10・3	母の一念で子供を救つた経験 無痛で安産をした素人の経験	なし	春の新型毛糸編物集 コドモノトモ（お子様画報）
昭和10・4	良人に代つて働く婦人の経験 家庭向きの新しい内職の経験	なし	春の新型毛糸編物集 コドモノトモ（お子様画報）
昭和10・5	虫が知らせた不思議な経験 良人の愛を再び取り戻した経験 女主人の家計の実験	なし	お洗濯一切の仕方 可愛い抱人形の作り方　中原淳一（実物大型紙） コドモノトモ（着色・廿三頁）（お子様画報）
昭和10・6	日用品を安く買ふ方法 片親で子供を育てた経験	なし	夏の婦人子供服の作方（型紙つき） フランス人形の作り方　中原淳一（実物大型紙） コドモノトモ（六色刷り廿三頁）（お子様画報）
昭和10・7	義理の親子であるがために苦んだ母または娘の経験 癌を治した療法の実験	なし	魚の洋食一品料理の作り方 涼しい簡単服型紙つきの作方 コドモノトモ（六色刷り廿三頁）（お子様画報）
昭和10・8	罪の子を生んだ婦人の告白 我が家で実験した滋養物の効能	なし	玉子の和洋料理法 レビュー人気花形百人集 開襟シャツ・ブラウスの作方（実物大型紙付） コドモノトモ（六色刷り廿三頁）（お子様画報）
昭和10・9	罪に問はれた人の家族の経験 愛しながら結婚できぬ婦人の経験	なし	秋の毛糸編物集 フランス人形五種の作り方（実物大型紙付） 人気舞踊家傑作写真集 面白い子供絵雑誌（コドモノトモ）（お子様画報）

昭和10・10	婦人病を経済的に治した経験 妊娠調節が夫婦愛に及ぼした弊害	なし	冬の新型毛糸編物集 第一冊…婦人・女学生用一切の編方 第二冊…赤ちゃん物と子供一切の編方 面白い子供絵雑誌（コドモノトモ）（お子様画報）
昭和10・11	家運を切り開いた婦人の実話 賞与金を上手に用ひた経験	なし	御飯料理の作方二百種 面白い子供絵雑誌（コドモノトモ）（お子様画報）
昭和10・12	病弱な良人を健康にした妻の経験 投機に失敗して苦しむ家庭の経験 子供の学資に苦労する家庭の経済	なし	和服洋服防寒物の編方集 面白い子供絵雑誌（コドモノトモ）（お子様画報）
昭和11・1	近眼を治した治療経験 秘密を持つて結婚した婦人の経験	なし	和服一切のお裁縫全集 お客料理全集 東郷元帥謹画の額面 マスコット人形の型紙つき作方（型紙付録） おもしろい絵雑誌（コドモノトモ）（お子様付録）
昭和11・2	貰ひ子をして成功（失敗）した経験 医者を呼ぶまでの応急手当で成功した経験	なし	ペンと毛筆の手紙の書き方 新案衣類の作り方 大人気の絵雑誌（コドモノトモ）（お子様付録）
昭和11・3	病人を食物で救つた経験 濡れ衣を着せられた婦人の経験	なし	春向の毛糸編物新型集 シャーリーテンプル型の春向ドレスの型紙（型紙付録） 女児通学服と下着一揃の型紙の裁方（型紙付録） 大人気の絵雑誌（コドモノトモ）（お子様付録）
昭和11・4	肺病の再発を全治した経験	なし	帯と袴の仕立方五十種 新型婦人子供服と小熊玩具の型紙（型紙付録） 春から初夏の新型子供服三種の型紙（型紙付録） 大人気の絵雑誌（コドモノトモ）（お子様付録）
昭和11・5	気の進まぬ結婚をして今は幸福に暮してゐる婦人の経験	なし	夏の婦人子供服の作方 夏の婦人子供服の実物大型紙七十二種（型紙付録） 鯨尺とメートル対照曲尺とインチ対照洋裁専用の巻尺
昭和11・6	不具の子供を人並に育てた母の苦心の経験	なし	夏向の編物手芸四十種 大人気の絵雑誌（コドモノトモ）（お子様付録）

昭和11・7	連子をして継子のある家庭に再縁した婦人の経験	なし	結婚生活宝典 不動明王図（狩野芳崖筆）（掛物付録） 可愛いテンプル絵はがき四枚 真夏向の婦人子供簡単服十三種（型紙付録） 面白い子供絵雑誌（コドモノトモ）（お子様付録）
昭和11・8	酒好きの良人を禁酒させた苦心 日光療法で難症を治した経験	なし	食料品の作方三百種 浮世絵夏の名作絵はがき集 面白い子供絵雑誌（コドモノトモ）（お子様付録）
昭和11・9	親戚間の紛争を円満に解決した婦人の経験	なし	ペンと毛筆の肉筆はがき文集 婦人子供　秋の新型毛糸編物集 面白い子供絵雑誌（コドモノトモ）（お子様付録）
昭和11・10	血統のために人知れず悩む婦人の悲痛なる告白	なし	新型毛糸編物百廿種 手ほどき百種　基礎編と模様編 面白い子供絵雑誌（コドモノトモ）（お子様付録）
昭和11・11	死の一歩手前で助つた婦人の悲痛なる告白 職業婦人の見た社会の裏面	なし	冬の婦人子供服の作方廿五種 冬の新型男女児服と帽子手袋十八種（型紙付録） 面白い子供絵雑誌（コドモノトモ）（お子様付録）
昭和11・12	恋愛に傷ついた我が娘のために苦んだ母の経験	なし	新案防寒物の編方六十種 ステキな子供絵雑誌（コドモノトモ）（お子様付録）
昭和12・1	生活戦線に奮闘する未亡人の雄々しき経験	なし	花嫁さん全集（婦人一生の座右宝典） 昭憲皇太后十二徳御歌色紙集 新案変り絵式子供絵雑誌（コドモノトモ） 昭和十二年の幸運独り占ひ（中村文聴著） 毎日のお惣菜料理の献立と作り方（一月の巻）
昭和12・2	男子の誘惑と戦つて勝ち得た人妻の経験	なし	妊娠と安産と育児法 新案変り絵式子供絵画雑誌 カレンダー式二月の献立表と作り方
昭和12・3	お師匠さんとして働く婦人の家計の経験を募集	なし	春の流行毛糸編物集 新案変り絵式の動く絵本 カレンダー式三月の献立表と作り方
昭和12・4	医者から不治といはれた重病を民間療法で治した経験	なし	生花と茶の湯全集 漫画絵画コロコロ探検隊 カレンダー式四月の献立表と作り方

昭和12・5	職業に従事した、めに身を過つた婦人の告白	なし	家庭療法と看護法 活動絵本コロコロ探検隊 五月のカレンダー式お献立表と作方
昭和12・6	不具の子供を一人前に育て上げた母の涙の物語	なし	流行の夏の婦人子供洋服の作方 婦人子供服の実物大の型紙六十二種 大小伸縮自在の新発明の比例尺六本 洋裁専用メートルと鯨尺インチと曲尺対照の新案巻尺 （六月のカレンダー式お献立表と作方）
昭和12・7	月収七、八十円で多勢の子供を育て、ゐる月給生活者の家計	なし	夏の和洋料理千種の作方 流行のレース編物の新型図案集 活動漫画コロコロ探検隊 七月のカレンダー式お惣菜献立と作り方 娘と妻と母の衛生読本
昭和12・8	同居人をおいたために夫婦愛を破綻させた妻の告白	なし	新しい薬草療法三十五種の秘宝 難病を治す名灸秘伝二十種公開 八月のお惣菜献立の作方 極彩色漫画絵本
昭和12・9	戦死軍人の妻が遺児を立派に育て上げた苦心	なし	秋の流行毛糸編物集 秋の流行模様編の新型図案集 家庭マッサージ療法の急所公開 流行の秋蒔き草花と野菜の作り方 九月のカレンダー式料理 色刷漫画絵本
昭和12・10	新婚一ヶ月の花嫁生活の体験	出征家庭慰問号	流行の毛糸編物百十種 基礎編の手ほどき百種の編方 流行の模様編六十種の編方 十月のカレンダー式献立 極彩色漫画絵本
昭和12・11	良人の永い留守中に貞操の危機を闘ひ克つた人妻の告白	なし	和服と洋服と編物の赤ちゃん物百種の作方 皇軍慰問絵葉書（伊東深水画・田中比佐良画） 十一月のカレンダー式献立 極彩色の漫画絵本

昭和12・12	中年から不具となつた男女が新しく職業に生きるまでの苦心の経験	なし	和服洋服縫ひ物と繰廻しの実験集 婦人病の秘密療法（松山博士） 十二月のカレンダー式献立 極彩色の漫画絵本
昭和13・1	男子の誘惑に苦しめられた職業婦人の悲痛な経験	なし	冬の和洋料理千種の作方 和服早縫の仕立方全集 結婚秘典（式場隆三郎著） 婦人一生の幸運占ひ（松井桂陰著） 妊娠と安産秘訣百ヶ条 一月の献立と家事カレンダー 和服洋服しみぬき秘訣 お子様面白漫画絵本
昭和13・2	籍が入つてゐなかつたために悲境に泣いた人妻の告白	なし	出産より入学まで子供の育て方全集 流行の服飾用の飾花の作り方 流行の新手芸刺繍の仕方 二月の献立家事カレンダー 色刷漫画絵本
昭和13・3	煙草や酒をやめさせた妻の苦心	なし	夏の新型毛糸編物集 必ず治る民間療法千種 春の流行草花の上手な咲かせ方 春蒔き野菜の上手な作り方 三月の献立家事カレンダー 色刷漫画絵本
昭和13・4	我家自慢の廃物利用の実験	なし	毛筆とペン習字兼用　婦人の手紙文全集 流行の家庭染色法 四月の献立家事カレンダー 色刷漫画絵本
昭和13・5	不具の男子と結婚して幸福な家庭を作つた経験	なし	和服美容仕立の秘訣集 赤ちゃんを丈夫に育てる食餌と栄養価の早見表 五月の献立家事カレンダー 色刷漫画絵本

昭和13・6	我家で実行してゐる有利な貯金法	なし	夏の流行婦人子供服の作方 夏の流行子供洋服の実物大型紙 鯨尺とメートル・曲尺とインチ対照の新案巻尺 六月の献立家事カレンダー 漫画絵本　田川水泡・千葉省三・横山隆一 主婦之友懸賞当選　婦人愛国の歌の譜面贈呈
昭和13・7	我家で実行してゐる衣食住の生活改善	なし	流行のレース編と刺繍六十種 家庭報国　廃物利用の実験五百種 ①盛夏用の婦人ブラウス五種の型紙つき作方（型紙付録） ②男子用の開襟シャツ四種の型紙つき作方（型紙付録） 皇軍慰問　婦人愛国の歌絵葉書贈呈　北蓮蔵・田中比佐良 主婦之友懸賞当選　婦人愛国の歌の譜面贈呈 七月の献立家事カレンダー 漫画絵本　田川水泡・池田宜政
昭和13・8	不慮の災禍で愛する者を亡つた婦人の悲痛な体験	皇軍の勇士家庭慰問号	和洋衣類の再生法三百種 ①盛夏用男女児遊び着八種の型紙つき作り方（型紙付録） ②婦人子供用寝衣五種の型紙つき作方（型紙付録） 八月の献立とお台所カレンダー 漫画絵本　田川水泡・山手樹一郎
昭和13・9	冬向の和洋衣類の再生法実験 お惣菜向の郷土料理の作り方	銃後の家庭報国号	ス・フの和服仕立の秘訣集 毛糸を経済的に使つた秋の新型毛糸編物の編方 家庭報国・衣食住の生活改善の実験集 貯蔵の出来る食料品と調味料の作り方六十種 九月の献立とお台所カレンダー 漫画絵本　田川水泡・池田宜政
昭和13・10	銃後の家庭料理募集 銃後の模範家計募集	戦時の妻と母の重大問題号	八千円の大懸賞つき　新型実用毛糸編物百種 和洋一菜料理の作り方三百種 洗濯と色揚と繕ひ方・毛糸編の再生法秘訣集 中支方面日支両軍態勢要図　陸軍省新聞班作成 十月の献立とお台所カレンダー 漫画絵本　田川水泡・山手樹一郎

昭和13・11	中年から迷ひ出した良人を妻の誠心で更生させた苦心	なし	冬の和洋衣類と防寒編物の再生法 少年少女愛国の歌当選歌の楽譜 十一月の銃後献立カレンダー 漫画絵本　田川水泡・ヨハンナ・スピーリ
昭和13・12	子供の近眼を治した方法	家庭経済の成功号	実用防寒物の作方八十種 十二月の銃後献立カレンダー 漫画絵本　田川水泡・中島菊夫 東京仕立　和服裁縫一切の急所独習書
昭和14・1	子供を抱へて再婚に成功した男女の経験	幸福な家庭建設号	妊娠と安産と育児月々の心得 冬の温かい経済料理の作方五百種 菊花のかをり・主婦之友愛国絵本 皇軍勇士慰問銃後家庭慰問　支那事変皇軍大勝双六 正月の新しい家庭遊戯大特集 一月の献立カレンダー 皇室の御繁栄
昭和14・2	良人に死なれた妻が家業を反映させた苦心	結婚と職業の成功号	内職にも向く実用手芸品の作方八十種 お灸と薬草療法三百八十種 東京足袋の実物大型紙つき作方十七種 愛国絵本・日本の光 二月の献立カレンダー
昭和14・3	染色手芸品展覧会	母と子の幸福号	春の新型編物と流行服の作方 和洋お菓子とパンの作方百種 愛国絵本・輝く皇軍 三月の献立カレンダー
昭和14・4	染色手芸品展覧会	結婚相談号	お惣菜向きの洋食と支那料理三百種 実用家庭染色の秘訣集 愛国絵本・桜の日本 四月の献立カレンダー
昭和14・5	肺病を家庭で全治した経験	新家庭の生活建設号	夏の和服一切美容仕着の仕立方 愛国絵本・靖国の華 五月のお惣菜カレンダー
昭和14・6	不具になつて発奮 成功した男女の経験	赤ちゃん報国号	愛国漫画絵本　中島菊夫 六月のお惣菜カレンダー

昭和14・7	義理の子供の育て方に成功した母の苦心	夏の健康料理の作方号	夏の流行レース編と手芸品の作方 流行レース編の編方符号図案集 夏の飲物と冷菓子の作方百種 愛国絵本・海国日本 七月のお惣菜献立カレンダー
昭和14・8	毛糸編物展覧会	夏季特別講習号	実物大型紙図案つき刺繍と染色の実用手芸品の作方 和洋揚げ物料理の作方百種 愛国漫画絵本　中島菊夫著 八月の献立カレンダー
昭和14・9	銃後の模範家計	戦時の家庭経営号	秋から冬の流行婦人子供服の作方 和洋支ライス料理の作方百種 愛国漫画絵本　中島菊夫 九月の献立カレンダー
昭和14・10	統制下の代用家庭品の作り方	戦時の結婚問題号	実用新型毛糸編物の編方集 国策お惣菜料理の作方二百種 難病を治した経済療法三百種 帽子とハンドバッグの実物大型紙つき作方 愛国漫画絵本　中島菊夫 十月のお惣菜献立カレンダー
昭和14・11	一月から十二月まで月々のお惣菜料理	統制下の家庭経済号	婦人子供オーヴァーと和服コートの作方 温かい鍋物と汁物料理百種 愛国漫画絵本　中島菊夫 十一月のお惣菜献立カレンダー
昭和14・12	早婚に成功した（または失敗した）男女の経験	戦時の経済報国号	不用品を生かした実用防寒衣類の作方 冬のお弁当とおやつの作方百種 防寒手袋と足袋カヴァーの実物大型紙つき作方 十二月のお惣菜献立カレンダー
昭和15・1	春の婦人子供服　展覧会出品募集	皇紀二千六百年奉祝号	お惣菜料理お客料理　一年中経済料理の作方六百種 美容早縫・新式和服裁縫全集 流行の袋物・細工物・刺繍手芸品の作方 和服急所と流行手芸品の実物大型紙 皇紀二千六百年奉祝建国絵巻双六 千代丸君と八千代姫早廻りゲーム お正月のお惣菜献立カレンダー

昭和15・2	離縁の一歩前で夫婦愛に更生した妻の体験	戦時の家庭教育号	流行刺繍の独習秘訣集 節米料理と栄養パンの作方八十種 表・和洋服飾品の流行刺繍の実物大型紙 裏・婦人子供用胸当と襟飾の実物大型紙 二月のお惣菜献立カレンダー
昭和15・3	染色と刺繍の展覧会　出品募集	結婚生活の成功号	春の毛糸編と婦人子供服の作方 おすしとサンドキッチの作方集 裏・婦人子供用胸当と襟飾の実物大型紙 三月の家庭料理献立カレンダー
昭和15・4	レース編物の展覧会　出品募集	事変下の花嫁教育号	流行の絞染と友禅染の独習秘訣集 魚の洋食経済料理の作方集 愛国運動靴と赤ちゃん靴の実物大型紙つき作方 四月の家庭料理献立カレンダー
昭和15・5	家庭発明品の懸賞募集	職業と婦人の問題号	流行レース編と絹糸編の編方集 支那料理と支那菓子の作方 流行レース編物の編方符号図案集 五月の家庭料理献立カレンダー
昭和15・6	胃腸病を家庭で全治した体験	増収と利殖の秘訣号	夏の流行婦人子供服の作方 夏の婦人子供服の実物大原型と型紙 流行のハンドバッグと実用袋物の実物大型紙つき作方 新式安産育児全集 六月のお惣菜献立カレンダー
昭和15・7	毛糸編物展覧会　出品募集	支那事変三周年記念号	夏の健康料理と飲物の作方 九穴十点で　万病を治すお灸療法（原博士著） 開襟シャツと運動服の実物大型紙つき作方 七月のお惣菜献立カレンダー
昭和15・8	子供の悪癖を直した母の苦心	新式洋裁の独習号	婦人子供流行ブラウスとスカートの作方　流行の赤ちゃん服一揃の作方も発表 八月のお惣菜献立カレンダー
昭和15・9	冬の和洋更生衣類展覧会　出品募集	事変下の結婚準備号	秋から冬の実用婦人子供服の作方 男児服と女児服十種の実物大型紙 九月のお惣菜献立カレンダー

昭和15・10	新体制下の模範家計	生活新体制の実行号	更生秘訣つき　実用毛糸編物と冬の簡単服 子供の病気の早期手当と看護　築田多吉著 子供から大人まで　男女用下穿の実物大型紙つき作方 代用食・節米時代の十月のお台所カレンダー
昭和15・11	模範隣組の体験報国	新体制下の家庭教育号	婦人用・子供用・男児用　冬の和洋下着類一切の作方 足袋と足袋カヴァーと手袋の実物大型紙つき作方 代用食・節米時代の十一月のお台所カレンダー
昭和15・12	少国民標準服懸賞募集	家庭経済の新体制号	勅令で制定された国民服の作方 新制靴下と靴下カヴァーの実物大型紙つき作り方 十二月のお惣菜カレンダー（目方買ひ方計算早見表つき）
昭和16・1	大陸の結婚生活に成功した婦人の経験	国民生活の建設号	経済で早く縫へる　新体制・和服裁縫の独習書 国民料理・冬の温かい経済料理の作り方 難病の家庭療法と看護（築田多吉著） 隣組あそび（徳山　案・横山隆一画） お正月の献立カレンダー
昭和16・2	海外移住に成功した家庭の体験	大陸躍進号	婦人子供スカートとズボンの作方 子供用ズボンとスカートの実物大型紙八種 二月のお惣菜献立カレンダー
昭和16・3	夏の婦人子供服新体新型　展覧会　出品募集	娘と母の結婚教育号	春の婦人子供服と毛糸編物 春の子供服とエプロンの実物大型紙八種 三月のお惣菜献立カレンダー
昭和16・4	大陸への転業に成功した家庭の経験	母と子の国民教育号	春の婦人子供ワンピースドレスの作方 女児用ワンピースドレスの実物大型紙六種 四月のお惣菜献立カレンダー
昭和16・5	商人から月給取になつた転業家庭の家計の実験	増産と増収の成功号	実用新型子供服の作方 実用子供服の実用大型紙七種 五月のお惣菜献立カレンダー
昭和16・6	結婚難時代に良縁を得た婦人の経験	結婚難と娘教育号	夏の婦人子供服の作方 夏の婦人子供服の実物大型紙八種 六月のお惣菜献立カレンダー

昭和16・7	毛糸編とレース編展覧会	配給制下の家庭経済号	盛夏用婦人子供簡単服の作方 開襟シャツと夏の子供用簡単服の実物大型紙六種 七月のお惣菜献立カレンダー
昭和16・8	増収に成功した家庭の実験 増産に成功した農家の実験	結婚促進号	婦人ブラウスと子供服の仕立方　杉野芳子・田中千代 夏の子供服の実物大型紙八種 八月のお惣菜献立カレンダー
昭和16・9	配給制下の模範家計	育児報国号	秋から冬の婦人子供服の作方 秋の子供服の実物大型紙八種 九月のお惣菜献立カレンダー
昭和16・10	民間療法で病気を治した実験 諦めてゐた子宝が授つた妊娠法	増収と増産の実験号	代用糸や更生糸で編める　実用毛糸編物集 和服布地で出来る実用婦人子供服の作方 和服布地で出来る実用子供服の実物大型紙六種 十月のお惣菜献立カレンダー
昭和16・11	子供を抱へて再婚に成功した未亡人の体験 子供を抱へて職業に成功した未亡人の体験	家庭の臨戦経済号	冬の婦人子供簡単服の作方 冬の子供簡単服の実物大型紙六趣 七文から十一文まで　足袋とやまと靴下の実物大型紙つき作方 十一月のお惣菜献立カレンダー
昭和16・12	子供の教育計画に成功した実験 和洋衣類の繰廻し実験	戦時家計の実験号	冬の婦人スーツと子供服の作方 冬の子供服と帽子と赤ちゃんケープ六種の実物大型紙 十二月のお惣菜献立カレンダー
昭和17・1	弱い子を丈夫にした育児の苦心 転業拓士の妻の大陸生活の体験	長期戦下の生活建設号	冬の婦人子供服の作方　田中千代・杉野芳子 冬の子供服と少国民標準服の実物大型紙 お正月のお惣菜献立カレンダー
昭和17・2	戦時下の模範家計　大蔵省貯蓄奨励局後援　一等八十円　二等五十円　三等二十円	決戦生活号	婦人子供更生簡単服の作方　田中千代・杉野芳子 冬から春の子供服五種の実物大型紙 二月のお惣菜献立カレンダー
昭和17・3	夏の婦人子供更生服展覧会　出品募集　一等百円　二等五十円　三等二十円　佳作五円	決戦家庭経号	（衣類切符制下の洋裁特輯）春の婦人子供更生服の作方 男児用ズボン・子供服・七八歳男女児用通学服の実物大型紙 三月のお惣菜献立カレンダー（付・お節句料理とお雛菓子）

昭和17・4	胃腸病を家庭で全治した体験 肺病を家庭で全治した体験 永保ちする衣類の縫ひ方の工夫	決戦下の家庭教育号	（衣類切符制下の洋裁特輯）春の子供服と婦人ブラウスの作方　杉野芳子・田中千代 春の子供服とブラウス四種の実物大型紙 男女用靴下八種とワイシャツの実物大型紙 四月のお惣菜献立カレンダー
昭和17・5	疫痢を治した家庭の体験 虚弱体質の子供を丈夫にした苦心 不妊症を治して安産した体験	決戦下の結婚教育号	春から夏の更生型　婦人子供ワンピースの作方　杉野芳子・田中千代 婦人用と十歳前後用原型と子供服四種の実物大型紙 子供のエプロン四種と下穿六趣の実物大型紙つき作方 五月のお惣菜献立カレンダー
昭和17・6	秋から冬の更生衣類の展覧会　出品募集	生活戦下の家庭経済号	更生型　夏の婦人子供服の作方　杉野芳子・田中千代 夏の子供用用原型三種とロンパース四種の実物大型紙 子供服五種の実物大型紙 鯨尺とメートル対照の巻尺 六月のお惣菜献立カレンダー
昭和17・7	出品募集（一）毛糸編物の展覧会 （二）真綿や紙で作つた防寒物展覧会	母と娘の戦時教育号	一つの型紙を三通りに考案した更生型集　夏の婦人子供簡単服の作方　杉野芳子・田中千代 婦人子供用原型三種と子供服三種の実物大型紙 夏の婦人子供帽子十三種の実物大型紙 七月のお惣菜献立カレンダー
昭和17・8	結婚難時代に良縁を得た婦人の体験 （一）婚期を過ぎてから良縁を得た体験 （二）子供を連れて再婚に成功した未亡人の体験 （三）傷痍軍人と幸福な結婚をした体験	子供の鍛錬教育号	型紙三枚で出来る更生型集　盛夏用婦人ブラウスと子供遊び着の作方　杉野芳子・田中千代 子供用原型三種と遊び着と婦人ブラウス五種の実物大型紙 国民学校児童用男女児運動着六種の実物大型紙 八月のお惣菜献立カレンダー
昭和17・9	貯蓄報国　増収増産家計　大蔵省国民貯蓄奨励局後援	決戦下の貯蓄報国号	一つの型を二通りに考案した　秋の婦人子供更生服の作方　杉野芳子・田中千代 婦人子供用原型三種と子供服三種の実物大型紙つき作方 刺繍図案つき婦人子供エプロンの割烹着の実物大型紙 九月のお惣菜献立カレンダー（付・初秋の栄養料理）

昭和17・10	満洲の愛読者の家庭の実験 (一) 満洲生活の家庭の実験 (二) 満洲の妊娠と育児の実験 (三) 満洲で病気を治した実験 (四) 満洲の家庭料理の実験 (五) 開拓村の増産の実験	結婚生活の建設号	毛糸と布で工夫した　実用毛糸編物集 足袋と足袋カヴァーの実物大型紙つき作方（七文から十一文まで十二種づゝ発表） 婦人子供用原型三種と子供服三種の実物大型紙 十月のお惣菜献立カレンダー
昭和17・11	出品募集　染色と刺繍の更生衣類展覧会	生活戦と主婦教育号	型紙三枚で出来る更生型集　冬の婦人子供簡単服の作方　杉野芳子・田中千代　メートルと鯨尺とヤールの換算巻尺特別添付 刺繍図案つき子供用原型二種と子供服三枚の実物大型紙 繰廻しで出来る冬の赤ちゃん衣類一切の実物大型紙つき作方 十一月のお惣菜献立カレンダー（付・配給うどんの頂き方・季節の変り漬）
昭和17・12	子供の学資を生み出す家計の苦心 模範隣組主婦の生活体験	大東亜戦争一周年記念号	一つの型紙で幾通りにも作れる更生型集　冬の婦人スーツと子供服の作方　杉野芳子・田中千代 刺繍図案つき子供服と男女児用オーバー三種の実物大型紙 男子用・婦人用・子供用手袋と靴下の実物大型紙つき作方 十二月のお惣菜献立カレンダー（付・冬のお漬物・台所重宝帖）
昭和18・1	薬草で病気を治した実験 健康法で病気を治した実験 お灸で病気を治した実験	勝ち抜く生活建設号	割出し法と実物大型紙つき　冬の婦人子供服と男子物の作方　杉野芳子・田中千代・町田菊之助　メートルと鯨尺とヤールの換算巻尺特別添付 刺繍図案つき冬の男児服と子供用原型四種の実物大型紙つき作方 お正月のお惣菜カレンダー（付・玄米の炊き方・水飴の作方）
昭和18・2	出品募集　夏の婦人子供更生服展覧会 懸賞募集　貯蓄を生み出す増収家計　大蔵省国民貯蓄奨励局後援	大東亜建設と家庭教育号	型紙三四枚で出来る更生型集　冬の婦人子供簡単服と男物の作方　杉野芳子・田中千代・町田菊之助　メートルと鯨尺とヤールの換算巻尺特別添付 冬の男女児服三種の実物大型紙 少国民標準服に種の実物大型紙 二月のお惣菜カレンダー（付・豆もやしの作り方・台所重宝記）

昭和18・3	会員募集　第五回　家庭生活講習会 会員募集　国策靴下と運動靴の作り方一日講習	勝ち抜く決戦生活	一つの型紙五つの型に応用できる春の婦人子供服と男物の作方　杉野芳子・田中千代・町田菊之助　メートルと鯨尺とヤールの換算巻尺特別添付 赤ちゃん用フード付ケープと涎掛・子供用原型三種の実物大型紙 靴下と運動靴と地下足袋の実物大型紙 三月のお惣菜カレンダー
昭和18・4	乳幼児の病気を家庭で治した実験 出ない母乳を出した実験	決戦家庭経済号	一つの型紙で五つの型に応用できる春の婦人子供お揃ひ服と男物（作業着）の作方　杉野芳子・田中千代・町田菊之助 出産からお誕生までの育児の秘訣　斎藤文雄 通学通勤　栄養弁当の作方十種 四月のお惣菜カレンダー
昭和18・5	秋から冬の更生衣類の展覧会	二百七十億貯蓄達成　貯蓄報国号	一つの型紙で五つの型に応用できる　春から夏の婦人ブラウスと子供服と男物の作方　杉野芳子・田中千代・町田菊之助 古物を刺繍で生かす更生繍の独習法 五月のお惣菜献立ごよみ
昭和18・6	出品募集　毛糸・真綿・紙その他の防寒物展覧会	家庭の経済報国号	家庭で手軽にできるお菓子の作方十種 一つの型紙で五つの型に応用できる　夏の婦人子供簡単服と男物開襟シャツの作方　杉野芳子・田中千代・町田菊之助 六月のお惣菜献立ごよみ
昭和18・7	会員募集　洋裁と料理の短期講習会 懸賞募集　志願徴用の働く娘の職場の体験	家庭防空必勝号	通学・通勤栄養弁当の作方 型紙二三枚で五つの型に応用できる　盛夏用婦人子供遊び着と男物（シャツとズボン下）の作方　杉野芳子・田中千代・町田菊之助 七月のお惣菜献立ごよみ
昭和18・8	会員募集　第六回　家庭生活講習会　三ヶ月で卒業できる主婦学校	勤労報国号	季節の保存漬・栄養十種の作方 型紙二三枚で五つの型に応用できる　盛夏用夏から秋の婦人勤労型と子供服の作方　杉野芳子・田中千代 八月のお惣菜献立ごよみ

昭和18・9	二百七十億達成　決戦貯蓄家計	決戦国民生活号	夏のお菓子と飲物の作方十種 婦人標準服応用　秋の婦人活動服と子供服の作方　杉野芳子・田中千代
昭和18・10	（十月の半日講習会会員募集）	家庭の戦力増強号	婦人標準服応用　秋から冬の婦人勤労服と子供服の作方　杉野芳子・田中千代 古糸と有布で工夫した　戦時型更生編物集
昭和18・11	食糧増産に成功した実験　農林省後援 生産貯蓄増強　主婦の勤労増収の実験	必勝の耐乏生活号	決戦衣生活特輯 勤労防空防寒用　男子用作業服と戦闘帽の作方　町田菊野助
昭和18・12	出品募集　戦時の更生衣類展覧会	国土防衛号	勤労用・防空用　冬の婦人子供防空服の作方 男女用防寒股引と股引下の婦人用下穿の作方　町田菊野助
昭和19・1	一月の会員募集　戦時生活講習会 出品募集　戦時更生衣類展覧会	決戦国民動員号	婦人防寒勤労服と子供服の作方　杉野芳子・田中千代 婦人用もんぺと三四歳男女児用もんぺ服の作り方
昭和19・2	二月の会員募集　戦時生活講習会	必勝の生産挺身号	婦人防寒服と子供防空服の作方　杉野芳子・田中千代 大日本産業報国会推薦　古着更生の標準型婦人産業服の作り方
昭和19・3	三月の会員募集　戦時生活講習会	必勝の防空生活号	婦人通勤服と子供通学服の作方　杉野芳子・田中千代 手織木綿の古着更生　男子産業服の作方　町田菊野助
昭和19・4	四月の会員募集　戦時生活講習会	なし	
昭和19・5	五月の会員募集　戦時生活講習会	（特輯）戦ふ育児生活	
昭和19・6	会員募集　勤労女子指導者養成講習会 六月の会員募集　戦時生活講習会	なし	
昭和19・7	七月の会員募集　戦時生活講習会	なし	
昭和19・8	八月の会員募集　戦時生活講習会	なし	
昭和19・9	婦人記者養成講習会会員募集 戦時生活講習会	なし	
昭和19・10	戦時生活講習会	なし	
昭和19・11	戦時生活講習会	なし	
昭和19・12	懸賞募集　米鬼絶滅を期する一億の合言葉を！ 戦時生活講習会	なし	
昭和20・5	なし	なし	

昭和20・6	なし	なし	
昭和20・7	なし	なし	
昭和20・8	なし	なし	
昭和20・9・10	なし	戦後の生活再建	
昭和20・11	なし	平和と家庭建設	
昭和20・12	なし	なし	

参考文献一覧

〈書籍〉（編・著者名五十音順）

青木宏一郎『明治東京庶民の楽しみ』中央公論新社　二〇〇四
青木宏一郎『大正ロマン東京人の楽しみ』中央公論新社　二〇〇五
青山なを『安井てつ伝』岩垂宣子　一九七六（初出　一九四九）
安部磯雄『子供本位の家庭』（日本〈子どもの権利〉叢書　11）久山社　一九九六（初出　実業之日本社　一九一七）
安部磯雄『産児制限論』（日本〈子どもの権利〉叢書　18）久山社　一九九六（初出　実業之日本社　一九二二）
アリエス（フィリップ）『〈子供〉の誕生』（杉山光信・杉山恵美子共訳）みすず書房　一九八〇
有地亨『近代日本の家族観　明治篇』弘文堂　一九七七
石井研堂『明治事物起源』（全八冊）ちくま学芸文庫　一九九七（初出　一九〇八）
石垣綾子『近代日本恋愛史』角川書店　一九五七
石川文化事業財団　御茶の水図書館編『カラー復刻『主婦之友』大正期総目次』（財）石川文化事業財団　二〇〇六
石川文化事業財団　御茶の水図書館編『カラー復刻『主婦之友』昭和期目次』Ⅰ〜Ⅲ（財）石川文化事業財団　二〇〇九〜二〇一〇
石川弘義・野口武徳『性』（ふぉるく叢書2）弘文堂　一九七四
石川松太郎編『女大学集』平凡社東洋文庫　一九七七
石子順造『子守唄はなぜ哀しいか』柏書房　二〇〇六（初出　一九七六）
石田伝吉『理想之家庭』大倉書店　一九一五
石田伝吉『理想之村』帝国地方行政学会　一九二四（初出　一九一四）
伊藤東涯『秉燭譚』（日本随筆大成編集部編『日本随筆大成』（第二期第六巻）日本随筆大成刊行会　一九二七）
井上秀子『家庭管理法』（復刻　家政学叢書　11）第一書房　一九八二（初出　一九二八）

井上秀先生記念出版会編『井上秀先生』桜楓会出版・編集部　一九四三
上野千鶴子編『主婦論争を読む』Ⅰ・Ⅱ　勁草書房　一九八二
上野千鶴子『近代家族の成立と終焉』岩波書店　一九九四
上野千鶴子『ナショナリズムとジェンダー』青土社　一九九八
上野千鶴子『家族を容れるハコ　家族を超えるハコ』平凡社　二〇〇二
内田青蔵・大川三雄・藤谷陽悦『図説・近代日本住宅史』鹿島出版会　二〇〇一
内田義雄『鉞子　世界を魅了した「武士の娘」の生涯』講談社　二〇一三
内山省三編『愛山文集』民友社　一九一七
エンゲルス（フリードリッヒ）『イギリスにおける労働者階級の生活状態』（上）岩波文庫　一九九〇（初出　一八四五年）
円地文子『女坂』新潮文庫　一九六一（初出　一九五七）
大江スミ『三ぼう主義』宝文館　一九一一
大江スミ『応用家事精義』（家政学生活学研究基礎文献集　第三巻）大空社　一九八八（初出　宝文館　一九一六）
大門正克・安田常雄・天野正子編『近代社会を生きる』（近現代日本社会の歴史）吉川弘文館　二〇〇三
大久保利謙『日本近代史学事始め　―一歴史家の回想―』岩波新書　一九九六
大澤真幸『性愛と資本主義』青土社　一九九六
太田敦子『大正時代の身の上相談』カタログハウス　一九九四
大田区史編さん委員会編『大田区史　下巻』東京都大田区　回想一九九七
大濱徹也『大江スミ先生』東京家政学院光塩会　一九七八
大濱徹也『女子学院の歴史』女子学院　同成社　一九八五
大濱徹也・熊倉功夫編『近代日本の生活と社会』放送大学教育振興会　一九八九
大濱徹也『明治の墓標』河出文庫　一九九〇
大濱徹也『天皇と日本の近代』同成社　二〇一〇

岡利郎編『山路愛山集（一）』民友社思想文学叢書第2巻　三一書房　一九八三
小川菊松『日本出版界のあゆみ』誠文堂新光社　一九六二
小川菊松『出版興亡五十年』誠文堂新光社　一九九二（初出　駸々堂出版　一九二八）
小木新造・熊倉功夫・上野千鶴子校注『風俗・性』（近代日本思想大系　23）岩波書店　一九八九
小栗風葉『青春』（上・中・下巻）岩波文庫　一九五三（初出　一九〇五）
オークレー（アン）『主婦の誕生』（岡島芽花訳）三省堂　一九八五
小田内通敏『帝都と近郊』有峰書店　一九七四（初出　大倉書店　一九一八）
海後宗臣編『日本教科書大系　修身（三）』近代編第三巻　講談社　一九六二
海後宗臣編『日本教科書大系　国語（三）』近代編第六巻　講談社　一九六四
海後宗臣編『日本教科書大系　国語（四）』近代編第七巻　講談社　一九六四
海後宗臣編『日本教科書大系　国語（五）』近代編第八巻　講談社　一九六四
海後宗臣編『日本教科書大系　唱歌』近代編第二五巻　講談社　一九六五
風早八十二解題『全国民事慣例全集』日本評論社　一九四四
笠原一男編『目覚めゆく女性の哀歓』（世界の女性史　19　日本Ⅱ）評論社　一九七八
片木篤・藤谷陽悦・角野幸博編『近代日本の郊外住宅地』鹿島出版会　二〇〇〇
加藤俊一『〈恋愛結婚〉は何をもたらしたか』ちくま新書　二〇〇四
加藤美侖『性愛秘訣男女衛生』泰光堂書店　一九三四
加納久宜・稲垣乙丙『農村之改良』大正書院　一九一三
鹿野政直『戦前・「家」の思想』（叢書　身体の思想9）創文社　一九八三
鹿野正直『婦人・女性・おんな』岩波新書　一九八九
神島二郎『日本人の結婚観』筑摩叢書　一九六九
唐澤富太郎『女子学生の歴史』木耳社　一九七九

菊池寛『真珠夫人』(『東京日日新聞』および『大阪毎日新聞』一九二〇年六月九日～十二月二十二日) 菊池寛『菊池寛全集』第六巻 高松市菊池寛記念館 一九九四、五～三〇〇頁
菊池寛『受難華』(『婦女界』一九二五年三月号～一九二六年十二月号) 菊池寛『菊池寛全集』第六巻 高松市菊池寛記念館 一九九四(初出 一九二六)、四二五～六七四頁
木村涼子『〈主婦〉の誕生』吉川弘文館 二〇一〇
菅野則子『江戸時代の孝行者』吉川弘文館 一九九九
共立学園百年史編纂委員会編『共立学園百年史』共立女子学園 一九八六
久布白落実『廃娼ひとすじ』中央公論社 一九七三
久布白落実『矢嶋楫子伝』(伝記叢書 31) 大空社 一九八八(初出 不二屋書房 一九三五)
久布白落実『湯浅初子』(伝記叢書 169) 大空社 一九九五(初出 東京市民教会出版部 一九三七)
黒岩涙香『弊風一斑 蓄妾の実例』現代教養文庫 一九九二
郡司美枝『理想の村を求めて』同成社 二〇〇一
高等女学校研究会編『高等女学校の研究』(高等女学校資料集成第Ⅱ期 別巻) 大空社 一九九〇
国民新聞社編『理想の家庭』民友社 一九一五
故下田校長先生伝記編纂所編・発行『下田歌子先生伝』一九四三
小杉天外『魔風恋風』(『読売新聞』一九〇三大江スミ『三ぼう主義』宝文館 一九一一
小林彰夫『コーヒー・ハウス』講談社学術文庫 二〇〇〇(初出 一九八四)
小林重喜『明治の東京生活』角川選書 一九九一
小山静子『家庭の生成と女性の国民化』勁草書房 一九九九
埼玉県編・発行『新編埼玉県史』資料編十二 近世3 文化 一九八二
斉藤道子『羽仁もと子 生涯と思想』ドメス出版 一九八八
斉藤美奈子『モダンガール論』マガジンハウス 二〇〇〇

堺利彦『新家庭論』講談社学術文庫　一九七九（初出『家庭の新風味』内外出版協会　一九〇一〜一九〇二）
佐々木敏二『山本宣治』（上・下巻）不二出版　一九九八（初出　一九七四・一九七五）
佐野眞一『枢密院議長の日記』講談社現代新書　二〇〇七
産業福利協会編『東京市及近接町村中等階級生計費調査』（多田吉三編『大正家計調査集』4（家計調査集成　13）青史社　一九九一（初出　一九二六））
三省堂百年記念事業委員会編『三省堂の百年』三省堂　一九八二
三省堂百科辞典編集部編『婦人家庭百科辞典』三省堂　一九三七
椎根和『銀座Ｈａｎａｋｏ物語』紀伊國屋書店　二〇一四
時事新報社編・発行『福翁百話』一八九七
シーマン（Ｌ・Ｃ・Ｂ）『ヴィクトリア時代のロンドン』（社本時子・三ツ星堅三訳）創元社　一九八七
実業之日本社編・発行『実業之日本社七十年史』一九六七
下川耿史編『昭和・平成家庭史年表』河出書房新社　一九九七
下川耿史編『明治・大正家庭史年表』河出書房新社　二〇〇〇
下川耿史編『近代子ども史年表　明治・大正編』河出書房新社　二〇〇二
下川耿史編『近代子ども史年表　昭和・平成編』河出書房新社　二〇〇二
下田歌子『婦女家庭訓』博文館　一八九八
下田歌子『泰西婦女風俗』大日本女学会　一八九九
下田歌子『婦人礼法』実業之日本社　一九一一
下田歌子『家庭』（女性のみた近代　18）ゆまに書房　二〇〇〇（初出　実業之日本社　一九一五）
シャピロ（ローラ）『家政学の間違い』（種田幸子訳）晶文社　一九九一
社本時子『パストン家の女性たち』創元社　一九九九
主婦の友編『主婦の友社の五十年』主婦の友社　一九六七

主婦の友社社史編纂委員会編『主婦の友社八十年史』主婦の友社　一九九六
白井堯子『福沢諭吉と宣教師たち』未来社　一九九九
新潮社出版部編『新潮社四十年』新潮社　一九三六杉本鉞子『武士の娘』筑摩文庫　一九九四（初出　一九六七）
生活改善同盟会『今後の家庭生活』宝文館　一九三一
セガレーヌ（マルチーヌ）『妻と夫の社会史』（片岡幸彦監訳）新評論　一九八三
高橋昌郎『中村敬宇』吉川弘文館　一九六六
竹田津六二『安全確実　妊娠調節の実際』東京妊娠調節相談所　一九二五
田崎哲郎『在村の蘭学』名著出版　一九八五
千野陽一『近代日本婦人教育史』ドメス出版　一九七九
津田左右吉『自叙伝　他』（津田左右吉全集　第二十四巻）岩波書店　一九六五
角山栄・川北稔編『路地裏の大英帝国』平凡社ライブラリー　二〇〇一（初出　一九八二）
坪内逍遙『妻君』（新日本古典文学大系　明治編18）岩波書店　二〇〇二、一～五六頁
坪谷善四郎『博文館五十年史』博文館　一九三七
東京女学館百年史編集室編『東京女学館百年史』東京女学館　一九九一
トーマス（ジュリア・アデニー）『近代の再構築』（杉田米行訳）法政大学出版局　二〇〇八
東洋英和女学院百年史編纂実行委員会編『東洋英和女学院百年史』東洋英和女学院　一九八四
徳富猪一郎『蘇峰自伝』同志社社史資料室　一九九五（初出　中央公論社　一九三五）
徳富健次郎『竹崎順子』福永書店　一九二三
徳富蘆花『思出の記』（『国民新聞』一九〇〇年三月～一九〇一年三月）『泉鏡花・徳富蘆花集』（現代日本文学全集　5）筑摩書房
　一九五五
富倉光雄・布川清司・大濱徹也・宮田登『献身』（ふぉるく叢書　5）弘文堂　一九七五
富田正文編『福澤諭吉選集』第九巻　岩波書店　一九八一

内務省地方局有志編『田園都市』博文館　一九〇七
中内敏夫『軍国美談と教科書』岩波新書　一九八八
長友千代治校注『女重宝記・男重宝記』現代教養文庫　一九九三
中嶌邦監修『日本の婦人雑誌　解説編』大空社　一九九四
中島朝彦編『風雪八十年』同文館出版株式会社　一九七六
中嶋隆訳注『世間子息気質・世間娘気質』現代教養文庫　一九九〇
長島伸一『世紀末までの大英帝国』法政大学出版局　一九八七
中田薫『徳川時代の文学に見えたる私法』岩波文庫　一九八四（初出　半狂堂　一九二三）
永田健助訳・長川新吾校『家事倹約訓』（百科全書）文部省　一八七四
中西輝政『大英帝国衰亡史』ＰＨＰ研究所、一九九七
中野卓『口述の生活史』お茶の水書房　一九七七
中村紀久二『教科書の社会史』岩波新書　一九九二
中村隆英編『家計簿からみた近代日本生活史』東京大学出版会　一九九三
中村正直『西国立志編』講談社学術文庫　（初出　一七七一）
夏目漱石『門』（『朝日新聞』一九一〇年三月一日〜六月十二日）岩波文庫　一九五〇
成田龍一『歴史学のスタイル　―史学史とその周辺―』校倉書房　二〇〇一
西川祐子『借家と持ち家の文学史』三省堂　一九九八
日本キリスト教婦人矯風会編『日本キリスト教婦人矯風会百年史』ドメス出版　一九八六
日本組合本郷基督教会編・発行『本郷基督教会創立五十年』一九三六
沼畑金四郎『主婦の科学』（コバルト叢書）鱒書房　一九三九
野上弥生子『迷路』（上・下）岩波文庫　一九八四（初出　一九三六〜一九三七、一九四九〜一九五六）
ノッター（デビッド）『純潔の近代』慶応義塾大学出版会　二〇〇七

芳賀登編『豪農古橋家の研究』雄山閣　一九七九
鳩山春子『自叙伝』（日本人の自伝　7）平凡社　一九八一
浜崎廣『女性誌の源流』出版ニュース社　二〇〇四
早川喜代次『徳富蘇峰』（伝記叢書　85）大空社　一九九一（初出　徳富蘇峰伝記編纂会　一九六八）
速水融・小嶋美代子『大正デモグラフィ』文春新書　二〇〇四
原武史『大正天皇』朝日新聞社　二〇〇〇
原武史『可視化された帝国』みすず書房　二〇〇一
ヒューズ（クリスティン）『十九世紀イギリスの日常生活』（植松靖夫訳）松柏社　一九九九
平塚らいてう『元始、女性は太陽であった—平塚らいてう自伝』（全四巻）大月書店　一九七一
福鎌達夫『明治初期百科全書の研究』風間書房　一九六八
福澤諭吉『女大学評論・新女大学』（林望監修）講談社学術文庫　二〇〇一（初出　慶應義塾　一八九九）
福沢諭吉『福翁自伝』岩波文庫　一九七八（初出　一八九九）
福島四郎『婦人界三十五年』不二出版　一九八四（初出　婦女新聞社　一九三五）
福田英子『妾の半生涯』岩波文庫　一九五八（初出　東京堂　一九〇四）
藤目ゆき『性の歴史学』不二出版　一九九八（初出　一九九七）
『婦女新聞』を読む会編『『婦女新聞』と女性の近代』不二出版　一九九七
ベーコン（アリス）『明治日本の女たち』（矢口祐人・砂田恵理加共訳）みすず書房　二〇〇三
ホイットニー（クララ）『勝海舟の嫁　クララの明治日記』（一又民子・高野フミ・岩原明子・小林ひろみ訳）中公文庫　一九九六
（初出　講談社　一九七六）
穂積重行編『穂積歌子日記』みすず書房　一九八九
穂積清軒『家内心得草』青山堂　一八七六
マーロウ（シルヴィア）『イギリスのある女中の生涯』（徳岡孝夫訳）草思社　一九九四

正岡芸陽『理想之女学生』岡島書店　一九〇三
松沢弘陽『近代日本の形成と西洋経験』岩波書店　一九九三
三井為友編『日本婦人問題資料集成　第四巻　教育』ドメス出版　一九七七
皆川美恵子『頼静子の主婦生活』雲母書房　一九九七
南博・社会心理研究所『大正文化』勁草書房　一九六五
宮崎湖處子『帰省』（『民友社文学集』明治文学全集　36）筑摩書房　一九七〇（初出　一八九〇）
牟田和恵『戦略としての家族』新曜社　一九九六
村井弦齋『食道楽』（全四巻）報知新聞社　一九〇三
村岡健次『ヴィクトリア時代の政治と社会』ミネルヴァ書房　一九八〇
村上信彦『明治女性史』（全四巻）理論社　一九六九～一九七二
村上信彦『大正期の職業婦人』ドメス出版　一九八三
望月誠『家内の倹約』望月誠　一八七八
望月誠『女房の心得』思誠堂　一八七八
望月誠『早起の功能』うさぎ屋誠　一八七九
望月誠『実地経験家政妙論』思誠堂　一八八〇
森岡清美『華族社会の「家」戦略』吉川弘文館　二〇〇二
森禮子『献身　萩原タケの生涯』白水社　一九九五
文部省社会教育局『昭和五年度成人教育・母の講座・労務者教育実施概要』文部省　一九三一
文部省社会教育局『昭和九年度成人教育講座・母の講座・家庭教育振興施設実施概要』文部省　一九三四
安井哲『久堅町にて』（叢書　女性論　11）大空社　一九九五（初出　警醒社　一九一五）
柳田国男『明治大正史　世相篇』講談社学術文庫　一九七六（初出　朝日新聞社　一九三〇）
柳父章『翻訳とはなにか』法政大学出版局　一九七六

柳父章『翻訳語成立事情』岩波新書　一九八二
山川菊栄『おんな二代の記』平凡社東洋文庫　一九七二
山崎朋子監修『日本のフェミニズム』（叢書　女性論　別巻）大空社　一九九七
山路愛山『愛山小品集』警醒社　一九〇八
山路愛山『山路愛山集』（明治文化全集　35）筑摩書房　一九六五
山田武太郎『新編漢語辞林』（松井栄一・松井利彦・土屋信一監修『明治前期漢訳辞書大系』五十五～五十七巻）大空社　一九九七
（初出　青木嵩山堂　一九〇四）
山本眞功編註『家訓集』平凡社東洋文庫　二〇〇一
弓町本郷教会百年史編纂委員会編『弓町本郷教会百年史』弓町本郷教会　一九八六
横山源之助『日本之下層社会』岩波文庫　一九四九（初出　一八九九）
吉岡弥生先生伝記編纂委員会編『吉岡弥生伝』吉岡弥生伝伝記刊行会　一九六七（初出　一九四一）
与那覇恵子・平野晶子監修『戦前期四大婦人雑誌目次集成Ⅱ』（『主婦之友』第一巻～第七巻）ゆまに書房　二〇〇三年
米原謙『徳富蘇峰』中公新書　二〇〇三
ルークス（フランソワーズ）『〈母と子〉の民俗史』（福井憲彦訳）新評論　一九八三
若桑みどり『戦争がつくる女性像』筑摩書房　一九九五
若桑みどり『皇后の肖像』筑摩書房　二〇〇一
和辻哲郎『自叙伝の試み』中公文庫　一九九二（初出　一九六一）

〈**論文**〉（編・著者名五十音順）
上野千鶴子「歴史学とフェミニズム　―「女性史」を超えて」『岩波講座　日本通史　別巻1』歴史意識の現在　岩波書店　一九九五
江国滋「三週間の正餐―『模範家庭』」『図書』第五四七号　岩波書店　一九九五年一月号、四八～五三頁、同「「スキートホーム」

の原型—『模範家庭』（承前）」『図書』第五四八号　岩波書店一九九五年二月号、三八～四二頁

大濱徹也「日本の家政学」『歴史公論』第五巻第十二号　一九七九年十二月、一〇三～一〇九頁

小和田哲男「「女性地頭」次郎法師」（綜合女性史研究会編『政治と女性』（日本女性史論集　2）吉川弘文館　一九九七年（初出一九九一年）一八五～一九一頁

亀高京子・犬尾智穂子「『家内心得草』とMRS.BEETON, S『THE BOOK OF HOUSEHOLD MANAGEMENT』」『家政学原論部会会　報』第二〇号　日本家政学会　一九八六年八月、二〇～二四頁

菊池慶子「仙台藩領における姉家督慣行—牡鹿半島根岸村の宗門人別帳の分析から—」（綜合女性史研究会編『家と女性』（日本女性　史論集3）吉川弘文館　一九九七年（初出　一九九二年）一七七～二一三頁

島立理子「ひながたによる裁縫教育～複製を通して～」『町と村調査研究』創刊号　千葉県立房総のむら　一九九九年三月、一九～二五頁

島立理子「久保木裁縫所資料について」『町と村調査研究』第二号　千葉県立房総のむら　二〇〇〇年三月、一五～二三頁

白石玲子「民法編纂過程における女戸主の地位と入夫婚姻—「家」の財産をめぐって—」『法制史研究』第三十二号　法制史学会一九八二年三月、一四一～一六六頁

新村出「家庭といふ語」『日本の言葉』創元社　一九四〇年、一二九～一三六頁（初出　市川三喜編『岡倉先生記念論文集』岡倉先生　記念祝賀会　一九二八年）

谷口彩子「永田健助訳『百科全書　家事倹約訓』の原典研究（第1報）」『日本家政学会誌』第四十二巻第二号　日本家政学会、一九九一年二月、一〇九頁

谷口彩子「永峰秀樹纂訳『経済小学　家政要旨後編』の原典解明」『日本家政学会誌』第五〇巻第二号　一九九九年二月、一一一～一二〇頁

谷口彩子・亀高京子「永峰秀樹抄訳『経済小学　家政要旨』とその原典との比較考察」『日本家政学会誌』第四七巻第四号　日本家政学会　一九九六年四月、二八九～三〇二頁

長友千代治「重宝記の源流—『家内重宝記』と『昼夜重宝記』—」『大阪商業大学商業史博物館紀要』第二号　大阪商業大学商業

史博物館　二〇〇二年二月、三三～五一頁
西谷成憲「『明治孝節録』に関する研究」『多摩美術大学研究紀要』第十一号　多摩美術大学　一九九七年、九三～一一四頁
半沢洋子「かてい（家庭）」佐藤喜代治編『講座日本語の歴史』（第九巻　語誌Ⅰ）明治書院　一九八三年、二二二～二二七頁
三鬼浩子「女性雑誌における売薬広告」『メディア史研究』第一三号　二〇〇二年十一月、一一〇～一二〇頁
村上淳子「石川武美における「主婦」の創出」（『年報日本史叢』一九九六　筑波大学歴史・人類学系　一九九六年十二月、三五～五一頁
村上淳子「『主婦之友』をめぐる人々―石川武美と本郷教会との関わりを中心に―」（『年報日本史叢』一九九七　筑波大学歴史・人類学系　一九九七年十二月、九三～一〇九頁
村上淳子「銚子の女学生―千葉県立銚子高等女学校同窓会誌『河畔』をもとに―」『歴史地理学調査報告』第8号　筑波大学歴史・人類学系歴史地理学研究室　一九九七年三月、一二六頁
山村淑子「戦時期における母性の国家統合　―文部省「母の講座」を中心として―」『総合女性史研究』第二十一号　総合女性史研究会　二〇〇四年三月、二五～五〇頁
横山鈴子「近世後期「主婦権」に関する歴史的考察―上総国望陀郡奈良輪村鳥飼やす『萬覚帳』の分析を事例に―」『総合女性史研究』第二十号　総合女性史研究会　二〇〇三年三月、二〇～四四頁
義江明子「「刀自」考―首・刀自から家長・家室へ―」（総合女性史研究会編『家と女性』（日本女性史論集3）吉川弘文館　一九九七年（初出　一九八九年）、二一七～二四〇頁

〈全集〉（発刊年順）
博文館『女学全書』全一二巻　一八九二～一八九三
民友社『家庭叢書』全一一巻別巻四　一八九四～一八九六
博文館『日用百科全書』全五〇巻　一八九五～一九〇四
下田歌子『家庭文庫』全一二巻　一八九七～一九〇一

婦人文庫刊行会『家庭文庫』全一二巻　一九一四〜一九一六　？
博文館『家庭百科全書』一九〇七〜一九一三
文永堂『婦人文庫』全五巻　一九一六年
実業之日本社『嫁入文庫』全一二巻　一九一七年
大日本家庭女学会『家庭女学講習録』一九二五年
慶応義塾編『福澤諭吉全集』岩波書店　一九五八
宮内庁『明治天皇紀』全一二巻索引一　吉川弘文館　一九六八〜一九七七
笠原一男編『日本女性史』全七巻　評論社　一九七三
門脇禎二ほか編『日本生活文化史』全一〇巻　河出書房新社　一九七四〜一九七五
石川武美『石川武美全集』全六巻　石川文化事業財団　一九八〇
南博編『近代庶民生活誌』全一〇巻　三一書房　一九八五
鶴見和子他監修『女と男の時空　日本女性史再考』全六巻別巻一　藤原書店　一九九五
羽仁もと子『羽仁もと子著作集』全二一巻　婦人之友社　一九八三

〈重宝記等〉（発刊年順）
悔遅二橋長編『大東宝鑑』一八七二（発行者不詳）
室田義文編『大東宝鑑』一八七五（発行者不詳）
青木輔清編・発行『日用諸規則重宝記』一八七七
青木輔清編・発行『懐中日用・紙入書状用便・紙入節用』一八七八
森知幾編『至極重宝　一名東京案内』内田書店　一八九〇
大沢善一郎編・発行『男女必携国民之宝典』明治舎　一八九一
岡本可亭『家庭教育　貴女之宝』盛文館　一八九一

岡本可亭『女宝』金櫻堂　一八九二
飯尾次郎編『女子宝鑑』（近代日本女性生活事典　第一巻）大空社　一九九二（初出　二書房　一八七九）
松井精一郎編『民間日用宝典』村上貫司　一八九三
博文館編輯局編『伝家宝典　明治節用大全』博文館　一八九四
百井嘉吉『民間宝典実用集』一八九四（出版者不詳）
小泉一郎『日常宝鑑　国民必携』小泉書房　一八九五
国分操子『日用宝鑑　貴女の栞』（上・下巻）大倉書店　一八九五
『明治二八年重宝』文華堂　一八九五（編著者不詳）
松本徳太郎編『明治宝鑑』（明治百年史叢書　第一四〇巻）原書房　一九七〇（初出　一八九二）
遠山談哉『貴女宝鑑』東雲堂　一八九九
重田盛太郎編『国民必携　日用全書』三六書院　一九〇三
大日本女学会『婦人宝典』全五巻　吉川弘文館　一九〇三
大西啓太郎編『女子宝鑑』松影堂　一九〇六
北畠梅野編『女性宝鑑』（近代日本女性生活事典　第一巻）大空社　一九九二（初出　有信堂　一九〇六）
小林鶯里『日用百科宝典』小川尚栄堂　一九〇六
大日本普通学講習会出版部女子学芸講習会編・発行『女子学芸全書』（上・下巻）一九〇六
星野すみれ『現代女学生宝鑑』（近代日本青年期教育叢書　第Ⅳ期第3巻）日本図書センター　一九九二（初出　益世堂書店　一九〇六）
近藤正一『家政宝典』東洋社　一九〇六
日本家政学会『家庭宝典』前川文栄閣　一九〇六
内田安蔵編『家政要鑑』（上・下巻）大日本家政学会　一九〇七
柄沢照覚『吾家憲法家庭組織宝鑑』神誠館　一九〇八

有川貞次郎編『百事便覧　家庭宝鑑』家庭研究会　一九〇九
竹内松治『日本婦女宝鑑』（近代日本女性生活事典　第二巻）大空社　一九九二（初出　印行社　一九〇九）
帝国実業協会編『帝国実用宝典』大日本実業協会　一九〇九
矢田常三郎『国民必携　実用百科全書』博信館　一九〇九
内田安蔵編『家庭の栞　婦人文庫』大日本家政学会　一九〇九
両角斌・佐藤應次郎・木川又吉郎・長俊一・中野芳・佐藤寛次編『国民実用宝典』隆文館　一九〇九
女子裁縫高等学院『家庭節用』女子裁縫高等学院出版部　一九一〇
勝永徳太郎『国民百科全書』尚文館　一九一〇
武谷等『女学生宝鑑』大野書店　一九一〇
国分操子『家庭日用　婦女宝鑑』（上・中・下巻）大倉書店　一九一一
佐藤渓峰『万家実益日用宝典』弘運館　一九一一
富岡福寿郎編『国民必携　百科新宝典』柴合名会社　一九一一
内田安蔵編『新編帝国文庫』大日本家政学会編　一九一一
中外書院編輯所編『日本国民大鑑』中外書院　一九一二
白木荘文『百家実用重宝文庫』家政協会　一九一三
宇野兩軒『家庭宝鑑』忠誠堂　一九一五
小林良一『趣味と常識　現代婦人宝典』（近代日本女性生活事典 第三巻）大空社 一九九二（初出 大日本雄弁会 一九一五）
大日本家庭協会編・発行『現代日用宝鑑』一九一五
家庭研究会編『日本家庭百科全書』矢島一三　一九一六
婦人世界編集局編『家庭重宝記』実業之日本社　一九一六
梶康郎・加藤美侖『家庭経済全書』大日本家庭教育会　一九一七
松本商会編輯所編『大日本国民宝鑑』松本商会出版部　一九一七（中外書院『日本国民大鑑』と同一）

加藤美侖『日常生活家庭重宝　是丈は心得おくべし』（実用叢書第四編）誠文堂　一九一九
加藤美侖『生活改善処世経済　家庭百科全書』大日本家庭教育会　一九二〇
内田茂文・佐藤順造編『婦人年鑑』（大正九年版）日本図書センター　一九八八（初出　日本婦女通信社　一九二〇）
大阪毎日新聞社編『婦人宝鑑』（大正十二年版）（近代日本女性生活事典 第四巻）大空社 一九九二（初出 一九二三）
大阪毎日新聞社編『婦人宝鑑』（大正十三年版）（近代日本女性生活事典 第五巻）大空社 一九九二（初出 一九二四）
遠藤紫朗編『実用家庭女学講義』日本通信実科高等女学校　一九二五
家庭経済研究会編『家庭経済　買ひ物上手』一誠社　一九二六
山口新策『文化生活　新家庭文庫』（前・後編）東京家事研究会　一九二六
右田清子『日常百科　昭和家庭宝鑑』（前・後編）玉文社　一九二八
前波仲子『新女性宝鑑』（近代日本女性生活事典　第六巻）大空社　一九九二（初出　創造社　一九三四）
『家庭毎日』（昭和十一年　毎日年鑑別冊）毎日新聞社　一九三五
平凡社編『家庭百科全書』平凡社　一九三六
村上秀子編『婦人年鑑』（昭和十一年版）日本図書センター　一九八八（初出　東京連合婦人会　一九三五）
東京日日新聞社『銃後家庭宝典』（昭和十四年度）東京日日新聞付録（発行年不明）
前田若尾『皇国女鑑』（近代日本女性生活事典　第七巻）大空社　一九九二（初出　明治書院　一九四一）
前波仲子『改訂増補　新女性宝鑑』（近代日本女性生活事典　第七巻）大空社　一九九二（初出　京北書房　一九四七）
『私たち生涯の性の百科事典』（自由国民　家庭版　第二十三号）時局月報社　一九四九
女性百科宝典編纂部編『現代女性百科宝典』光文書院　一九五一
東堀一郎『家庭百科　女性宝典』日本女子教育会　一九五三
河盛好蔵・扇谷正造監修『げんだい家庭宝鑑』角川書店　一九八三

〈善行録〉（発刊年順）

宮内省『婦女鑑』一八八七
島内登志衛『現代美談　善行大鑑』六盟館　一九一〇
愛知県立高等女学校校友会編・発行『尾三婦女善行録』一九一〇
福島県教育会編『福島県善行録』西澤書店　一九一一
愛知県立高等女学校校友会編・発行『続・尾三婦女善行録』一九一三
内務省地方局編・発行『民政史稿　善行美績篇』一九一四
大分県知事官房編・発行『善行美績表彰録』一九一五
北海道庁立札幌高等女学校校友会・北海道庁立函館高等女学校・小樽高等女学校・旭川高等女学校校友会編・発行『北海道婦女善行録』一九一七
大日本国民精神教育会編・発行『御結婚満二十五年奉祝記念　善行表彰録』一九二六
文部省編・発行『孝子徳行録』一九三〇
大日本連合婦人会・大日本連合女子青年団編『日本女性鑑』（上・下）大日本連合婦人会　一九三五
佐藤謙助編『『明治大正昭和　日本孝子伝』常総新聞社　一九三七
瀬尾芳夫編『軍国の母の姿』第二輯　国民精神総動員中央連盟　一九三九
日本弘道会編・発行『昭和善行録』（上・下）一九三八
廣江萬次郎編『徳行録』日本弘道会　一九三八

あとがき

本書は、二〇一四年十二月に北海学園大学文学研究科に提出し、二〇一五年三月に博士（文学）を授与された学位論文『「主婦」の誕生』を改題し、一部改訂したものです。

私が「主婦」と向き合うこととなったきっかけは、筑波大学第二学群日本語・日本文化学類に学び、大濱徹也先生に卒業論文の指導を受けたことに始まります。先生は、何の知識も持ち合わせていない学生に真摯に対応してくださり、明治以降の日本の社会において洋装が日常生活にどのように浸透したのかについて興味関心があるという私の話に耳を傾け、婦人雑誌『主婦之友』の洋裁記事、特に型紙に着目するというヒントを示されました。以来、茨城県内から常磐線でお茶の水図書館（現・石川武美記念図書館）に通い、人気雑誌であった『主婦之友』の原資料に触れ、こういう世界もあるのかと、楽しく面白く読み耽ったことを思い出します。

それから四半世紀以上にわたって、「主婦」という女性像が日本の近代においてどのような意味を持つのかという問題にこだわってきました。そして、「主婦」という言葉の成り立ちやその意味内容の変遷を明らかにすることを通して、日本の近代というある時代をとらえることができるのではないかとの問題意識のもと、学位請求論文をまとめました。このことは、大学院生時代に目にしていた資料が、後から読み直した折に違うものとして迫ってきた時、先生が日ごろ話されていた、「資料」を「史料」として位置づけるのはほかならぬ「私」であり、「私の歴史」を語ることが歴史を学ぶことなのだというお話の意味が何となく腑に落ち、自分なりのある歴史像を提示したいと思ったことによります。

明治以降の日本社会の歩みは、ひたすら西欧に倣うことに血道をあげ、鋳型通りの均質で把握しやすい人間像を理想とし、異質なものを排除し単一であることを是とする呪縛のもと、性急な変化に乗り遅れまいとじっくり思考することも立ち止まることも許されないまま突き進むものであったと思います。それは、多くの無辜の犠牲を強いた戦争や人知を超えた災害を経ても、何ら問い返されることもなく繰り返されているように思います。このことの問題を、私なりの人生経験や存在をかけて問い続けることが、今後の課題であると考えます。

本書をまとめるまでには多くの時間を費やしてしまいました。大濱先生は、現時点のものでよいからと、絶えず見守り励ましてくださり、思い切って形にすることとしました。学位請求にあたっては、当初、広島大学大学院総合科学研究科教授布川弘先生に主査をお願いし、広島大学への提出を予定しておりましたが、ご病気のため入院されることとなり提出が困難となりました。こうした事情を北海学園大学文学部教授郡司淳先生にご相談したところ、北海学園大学文学研究科への提出をお勧めくださり、さらに主査をお引き受けいただき審査の労をとってくださいました。船岡誠先生、大森一輝先生は、副査として審査にあたってくださいました。改めて感謝申し上げます。

そして、日々の業務の傍ら論文を仕上げることができたのは、小池聖一先生の理解と励ましのお陰です。深く感謝申し上げます。

大濱先生には、今春本書をご覧いただけるものと考えておりました。しかし、本年二月九日に急逝され、叶わぬ願いとなりました。長い時間をかけてしまい、最後までご心配をおかけしてしまったこと、悔恨は尽きません。

心ある弟子たちの一人として、謹んで先生の御霊の前に本書を捧げ、心からの感謝を申し上げたいと思います。ありがとうございました。

二〇一九年二月

村上淳子

「主婦《しゅふ》」と日本《にほん》の近代《きんだい》

■著者略歴■

村上淳子（むらかみ　じゅんこ）

福島県生。

1993年3月　筑波大学第二学群日本語・日本文化学類卒業。

1999年3月　筑波大学大学院歴史・人類学研究科博士課程史学専攻満期退学。博士（文学）。

現在　独立行政法人国立公文書館専門職員。

＜主要著作＞

「石川武美における「主婦」の創出」『年報日本史叢』1996（筑波大学歴史・人類学系紀要）1996年

「『主婦之友』をめぐる人々―石川武美と本郷教会との関りを中心に―」『年報日本史叢』1997、1997年

『公文書・法人文書の統一的管理の実践的研究』（平成28年度笹川科学研究助成実践研究部門研究成果報告書）2017年

2019年4月10日発行

著　者　村上淳子
発行者　山脇由紀子
組　版　㈱富士デザイン
印　刷　モリモト印刷㈱
製　本　協栄製本㈱

発行所　東京都千代田区飯田橋4-4-8
（〒102-0072）東京中央ビル
TEL　03-3239-1467　振替　00140-0-20618
㈱同成社

ISBN978-4-88621-813-1　C3021